Michael Hülpes, Manfred Scherer

Betrifft Deutsch/Kommunikation

Lehr- und Arbeitsbuch für Deutsch/Kommunikation
an beruflichen Schulen

3. Auflage

Bestellnummer 0356

 Bildungsverlag EINS

Bildquellen

Archiv für Kunst und Geschichte, Berlin: S. 233, 274

Bibliographisches Institut und F.A. Brockhaus AG: S. 50, 51, 52

Bildungsverlag EINS, Troisdorf: S. 196

Bundesbildstelle, Berlin: S. 219 (2)

Bundesverband der deutschen Binnenschifffahrt: S. 158

Deutsche Presse Agentur, Frankfurt: S. 207, 251

Deutsches Museum, München: S. 205

Deutscher Bundestag/Lichtblick/Achim Melde: S. 161

Erich Schmidt Verlag: S. 170

imu-Infografik, Duisburg: S. 43, 136

Graschberger: S. 235, 237

Keystone: S. 161

MEV-Bildarchiv: S. 11 (links), 28 (2), 30(3), 35, 36, 70 (2), 110 (2), 117 (2), 118, 122 (5), 173, 176, 180, 187, 191 (4), 196, 223, 277

Obi: S. 140

Park-Theater: S. 279

Picture-Alliance, Frankfurt am Main: S. 47, 48, 101, 157

Picture press: S. 137 (4)

Project Photos: S. 161, 166

Pressefoto Michael Seifert, Hannover: S. 242 (4)

Sagola: S. 138

Der SPIEGEL: S. 47

Süddeutscher Verlag, München: S. 20, 78, 221 (3), 222

Wissen Media Verlag GmbH: S. 50

Die ZEIT: S. 227

Karikaturen/Zeichnungen

Peter Butschkow: S.31

CCC: S. 239, 240

Erik Liebermann: S. 208

Reinhold Löffler: S. 63

Evelyn Neuss: S. 26

Oliver Wetterauer: S. 7, 88, 181, 131

Jupp Wolter/Haus der Geschichte: S. 228

www.bildungsverlag1.de

Bildungsverlag EINS
Sieglarer Straße 2, 53842 Troisdorf

ISBN 978-3-8242-0356-7

© Copyright 2007: Bildungsverlag EINS GmbH, Troisdorf
Das Werk und seine Teile sind urheberrechtlich geschützt. Jede Nutzung in anderen als den gesetzlich zugelassenen Fällen bedarf der vorherigen schriftlichen Einwilligung des Verlages. Hinweis zu § 52a UrhG: Weder das Werk noch seine Teile dürfen ohne eine solche Einwilligung eingescannt und in ein Netzwerk eingestellt werden. Dies gilt auch für Intranets von Schulen und sonstigen Bildungseinrichtungen.

Inhaltsverzeichnis

Lern- und Arbeitstechniken

1 Lernen mit Methode — 7
1.1 Welcher Lerntyp bin ich? — 9
1.2 Sich motivieren — 11
1.3 Tipps für besseres Lernen — 14
1.4 Wissen allein genügt nicht — 16
1.5 Eine Mind-Map erstellen — 17
1.6 Lernen im Doppelkreis — 18

Grundlagen der Kommunikation

2 Kommunikationsvorgänge erschließen — 19
2.1 Was alles bei Kommunikation eine Rolle spielt — 20
2.2 Die Grundfunktionen der Sprache — 23
2.3 Die vier Botschaften einer Nachricht — 25
2.4 Körpersprache — 28

3 Verschiedene Sprachen sprechen — 31
3.1 Sich fachsprachlich ausdrücken — 32
3.2 Jugendsprache sprechen — 37
3.3 Dialekt sprechen — 40

4 Sprachnormen anwenden — 43
4.1 Sprachnormen akzeptieren — 44
4.2 Sprachliche Normen wandeln sich — 46
4.3 Neue Trends in der deutschen Sprache — 47
4.4 In Wörterbüchern nachschlagen — 50

5 Die Grammatik nutzen — 55
5.1 Wortarten unterscheiden — 56
5.2 Vorgänge verbalisieren — 59
5.3 In Sätzen schreiben — 62
5.4 Vollständige Sätze bilden — 64
5.5 Die näheren Umstände bestimmen — 66
5.6 Satzglieder mit Attributen ausschmücken — 67
5.7 Sätze miteinander verknüpfen — 69
5.8 Kommas setzen — 70

6 Die Rechtschreibung verbessern — 77
6.1 Schwierige Fälle der Rechtschreibung beherrschen — 78
6.2 Die s-Laute unterscheiden — 83
6.3 Das oder dass einsetzen — 84

6.4	Nach Sprechsilben trennen	86
6.5	Groß- oder kleinschreiben	87
6.6	Getrennt oder zusammenschreiben	92
6.7	Straßen einen Namen geben	95
6.8	Kleiner Rechtschreibtest	96

Kommunikation im Beruf

7	**Informationen beschaffen, aufnehmen und strukturieren**	**97**
7.1	Aktiv lesen	98
7.2	Informationen beschaffen	99
7.3	Exzerpte und Stichwortzettel anfertigen	100
7.4	Sachtexte strukturieren und auswerten	101
8	**Gespräche führen und korrespondieren**	**105**
8.1	Gespräche führen	106
8.2	Einander zuhören	108
8.3	Konflikte im Gespräch lösen	110
8.4	Kunden- und Verkaufsgespräche führen	114
8.5	Telefonieren – Faxen – Mailen	117
8.6	Protokolle führen	120
8.7	Geschäftliche Briefe schreiben	124
8.8	Mit Kunden korrespondieren	129
9	**Darstellen und dokumentieren**	**131**
9.1	Einen Gegenstand beschreiben	132
9.2	Personen beschreiben	135
9.3	Vorgänge beschreiben	137
9.4	Funktionszusammenhänge erklären	143
9.5	Schaubilder und Diagramme lesen	147
9.6	Einen Unfallbericht verfassen	150
9.7	Ausbildungsberichte schreiben	154
10	**Erörtern und moderieren**	**157**
10.1	Argumentieren und kritisieren	158
10.2	Diskutieren	163
10.3	Erörtern von Problemen und Sachverhalten	166
10.4	Sachverhalte erörtern	169
10.5	Pro und Kontra erörtern	173
10.6	Moderieren	181
11	**Referieren und präsentieren**	**185**
11.1	Einen Kurzvortrag halten	186
11.2	Vortragen von Ergebnissen	187

11.3	Visualisieren und gestalten	189
11.4	Sich bewerben	191
11.5	Die dritte Hürde: Sich vorstellen	200
11.6	Ausbildungs- und Arbeitszeugnisse richtig lesen	202

Kommunikation in Kultur und Gesellschaft

12	**Ein Thema – verschiedene Textarten**	**205**
13	**Pragmatische Texte rezipieren und produzieren**	**207**
13.1	Gesetzestexte verstehen	208
13.2	Formulare richtig ausfüllen	211
13.3	Werbeanzeigen analysieren	213
13.4	Politische Reden kritisch verfolgen	219
14	**Massenmedien nutzen und Medienkonsum reflektieren**	**223**
14.1	Sich durch Zeitungen informieren	227
14.2	Zeitungsberichte lesen	229
14.3	Sich durch Kommentare eine Meinung bilden	234
14.4	Leserbriefe schreiben	237
14.5	Karikaturen analysieren	239
14.6	Videoclips und Bildergeschichten anschauen	241
15	**Sich mit literarischen Texten reflexiv und produktiv auseinandersetzen**	**243**
	Epik: Aus Erzählungen Einsichten gewinnen	243
15.1	Inhalte literarischer Texte wiedergeben	244
15.2	Kurze Geschichten interpretieren	248
15.3	Fabeln und Parabeln deuten	257
15.4	Satiren und Parodien begreifen	261
15.5	Romane schmökern	267
	Lyrik: Gedichte und Songs verstehen	271
15.6	Gedichte aufschlüsseln	272
15.7	Songs hören	277
	Dramatik: Stücke und Szenen kritisch betrachten	279
15.8	Ins Theater gehen	280
	Textquellen	287
	Stichwortverzeichnis	288

■ Basislernbaustein

■ Lernbaustein 1

■ Lernbaustein 2

Vorwort

Liebe Schülerin, lieber Schüler,

in der Ausbildung und im Beruf wird es immer wichtiger, die Sprache gut einsetzen zu können. So müssen Einzelhändler im Verkaufs- und Beratungsgespräch das Argumentieren beherrschen, die Kfz-Mechatronikerin sollte ein Kennliniendiagramm angemessen in Sprache „übersetzen" können, während Auszubildende im Großhandel in der Lage sein müssen, Geschäftsbriefe fehlerfrei und angemessen zu formulieren. Das berufliche Fachwissen entwickelt sich auch nach der Ausbildung immer weiter. Deshalb müssen Sie erfahren, wie Sie am besten lernen bzw. sich selbstständig weiterbilden können, damit Sie im Beruf am Ball bleiben und vorwärtskommen. Immer mehr wird von Ihnen Teamfähigkeit und problemlösendes Handeln erwartet.

„Betrifft Deutsch/Kommunikation" will Ihnen helfen, diesen berufsbezogenen Anforderungen gerecht zu werden. Das Buch gliedert sich in die vier Lernbereiche

- Grundlagen der Kommunikation
- Kommunikation in Kultur und Gesellschaft
- Kommunikation im Beruf
- Lern- und Arbeitstechniken

Den Schwerpunkt bilden das Sprech- und Schreibhandeln. In jedem Kapitel des Arbeitsbuches wird eine wichtige Schlüsselqualifikation vermittelt. Fotos, Karikaturen, Diagramme und Texte erleichtern den Zugang zu den Themen oder regen zur Diskussion an.

Mit Rechtschreibung und Grammatik tun sich viele Berufsschülerinnen und Berufsschüler schwer. Deshalb werden die häufig beobachteten Schwierigkeiten aufgegriffen, wobei sprachspielerische Elemente dem Grammatikdrill entgegenwirken. Der Neuregelung der deutschen Rechtschreibung wird durchgängig Rechnung getragen.

Kommunikation „betrifft" Sie aber nicht nur im Beruf. Deshalb finden Sie in „Betrifft Deutsch/Kommunikation" auch Sachtexte aus dem Alltag sowie literarische Texte. Sie sollen Probleme bewusst machen, zum kritischen Nachdenken anregen oder einfach nur die Freude am Lesen wecken.

 Erschließungsfragen helfen die Inhalte von Texten oder Bildern zu erfassen.

 Wichtige Fähigkeiten und Fertigkeiten werden in *Übungsaufgaben* vertieft.

 Die Kapitel werden durch ein Angebot von *Projektaufgaben* eröffnet. Sie bieten Impulse für handlungsorientiertes Arbeiten, zumeist in Teamarbeit.

Im Inhaltsverzeichnis wurde die Zuordnung der Themen dieses Buches zu der Struktur der Lernbausteine Deutsch des rheinland-pfälzischen Lehrplans wie folgt vorgenommen:

| Basis | Basisbaustein | LB 1 | Lernbaustein 1 | LB 2 | Lernbaustein 2 |

Wir wünschen Ihnen viel Spaß im Unterricht und viel Erfolg bei Ihrer beruflichen Ausbildung.

Michael Hülpes und Manfred Scherer

1 Lernen mit Methode

Projektaufgabe A.:   Lernwege beschreiben

1. Erläutern Sie die Aussage der Karikatur und nehmen Sie kritisch Stellung.
2. Übertragen Sie Ihre Erkenntnisse auf die Situation Ihrer Lerngruppe, indem Sie
   a) die verschiedenen schulischen Ausbildungswege darlegen,
   b) Ihre Lernstärken und -schwächen aufzeigen.
3. Suchen Sie nach Lernwegen, wie Sie in der Gruppe gemeinsam am besten lernen können. Dokumentieren Sie die Lernwege mithilfe einer Mind-Map „Gemeinsam lernen".

Projektaufgabe B.:   Ein-Punkt-Abfrage

1. Beantworten Sie die Frage, indem Sie Ihren optimalen Punkt im Koordinatensystem markieren.
2. Erstellen Sie eine Liste mit Lerntechniken und Lernhilfen, die für Ihren Lernstil förderlich sind.

Projektaufgabe C.: Ein Gutachten erstellen

PROBLEMFALL 1
Silke hat in der Klassenarbeit wieder eine Fünf geschrieben. Sie kann das nicht verstehen. Schließlich hat sie ganz allein einen Tag vor der Arbeit stundenlang gelernt, indem sie die 25 Seiten des Fachbuches zweimal durchgelesen hat. Nur 30 Minuten hat sie zwischendurch ihre Lieblingsserie im Fernsehen angeschaut. Silke war zwar vor der Klassenarbeit wie immer sehr nervös. Dennoch hat sie bei der Arbeit sofort losgelegt und mehr als ihre Mitschülerinnen und Mitschüler geschrieben. Silke ist verzweifelt und meint, dass sie in diesem Unterrichtsfach und bei diesem Lehrer nie auf eine bessere Note kommen könne.

PROBLEMFALL 2
Carsten hat in den letzten Wochen „keinen Bock auf Lernen". Er ist viel lieber mit Freunden unterwegs und beim Sporttraining. Da bleibt ja auch kaum Zeit für's Lernen. Carsten will schließlich nichts verpassen. In der Klasse gilt er als cooler Typ. Aber eigentlich ärgert es ihn schon, wenn er eine schlechte Note erhält. Im Ausbildungsbetrieb macht ihm das Lernen mehr Spaß. Da wird praktisch gearbeitet und das liegt Carsten mehr als die viele Theorie in der Berufsschule. Er kann sich die vielen Fachbegriffe einfach nicht so gut merken. Carsten sieht manchmal auch keinen Zusammenhang zwischen den einzelnen Themen und Inhalten. Außerdem fragt er sich, wofür er den Unterrichtsstoff überhaupt braucht.

1. Erstellen Sie in Gruppenarbeit ein „Gutachten" zu den Problemfällen,
a) indem Sie die Lernschwierigkeiten beschreiben,
b) Ratschläge ausarbeiten, wie die Probleme vermindert oder gar beseitigt werden können.
2. Stellen Sie Ihre Ergebnisse auf einem Flipchart oder einem Plakat dar.

Projektaufgabe D.: Konzentrationsübungen

Probieren Sie in Ihrer Lerngruppe verschiedene Konzentrations- und Entspannungsübungen aus und sprechen Sie über deren Wirkung:

a) Schließen Sie für zwei Minuten die Augen und achten Sie nur auf den eigenen Atem.
b) Schließen Sie die Augen und hören Sie entspannende Musik.
c) Schließen Sie die Augen, ertasten Sie einen Gegenstand und beschreiben Sie ihn anschließend möglichst genau.
d) Notieren Sie auf einem Zettel innerhalb einer Minute alles, was Ihnen zur Frage einfällt: Was kann ich mit einem Bleistift machen?

Projektaufgabe E.: Einen Zeitplan erstellen

Erstellen Sie einen Zeitplan für Ihre persönlichen, schulischen und beruflichen Vorhaben.

Heute	Diese Woche	Diesen Monat	Dieses Jahr

1.1 Welcher Lerntyp bin ich?

Lernen begleitet unser ganzes Leben. Aber Lernen fällt nicht immer leicht. Deshalb ist es wichtig, sich über das eigene Lernen Gedanken zu machen.

1. Testen Sie sich selbst. Was fällt Ihnen beim Lernen eher schwer, was eher leicht?

	fällt mir eher schwer	fällt mir eher leicht
Lernstoff länger zu behalten …	☐	☐
Schnell zu lesen und dennoch den Inhalt zu verstehen …	☐	☐
Sachtexte mit Fachbegriffen zu verstehen …	☐	☐
Skizzen und Tabellen zu erklären …	☐	☐
Inhalte übersichtlich zusammenzufassen …	☐	☐
Arbeitshefte übersichtlich zu führen …	☐	☐
Im Unterricht aufmerksam zu sein und aktiv mitzuarbeiten …	☐	☐
Mich auf eine Sache zu konzentrieren …	☐	☐
Zu üben und zu wiederholen …	☐	☐
Hausaufgaben regelmäßig zu erledigen …	☐	☐
Mit anderen zusammenzuarbeiten und zu lernen …	☐	☐
Wichtige Termine einzuhalten …	☐	☐
Klassenarbeiten und Prüfungen gut vorzubereiten …	☐	☐
In Prüfungen das Gelernte auch zu zeigen …	☐	☐
Während Klassenarbeiten und Prüfungen ruhig zu bleiben …	☐	☐
Meine Gedanken schriftlich auszudrücken …	☐	☐
Vor anderen frei zu sprechen …	☐	☐
Verständnisfragen zu stellen …	☐	☐
Meine Meinung offen und klar zu sagen …	☐	☐

2. Ergänzen Sie die Aussagen durch „weil"-Sätze, z. B. „Vor anderen frei zu sprechen fällt mir schwer, weil ich Lampenfieber habe."

3. Vergleichen Sie Ihre Testergebnisse. Welche Lernschwierigkeiten überwiegen?

Lernen mit Methode

Lernen lässt sich auf verschiedenen Wegen. Jede Schülerin und jeder Schüler hat seine eigenen Wege, auf denen er am besten lernt. Wer z. B. beim Zuhören nicht alles versteht, muss deshalb nicht dümmer sein als die anderen. Vielleicht liegen seine Stärken mehr im praktischen Lernen.

Es lassen sich grundsätzlich drei Lernwege unterscheiden: Lernen durch sehen, durch hören oder durch handeln. Wenn Sie erfolgreich lernen wollen, müssen Sie sich selbst beobachten, welcher Lerntyp Sie vorwiegend sind.

Lerntyp HÖREN

- wiederholt laut, um sich etwas besser zu merken
- hat es lieber, wenn im Unterricht laut vorgelesen wird
- erfasst Texte durch leises oder inneres Sprechen
- erinnert sich bei Klassenarbeiten oder Prüfungen durch leises oder inneres Sprechen
- schätzt es, wenn der Lehrer oder die Lehrerin den Stoff vorträgt
- lernt leichter, wenn ein Mitschüler etwas erklärt

Lerntyp SEHEN

- behält Inhalte gut nach mehrmaligem Durchlesen
- kann sich durch Skizzen und Schaubilder etwas besser merken als durch Schreiben
- erinnert sich in Klassenarbeiten oder Prüfungen an einzelne Seiten oder Tafelbilder
- unterstreicht Texte, markiert sie mit Farben, um sie zu verstehen
- merkt sich schwierige Zusammenhänge durch innere Bilder

Lerntyp HANDELN

- schreibt wichtige Inhalte ein paarmal hin, um sie sich zu merken
- macht sich gerne Stichwortzettel für eine Klassenarbeit oder Prüfung
- erfasst Texte durch Herausschreiben von Stichwörtern
- gestaltet lieber Plakate, Zeichnungen oder Schaubilder, als Texte zu schreiben
- arbeitet lieber in Gruppen und bei Projektarbeiten mit, als alleine zu lernen oder einem Vortrag zuzuhören
- mag eher die praktischen als die theoretischen Aufgaben

1. Finden Sie mithilfe der Merkmale heraus, welcher Lerntyp Sie vorwiegend sind.
2. Erstellen Sie in Gruppenarbeit Listen mit Lerntechniken und Lernhilfen für die verschiedenen Lerntypen.
3. Zeigen Sie am Beispiel der Führerscheinausbildung, wie sich die verschiedenen Lernwege sinnvoll ergänzen.
4. „Lernen mit allen Sinnen hat den größten Nutzen."

    „Wir behalten etwa 20 Prozent von dem, was wir hören, 35 Prozent von dem, was wir sehen oder lesen, und zwischen 70 und 90 Prozent von dem, was wir selbst sagen und tun."

    Machen Sie aufgrund dieser Aussagen Verbesserungsvorschläge für die Gestaltung Ihres Unterrichts, um den Lernerfolg zu steigern.

1.2 Sich motivieren

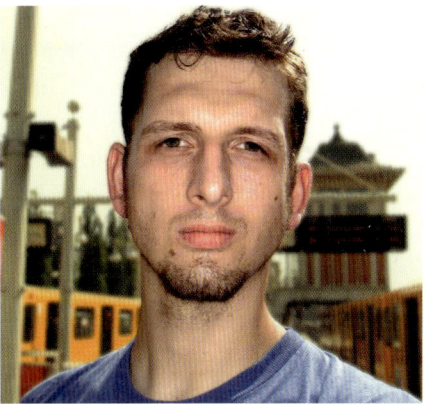

Was soll das Ganze? Das kann ich im Alltag ja doch nie gebrauchen!

Das habe ich noch nie verstanden! Das ist halt zu schwierig für mich!

1. In welchen Situationen hatten Sie ähnliche oder gleiche Gedanken?
2. Schildern Sie, wie Sie darauf reagiert haben.

Wie sinnvoll eine Aufgabe oder Tätigkeit erscheint und wie wahrscheinlich ein Erfolg eingeschätzt wird, ist entscheidend für die Bereitschaft zu lernen. Diese Bereitschaft wird auch als **Motivation** bezeichnet.

Je mehr eine Arbeit interessiert und je besser die Erfolgsaussichten sind, umso positiver ist die Motivation.

Motivation ist aber nicht etwas, was man hat oder nicht hat. Vielmehr lässt sich die Motivation beeinflussen. Sich motivieren bedeutet:

- sich Ziele setzen
- sich Erfolgserlebnisse verschaffen
- sich Mut machen und positiv denken
- das eigene Interesse wecken

Sich Ziele setzen

Die grundlegende Bedingung für erfolgreiches Lernen ist: zu wissen was man will und die Verantwortung dafür zu übernehmen. Wer sich bewusst für eine Aufgabe entscheidet, entscheidet sich auch dafür, etwas leisten zu wollen.

- Machen Sie sich die äußeren Erwartungen und Ziele klar (der Schule, des Betriebes, der Familie).
- Setzen Sie sich selbst klare und messbare Ziele:
  langfristige Ziele (z. B. Ich will in zwei Jahren die Abschlussprüfung bestehen.)
  kurzfristige Ziele (z. B. Ich will bis nächsten Mittwoch das Referat fertiggestellt haben.)
- Kontrollieren Sie, ob Sie ihre kurzfristigen Ziele einhalten. Wenn Sie Ziele nicht erreichen, suchen Sie nach Gründen und entwickeln Sie Gegenmaßnahmen.

Sich Erfolgserlebnisse verschaffen

Erfolgserlebnisse motivieren, weiterhin zu lernen und zu arbeiten. Realistisch gesteckte Ziele sind Voraussetzung hierfür. Mehrere kleinere Teilziele verschaffen regelmäßige Erfolgserlebnisse.

- Wenn Sie ein Ziel erreicht haben, genießen Sie den Erfolg und gönnen Sie sich eine angemessene Belohnung.
- Erledigen Sie eine schwierige und unangenehme Aufgabe zwischen zwei leichteren und angenehmeren.
- Erklären Sie Erfolge nicht mit Zufällen, sondern mit Ihren eigenen Anstrengungen.

Sich Mut machen und positiv denken

Positive Gedanken helfen, eine Aufgabe mit Mut und Ausdauer anzugehen. Gedanken wie „Ich darf keinen Fehler machen" oder „Das lerne ich nie" sind für das Lernen hinderlich.

- Setzen Sie gegen negative Stör-Gedanken positive Gegengedanken (z.B. statt „Ich kann das nicht" besser „Ich probiere das noch einmal").
- Erledigen Sie Aufgaben rechtzeitig oder gar vor dem festgelegten Termin.
- Lassen Sie sich durch Misserfolge nicht entmutigen. Setzen Sie sich neue Ziele.
- Bringen Sie „widrige Umstände" in der Ausbildung zur Sprache.
- Lernen Sie mit Partnern oder in der Gruppe und helfen Sie sich gegenseitig.

Das eigene Interesse wecken

Wir lernen nur, was wir lernen wollen. Denn wer freiwillig und aus eigenem Interesse eine Aufgabe angeht, lernt leichter und besser. Wer nur aufgrund von Zwang und Druck lernt, hat Mühe und weniger Erfolg beim Lernen.

- Suchen Sie auch bei unliebsamen Tätigkeiten nach Interessantem. Denken Sie daran: Während einer Ausbildung müssen Inhalte gelernt werden, die zunächst wenig sinnvoll erscheinen, später aber wichtig werden und sich auszahlen.
- Suchen Sie Anknüpfungspunkte zwischen neuen und bekannten Lerninhalten.
- Suchen Sie nach Anwendungsmöglichkeiten für den Lernstoff.
- Seien Sie neugierig.

1. Notieren Sie Ihr Ausbildungsziel sowie zwei kurzfristige Zwischenziele.
2. Notieren Sie Ihre Ängste und Befürchtungen hinsichtlich Ihrer Ausbildung auf einem Zettel.
Sprechen Sie in Ihrer Lerngruppe über die Ängste und suchen Sie nach Gegenmaßnahmen.
3. Sammeln Sie Ideen, wie Sie sich bei Erfolgen selbst belohnen wollen.
4. Formulieren Sie zu den folgenden „Stör-Gedanken" positive Gegengedanken:
a) Ich habe Angst vor der Prüfung.
b) Das wird wieder eine Fünf.
c) Ist der Unterricht wieder langweilig.
d) Mir gelingt wieder überhaupt nichts.
e) Ich habe keine Lust mehr.
f) Ich komme einfach nicht mit.
g) Ich darf keinen Fehler machen.
h) Ich werde in der Zeit nicht fertig.
5. Erkunden Sie Ihre Gedanken und Gefühle bei Arbeiten und Prüfungen.
a) Ergänzen Sie die folgenden Sätze:
- Am Abend vor der Prüfung …
- Zu Beginn der Prüfung …
- Während der Prüfung …
- Wenn ich die erste Aufgabe gelöst/nicht gelöst habe …
- Wenn ich in Zeitnot komme …
- Nach der Prüfung …
- Wenn ich die Prüfungsarbeit zurückbekomme …
b) Formulieren Sie aus Ihren Antworten ein positives Selbstgespräch, das für die Prüfung Mut machen soll.
6. Nennen Sie ein konkretes Thema in einem Unterrichtsfach, das Sie nicht mögen.
Notieren Sie drei Argumente, weshalb Sie dieses Thema doch interessieren könnte.
7. Vertreten Sie Ihre Meinung zu Unterricht und Ausbildung.
a) Sammeln Sie in Ihrer Lerngruppe negative Punkte.
b) Stellen Sie jedem negativen Punkt einen positiven Sachverhalt gegenüber.

1.3 Tipps für besseres Lernen

Neues mit Bekanntem verknüpfen

EXPERIMENT

1. Lesen Sie den folgenden Text dreimal durch, schließen Sie das Buch und versuchen Sie den Text wörtlich zu wiederholen:

   Ein Mops mopst einem Mops. Das Mops hat eine große Mops vor dem Mops. Der Mops mopst das Mops: Mopst du mit mir mopsen? Nein, mopst das Mops, ich mops kein Russisch Mops.

2. Der obige Text ist nach der folgenden kleinen Fabel verfremdet worden:

   Ein Wolf begegnet einem Schaf. Das Schaf hat eine große Angst vor dem Wolf. Der Wolf fragt das Schaf: Willst du mit mir spielen? Nein, antwortet das Schaf, ich mag kein Russisch Roulette.

   Stellen Sie sich diese Situation bildlich vor. Jetzt wird es Ihnen leichter fallen, den verfremdeten *Mops-Text* zu wiederholen.

Das Experiment zeigt, dass Geschichten, Bilder oder Farben oft leichter zu merken sind als bloße Informationen und Fakten. Dies lässt sich für das Lernen nutzen, indem Lernstoff in Gedanken mit einfachen Gedankenstützen oder vertrauten Arbeitsabläufen verknüpft wird. Zudem werden gleichzeitig die rechte und die linke Gehirnseite aktiviert.

Lernen heißt, Neues mit bereits Bekanntem zu verknüpfen. Deshalb sollten Sie beim Lernen nach Anknüpfungspunkten im Gedächtnis suchen und sich fragen: „An was erinnert mich der neue Stoff?", „Welche anderen Dinge haben mit den Inhalten zu tun?". Durch stetiges Verknüpfen wird sozusagen das Netz des Gehirns immer feiner. Mit anderen Worten: Je mehr Sie lernen, desto leichter fällt es Ihnen.

1. **Lesen Sie die Texte auf Seite 18. Verknüpfen Sie die Inhalte (Tarifverhandlungen) mit einer erfundenen Geschichte, z. B. „Mein Freund bzw. meine Freundin und ich haben Streit", um sich den Ablauf der Tarifverhandlungen besser einzuprägen.**
2. **Verknüpfen Sie komplizierte Begriffe und Fakten aus dem fachtheoretischen Unterricht, indem Sie aus den Anfangsbuchstaben der Begriffe ein neues Wort bilden, z. B. „WUMS" für die Rechte des Käufers bei mangelhafter Lieferung: W**andlung, **U**mtausch, **M**inderung, **S**chadenersatz.
3. **Suchen Sie bei einem wichtigen Thema Ihres Fachunterrichts nach verwandten Themen. Formulieren Sie „Vergleichssätze", z. B. „Das ist ja, als ob …"**

Den Arbeitsplatz optimal gestalten

Trennen Arbeitszeit Freizeit und klar

Musik können oder Fernsehen ablenken

Arbeitszeiten Hausarbeiten feste Für die einplanen

benötigte Nur Arbeitsmittel bereitlegen

am Platz Möglichst gleichen lernen immer

Um konzentriert arbeiten zu können, muss der Arbeitsplatz richtig gestaltet werden. Das gilt sowohl für zu Hause als auch für die Schule und den Betrieb.

1. Setzen Sie aus den obigen Wörtern sinnvolle Merksätze über die Gestaltung des Arbeitsplatzes zusammen und notieren Sie diese.
2. Erarbeiten Sie Vorschläge, wie der Klassenraum besser gestaltet werden kann.
3. Aus eigener Erfahrung wissen Sie, dass Unterricht häufig gestört wird.
a) Notieren Sie zwei oder drei Störfaktoren, die den Unterricht negativ beeinflussen.
b) Tragen Sie in Arbeitsgruppen die Störfaktoren zusammen, diskutieren Sie diese und halten Sie Ihre Ergebnisse auf einem Plakat fest.
c) Erarbeiten und beschließen Sie in Ihrer Lerngruppe Verhaltensregeln, um Störungen des Unterrichts möglichst zu vermeiden.
4. Für Lernprobleme gibt es keine Rezepte, aber einige Lerntipps. Ordnen Sie die Wörter so, dass sich ein Lerntipp ergibt. Beginnen Sie mit dem fett gedruckten Wort.
a) Sie – an – Lernstoff – **S**tellen – zuerst – Fragen – den
b) auf – Lernwegen – **L**ernen – verschiedenen – Sie
c) sollte – liegen – Lerneinheit – zwischen – **E**ine – 20 und 40 Minuten
d) **Ü**ben – Inhalte – die – 10 Minuten – und wiederholen – nach – Sie
e) spätestens – **W**echseln – 1 Stunde – Sie – den – Lerninhalt – nach
f) ähnlichen – keine – Sie – **L**ernen – Lerninhalte – nacheinander
g) Sie – regelmäßig – zwischen – Pausen – Lerneinheiten – den – **M**achen – kurze
h) **W**iederholen – 24 Stunden – den – und – nach – 1 Woche – Sie – Lernstoff – nach
i) sich – rechtzeitig – **B**ereiten – Klassenarbeiten – auf – Sie – Prüfungen – und – vor
j) lernen – einen – Sie – **V**erschaffen – sich – bevor – Überblick – zuerst – Sie – Einzelheiten

Lernen mit Methode

1.4 Wissen allein genügt nicht

Halbwertzeit des Wissens: Die Verdoppelung des Wissens
- alle 5 Minuten eine neue medizinische Erkenntnis
- jede Minute eine neue chemische Formel

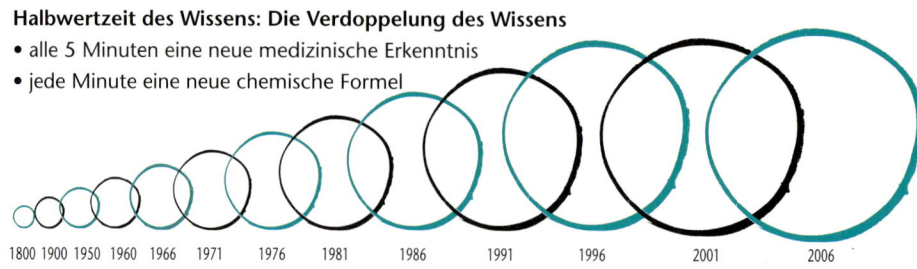

1800 1900 1950 1960 1966 1971 1976 1981 1986 1991 1996 2001 2006

1. Erläutern Sie, was unter der „Halbwertzeit des Wissens" zu verstehen ist.
2. Welche Konsequenzen ergeben sich aus der „Halbwertzeit des Wissens" für das Lernen und die Berufsausbildung?
3. Nennen Sie Fähigkeiten, die neben dem fachlichen Wissen immer wichtiger werden.

Wer seine Berufsausbildung abgeschlossen hat, wird seine Kenntnisse und Fähigkeiten ständig erweitern und den neuen Anforderungen am Arbeitsplatz anpassen müssen. Deshalb ist es wichtig, Methoden und Schlüsselqualifikationen zu erlernen, die eine Weiterbildung ermöglichen. Einzelarbeit in den Betrieben nimmt ab, Gruppenarbeit nimmt zu. Die Facharbeiter müssen daher die Fähigkeit besitzen, im Team mitzuarbeiten.

Viele methodische, soziale und sprachliche Fähigkeiten und Techniken sind Gegenstand des Deutschunterrichts und damit von „Betrifft Deutsch". Hierzu zählen z. B.:

- Informationen erarbeiten und verstehen
- Nachschlagewerke benutzen
- protokollieren und berichten
- argumentieren und diskutieren
- Inhalte gliedern und zusammenfassen
- Ergebnisse dokumentieren
- frei sprechen und vortragen
- planen und Probleme lösen
- Verantwortung übernehmen
- mit anderen zusammenarbeiten
- kreativ und flexibel sein
- selbstständig arbeiten

Im Folgenden können Sie sich mit wichtigen Lernmethoden vertraut machen.

1. Nennen Sie Verhaltensregeln für eine erfolgreiche Gruppenarbeit und halten Sie diese auf einem Plakat fest.
2. Erläutern Sie die Aufgaben der folgenden Gruppenmitglieder:
   a) Gruppenleiter/-in   b) Schreiber/-in   c) Gruppensprecher/-in   d) Zeitnehmer/-in

1.5 Eine Mind-Map erstellen

Skizzen helfen Lerninhalte zusammenzufassen, zu merken und zu wiederholen. Eine Mind-Map bietet den Vorteil, die unterschiedlichen Fähigkeiten unserer linken und rechten Gehirnhälfte zu nutzen und zu verbinden. Eine Mind-Map ist leicht anzufertigen: Das Thema wird in einen Kreis in der Mitte eines Blattes notiert. Von diesem Kreis gehen jetzt Äste und Zweige ab, die das Thema in seine einzelnen Bereiche aufgliedern. Die Struktur der Gedankenskizze erinnert an einen Baum von oben aus gesehen.

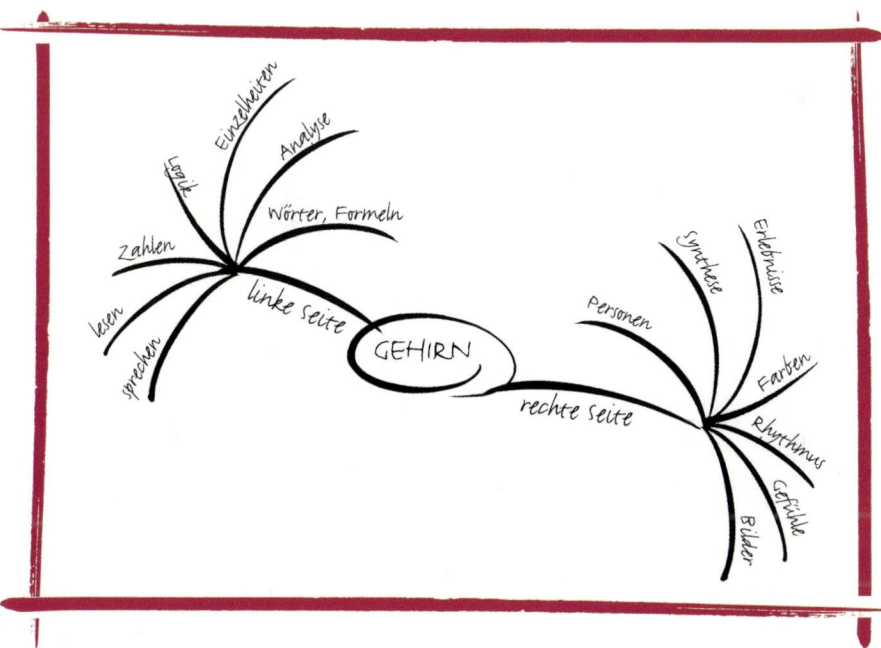

1. Erstellen Sie eine Mind-Map zum Thema „Wie ich meine Freizeit gestalte".
2. Zeichnen Sie eine Gedankenskizze über ein fachtheoretisches Thema.
3. Halten Sie einen kurzen Vortrag auf der Grundlage der abgebildeten Mind-Map zum Thema „Gehirn und Gedächtnis".

Lernen mit Methode

1.6 Lernen im Doppelkreis

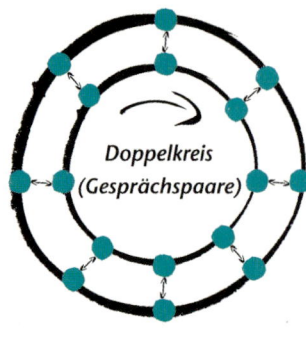

Was wir selbst sagen und vortragen können, behalten wir am besten. Eine gute Übung, das Gelernte vorzutragen, bietet der Doppelkreis. Dazu wird ein Außen- und ein Innenkreis gebildet. Die Schüler des Innenkreises tragen den Lernstoff den gegenübersitzenden Mitschülern vor. Erst nach dem Vortrag dürfen die Mitschüler des Außenkreises Fragen stellen oder korrigieren. Auf Anweisung des Fachlehrers (nach ca. 5 Minuten) bewegen sich die Schüler des Innenkreises im Uhrzeigersinn zwei Plätze weiter. Jetzt ist der Außenkreis an der Reihe, den Lernstoff vorzutragen.

1. Bilden Sie zwei Lerngruppen A und B.

Die Mitglieder der A-Gruppe lesen und bearbeiten den Text A, die Mitglieder der B-Gruppe den Text B. Machen Sie sich Notizen oder erstellen Sie eine Mind-Map.

Drei Wege zum neuen Tarifvertrag

Text A
Ziel von Tarifverhandlungen ist es, einen neuen Tarifvertrag abzuschließen. Dies kann auf drei Wegen geschehen. Der erste Weg ist der einfachste: Gewerkschaften und Arbeitgeber finden einen Kompromiss und schließen einen neuen Tarifvertrag ab.
Scheitern die Verhandlungen, ist ein zweiter Weg möglich: Um einen Arbeitskampf zu vermeiden, wird ein Schlichtungsverfahren eingeleitet. Ein neutraler Schlichter versucht zwischen den Standpunkten der Gewerkschaft und der Arbeitgeber zu vermitteln. Das Ergebnis ist ein Schlichtungsspruch. Stimmen beide Seiten dem Vorschlag des Schlichters zu, kommt es zum Abschluss eines neuen Tarifvertrages.

Text B
Der dritte und schmerzlichste Weg zu einem neuen Tarifvertrag ist der Arbeitskampf. Ist die Schlichtung gescheitert, stimmen die Gewerkschaftsmitglieder in einer Urabstimmung über einen Streik ab. Sprechen sich mehr als 75% der Mitglieder für Streik aus, können einzelne Betriebe bestreikt werden. Als Gegenmaßnahme können die Arbeitgeber die Arbeitnehmer aussperren. Das bedeutet, dass arbeitswillige Arbeitnehmer nicht mehr zur Arbeit können. Der Arbeitskampf kostet beide Seiten viel Geld. So entsteht Druck für neue Verhandlungen. Kommt es in den Verhandlungen zu einer Einigung, müssen die Gewerkschaftsmitglieder in einer Urabstimmung dem Streikende und dem neuen Tarifvertrag zustimmen.

2. Bilden Sie einen Doppelkreis (Mitglieder der A-Gruppe außen) und informieren Sie sich gegenseitig mithilfe Ihrer Notizen über die Inhalte Ihres Textes.

2 Kommunikationsvorgänge erschließen

Projektaufgabe A: Zeichen in Worte fassen

Peter Handke: Er sah einen Schrank ...
Er setzte sich aufs Bett: Gerade noch war der Stuhl rechts von ihm gewesen und jetzt stand er links von ihm. War das Bild seitenverkehrt? Er schaute es von links nach rechts an, dann von rechts nach links. Er wiederholte den Blick von links nach rechts; dieser Blick kam ihm wie ein Lesen vor. Er sah einen „Schrank", „danach" „einen" „kleinen". „Tisch", „danach" „einen" „Papierkorb", „danach" „einen" „Wandvorhang"; beim Blick von rechts nach links dagegen sah er einen ⊓, daneben den ⊓, darunter den ☐, daneben den ☐, darauf seine ⌸; und wenn er sich umschaute, sah er die ⊟, daneben den ⓐ und die ⊙. Er saß auf dem ⊟, darunter lag ein ▭, daneben eine ⊂. Er ging zum ⊞ : ⊞.

🔺 🚲 ✉ ☐ ☐. Bloch zog die Vorhänge zu und ging hinaus.

1. Übersetzen Sie die Zeichen in Worte. Erklären Sie, weshalb verschiedene Textversionen entstehen.

2. Beschreiben Sie die Vor- und Nachteile von sprachlichen Zeichen (Wörtern) und grafischen Zeichen (Symbolen).

Projektaufgabe B: Wir lernen uns kennen

1. Bilden Sie einen Doppelkreis. Achten Sie darauf, dass Sie einer Partnerin oder einem Partner gegenübersitzen, die bzw. den sie noch nicht kennen.

2. Interviewen Sie sich gegenseitig und fertigen Sie einen „Steckbrief" über Ihre Partnerin oder über Ihren Partner an.

3. Stellen Sie vor der Lerngruppe Ihre Interviewpartnerin oder -partner vor.

Projektaufgabe C: Einen Werbeprospekt erstellen

Mögliche Themen: ○ Mitgliederwerbung Verein ○ Werbeprospekt Ihrer Stadt

1. Sammeln Sie Informationen.

2. Formulieren Sie mithilfe der Informationen Werbetexte.

3. Achten Sie bei der Erstellung Ihres Prospektes oder Faltblattes auf eine ansprechende grafische Gestaltung.

2.1 Was alles bei Kommunikation eine Rolle spielt

Weisenborn, Günther, geb. in Velbert 10.7.1902, gest. in Berlin 26.3.1969, dt. Dramatiker und Erzähler.

Als Angehöriger der Widerstandsbewegung (seine Werke wurden 1933 verbrannt) gegen den Nationalsozialismus war er 1942–1945 inhaftiert.

Die Kurzgeschichte erzählt von einer Begebenheit aus dieser Zeit.

Günther Weisenborn
Die Aussage

Als ich abends gegen zehn Uhr um mein Leben klopfte, lag ich auf der Pritsche und schlug mit dem Bleistiftende unter der Wolldecke an die Mauer. Jeden Augenblick flammte das Licht in der Zelle auf und der Posten blickte durch das Guckloch. Dann lag ich still.

Ich begann als Eröffnung mit gleichmäßigen Takten. Er erwiderte genauso. Die Töne waren fein und leise wie sehr entfernt. Ich klopfte einmal – a, zweimal – b, dreimal – c.

Er klopfte unregelmäßig zurück. Er verstand nicht.

Ich wiederholte, er verstand nicht.

Ich wiederholte hundertmal, er verstand nicht. Ich wischte mir den Schweiß ab, um meine Verzweiflung zu bezwingen. Er klopfte Zeichen, die ich nicht verstand, ich klopfte Zeichen, die er nicht verstand.

Ratlosigkeit.

Er betonte einige Töne, denen leisere folgten. Ob es Morse war? Ich kannte nicht Morse. Das Alphabet hat 26 Buchstaben. Ich klopfte für jeden Buchstaben die Zahl, die er im Alphabet einnahm: für h achtmal, für p sechzehnmal.

Es tickten andere Takte herüber, die ich nicht begriff. Es schlug zwei Uhr. Wir mussten uns unbedingt verständigen. Ich klopfte:

. = a, .. = b, ... = c

Ganz leise und fern die Antwort:

–.–.–..

Keine Verständigung. In der nächsten Nacht jedoch kam es plötzlich herüber, ganz leise und sicher:

.,..,...

Dann die entscheidenden Zeichen: zweiundzwanzig gleiche Klopftöne. Ich zählte mit, das musste der Buchstabe V sein. Dann fünf Töne. Es folgte ein R, das ich mit atemlos kalter Präzision auszählte. Danach ein S, ein T, ein E, ein H, ein E.

… verstehe …

Ich lag starr und glücklich unter der Wolldecke. Wir hatten Kontakt von Hirn zu Hirn, nicht durch den Mund, sondern durch die Hand.

Unser Verstand hatte die schwere Zellenmauer des Gestapokellers überwunden. Ich war nass vor Schweiß, überwältigt vom Kontakt. Der erste Mensch hatte sich gemeldet. Ich klopfte nichts als:

… gut …

Es war entsetzlich kalt, ich ging den Tag etwa 20 Kilometer in der Zelle auf und ab, machte im Monat 600, in neun Monaten 5400 Kilometer, von Paris bis Moskau etwa, wartende Kilometer, frösteln auf mein Schicksal wartend, das der Tod sein musste.

Ich wusste es und der Kommissar hatte gesagt, dass bei mir „der Kopf nicht dran" bleiben würde.

Die zweite Aussage lag eben vor, daran war nichts zu ändern. Es war nur eine Hoffnung, wenn K. diese Aussage zurücknehmen würde. In der Nacht klopfte ich ihn an:

„Du ... musst ... deine ... Aussage ... zurücknehmen ..."

Er klopfte zurück:

„Warum?"

Ich: „Ist ... zweite ... Aussage ... gegen ... mich ... bedeutet ... Todesurteil ..."

Er: „Wusste ... ich ... nicht ..."

Ich: „Wir ... sind ... nicht ... hier ... um ... Wahrheit ... zu ... sagen ..."

Er: „Nehme ... zurück ..."

Ich: „Danke ..."

Er: „Morgen ..."

Ich: „Was ... brauchst ... du ...?"

Er: „Bleistift ..."

Ich: „Morgen ... Spaziergang ..."

Es wurde plötzlich hell. Das Auge der SS blickte herein. Ich lag still unter der Decke. Es wurde wieder dunkel. Ich hatte Tränen in den Augen. „Nehme zurück." Das werde ich nie vergessen. Es kam ganz fein und leise taktiert durch die Wand. Eine Reihe von kaum wahrnehmbaren Tönen und es bedeutete, dass für mich die Rettung unterwegs war. Sie bestand diese Nacht nur im Gehirn eines Todeskandidaten, drüben in Zelle acht, unsichtbar, winzig. Morgen würden es oben Worte werden, dann würde es ein unterschriebenes Protokoll im Büro sein und eines Tages würde dies alles dem Gericht vorliegen.

„Dank in die Ewigkeit, K.!"

Ich brach von meinen Bleistift die lange Graphitspitze ab und trug sie während des Spaziergangs bei mir. Es gingen ständig sechs Mann, immer dieselben, die ich nicht kannte, im Kreis um den engen Gestapohof.

Zurückgekehrt standen wir auf unserem Flur zu drei Mann, weit voneinander entfernt, und warteten einige Sekunden, bis der Posten uns nachkam. Ich eilte heimlich auf Zelle acht zu, riss die Klappe auf, warf die Bleistiftspitze hinein, schloss die Klappe lautlos und stellte mich eilig an meinen Platz. Ich werde nie das erstaunte Aufblicken seiner sehr blauen Augen, sein bleiches Gesicht, die Hände, die gefesselt vor ihm auf dem Tisch lagen, vergessen. Der Posten kam um die Ecke. Das Herz schlug mir bis in den Hals. Wir wurden eingeschlossen.

Später klopfte es: „Danke ... habe ... Aussage ... zurückgenommen."

Ich war gerettet.

Vielleicht.

---

1. Beschreiben Sie die Umstände, unter denen sich die Häftlinge verständigen müssen.
2. Woran scheitern zunächst die Verständigungsversuche? Wann erst gelingt die Verständigung?
3. „Wir mussten uns unbedingt verständigen." – Warum?
4. Der Nationalsozialismus hat versucht, seine Gegner „mundtot" zu machen. Wie verdeutlicht Günther Weisenborn dies in seiner Kurzgeschichte?
5. Erläutern Sie, welche Gegenmittel in der Geschichte benutzt werden, um eine Gewaltherrschaft zu überleben.

Es gibt viele Wege sich miteinander zu verständigen. Das wichtigste Mittel zur Verständigung der Menschen untereinander ist die Sprache. Sie ermöglicht es ihnen sich kennenzulernen, aufeinander einzugehen, einander etwas mitzuteilen. Verständigung wird auch als Kommunikation bezeichnet.

Die sprachliche Kommunikation erfolgt in mündlicher oder schriftlicher Form. Dabei spielen die folgenden Faktoren eine wichtige Rolle:

- die Eigenheiten der beteiligten Personen (Laune, Bildung, Erfahrungen, ...)
- die Absichten der Kommunikationspartner
- das Sprachvermögen
- die Kommunikationssituation
- das Thema und der Inhalt des Gespräches oder Textes

Das folgende Kommunikationsmodell verdeutlicht die wichtigsten Faktoren der Verständigung:

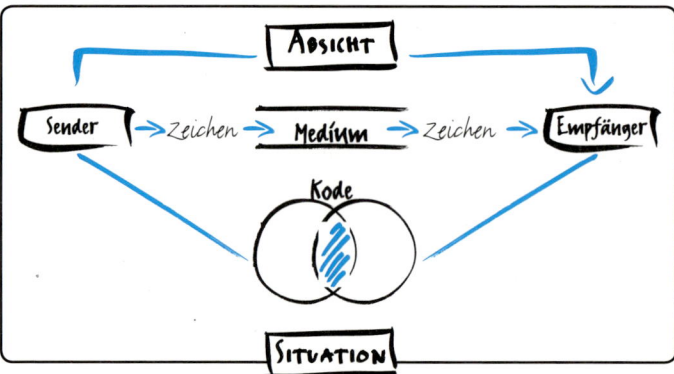

1. Erläutern Sie die Kommunikationssituation in der Kurzgeschichte mithilfe der Fachbegriffe des Kommunikationsmodells.
2. Beschreiben Sie die folgenden Situationen, indem Sie die Faktoren des Kommunikationsmodells anwenden:
   a) Verkaufsgespräch
   b) Berufsberatung im BIZ
   c) Gespräch im Freundeskreis
3. Nennen Sie Alltagssituationen, in denen Verständigung auch ohne Sprache funktioniert.

2.2 Die Grundfunktionen der Sprache

Ich sitze auf unserer Bank im Park. Es ist Herbst, die Blätter fallen. Der Himmel ist bewölkt; es sieht nach Regen aus. Mich fröstelt leise.
Während ich diese Zeilen schreibe, sehe ich dein Bild vor mir, dein Lachen, deine Augen, ... Ach, ich wünschte, du wärst bei mir. Aber ich weiß, dass du auch an mich denkst.
Ich liebe dich.

Gewinnen und starten Sie.
Sport Ritter verlost 20 Gleit-Segel inkl. Anfängerkurs unter Anleitung eines erfahrenen Ausbilders (oder je 2000,00 € in bar).
Also – machen Sie mit und erleben Sie 10 Tage Aktiv-Urlaub.
Den Coupon auf eine ausreichend frankierte Postkarte kleben, Ihre Adresse dazu und Ihr Alter (das Mindestalter für einen Gleit-Segelkurs ist 16 Jahre) – und bis zum 31. Dezember einschicken.

Die Verpackungsverordnung soll den Verpackungsmüll in Deutschland verringern. Sie verpflichtet Handel und Hersteller zur Rücknahme und Wiederverwertung von Verpackungen. Um diese Aufgabe des Recyclings zu erfüllen, gründete die Industrie die Entsorgungsgesellschaft „Das Duale System Deutschland" (DSD). Die DSD verspricht, den Verpackungsmüll abzutransportieren und wieder zu verwerten. Umweltverbände kritisieren dieses System, da es bis jetzt keine ausreichenden Möglichkeiten gibt, Kunststoffe sinnvoll aufzubereiten.

1. Worüber handeln die Texte im Einzelnen?
2. Beschreiben Sie, welche Absicht die Verfasser verfolgen.
3. Was steht bei welchem Text im Mittelpunkt: Verfasser – Leser – Information?

Bei jeder sprachlichen Äußerung spielen die folgenden Faktoren eine Rolle:

- Sprecher/-in oder Schreiber/-in
- Hörer/-in oder Leser/-in
- Sachverhalt und Information

Der deutsche Sprachwissenschaftler Karl Bühler unterscheidet je nachdem, welche der drei Faktoren die Hauptrolle spielt, zwischen drei Grundfunktionen der Sprache:

- Information über einen Sachverhalt: **Darstellungsfunktion**
- Gedanken, Gefühle des Sprechers/der Sprecherin: **Ausdrucksfunktion**
- den Hörer/die Hörerin oder den Leser/die Leserin beeinflussen: **Appellfunktion**

In den meisten Situationen, sei es beim Sprechen oder in einzelnen Texten, dominiert eine der drei genannten Grundfunktionen. In vielen Fällen wirken aber auch zwei oder gar alle drei Funktionen mit. Dann ist es wichtig, alle konkreten Einflussfaktoren (Personen, Situation, Inhalt und Absicht) genau zu prüfen.

1. Bestimmen Sie die vorherrschende Grundfunktion in den folgenden Äußerungen. Begründen Sie Ihre Entscheidung.

    a) Bitte anschnallen!
    b) Der Verfasser des Buches „Ganz unten" ist Günther Wallraff.
    c) „Ein Kluger bemerkt alles, ein Dummer macht über alles eine Bemerkung." (H. Heine)
    d) Bundeswehr – mit Sicherheit
    e) Mainz liegt genau auf dem 50. Breitengrad.
    f) Gib AIDS keine Chance!
    g) Hilfe, Hilfe! So helft mir doch!
    h) Schweigt der Menschen laute Lust,
       rauscht die Erde wie in Träumen
       wunderbar mit allen Bäumen,
       was dem Herzen kaum bewusst,
       alte Zeiten, linde Trauer,
       und es schweifen leise Schauer
       wetterleuchtend durch die Brust.
       (Joseph von Eichendorff)

2. Ordnen Sie die folgenden Textsorten der entsprechenden sprachlichen Grundfunktion (Spalte) zu. Begründen Sie Ihre Entscheidung.
   Lebenslauf – Protestsong – Kommentar – Liebesbrief – Mahnung – Unfallbericht – Tagebucheintragung – Predigt – Protokoll – Naturgedicht – Kochrezept – Erlebnisschilderung – Gebrauchsanweisung – Flugblatt – Werbebrief

überwiegend Ausdrucksfunktion	überwiegend Darstellungsfunktion	überwiegend Appellfunktion

24 Grundlagen der Kommunikation

2.3 Die vier Botschaften einer Nachricht

Friedemann Schulz von Thun hat das Modell der drei Grundfunktionen der Sprache um die Beziehungsfunktion erweitert. Schulz von Thun unterscheidet bei der Nachricht vier Botschaften:

Der Mann (= Sender) sagt zu seiner am Steuer sitzenden Frau (= Empfänger): „Du, da vorne ist grün!" – Was steckt alles drin in dieser Nachricht, was hat der Sender (bewusst oder unterbewusst) hineingesteckt, und was kann der Empfänger ihr entnehmen?

1. Sachinhalt (oder: Worüber ich informiere)

Zunächst enthält die Nachricht eine Sachinformation. Im Beispiel erfahren wir etwas über den Zustand der Ampel – sie steht auf Grün. Immer wenn es „um die Sache geht", steht diese Seite der Nachricht im Vordergrund – oder sollte es zumindest.

2. Selbstoffenbarung (oder: Was ich von mir selbst kundgebe)

In jeder Nachricht stecken nicht nur Informationen über die mitgeteilten Sachinhalte, sondern auch Informationen über die Person des Senders. Dem Beispiel können wir entnehmen, dass der Sender offenbar deutschsprachig und vermutlich farbtüchtig ist, überhaupt, dass er wach und innerlich dabei ist. Ferner: dass er es vielleicht eilig hat usw. Allgemein gesagt: In jeder Nachricht steckt ein Stück Selbstoffenbarung des Senders. Ich wähle den Begriff der Selbstoffenbarung, um damit sowohl die gewollte Selbstdarstellung als auch die unfreiwillige Selbstenthüllung einzuschließen.

3. Beziehung (oder: Was ich von dir halte und wie wir zueinander stehen)

Aus der Nachricht geht ferner hervor, wie der Sender zum Empfänger steht, was er von ihm hält. Oft zeigt sich dies in der gewählten Formulierung, im Tonfall und anderen nichtsprachlichen Begleitsignalen. Für diese Seite der Nachricht hat der Empfänger ein besonders empfindliches Ohr; denn hier fühlt er sich als Person in bestimmter Weise behandelt (oder misshandelt). In unserem Beispiel gibt der Mann durch seinen Hinweis zu erkennen, dass er seiner Frau nicht recht zutraut, ohne seine Hilfe den Wagen optimal zu fahren.

Möglicherweise wehrt sich die Frau gegen diese „Bevormundung" und antwortet barsch: „Fährst du oder ich?" – Wohlgemerkt: Ihre Ablehnung richtet sich in diesem Fall nicht gegen den Sachinhalt (dem wird sie zustimmen), sondern ihre Ablehnung richtet sich gegen die empfangene Beziehungsbotschaft.

Allgemein gesprochen: Eine Nachricht senden heißt auch immer, zu dem Angesprochenen eine bestimmte Art von Beziehung auszudrücken.

4. Appell (Oder: Wozu ich dich veranlassen möchte)

Kaum etwas wird „nur so" gesagt – fast alle Nachrichten haben die Funktion, auf den Empfänger Einfluss zu nehmen. In unserem Beispiel lautet der Appell vielleicht: „Gib ein bisschen Gas, dann schaffen wir es noch bei Grün!"

Die Nachricht dient also auch dazu, den Empfänger zu veranlassen, bestimmte Dinge zu tun oder zu unterlassen, zu denken oder zu fühlen. Dieser Versuch, Einfluss zu nehmen, kann mehr oder minder offen oder versteckt sein – im letzteren Falle sprechen wir von Manipulation. Der manipulierende Sender scheut sich nicht, auch die anderen drei Seiten der Nachricht in den Dienst der Appellwirkung zu stellen.

Friedemann Schulz von Thun, Miteinander reden: Störungen und Klärungen. Psychologie der zwischenmenschlichen Kommunikation. Hamburg 1981. S. 26–30.

Der Empfänger kann eine Äußerung ebenso auf vier Arten verstehen. Er braucht sozusagen vier Ohren. Mit welchem Ohr am meisten zugehört wird, ist für den Verlauf eines Gesprächs entscheidend.

Der „vierohrige" Empfänger

Selbstoffenbarungsohr
Was ist das für eine/einer?
Was ist mit ihr/ihm?
Was denkt sie/er?

Beziehungsohr
Wie redet die/der
eigentlich mit mir?
Wen glaubt sie/er, vor
sich zu haben?
Wie steht sie/er
zum Thema/der Sache?

Sachohr
Wie ist der Sachverhalt/
die Aufgabenstellung zu
verstehen?

Appellohr
Was soll ich tun, denken,
fühlen aufgrund ihrer/
seiner Mitteilung?

Formulieren Sie die vier Botschaften, die der Empfänger den folgenden Aussagen entnehmen kann.
a) Mitarbeiter zur Abteilungsleiterin: „Ich brauche aus familiären Gründen zwei Tage Urlaub."
b) Ausbilder zum Auszubildenden: „Siehst du, wenn du mit Überlegung an die Arbeit gehst, dann wird das auch was."

Wie wichtig, ja lebenswichtig die Sprache für den Menschen ist, wird an dem folgenden Fall sichtbar:

> **In Kalifornien wurde 1970 ein Mädchen entdeckt, das seit ihrem 20. Lebensmonat gefesselt und von allen Menschen isoliert auf einem Klosettstuhl gefangen gehalten wurde. Sie hatte keinerlei sprachliche Kontakte gehabt. Ihr Vater und ihr älterer Bruder hatten sie, wenn sie ihr einen Essensnapf hinstellten, höchstens angebellt und alle ihre Lautäußerungen waren vom Vater bestraft worden. Als sie mit 13 Jahren befreit wurde, sprach sie keine Sprache und verstand keine. Und trotz aller Bemühungen ihrer Erzieher lernte sie in der Folge viel langsamer als ein Kleinkind. Sie lernte nie richtig grammatikalisch zu sprechen und konnte lediglich telegrafische Kurzsätze formulieren.**

Erich Kästner: **Sachliche Romanze**

*Als sie einander acht Jahre kannten
(und man darf sagen: sie kannten sich gut),
kam ihre Liebe plötzlich abhanden.
Wie andern Leuten ein Stock oder Hut.*

*Sie waren traurig, betrugen sich heiter,
versuchten Küsse, als ob nichts sei,
und sahen sich an und wussten nicht weiter.
Da weinte sie schließlich. Und er stand dabei.*

*Vom Fenster aus konnte man Schiffen winken,
Er sagte, es wäre schon viertel nach vier
und Zeit, irgendwo Kaffee zu trinken.
Nebenan übte ein Mensch Klavier.*

*Sie gingen ins kleinste Café am Ort
und rührten in ihren Tassen.
Am Abend saßen sie immer noch dort.
Sie saßen allein und sie sprachen kein Wort
und konnten es einfach nicht fassen.*

1. … und sie sprachen kein Wort.
   a) Erläutern Sie den Zusammenhang von Sprachlosigkeit und Beziehung.
   b) Erläutern Sie die Aussagen des Gedichts.
2. Ordnen Sie die folgenden Körpersignale danach, ob sie Aufmerksamkeit oder Desinteresse verraten:
   freundliches Lächeln – Arme verschränken – wenig Blickkontakt – Kopfnicken – auffallendes Räuspern – in Unterlagen blättern – mit anderen tuscheln – Äußerungen wie „Ja" und „Hm" – häufig auf die Uhr schauen
3. Piktogramme sind aus der internationalen Kommunikation nicht mehr wegzudenken. Welche Informationen enthalten die folgenden Bildzeichen?

4. Auch die digitale Welt im Internet ist nicht emotionslos. Vor allem bei E-Mails werden die Zeichen der Tastatur als sogenannte Emoticons genutzt, um die eigenen Gefühle auszudrücken.
   Beschreiben Sie die Bedeutung der folgenden Emoticons, indem Sie das Buch um neunzig Grad drehen.
   a) :-)   b) :-(c) ;-)   d) 8-)   e) :-X   f) :-#

2.4 Körpersprache

1. Was signalisieren die verschiedenen Körperhaltungen?
2. Welche Reaktionen können sie beim Gesprächspartner bewirken?

Nicht jede Kommunikation ist an Sprache gebunden. Im Gegenteil: Weit mehr Informationen werden nonverbal, also ohne Worte, übermittelt. Wichtige Elemente der Sprache ohne Worte sind:

- die Körperhaltung
- Gesten
- Gebärden
- der Gesichtsausdruck (Mimik)
- Sprechweise, Stimme und Tonfall
- die äußere Erscheinung und Kleidung
- der Geruch

Die nonverbale Kommunikation spielt sich auf der Beziehungsebene ab und beeinflusst bewusst oder unbewusst alle unsere Entscheidungen. Schon der erste Eindruck, wie uns ein Gesprächspartner gegenübertritt, zeigt uns ein Bild seines Inneren; oder besser gesagt, wir machen uns von ihm ein Bild.

Der erste Eindruck in Zahlen:

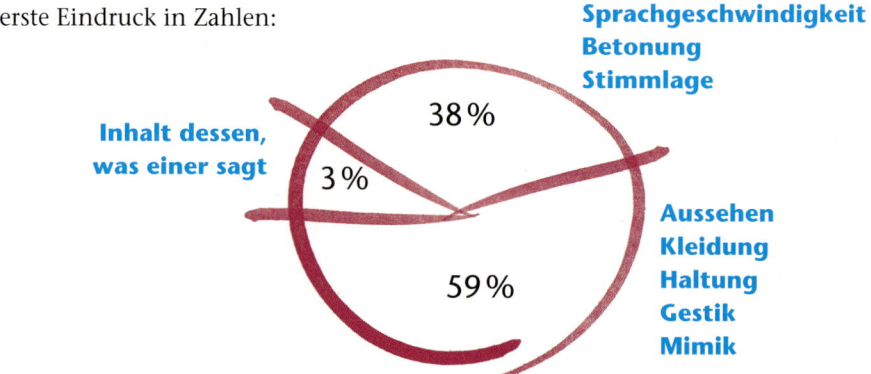

Grundlagen der Kommunikation

Unsere Hände sind eines der wichtigsten Kommunikationsmittel; dabei gibt es Finger- und Handzeichen, die bewusst, und solche, die eher unbewusst eingesetzt werden. Wie leistungsfähig solche Zeichen sein können, beweist die Gebärdensprache der Gehörlosen. Um sich in fremden Ländern verständlich machen zu können, ist es zuweilen unumgänglich, sich mit „Händen und Füßen" zu verständigen. Erstaunlich dabei ist, dass dies für alltägliche Situationen durchaus auch funktioniert.

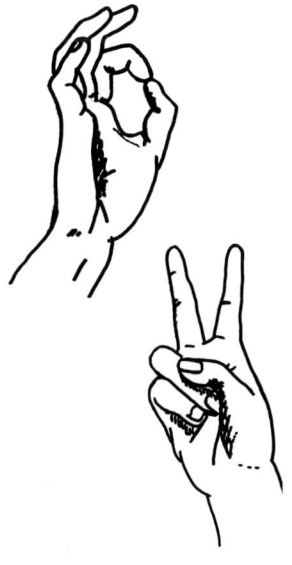

Allerdings können in anderen Ländern und Kulturkreisen Zeichen andere Bedeutung haben und so zu Missverständnissen führen. Dies trifft auch auf die beiden abgebildeten Gesten zu: Was bei uns „o.k." oder „hervorragend" bedeutet, meint in Japan „Geld", in Frankreich „nichts wert". Und in vielen südlichen Ländern Europas würde sich der Gesprächspartner durch die gleiche Geste auf unanständige Weise beleidigt fühlen.

Bei einem seiner ersten Staatsbesuche in Australien begrüßte der frühere amerikanische Präsident George Bush das Empfangskomitee sowie Presse und Fernsehen mit dem Victory-Zeichen. Dieser als freundliche Geste gemeinte Gruß löste allerdings Kopfschütteln aus. Die gespreizten Mittel- und Zeigefinger galten nämlich in Australien als unanständiges Symbol, vergleichbar mit dem „Stinkefinger" bei uns. Mittlerweile ist das Victory-Zeichen international; auch die Australier kennen seine Bedeutung als Symbol der Siegesgewissheit.

Auch bei Distanzgrenzen spielen kulturelle Rahmenbedingungen eine wichtige Rolle. Schon innerhalb Europas gibt es Unterschiede, die zu Missverständnissen führen können. So findet zum Beispiel ein englischer Geschäftsmann einen Gesprächspartner unhöflich, der sich genau vor ihn hinstellt. In Deutschland dagegen muss der englische Partner eher merkwürdig erscheinen, der den direkten Blickkontakt vermeidet und den Verhandlungspartner von der Seite her anspricht. Auch von der Kleidung gehen Signale aus: „Kleider machen Leute". Dazu gehören auch Accessoires, Schmuck, Make-up, Tätowierung, Körperbemalung oder Haartrachten.

Wichtige optische Signale sind Farben. Die Bedeutung von Farben kann dabei je nach Kultur und Zeitepoche sehr unterschiedlich sein. Während Trauer bei uns durch die Farbe Schwarz signalisiert wird, ist in Teilen Asiens Weiß die Trauerfarbe. Interessant ist, dass früher bei uns die Braut ein schwarzes Kleid trug, während heute in Weiß geheiratet wird.

Selbst der Geruch beeinflusst die Kommunikationssituation. Wenn sich zwei Gesprächspartner „nicht riechen" können, wird sich dies eher negativ auf den Kommunikationsprozess auswirken. Auch Ärger, Hektik oder Stress beeinflussen durch Schweißausbrüche die Geruchsabgabe und damit die Gesprächssituation. Körperdeodorants oder Parfüms können zu einer angenehmen Geruchssituation beitragen, vorausgesetzt sie wirken nicht aufdringlich.

Viele Elemente der nonverbalen Kommunikation ergänzen oder bedingen sich. Glaubhaft ist nur der, dessen Körperhaltung, Gesten und Worte übereinstimmen. Eine Formulierung wie „Ganz offen gesagt ..." verträgt keine über der Brust verschränkten Arme oder Hände auf dem Rücken.

Richtiges nonverbales Verhalten ist im Berufsalltag oft entscheidend, um eine Situation erfolgreich zu gestalten.

1. Welche Bedeutung haben diese Gesten und Mienen?
2. „Andere Länder – andere Sitten". Führen Sie hierzu Beispiele an.
3. Pantomimen-Spiel
   Stellen Sie die folgenden Empfindungen ohne Worte dar:
   a) Angst
   b) Freude
   c) Neugierde
   d) Verbissenheit
   e) vorgetäuschte Freundlichkeit

3 Verschiedene Sprachen sprechen

 Projektaufgabe A: Ein Kreuzworträtsel erstellen

In jedem Berufsfeld gibt es viele Fachbegriffe.

Erstellen Sie ein Kreuzworträtsel „Rund um den Beruf", in dem diese Begriffe gefunden werden sollen. Dazu müssen Sie alle infrage kommenden Fachbegriffe auflisten und für den Rätselfreund umschreiben, z.B.

1. Kundenwerbung durch Vertreter
2. Erfassen des Warenbestandes

 Projektaufgabe B: Ein Glossar erstellen

In vielen Hobbys gibt es fachsprachliche Ausdrücke.

Fertigen Sie über Ihr Hobby ein Glossar an, in dem die wichtigsten Ausdrücke aufgelistet und erklärt werden.

 Projektaufgabe C: Einen Text in Jugendsprache umschreiben

Suchen Sie Sachtexte (z.B. Zeitungsberichte) oder kleine literarische Texte (z.B. Märchen). Schreiben Sie diese zur Veröffentlichung in einer Jugendzeitschrift oder Schülerzeitung um in Jugendsprache.

Hamburger Rundschau

3.1 Sich fachsprachlich ausdrücken

Jost Friedland:
Von Palstek bis Kielschwein

Finden sich in einer geselligen Runde zufällig zwei bis drei Sonntagsjäger, dann verstehen alle übrigen bald nur noch Bahnhof. Ähnlich ist es bei Golf-Schlägern oder Ross-Naturen mit ihrem jeweiligen Fachwelsch. Und ebenso oder noch schlimmer, wenn es sich um Segler handelt.

Da werden dem bass erstaunten Mithörer nämlich unversehens Wörter um die Ohren gehauen, von denen er bis dato nicht einmal geahnt hat, dass es in dieser unserer Sprache so was Sonderbares überhaupt gibt. Einen Knickspant beispielsweise – was immer das sein mag. Oder einen Vorschotmann, der letztens die Genua zu weit ausgefiert hat, sodass nichts mehr übrigblieb, als sofort zurückzuhalsen.

Oder: Bei einem vorlichen Viererwind, auflandig noch dazu, bringt halt leider auch der Spinnaker nicht mehr viel – schon gar nicht bei einem leegierigen Boot. Man hört bei solcher Fachsimpelei ferner Ausdrücke wie Kielschwein, Lümmellager und Baumniederholer, da wird die Schot gewinscht und die Dirk angeholt, vom Killen und von einem Unterliekstrecker ist die Rede. Und auch davon, ob ein Palsteck allemal vorzuziehen sei, weil er niemals slippen kann – oder in manchen Situationen vielleicht doch der Runtörn mit zwei halben Schlägen? Für Nochnichtsegler hört sich das alles etwa so informativ an, wie wenn sie auf Kurzwelle zufällig in eine Nachrichtensendung von Radio Peking hineingeraten wären.

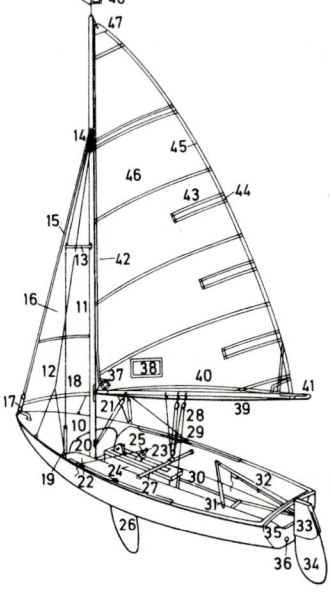

10 das Vordeck	30 die Ausreitgurte m
11 der Mast	31 der Pinnenausleger
12 der Trapezdraht	32 die Pinne
13 die Saling	33 der Ruderkopf
14 der Wanthänger	34 das Ruderblatt
15 das Vorstag	35 der Spiegel
16 die Fock (Genua)	(das Spiegelheck)
17 der Fockniederholer	36 das Lenzloch
18 die Want	37 der Großsegelhals
19 der Wantenspanner	38 das Segelfenster
20 der Mastfuß	39 der Baum
21 der Baumniederholer	40 das Unterliek
22 die Fockschotklemme	41 das Schothorn
23 die Fockschot	42 das Vorliek
24 der Schwertkasten	43 die Lattentasche
25 der Knarrpoller	44 die Latte
26 das Schwert	45 die Achterliek
27 der Traveller	46 das Großsegel
28 die Großschot	47 der Großsegelkopf
29 die Fockschotleitschiene	48 der Verklicker

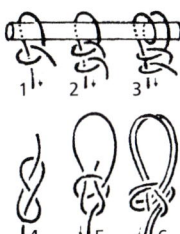

Knoten (seemännische Knoten):

1 ein halber Schlag
2 zwei halbe Schläge (K. lässt sich zusammenziehen)
3 Rundtörn mit zwei halben Schlägen (wenn viel Kraft auf das Ende kommt)
4 Achtknoten (verhindert am Seilende das Ausscheren)
5 Palstek (häufigster K., zieht sich nicht zusammen, leicht lösbar)
6 doppelter Palstek

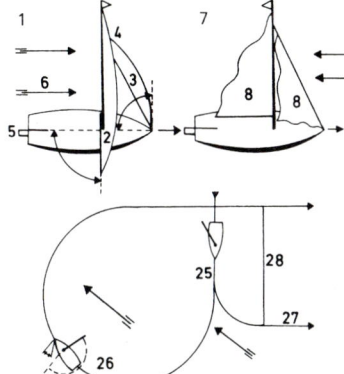

1 das Segeln vor dem Wind
2 das Großsegel
3 die Fock
4 die Schmetterlingsstellung der Segel
5 die Mittschiffslinie
6 die Windrichtung
7 das Boot ohne Fahrt
8 das killende Segel

25–28 das Kreuzen

25 die Kreuzstrecke
26 das Halsen
27 das Wenden
28 der Verlust an Höhe beim Halsen

1. **Verstehen Sie das Segler-Deutsch? Dann versuchen Sie – notfalls mithilfe der nebenstehenden Erläuterungen – die markierten Begriffe zu erklären.**
2. **Welche Vorteile bieten die Fachbegriffe gegenüber den normalsprachlichen Umschreibungen?**
3. **Welche soziale Wirkung hat das Sprechen einer Fachsprache bei geselligen Treffen**
   a) **bei Fachleuten?**
   b) **bei Laien?**
4. **Welche anderen Sportarten sind auch wegen ihres ausgeprägten Fachchinesischs bekannt?**

Fachsprachen sind durch die zunehmende Arbeitsteilung in der modernen Gesellschaft entstanden. Sie ermöglichen den jeweiligen Spezialisten, sich

- kurz und
- ohne Missverständnisse

zu verständigen, da sie eindeutig Dinge und Vorgänge eines Sachgebietes mit eigenen Namen bezeichnen. Zwischen den jeweiligen Fachleuten fördern sie das gegenseitige Näherkommen.

Rock [engl.] (Rockmusik), Art der Populärmusik (Popmusik), die ihren Ausgang vom amerikan. Rock 'n' Roll der 1950er Jahre nahm und in England durch die Beatmusik fortgesetzt wurde. Mit ihr entstand das bis heute typ. musikal. Erscheinungsbild, das durch die Gruppenbesetzung geprägt ist; 2 Sänger-Gitarristen (Solo- und Rhythmusgitarre), Bassgitarre, Schlagzeug. Die Stücke bevorzugen die zwei- und dreiteil. Liedform mit Soloversen und Gruppenrefrain. Typisch ist der hart geschlagene, gleichförmig pulsierende Beat. Durch die seit 1965 immer stärker werdende Annäherung an andere Musikstile wie Jazz, Blues, Folksong und die Kunstmusik entwickelten sich die verschiedensten Poprichtungen. Am bekanntesten sind der auf Blues, den Rhythm and Blues und den Gospelsong zurückgreifende *Soul* (James Brown, Ray Charles), der *Blues Rock* (Alexis Korner, Janis Joplin), der Elemente beider Stilrichtungen vereinigt, der provozierende *Underground* oder *Polit Rock* (Mothers of Invention), der durch neuartige Klangexperimente gekennzeichnete *Psychedelic Rock* (Pink Floyd), der von fernöstl. Klangwelt angeregte *Exotic Rock* (Raga-R.), der *Jazz Rock* (Chicago, John Mac Laughlin) und der auf klass. Vorbildern aufbauende *Classic Rock* (Emerson, Lake & Palmer). Die heutige R.-Musikszene setzt sich aus Altem und Neuem (*Punk, Reggae, Disco, New Wave, Funk, Rap, Hip Hop*) zusammen.

(Meyers Lexikon)

1. Erläutern Sie die Stilrichtungen der Rockmusik-Szene.

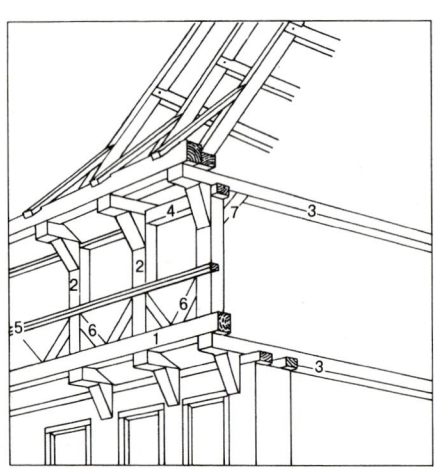

Fachwerkbau
Fachwerkbau, Holzbauweise mit Rahmenwerk, dessen Gefache mit Lehm oder [Back]steinen ausgefüllt werden. Das Rahmenwerk besteht aus Schwellen, Ständern (Stielen) sowie Rähmen und Verstrebungen, z.B. Riegel zw. den Ständern (in halber Höhe), Fuß- oder Kopfbänder (Dreiecksverbindungen). Auf den Rähmen ruhen die Deckbalken, die das Dachgestühl oder das nächste Stockwerk tragen. Sicherung durch Zapfung oder Blattung (Einbettung). Starke regionale Unterschiede (u.a. alemann., fränk., niedersächs. F.). Älteste erhaltene Fachwerkbauten stammen aus dem 15. Jahrhundert. *(Meyers Lexikon)*

2. Fertigen Sie eine Legende zur Zeichnung an, indem Sie den Zahlen die folgenden Fachbegriffe zuordnen:
Deckenbalken – Ständer – Kopfband – Fußband – Schwelle – Riegel – Rahmen
3. Was verstehen die Zimmerleute unter „Zapfung" und „Blattung"?

34 Grundlagen der Kommunikation

• • •

4. Sie sollen in einem Fachgeschäft folgende Werkzeuge besorgen. Nennen Sie ihre Fachbezeichnungen oder beschreiben Sie sie bezüglich ihres Aussehens und ihres Verwendungszwecks.

5. Benennen Sie die Hammer- und Zangenarten, die Sie bei Ihrer beruflichen Tätigkeit verwenden und beschreiben Sie ihre Funktion.
6. Erklären Sie, was man unter den folgenden Arten der Fleischzubereitung versteht und wann man sie anwendet:

Kochen 98°–100°	Dünsten um 100°	Braten 180°–250°
Garziehen 70°–98°	Schmoren 100°–150°	Grillen etwa 350°
Dämpfen um 100°	Kurzbraten 180°–200°	Frittieren 180°–200°

• • •

Ein Tennis-Match in Zahlen

	Spieler A	Spieler B
1. Aufschlag im Feld	69%	61%
Break-Points	21	6
Breaks	31	9
Fehler an der Grundlinie	31	9
Fehler am Netz	2	6
Doppelfehler	1	3
Direkte Punkte		
Asse	4	1
Service	11	15
Return	24	5
Forehand	7	1
Backhand/Passierschlag	2	4
Forehand/Passierschlag	8	–
Backhand	6	2
Volley	10	12
Smash	5	4
Lob	2	–
Stopp	–	–
Punkte insgesamt		
Selbst erzielt	79	44
Durch gegnerische Fehler	18	34
Summe:	**97**	**78**

• • •

7. In der Tennissprache kommen sehr viele englische Begriffe vor.
a) Wie ist das zu erklären?
b) Was bezeichnen die Fachausdrücke der abgebildeten Match-Statistik?

• • •

Verschiedene Sprachen sprechen

1 Jedes Unternehmen, das Güter produziert, wird mit der Frage konfrontiert, wie viel es von jedem Produktionsfaktor im Produktionsprozess einsetzen soll.
5 Bei den Produktionsverfahren muss zwischen lohn- bzw. arbeitsintensiven und kapitalintensiven Verfahren differenziert werden. Ist das Produktionsverfahren lohnintensiv, so steht der Faktor Arbeit
10 im Vordergrund, ist es kapitalintensiv, so ist der Faktor Kapital entscheidend. Ob ein Produktionsverfahren lohnintensiv oder kapitalintensiv ist, hängt davon ab, welches Gut hergestellt wird. Meistens handelt es sich bei Massenproduktionen 15 um kapitalintensive Produktionsverfahren. Hier sind große Maschinenstraßen notwendig, um überhaupt produzieren zu können.
In der Bundesrepublik Deutschland ist 20 der Faktor Arbeit teurer als der Faktor Kapital. Viele Unternehmen versuchen daher, den teuren Faktor Arbeit durch den billigeren Faktor zu ersetzen. Das Ersetzen (Substitution) des Faktors Arbeit 25 durch die Maschine ist ein Vorgang, der heute verstärkt zu beobachten ist (Rationalisierung).

• • •

8. Lesen Sie den oben stehenden Text und bearbeiten Sie folgende Aufgaben:
a) Welchem Fachbereich ist der Text zuzuordnen?
b) Erläutern Sie mit eigenen Worten, wie hier Rationalisierung erklärt wird.

9. In vielen Fachgebieten sind die Fachbegriffe aus anderen Sprachen ins Deutsche übernommen worden. Dazu gehören auch die Musik und das Geldwesen, wo viele Begriffe aus dem Italienischen stammen.
Finden Sie zu den Umschreibungen die jeweiligen Fachbegriffe.

Geldwesen
a) Anteilsschein einer Kapitalgesellschaft
b) Ausleihungen der Banken an ihre Kunden
c) Forderungen und Guthaben in fremder Währung
d) Gewinnausschüttung pro Aktie
e) Preis für einen Kredit
i) Kontostand nach Verrechnung von Soll und Haben
g) Bargeldloses Zahlungsmittel, durch das der Inhaber eines Kontos seine Bank anweist, einen Betrag auszuzahlen

Musik
a) ohne Begleitung von Instrumenten
b) sehr laut, äußerst stark und kräftig
c) ruhig, mäßig, langsam
d) schnell, lebhaft
e) höchste Stimmlage von Knaben und Frauen
f) Gruppe von vier Musikern
g) schwach, leise
h) hohe Männerstimme

Grundlagen der Kommunikation

3.2 Jugendsprache sprechen

Claus Peter Müller-Thurau:
Was Susi und Bene mit den Eskimos gemeinsam haben

Die Eskimos besitzen in ihrem Wortschatz sechs verschiedene Begriffe für Schnee. Der Schnee, das darf man wohl einräumen, ist ihr ständiger Begleiter. Alle ihre existentiellen Probleme sind mit seiner Beschaffenheit verbunden: Mal ist er locker und leicht, mal feucht und beschwerlich, manchmal ist er sicher verharscht, ein anderes Mal voller Tücken. Bei jeder Unternehmung ist sein Zustand zu bedenken, bestimmt seine Beschaffenheit Mühsal und Ergebnis des Ganzen. Schnee kann für den Eskimo unmöglich einfach nur Schnee sein.

Bene kennt und verwendet für ein „Mädchen" allein zehn verschiedene Begriffe: Da ist die Alte, die ihn verlassen hat; die Braut, die er sich für die Zweierkiste wünscht; die Disco-Tante, auf die er gar nicht steht; die scharfe Käthe, die ihn anknallt; die Mutti, auf die er schon abfahren könnte; die Schnecke, die er gern angraben möchte; der Teenie-Bopper, auf den er keinen Bock hat; die Torte, die ihn linkt; die riesige Tussi, auf die er heiß ist – und die zombige Tante, die er wohl niemals aufreißen wird. Was Bene sich letztlich wünscht (und da befindet er sich bestimmt in bester Gesellschaft), das ist die „Supermutter" …

An dieser Stelle muss aber die Susi, Benes Ex-Torte, mal zu Wort kommen. Auch sie weiß, was sie will – oder besser, was sie nicht will: Nichts im Sinn hat sie mit den Szene-Laschis, bei denen alles irgendwie so hängt; abstoßend findet sie die Macker-Typen und Stecher mit ihrem totalen Mackerverhalten und ihrer absoluten „Druck-und-Drauf"-Mentalität. Die Softies und Halb-Softies glaubt sie auch längst durchschaut zu haben: „Die tun doch nur so, als seien sie für die emanzipierte Frau – ansonsten verhalten sie sich genauso mackerhaft wie die meisten anderen!" Dann gibt es noch die Hohlen, die überhaupt nicht schnallen, was läuft. Susi stellt fest, dass es ihr weit leichter fällt zu sagen, welche Typen sie nicht mag. Ihr Traumtyp? – der müsste lieb, zärtlich, offen … im Grunde kann sie ihn gar nicht beschreiben: „Außerdem weiß ich selbst, dass es den gar nicht gibt. Aber eine Annäherung an das Ideal – das wäre gar nicht so übel."

So mühen sich Susi und Bene auf einem Terrain ab, das dem der Eskimos in vieler Hinsicht vergleichbar ist – da muss man schon die Vielfalt der Erscheinungsformen durch entsprechende Begriffe überschaubar machen und sich so zur besseren Orientierung verhelfen.

1. Warum kann für die Eskimos Schnee unmöglich nur „Schnee" heißen?
2. Weshalb verwenden Susi und Bene die vielen Begriffe für Junge bzw. Mädchen?
3. Wer versteht diese Ausdrücke, wer nicht?
4. Wo, wann und warum benutzen Jugendliche solche Ausdrücke?
5. Klären Sie die Bedeutung jugendsprachlicher Ausdrücke.
    a) Was meint Bene mit „Zweierkiste", „anknallen", „angraben"?
    b) Was meint Susi mit „Druck-und-Drauf-Mentalität", „mackerhaft"?
6. Machen Sie sich Gedanken über Ihre eigene Sprache.
    a) Verwenden Sie die Ausdrücke von Bene und Susi auch?
    b) Notieren Sie eigene Ausdrücke und umschreiben Sie sie in der Gemeinsprache, z. B. Supermutter = ein besonders attraktives Mädchen.
    c) Sind die Umschreibungen genauso aussagekräftig?

Die Jugendsprache ist eine Art Sondersprache.
Mit ihrer Sprache

- grenzen sich die Jugendlichen einerseits gegen die Erwachsenen ab,
- zeigen sie andererseits ihr Zugehörigkeitsgefühl zu Gleichaltrigen und Gleichgesinnten („Wir-Gefühl").

Die Jugendsprache verändert sich sehr schnell.

1. Übertragen Sie die folgenden Ausdrücke in die Gemeinsprache.

a) Ich glaub', ich raff das nicht.
b) Ich glaub', mich streift ein Bus.
c) Ich glaub', du tilst!
d) Ich glaub', mich knutscht ein Elch.
e) Die Band ist einfach galaktisch.
f) Ich glaub', das turnt mich nich' an.

2. Wie war's im Urlaub?
   also echt oberaffengeil
   das Wetter jeden Tag Sonne
   der Strand was soll ich sagen
   einfach super echt friesisch-herb
   das Meer noch unheimlich clean
   die Dörfer echt urig
   und die people dort
   alle immer cool und locker

   in der Pampa herumömmeln und poofen
   nie Panik auf der Titanic
   wenn man da nicht relaxed
   und abends super Feten Pinten Discos
   da gräbst du schnell 'ne Schnecke an
   und sowieso irre komisch
   wie da die Zeit powert
   und jetzt wieder die Maloche

   a) Wer hat wohl die Frage „Wie war's im Urlaub?" gestellt, wer beantwortet sie?
   b) Was erfährt man über den Urlaub, was erfährt man nicht?
   c) Schreiben Sie den Text um, indem Sie die Zeilen wahllos in einer anderen Reihenfolge anordnen; setzen Sie auch Satzzeichen.
   - Verändert sich die Textaussage entscheidend?
   - Was bedeutet dies?

3. Ordnen Sie den Umschreibungen die entsprechenden Ausdrücke aus der Jugendsprache zu.

   Umschreibungen: sehr guter Popsong – verstehen – verkaufen – gut, in Ordnung – viel, stark, sehr gut – viele Piercings – sehr gut, toll – ein Freund, der etwas gut gemacht hat – hervorragend – extrem – auf jemanden einreden

   Jugendsprache: peilen – korrekt – verchecken – krass – oberkorrekt – Brett – zugetackert – hart – volltexten – fett – Ratte

38 Grundlagen der Kommunikation

4. In der Werbung werden gelegentlich Ausdrücke aus der Jugendsprache verwendet:

MILCH IST DISCO-ACTION!

Tropic Sky.
Dein neuer Duft macht irre an!

Cool bleiben mit unseren heißen Bomberjacken & used Levi's 502'S

Ein Brief kann auch mal unheimlich abgehen. Schreib mal wieder ... Post.

Mit Twent Fluid no future für Pickel und Pickelkeime.

Cherry Coke. Ganz schön crazy.

Prima Giro. Wer's hat, blickt durch!

Mein Hülsta-Zimmer: Echt stark.

a) Warum sind Ausdrücke aus der Jugendsprache in den Werbeslogans verwendet worden?
b) Wie soll das Produkt in Verbindung mit Jugendsprache wirken?
c) Beurteilen Sie bei jedem einzelnen Slogan die Aussagekraft und den Informationswert der Formulierungen.
d) Sammeln Sie weitere Werbeslogans mit Jugendsprache.

3.3 Dialekt sprechen

Bei einem Straßenfest des Ortes Gossersweiler-Stein haben die Vereine unter dem Motto „Essen aus Urgroßmutters Zeiten" u.a. folgende Speisen angeboten:

Speisekarte

1 Hooriche Knebb unn Räähmsoß
2 Dampfknebb mit Beereschnitz
3 Hausgemachde Nudle unn Sauerflääsch
4 Gsorrene mit Schnulldungkes unn Dup Dup
5 Schingke im Brouddääg
6 Brotgrummbeere in Schmalz unn Zweewwle gebroore mot Bludwurscht unn Schweinebauch
7 Flääschknebb mit Merreddich
8 Waffle unn Obscht
9 Kreiderschmalzbroud
10 Weißer Kees mit Baurebroud
11 Grieweschmalzbroud
12 Spitzbuuwe mit Eegemachdem
13 Roschdiche Ridder mit Weisoß
14 Gouschler Hawwerflichl
15 Wurschtsupp
16 Kesslflääsch
17 Grumbeerepannekuuche unn Abbeldambes
18 Ächde hausgemachde Handkees
19 Freschgschdoußner Budder (vor Ort) mit Baurebroud
20 Flammkuuche

1. Was gibt es alles zu essen? „Übersetzen" Sie die mundartlichen Ausdrücke in die Hochsprache, soweit dies möglich ist.

2. Bestimmen Sie mithilfe der Karte auf der folgenden Seite die Heimat dieses Dialektes.

3. Machen Sie sich Gedanken über die Funktion von Mundarten.
   a) Warum ist hier vermutlich Mundart verwendet worden?
   b) Welche Gäste werden so vor allem angesprochen?

4. Erläutern Sie Aussprache und Schreibung von mundartlichen Ausdrücken.
   a) Wie müssen die Speisen ausgesprochen werden?
   b) Nach welcher „Regel" werden Dialektausdrücke geschrieben?
   c) Welche Schwierigkeiten ergeben sich dabei (vgl. z. B. „Kartoffel")? Warum?

5. Wie müsste eine Speisekarte Ihrer Mundartregion aussehen?

6. Wo und wann sprechen Sie Dialekt? Was sind die Gründe dafür?

Der Dialekt (die Mundart) ist eine örtliche oder regionale Sprachform, die
- in erster Linie gesprochen wird,
- eine eigene Lautung und eigene Ausdrücke aufweist,
- unter ihren Sprechern das Heimatgefühl stärkt.

Grundlagen der Kommunikation

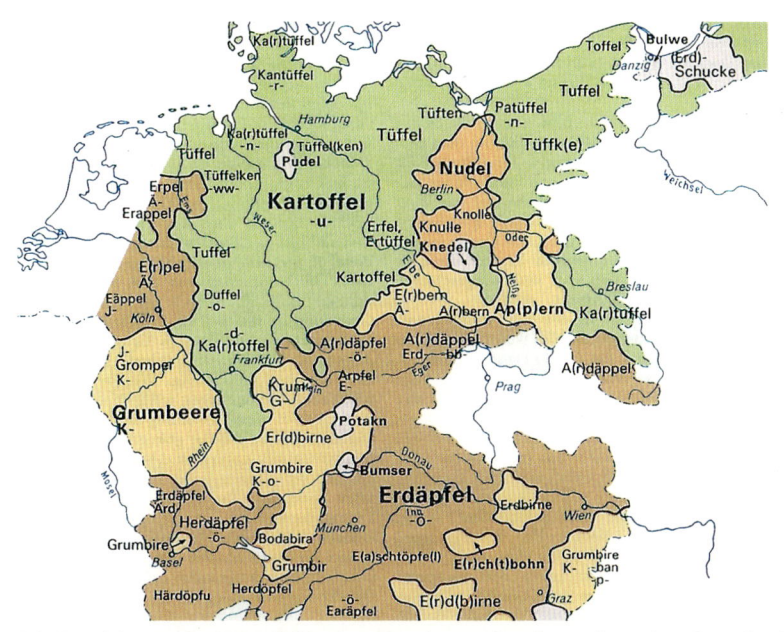

Die Bezeichnung für Kartoffel in den Mundarten des ehem. deutschen Sprachgebiets

Die Kartoffel wurde erst im 18. Jahrhundert in Deutschland im größeren Stil angebaut. Trotz ihrer also jungen Geschichte sind für die Kartoffel viele Varianten in der Mundart zu finden.

1. Suchen Sie den Ausdruck Ihrer Dialektregion.
2. Wie haben die Menschen die für sie neue und fremde Kartoffel in ihren Mundarten benannt?
   a) Vergleichen Sie z.B. die Ausdrücke „Grumbeere", „Erdäpfel", „Erdbirne".
   b) Wie erklären Sie sich die Ausdrücke „Tuffel" und „Tüffel"?
3. Für das Ernten der Kartoffel gibt es u.a. folgende Bezeichnungen in den deutschen Mundarten: „lesen", „klauben", „graben", „hacken", „ausmachen", „sammeln". Wie kann man sich die unterschiedlichen Ausdrücke erklären?

Mundart ist heute wieder in und verkauft sich gut. Immer mehr Mundartwettbewerbe werden ausgeschrieben, immer mehr Liedermacher und Musikgruppen singen in Mundart.

1. Nennen Sie Gruppen und Sänger, die in ihren Liedern Mundart verwenden.
2. Wie erklären Sie sich den Erfolg der mundartlichen Songs?

Verschiedene Sprachen sprechen

Mundart kann zu ganz unterschiedlichen Zwecken und Wirkungen in Songs verwendet werden, z.B. als Mittel der Zuneigung, der Zusammengehörigkeit und der Solidarität, als Ausdruck von Selbstbewusstsein und Ehrlichkeit oder von Distanz und Kritik.

Vergleichen Sie dazu die beiden mundartlich „eingefärbten" Songs.

1. In welcher Absicht und mit welcher Wirkung wurden hier die Dialekte eingesetzt?
2. „Übersetzen" Sie die Texte ins Hochdeutsche. Was verändert sich dabei?
3. Sprechen Sie auch über den Inhalt der Songs.
   a) Was halten Sie von der Feststellung im BAP-Song: „Helfe kann dir keiner"?
   b) Welche Seiten der Großstadt Berlin schildert Klaus Hoffmann in seinem Song?

BAP: Helfe kann dir keiner	Klaus Hoffmann: Morjen Berlin
Wenn de janz kapott bess	Morjen Berlin, morjen du Schöne
Weil op einmohl einer fott ess	Herz in der Hand, Küsse im Sinn
Vun dämm de meins	Schnauze, du Stadt, machst lange Beene
Datte ahn ihm hängs	rennst vorne weg, knallst wieder hin
Wenn de Deck dir op der Kopp fällt	machst uff janz groß, du große Kleene
Un dich nix mieh doheim hällt	stehst uff besonders, bist Provinz
Weil do keiner ess	morjen Berlin, morjen du Schöne
Dä met dir verzällt	Morjen Berlin, morjen du Schöne
Jank dir eine drinke Jung	verhungert Kind, Fussel im Bauch
Schwaad einer ahn	Klappe du Gör, hälst große Reden
Do setzen doch jenooch erömm	schlägst Riesenrad, stehst uff'm Schlauch
Die och et ärme Dier hann	wartest auf Sonne, du lachende Träne
Helfe kann dir keiner	zauberst dir Regen, du Trümmerkind
Se verzälle dir nur Seiwer	morjen Berlin, morjen du Schöne
Vun „waat ens aff	Mama ist weg, Papa geht fremd
Et weet alles widder joot … widder joot"	dich will doch keener, nich mal geschenkt
Un dann wähßels'te de Weetschaft	hör uff zu flennen, putz dir die Nase
Un de läufs de janze Stadt aff	ick mag dich, ick mag dich, ick mag dich
Weil de meins	komm altet Mädchen, ick bin dein Prinz
Do möht doch einer sinn, dä de kenns	Morjen Berlin, morjen du Schöne
Da kannste maache, wat de wills, Jung	der Zirkus beginnt, die Clowns schlagen Krach
Do blievste allein	dufte du Stadt, lass et mal tönen
Do kannste nix draan maache, Jung	Riesenspektakel bis in die Nacht
Et bess wöör, do jings heim	ick lieb deine Farben, ick lieb deine Töne
Helfe kann dir keiner	och wenn du langsam graumeliert klingst
Se verzällen dir nur Seiwer	morjen Berlin, morjen du Schöne
Vun „waat ens aff	
Et weet alles widder joot … widder joot"	

4. Lesen Sie die unten stehenden mundartlichen Definitionen.
   a) Aus welcher Region stammen sie?
   b) Definieren Sie in ähnlicher Weise typische Begriffe Ihrer Region.

Zeche

Zeche is dat, watte machs, wenne dich inne Kneipe am Tresen ein kippss un wenne dafür Kohle blechen muss. Un damitte Kohle hass, musse auffe Zeche gehn un Kohle machen.

Kumpel

Kumpel, dat is ein oder eine, auf die oder den de dich verlassen kannss. Hat der oder die dich verlassen, waret bestimmt kein Kumpel.

4 Sprachnormen anwenden

Projektaufgabe A: Was Straßennamen erzählen

Straßennamen verraten vieles über die Kulturgeschichte einer Gemeinde und Region. Oder sie verweisen auf wichtige Persönlichkeiten.

Sammeln Sie solche Straßennamen und ermitteln Sie deren „Hintergrund".

Fertigen Sie über Ihre interessanten Entdeckungen eine Broschüre „Was Straßennamen erzählen" an. Sie können die Broschüre mit Bildern und historischen Fotos illustrieren.

Projektaufgabe B: Korrekturprogramme testen

In den meisten Textverarbeitungsprogrammen gibt es eine Funktion für die Überprüfung oder Korrektur der Rechtschreibung.

Testen Sie die Leistungsfähigkeit verschiedener Programme, z. B. hinsichtlich der Silbentrennung oder der Schreibweisen von Fremdwörtern.

Projektaufgabe C: Eine Umfrage durchführen

Danach beurteilen Unternehmen Bewerbungen
Umfrage bei Deutschlands Firmen, Angaben in Prozent*
*Mehrfachnennungen möglich

- Vollständigkeit: 73
- Rechtschreibung: 62
- Formaler Gesamteindruck: 60
- Abschlussnote der Ausbildung: 54
- Schriftlicher Ausdruck: 52
- Abgeleisteter Wehrdienst: 45
- Lückenloser Tätigkeitsnachweis: 44
- Schulzeugnisse: 28
- Geschlecht: 11
- Nationalität: 10

Quelle: IW

Überprüfen Sie, ob das abgebildete Umfrageergebnis, insbesondere für den Stellenwert der Rechtschreibkenntnisse, noch zutrifft.

Führen Sie dazu in den Ausbildungsbetrieben eine Umfrage durch, indem Sie

- einen Fragebogen erstellen
- die Befragung durchführen
- die Ergebnisse auswerten und grafisch wiedergeben.

4.1 Sprachnormen akzeptieren

Dieser Hinweiszettel liegt einem japanischen Produkt bei, das bei uns verkauft wird:

> Information für Träger
> Um ein genügendes Schüts zu garantieren, muss dieser Helm gut passen und zu gleicher Zeit ein indirekt Sicht möglich machen. Dieser Helm ist bestimmt um die Kinn auf zu gangen, erweckt durch einen Klopfer bei eine Teilvernichtung oder Ganzvernichtung des Schales oder des Innengarnitur. Jeder Helm, der ein gewaltiger Klopfer hat aufgefangen, muss ersetzt werden, selbst wenn der Schaden nicht auf erste Sicht bemerkbar ist.

1. **Um welches Produkt handelt es sich?**
2. **Was ist die wichtigste Aufgabe eines Hinweis- oder Beipackzettels?**
3. **Warum wird dieser Zettel dieser Aufgabe nicht mehr gerecht?**
4. **Nennen Sie die Art der Fehler und formulieren Sie einen neuen verständlichen Text.**

Sprachnormen, also Regeln der Rechtschreibung und der Grammatik, sind notwendige Vereinbarungen, die schriftliche Verständigung zwischen Menschen zu erleichtern. Sprachnormen sind in ihrer Aufgabe vergleichbar mit den Verkehrsregeln im Straßenverkehr oder mit Normen in der Berufswelt, wie z. B. DIN oder Normschrift.

Mark Twain: Über die schreckliche deutsche Sprache

Wer nie Deutsch gelernt hat, macht sich keinen Begriff, wie verwirrend diese Sprache ist.

Es gibt ganz gewiss keine andere Sprache, die so unordentlich und systemlos daherkommt und dermaßen jedem Zugriff entschlüpft. Aufs Hilfloseste wird man in ihr hin und her geschwemmt und wenn man glaubt, man habe endlich eine Regel zu fassen bekommen, … blättert man um und liest: „Der Lernende merke sich die folgenden Ausnahmen." Man überfliegt die Liste und stellt fest, dass diese Regel mehr Ausnahmen als Beispiele kennt. … Ich habe dargelegt, dass die deutsche Sprache reformbedürftig ist. …

Auf Grund meiner philologischen Studien bin ich überzeugt, dass ein begabter Mensch Englisch in dreißig Stunden, Französisch in dreißig Tagen und Deutsch in dreißig Jahren lernen kann. Es liegt daher auf der Hand, dass die letztgenannte Sprache getrimmt und repariert werden sollte. Falls sie so bleibt, wie sie ist, sollte sie sanft und ehrerbietig zu toten Sprachen gestellt werden, denn nur die Toten haben genügend Zeit, um sie zu lernen.

1. Worüber beklagt sich Mark Twain?
2. Nennen Sie Beispiele aus der Grammatik und der Rechtschreibung, die auch Ihnen besonders schwierig erscheinen.
3. Mark Twain meint, unsere Sprache müsse „getrimmt" und „repariert" werden.

Einen radikalen Vorschlag zur Reform der deutschen Sprache macht der Autor Zé do rock. Er plädiert für ein fortschrittliches „Ultra-Deutsch":

das projekt ultradoitsh hätte einige vorteile: erstens, 10 % weniga papirkonsum, also miliarden tonnen papir, di regenwälda würden sich bedanken. zweitens, mer zeit um wirklich wichtige dinge zu lernen und zu tun. Drittens, mer freiheit im sreiben, was letztenendes mer raum für fantasi bedeuten würde. wenn der sreiba bei jedem wort übalegen muss ob es richtig gesriben is und ob ein komma danach hingehört, fült er sich nicht grade frei zum sreiben. auch dijenige, di sich bestens mit dem jetzigen schwerdeutsch auskennen, wären nich eingeengt, da si weita so sreiben dürften wi bis her. virtens, di bessere lesbarkeit, auch wenn es auf den ersten blik swiriga is, weil ma in so eim artikel oda in meim buch mit ein par seiten das lernen muss, wozu ma normalaweise 18 jare zeit hätte. aba nach ser kurza zeit wär s umgekeert, das lesen wär snella im ultradoitsh, da di wörta kürza und übersichtlicha sind. und letztens is es eine frage des immidj.

di deutshen ham shon kein gutes immidj im ausland (leida is das so, das ma di deutshen imma noch öfta mit hitler als mit goethe asoziirt). ire sprache genauso wenig, und di art und weise, wi si gesriben is, macht es nich bessa: grosschreibung one ende. gigantishe wörta und iede menge konsonanten: das verstärkt alles den eindruk, das deutsh eine unmenshliche sprache is. wenigstens könnt ma di konsonanten abshaffen, di nich ausgesprochen werden. und wenn der eine oda andre lesa sich üba das wort inimidj (image) ärgat, warum nich üba er managt, er timt, formen, di gegen iedwede rechtsreibregel verstossen und ein skandal sowol für di deutshen wi auch für di angelsaxen sind?

1. Welche Argumente führt der Autor für sein „Ultra-Deutsch" an?
2. Beurteilen Sie die Stichhaltigkeit der Argumente.
3. Was kritisieren nach Ansicht des Autors Ausländer an der deutschen Sprache?
4. Halten Sie das Projekt „Ultra-Deutsch" für sinnvoll?

4.2 Sprachliche Normen wandeln sich

Ein Rezept über Apfelpfannkuchen aus dem späten Mittelalter (um 1350):

Ein cluge spise,
Wilt du ein klůge spise machen, slahe einnen důnnen teic von eyern und von schönem melwe, mache daz dicke mit schönem brote vnd ribe daz, schele sur epfele, scharbe sie gröber denne spec vf hůnre, die menge dar zu, nim einen laufel vnd fůlle den teyc vnd teilez vnd brat den in smaltze oder in butern, ab ez niht fleischtac ist, vnd gibz hin.

1. **Lesen Sie die Übertragung der Handschrift laut vor. Welche Laute klingen heute fremd?**
2. Können Sie den Inhalt des über 500 Jahre alten Rezeptes verstehen?
3. Was fällt ihnen an der Schreibweise der Hauptwörter (Nomen) auf?
4. Vergleichen Sie die Schreibweise von Wörtern, die im Text mehrmals vorkommen. Was können Sie dabei feststellen?

Hier die „Übersetzung" des mittelalterlichen Textes ins Gegenwartsdeutsch:

Eine feine Speise

Willst du eine feine Speise machen, schlage einen dünnen Teig von Eiern und weißem Mehl, mache ihn mit geriebenem Weißbrot fest. Schäle saure Äpfel, schneide sie gröber als den Speck zu Hühnern und menge sie darunter. Nimm den Teig löffelweise heraus, backe ihn in Schmalz oder, wenn gerade kein Fleischtag ist, in Butter. Dann serviere es.

1. **Wie wurde das mittelalterliche klůg übersetzt?**
   Suchen Sie weitere Wörter, deren Bedeutung sich gewandelt hat.
2. Vergleichen Sie die Mengenangaben des Rezeptes mit Rezepten von heute.
   a) Worin liegt der Unterschied?
   b) Wie können Sie sich das erklären?

> Sprache ist etwas Lebendiges. Mit der Zeit verändert sie sich, weil sich die Menschen und ihre Umgebung verändern. Auch Regeln und sprachliche Normen unterliegen diesem Wandel. Die Normen sind aber „in ihrer Zeit" allgemein verbindlich.

4.3 Neue Trends in der deutschen Sprache

Spiegel-Titelseite Nr. 40/02.10.06

1. Welche Entwicklungen in der deutschen Sprache werden auf der Titelseite des Nachrichten-Magazins „Der Spiegel" aufgegriffen?

2. Was ist mit der „Verlotterung der Sprache" gemeint?

Im Coffeeshop *Von Bastian Sick*

In der Fußgängerzone hat vor einiger Zeit ein Coffeeshop eröffnet. Bei schönem Wetter bestelle ich mir dort gern einen Milchkaffee im Pappbecher und setze mich damit nach draußen in die Sonne. Die Pappbecher gibt es in drei Größen: klein, mittel und groß. So heißen sie aber nicht. In dem Coffeeshop heißen die Größen „regular", „tall" (mit langem, offenem „o" gesprochen) und „grande", also „normal", „groß" und „supergroß". Ich bestelle mir immer einen großen Milchkaffee (der in Wahrheit also nur mittelgroß ist), und weil ich ihn draußen trinken will, bestelle ich ihn „zum Mitnehmen". Der junge Mann an der Kasse ruft dann seiner Kollegin am Kaffeeautomaten zu: „Eine tolle Latte to go" – das ist kein Deutsch. Das ist aber auch kein Englisch. Es ist moderner Verkaufsjargon, ein buntes Gemisch aus Deutsch, Englisch und Italienisch, wie es an keiner Schule gelehrt wird und wie es doch mitten unter uns wächst und gedeiht.

Merlind Theile: Grammatik als Comedy. In: Der Spiegel 40/02.10.06, S. 186

1. Unter Jargon versteht man eine Sondersprache einer Berufsgruppe oder einer Gesellschaftsschicht.

a) Stellen Sie in tabellarischer Form gegenüber:

Deutsch	**Verkaufsjargon**
Kaffeehaus, Stehcafé	*Coffeeshop*
…	…

b) Woraus setzt sich der Verkaufsjargon zusammen?

c) Warum „wächst und gedeiht" ein solcher Jargon?

2. Nennen Sie Beispiele für die Herausbildung eines Jargons.

3. Wie ist Ihre Meinung?

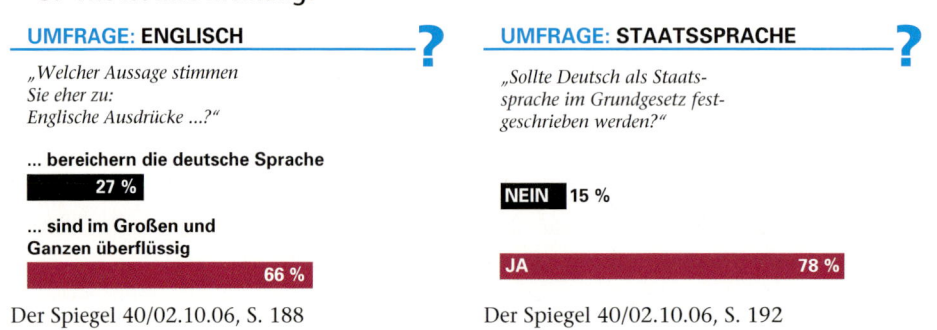

UMFRAGE: ENGLISCH ?

„Welcher Aussage stimmen Sie eher zu: Englische Ausdrücke …?"

… bereichern die deutsche Sprache
27 %

… sind im Großen und Ganzen überflüssig
66 %

Der Spiegel 40/02.10.06, S. 188

UMFRAGE: STAATSSPRACHE ?

„Sollte Deutsch als Staatssprache im Grundgesetz festgeschrieben werden?"

NEIN 15 %

JA 78 %

Der Spiegel 40/02.10.06, S. 192

Englische Wörter haben sich in vielen Bereichen des alltäglichen Lebens bewährt und sind nicht mehr wegzudenken, weil es keine genaue Entsprechung im Deutschen gibt. Dies gilt z. B. für die Ausdrücke „fit", „fair", „Foul", „Party", „Manager" oder „cool".

Die Globalisierung macht auch vor der Sprachentwicklung nicht halt. Produkte, die weltweit vertrieben werden, lassen sich einfacher, schneller und kostengünstiger in einer Sprache – und das ist nun mal Englisch – beschreiben und bewerben.

Über etliche vermeintlich englische Begriffe im Deutschen kann man in Amerika nur müde lächeln. Das „Handy" ist dort ein „mobile phone", der „Talkmaster" heißt „talkshow host". Denglisch ist überflüssig, hässlich und schwer verständlich.

Eine Monokultur der Sprache ist eher eine Verarmung im Denken und in der Kultur. Nur eine Vielfalt der Sprachen garantiert eine Vielfalt des Denkens.

1. Vergleichen Sie die Pro- und Kontra-Positionen:

a) Listen Sie die Argumente auf, die für und gegen den Gebrauch englischer Wörter im Deutschen sprechen.

b) Führen Sie weitere Ausdrücke aus der Alltagssprache und Ihrem Berufsfeld an, die aus dem Englischen übernommen sind.

c) Formulieren Sie aus Pro und Kontra eine Synthese, in der Sie Ihre eigene Meinung zu den Trends in der deutschen Sprache zum Ausdruck bringen.

2. Wie ist Ihre Meinung?

UMFRAGE: MISCHWÖRTER

„Sollten die Deutschen deutsch-englische Mischwörter wie ‚brainstormen' oder ‚Automaten-Guide' im Sprachgebrauch vermeiden?"

JA 74 %

NEIN 23 %

Der Spiegel 40/02.10.06, S. 185

UMFRAGE: EU-SPRACHEN

„Sollte Deutsch in der Europäischen Union eine größere Rolle spielen?"

JA 65%

NEIN 29 %

TNS Infratest für den SPIEGEL vom 1. bis 3. August; rund 1000 Befragte; an 100 fehlende Prozent: „weiß nicht/keine Angabe"

Der Spiegel 40/02.10.06, S. 191

4.4 In Wörterbüchern nachschlagen

Rechtschreibung ist zur Erleichterung und Verbesserung der schriftlichen Kommunikation wichtig. Niemand kann alle möglichen Zweifelsfälle ohne Hilfsmittel lösen. Hier helfen Wörterbücher, integrierte Rechtschreibprogramme oder CD-ROMs weiter.

Die Hilfen erstrecken sich auf folgende drei Bereiche:

- das richtige Schreiben
- das richtige Sprechen
- den richtigen Gebrauch eines Wortes.

Darüber hinaus enthalten Wörterbücher weitere interessante Informationen, sodass es geradezu Spaß macht, in ihnen zu blättern und zu lesen.

Darüber gibt der DUDEN Auskunft:

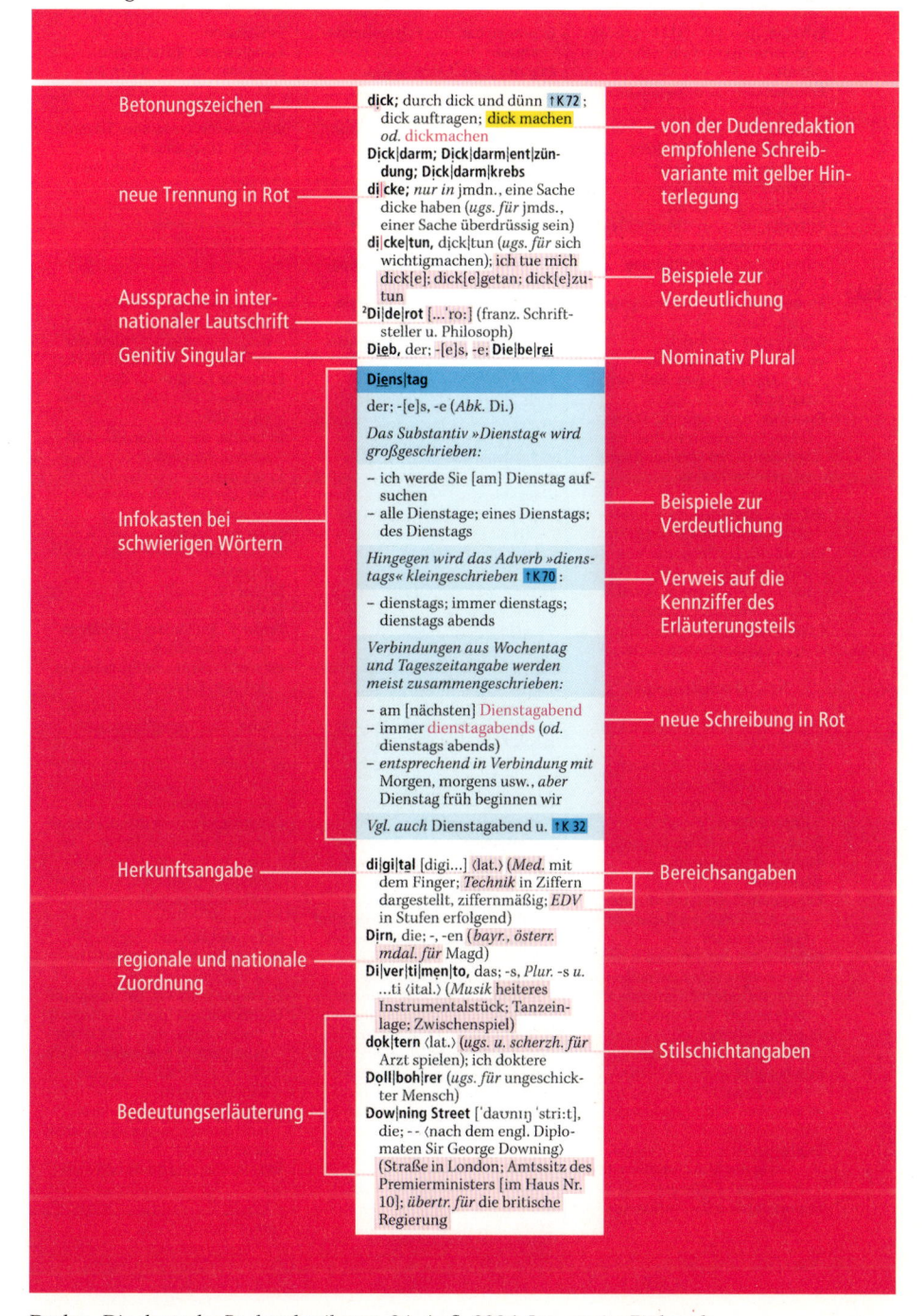

Beschriftung links	Eintrag	Beschriftung rechts
Betonungszeichen	**dịck;** durch dick und dünn ↑K72; dick auftragen; <mark>dick machen</mark> *od.* dickmachen	von der Dudenredaktion empfohlene Schreibvariante mit gelber Hinterlegung
	Dịck|darm; Dịck|darm|ent|zündung; Dịck|darm|krebs	
neue Trennung in Rot	**dị|cke;** *nur in* jmdn., eine Sache dicke haben (*ugs. für* jmds., einer Sache überdrüssig sein)	
	dị|cke|tun, dịck|tun (*ugs. für* sich wichtigmachen); ich tue mich dick[e]; dick[e]getan; dick[e]zutun	Beispiele zur Verdeutlichung
Aussprache in internationaler Lautschrift	²**Dị|de|rot** [...'ro:] (franz. Schriftsteller u. Philosoph)	
Genitiv Singular	**Dieb,** der; -[e]s, -e; **Die|be|rei**	Nominativ Plural
Infokasten bei schwierigen Wörtern	**Diens|tag** der; -[e]s, -e (*Abk.* Di.) *Das Substantiv »Dienstag« wird großgeschrieben:* – ich werde Sie [am] Dienstag aufsuchen – alle Dienstage; eines Dienstags; des Dienstags *Hingegen wird das Adverb »dienstags« kleingeschrieben* ↑K70 *:* – dienstags; immer dienstags; dienstags abends *Verbindungen aus Wochentag und Tageszeitangabe werden meist zusammengeschrieben:* – am [nächsten] Dienstagabend – immer dienstagabends (*od.* dienstags abends) – *entsprechend in Verbindung mit* Morgen, morgens usw., *aber* Dienstag früh beginnen wir *Vgl. auch* Dienstagabend u. ↑K32	Beispiele zur Verdeutlichung Verweis auf die Kennziffer des Erläuterungsteils neue Schreibung in Rot
Herkunftsangabe	**di|gi|tal** [digi...] ⟨lat.⟩ (*Med.* mit dem Finger; *Technik* in Ziffern dargestellt, ziffernmäßig; *EDV* in Stufen erfolgend)	Bereichsangaben
	Dịrn, die; -, -en (bayr., österr. mdal. für Magd)	
regionale und nationale Zuordnung	**Di|ver|ti|men|to,** das; -s, *Plur.* -s u. ...ti ⟨ital.⟩ (*Musik* heiteres Instrumentalstück; Tanzeinlage; Zwischenspiel)	
	dok|tern ⟨lat.⟩ (*ugs. u. scherzh. für* Arzt spielen); ich doktere	Stilschichtangaben
	Dọll|boh|rer (*ugs. für* ungeschickter Mensch)	
Bedeutungserläuterung	**Dow|ning Street** ['daʊnɪŋ 'stri:t], die; -- ⟨nach dem engl. Diplomaten Sir George Downing⟩ (Straße in London; Amtssitz des Premierministers [im Haus Nr. 10]; *übertr. für* die britische Regierung)	

Duden. Die deutsche Rechtschreibung, 24. Aufl. 2006, Innenseite Einband

Eskimo – Eszett

¹Es|ki|mo, der; -[s], -[s] (Angehöriger eines arktischen Volkes); *vgl.* Inuit
²Es|ki|mo, der; -s, -s ⟨indian.⟩ (ein Wollstoff)
Es|ki|mo|frau
es|ki|mo|isch; Es|ki|mo|i|sche, das; -en (Sprache der Eskimos)
Es|ki|mo|rol|le *(Kanusport)*
Es|ko|ri|al *vgl.* Escorial
Es|kor|te, die; -, -n ⟨franz.⟩ (Geleit; Begleitmannschaft)
es|kor|tie|ren; Es|kor|tie|rung
Es|ku|do *vgl.* Escudo
¹Es|me|ral|da, die; -, -s ⟨span.⟩ (ein span. Tanz)
²Es|me|ral|da (w. Vorn.)
es-Moll [*auch* 'ɛs'mɔl], das; - (Tonart; *Zeichen* es); es-Moll-Ton|lei|ter ↑K 26
Eso|te|rik, die; - ⟨griech.⟩ (Geheimlehre; Grenzwissenschaft); Eso|te|ri|ker (Anhänger der Esoterik); Eso|te|ri|ke|rin
eso|te|risch
ESP ® = elektronisches Stabilitätsprogramm *(Kfz-Technik)*
Es|pa|d|rille [...'driːj], die; -, -s *meist Plur.* ⟨span.-franz.⟩ (sommerlicher Leinenschuh mit einer Sohle aus Espartogras)
Es|pa|g|nol|le [...panˈjoː...], die; -, -n ⟨franz.⟩ (spanischer Tanz)
Es|pa|g|no|lette|ver|schluss [...'lɛt...] (Drehstangenverschluss für Fenster)
Es|pan, der; -[e]s, -e *(landsch. für Viehweide)*
Es|par|set|te, die; -, -n ⟨franz.⟩ (eine Futterpflanze)
Es|par|to, der; -s ⟨span.⟩ (ein Gras); Es|par|to|gras
Es|pe, die; -, -n (Zitterpappel)
es|pen (aus Espenholz)
Es|pen|laub
Es|pe|ran|tist, der; -en, -en (Kenner, Anhänger des Esperanto); Es|pe|ran|tis|tin
Es|pe|ran|to, das; -[s] ⟨nach dem Pseudonym »Dr. Esperanto« des poln. Erfinders L. Zamenhof⟩ (eine künstl. Weltsprache)
Es|pe|ran|to|lo|gie, die; - (Erforschung des Esperantos)
Es|p|la|na|de, die; -, -n ⟨franz.⟩ (freier Platz)
es|pres|si|vo ⟨ital.⟩ *(Musik ausdrucksvoll)*
¹Es|pres|so, der; -[s], *Plur.* -s *od.* ...ssi (in der Maschine bereitetes, starkes Kaffeegetränk)
²Es|pres|so, das; -[s], -s (kleines Café)

Es|pres|so|bar, die; Es|pres|so|ma|schi|ne
Es|p|rit [...'priː], der; -s ⟨franz.⟩ (Geist, Witz)
Esq. = Esquire
Es|quil|lin, der; -s (Hügel in Rom)
Es|qui|re [ɪsˈkvaɪə], der; -s, -s ⟨engl.⟩ (engl. Höflichkeitstitel, *Abk.* Esq.)
Es|ra (bibl. m. Vorn.)
Es|say ['ɛse, *auch* ɛ'seː, *österr. nur so*], der *od.* das; -s, -s ⟨engl.⟩ (kürzere Abhandlung); Es|say|ist, der; -en, -en (Verfasser von Essays); Es|say|is|tin; es|say|is|tisch
ess|bar; Ess|ba|re, das; -n; etwas Essbares auftreiben; Ess|bar|keit
Ess|be|steck
Es|se, die; -, -n (Schmiedeherd; *bes. ostmitteld. für* Schornstein)
Ess|ecke
es sei denn, dass
es|sen; du isst; du aßest; du äßest; gegessen; iss!; jmdm. zu essen geben; zu Mittag essen; [griechisch] essen gehen; selber essen macht fett
¹Es|sen, das; -s, -
²Es|sen (Stadt im Ruhrgebiet)
es|sen|aus|ga|be
es|sen|disch *vgl.* essensch
Es|sen|emp|fang
¹Es|se|ner *Plur.* ⟨hebr.⟩ (eine altjüdische Sekte)
²Es|se|ner ⟨*zu* ²Essen⟩
Es|sen|ge|ruch, Es|sens|ge|ruch
Es|sen|ho|ler; Es|sen|kar|te
Es|sen|keh|rer *(bes. ostmitteld. für* Schornsteinfeger)
Es|sen|mar|ke, Es|sens|mar|ke
es|sensch ⟨*zu* ²Essen⟩
Es|sens|ge|ruch *vgl.* Essengeruch
Es|sens|mar|ke *vgl.* Essenmarke;
Es|sens|rest; Es|sens|zeit
Es|sen|tial [ɪˈsɛnʃəl], das; -s, -s *meist Plur.* ⟨engl.⟩ (wesentlicher Punkt, unentbehrliche Sache)
es|sen|ti|ell *vgl.* essenziell
Es|senz, die; -, -en (*nur Sing.*: Wesen, Kern; konzentrierter Auszug)
es|sen|zi|ell, es|sen|ti|ell ⟨franz.⟩ (*Philos.* wesentlich; *Biol., Chemie* lebensnotwendig); essenzielle Fettsäuren
Es|ser; Es|se|rei, die; - *(ugs. abwertend);* Es|se|rin
Ess|ge|schirr
ess|ge|stört
Ess|ge|wohn|heit *meist Plur.*
Ess|gier
Es|sig, der; -s, -e

Es|sig|baum
Es|sig|es|senz; Es|sig|gur|ke
Es|sig|mut|ter, die; - (sich im Essigfass bildende Bakterienkultur)
es|sig|sau|er; essigsaure Tonerde ↑K 89; Es|sig|säu|re
Ess|koh|le (eine Steinkohlenart)
Ess|kul|tur
Ess|löf|fel; ess|löf|fel|wei|se
Ess|lust; ess|lus|tig
Ess|stö|rung, Ess-Stö|rung
Ess|tisch; Ess|un|lust; Ess|ver|hal|ten
Ess|wa|ren *Plur.;* Ess|zim|mer
Es|ta|b|lish|ment [ɪsˈtɛblɪʃmə...], das; -s, -s ⟨engl.⟩ (Schicht der Einflussreichen u. Etablierten)
Es|tam|pe [...'tãːp(ə)], die; -, -n (Abdruck eines Holz-, Kupfer- od. Stahlstichs)
Es|tan|zia, die; -, -s ⟨span.⟩ (südamerik. Landgut)
Es|te¹, der; -n, -n (Estländer)
¹Es|ter, der; -s, - *(Chemie* eine organ. Verbindung)
²Es|ter *vgl.* ¹Esther
¹Es|ther, ökum. Es|ter (bibl. w. Eigenn.)
²Es|ther (w. Vorn.)
Es|tin¹ (Estländerin)
Est|land¹; Est|län|der¹; Est|län|de|rin¹; est|län|disch¹
est|nisch¹; estnische Sprache; *vgl.* deutsch; Est|nisch¹ das; -[s] (Sprache); *vgl.* Deutsch; Est|ni|sche¹, das; -n; *vgl.* Deutsche, das
Es|to|mi|hi ⟨lat., »Sei mir [ein starker Fels]!«⟩ (letzter Sonntag vor der Passionszeit)
Es|t|ra|de, die; -, -n ⟨franz.⟩ (veraltend für erhöhter Teil des Fußbodens; Podium; *regional für* volkstüml. künstler. Veranstaltung mit gemischtem Programm)
Es|t|ra|den|kon|zert *(regional)*
Es|t|ra|gon, der; -s ⟨arab.⟩ (eine Gewürzpflanze)
¹Es|t|re|ma|du|ra *vgl.* Extremadura
²Es|t|re|ma|du|ra, die; - (port. Landschaft)
³Es|t|re|ma|du|ra, die; -, Es|t|re|ma|du|ra|garn, Es|t|re|ma|du|ra-Garn, das; -[e]s ↑K 143 (ein glattes Baumwollgarn)
Est|rich, der; -s, -e (fugenloser Fußboden; *schweiz. für* Dachboden, -raum)
Es|zett, das; -, - (Buchstabe: »ß«)

¹ [*auch* 'ɛst...]

1. Kontrollieren Sie Schreibung und Worttrennung.
a) Welche der folgenden Schreibweisen ist die richtige?
   Establischment – Establishment – Esstablishment – Esteblishment
b) Wo lässt sich das Wort trennen?

2. Suchen Sie das Wort „Estrade".
a) Wie muss das Wort ausgesprochen werden?
b) Welche Bedeutung hat der Begriff?
c) Der Duden trennt Est|rade oder Es|trade.
   Welche Trennweise finden Sie sinnvoller und regelgemäßer?

3. Betonen Sie den Begriff „Essener" so, dass er
a) die Einwohner von Essen,
b) die Mitglieder einer altjüdischen Sekte bezeichnet

4. Bilden Sie den Plural (Mehrzahl) von:
a) Eskimo
b) Espan
c) Estanzia
d) Esprit

5. Statt „essentiell" wird als neue Schreibweise „essenziell" empfohlen. Begründen Sie diese Empfehlung.

6. Bilden Sie die folgenden grammatischen Formen von „essen":
a) Präsens (Gegenwart): du …
b) Präteritum (Vergangenheit): du …
c) Perfekt (Vollendete Gegenwart): du …
d) Imperativ (Befehlsform)

7. Sie wollen das Wort „Espadrille" trennen.
a) Wie lässt sich das Wort trennen?
b) Warum ist die Trennung Espadrill|le nicht möglich?

8. Umschreiben Sie die folgenden Begriffe für ein Kreuzworträtsel:
a) Esperanto   c) Espagnoletteverschluss   e) ESP
b) Estrich   d) Essigmutter   f) Espresso

9. Wie bezeichnet man
a) einen Schornsteinfeger in Ostmitteldeutschland?
b) landschaftlich eine Viehweide?

10. Ermitteln Sie mithilfe Ihres Wörterbuches das grammatische Geschlecht:
a) Filter   b) Gummi   c) Liter   d) Meter   e) Virus

11. Welche Bedeutungen kann das Wort „Ort" haben?

12. Erstellen Sie ein alphabetisches „Anforderungsprofil" für Ihren Beruf, indem Sie sich fragen: „Wofür steht für mich das …
    A (z. B. Ablage, Aufregung, Anerkennung …)
    B (z. B. Bosse, Briefe, Bücher …)
    C …
    usw?"

Sprachnormen anwenden

Duden: Die Rechtschreibung
„Lehre von der Unfreiheit des menschlichen Willens"

Fremdwörterlexikon von Professor Dr. Gerhard Wahrig
„(m; -; unz.; Phil.) Lehre, dass der menschliche Wille von äußeren Ursachen bestimmt und daher nicht frei sei; Ggs. Indeterminismus" [lat. determinare „begrenzen, bestimmen"]

Herders Volkslexikon farbig
„(lat.) philos. Lehre v. der Vorherbestimmtheit des Menschenwillens, widerspricht dem sittlichen Bewusstsein (Gewissen, Reue, Willensfreiheit)"

Meyers Taschenlexikon in 10 Bänden, Band 2
„(lat.) Lehrmeinung, nach der alles Geschehen in der Welt durch Gesetzmäßigkeiten oder göttlichen Willen (vorher)bestimmt ist."

Der große Brockhaus in 12 Bänden, Band 3
„(lat.), Ph die Lehre von der eindeutigen Bestimmtheit alles Geschehens durch Ursachen, i. Ggs. zum Indeterminismus. Der D. kann sich auf das physische Sein beschränken; ihm widersprechen dann die modernen Erkenntnisse über indeterminierte Vorgänge in der Physik (Kausalität). Erstreckt er sich auf das gesamte Weltgeschehen einschließlich des menschlichen Willens und Handelns, so schließt er die Willensfreiheit aus."

13. Lesen Sie die oben stehenden Definitionen von „Determinismus" und bearbeiten Sie folgende Aufgaben.
   a) Vergleichen Sie die verschiedenen Begriffserklärungen miteinander und nennen Sie Unterschiede.
   b) Worin liegt allgemein der Unterschied zwischen Wörterbüchern und Lexika?
   c) Nennen und beschreiben Sie andere Nachschlagebücher, die Sie kennen.

5 Die Grammatik nutzen

MARC LARS PIA DIE FREUNDIN MEINER SCHWESTER UND ICH GEHEN INS KINO.
WIE VIELE KINOKARTEN BRAUCHEN WIR?

Hätte Ella nicht *so energisch* auf gesunde Diät und täglichen Sport **gedrängt**, wäre ihr Ewald *noch immer* ein Mops.

Man gewöhnt sich an allem auch an dem Dativ!

Verhaltensähnlichkeiten **bei**m *Fink, Rabe und Falke.*

A: Was ist der Unterschied zwischen einem Straßenarbeiter und einem Streetworker?

B: Die Nationalität!

Beiliegend
übersenden wir Ihnen die angeforderten Unterlagen.

Der Kuss
für Lehrer ein Hauptwort
für Schüler ein Tätigkeitswort
für Verliebte ein Bindewort
für die Geliebte und den Geliebten ein Verhältniswort
für manche ein Fremdwort

5.1 Wortarten unterscheiden

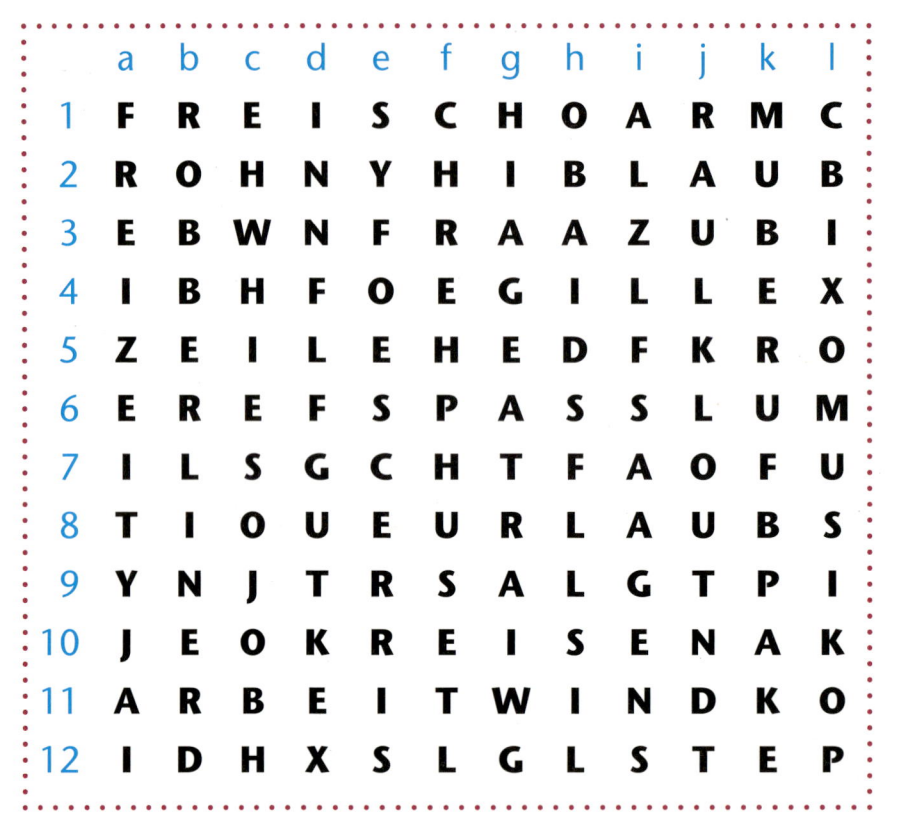

	a	b	c	d	e	f	g	h	i	j	k	l
1	F	R	E	I	S	C	H	O	A	R	M	C
2	R	O	H	N	Y	H	I	B	L	A	U	B
3	E	B	W	N	F	R	A	A	Z	U	B	I
4	I	B	H	F	O	E	G	I	L	L	E	X
5	Z	E	I	L	E	H	E	D	F	K	R	O
6	E	R	E	F	S	P	A	S	S	L	U	M
7	I	L	S	G	C	H	T	F	A	O	F	U
8	T	I	O	U	E	U	R	L	A	U	B	S
9	Y	N	J	T	R	S	A	L	G	T	P	I
10	J	E	O	K	R	E	I	S	E	N	A	K
11	A	R	B	E	I	T	W	I	N	D	K	O
12	I	D	H	X	S	L	G	L	S	T	E	P

1. Suchen Sie alle Wörter heraus und notieren Sie diese in Ihr Arbeitsheft. Wortbildungen sind im Rätsel von links nach rechts, von rechts nach links, von oben nach unten, von unten nach oben sowie diagonal möglich.
Überprüfen Sie gegebenenfalls Ihre Liste mithilfe eines Wörterbuches.

2. Sortieren Sie Ihre notierten Wörter, indem Sie
   a) alle Nomen/Substantive (Hauptwörter)
   b) alle Adjektive (Eigenschaftswörter)
   c) alle Abkürzungen
   d) alle Fremdwörter
   auflisten.

3. Versuchen Sie wie bei einem richtigen Kreuzworträtsel zwei Wörter zu umschreiben, z. B. Abkürzung von Auszubildender (Azubi). Vergleichen Sie in der Lerngruppe die Formulierungen. Wählen sie die beste aus.

Grundlagen der Kommunikation

Übersicht über die Wortarten und ihre Aufgaben

Beispiele	Bezeichnung	Aufgaben
Auto, Blume, Frau, Michael, Frieden	Nomen, Substantiv (Hauptwort)	... bezeichnet Dinge, Personen und Begriffe
der, die, das, ein, eine	Artikel (Geschlechtswort)	... bezeichnet das grammatische Geschlecht der Dinge
ich, du, er, sie, es, mein, dein, unser, mich, dich, uns, diese, jener, man	Pronomen (Fürwort)	... steht für Dinge, Personen und Begriffe
lieb, groß, eckig	Adjektiv (Eigenschaftswort)	... beschreibt die Beschaffenheit (Eigenschaften) von Dingen
unter, auf, neben, in, mit, ohne	Präposition (Verhältniswort)	... gibt an, wie mehrere Dinge zueinander angeordnet sind
lernen, regnen, essen, sein, haben, werden	Verb (Tätigkeitswort, Zeitwort)	... sagt aus, was man tut, was sich ereignet oder was ist; auch die Zeit wird dabei angegeben
gern, oft, hier, außen, jetzt, morgen, darum	Adverb (Umstandswort)	... erklärt die näheren Umstände einer Tätigkeit oder eines Zustands; es bezieht sich also direkt auf das Zeit- oder Tätigkeitswort
eins, zwei, erstens, zweitens, viele, alle	Numerale (Zahlwort)	... bezeichnet eine Menge, Anzahl oder Rangfolge
und, oder, aber, als, weil, ob, dass	Konjunktion (Bindewort)	... verbindet Wörter und Sätze miteinander
oh, ah, ach, pfui	Interjektion (Empfindungswort)	... drückt Gefühle aus und gibt Ausrufe wieder

Die Grammatik nutzen

1. Wortbildung: Spiel mit Buchstaben

   ```
   R  E  I  S  E  N
   R  E  I  S  .  .
   .  E  I  .  .  .
   .  E  I  S  .  .
   .  E  I  S  E  N
   R  E  I  .  .  N
   .  E  I  .  .  N
   R  E  .  .  .  .
   R  E  .  .  .  N
   R  E  I  S  E  .
   ```

   Sicherlich haben Sie die Machart dieses Sprachspiels erkannt: Es sollen Wörter, die in anderen Wörtern stecken, gebildet werden. Dabei gilt als Spielregel, dass die Reihenfolge der Buchstaben von links nach rechts eingehalten werden muss; Buchstaben dürfen übersprungen werden.

   a) Bilden Sie alle Wörter nach dieser Spielregel zu folgenden Grundwörtern: BESCHREIBEN, SPIELREGEL, AUSZUBILDENDER, BETRIEBSGEHEIMNIS.
   b) Bestimmen Sie die Wortarten.

2. Wortbildung: Wortkettenspiel

   Sprachspiel – Spielbank – Bankkonto – Kontoführung – Führungszeugnis – Zeugnisausgabe – Ausgabekurs – Kursteilnahme ...

   a) Führen Sie die Wortkette weiter. Achten Sie dabei darauf, dass nur Nomen (Hauptwörter) benutzt werden dürfen.
   b) Wählen Sie selbst ein Ausgangswort und wetteifern Sie in der Klasse, wer (oder welche Gruppe) in fünf Minuten die längste Kette bilden kann. Überprüfen Sie, ob alle zusammengesetzten Wörter korrekt gebildet wurden.

3. Wortartwechsel: Konjugationsspiel
   In einigen zusammengesetzten Nomen (Hauptwörtern) sind Verben (Tätigkeitswörter) versteckt. Indem man das Nomen wie ein Verb konjugiert (beugt), kann man einen richtigen, zuweilen auch komischen Satz erzeugen.

Schlagsahne: Ich schlag(e) Sahne.	**Bratwurst: Ich brat(e) Wurst.**
Du schlägst Sahne.	**Du brätst Wurst.**
Er ...	**Er ...**

   a) „Konjugieren" Sie die folgenden Hauptwörter: Frisiermädchen, Kochlöffel, Tretboote, Laufmasche.
   b) Suchen Sie Nomen, die Sie in alle Zeitformen und Personen „konjugieren".

4. Bestimmen Sie bei den folgenden Sprichwörtern die Wortarten.
   a) Wer andern eine Grube gräbt, fällt selbst hinein.
   b) In einem gesunden Körper wohnt ein gesunder Geist.
   c) Es ist noch kein Meister vom Himmel gefallen.

5.2 Vorgänge verbalisieren

> Ich rede   Wir reden
> Du redest   Ihr redet
> Er, sie, es redet   Sie reden
> Und wer hört zu?

Wörter wie „reden" und „zuhören" nennt man Verben. Sie bezeichnen Zustände, Vorgänge und vor allem Tätigkeiten.

Verb kommt von lateinisch *verbum* und bedeutet „Wort". Diese Bezeichnung weist auf die Bedeutung dieser Wortart hin.

Verben machen unsere Sprache lebendig und anschaulich. Jede Verbform kann eine Vielzahl von Informationen transportieren, da die Form nach den folgenden Informationsabsichten veränderbar (konjugierbar) ist:

1.	**Person**	1., 2., 3. Person
2.	**Zahl** (Numerus)	Singular/Einzahl
		Plural/Mehrzahl
3.	**Zeit** (Tempus)	Präsens/Gegenwart
		Perfekt/Vollendete Gegenwart
		Präteritum/Vergangenheit
		Plusquamperfekt/Vollendete Vergangenheit
		Futur I/Zukunft
		Futur II/Vollendete Zukunft
4.	**Handlungsrichtung** (Genus)	Aktiv
		Passiv
5.	**Aussageweise** (Modus)	Indikativ/Wirklichkeitsform
		Konjunktiv/Möglichkeitsform
		Imperativ/Befehlsform

1. Notieren Sie alle Verben, die anstelle des Verbs „machen" sinnvoll eingesetzt werden können.
a) Der Schreiner macht die Bretter.
b) Die Bürokauffrau macht die Post.
2. Das Zusammenstellen von sinnverwandten Wörtern wie in der Übung 1 nennt man „ein Wortfeld bilden".
a) Erstellen Sie ein Wortfeld zu den Verben: sagen, gehen, sehen.
b) Bilden Sie ein Wortfeld zu Tätigkeiten aus Ihrem Ausbildungsberuf.

Die Grammatik nutzen

Hans-Joachim Neumann:
Der Rausch und seine Folgen

Weil gar so schön im Glas der Wein geblunken,
hat sich der Hans dick vollgetrinkt.
Drauf ist im Zickzack er nach Haus gehunken,
der Liebsten in den Arm gesinkt.

Doch weil er gar zu sehr nach Wein gestinkt,
hat sie ganz zornig abgewunken
und vor der Nas' die Tür ihm zugeklunken.

• • •

3. Analysieren Sie das Gedicht
a) Welche Sprachspielerei enthält das Gedicht?
b) Was soll durch dieses Sprachspiel ausgedrückt werden?
c) Bilden Sie die Vergangenheitsformen der folgenden Verben: arbeiten, schaffen, scheinen, backen, wiegen, enden, wenden, joggen.

4. In jeden Satz hat sich ein Grammatikfehler eingeschlichen. Korrigieren Sie.
a) Die Mehrheit der Jugendlichen wollen eine Berufsausbildung absolvieren.
b) Nachdem er den Fehler erkannte, konnte er an die Reparatur gehen.
c) Marmor, Stein und Eisen bricht, aber unsere Liebe nicht.
d) Wenn ich nächstes Jahr die Prüfung mache, werde ich anschließend in Urlaub nach Spanien fahren.
e) Gerade als ich in der Badewanne saß, hatte Susanne angerufen.
f) Sie wandte das Auto, um in die andere Richtung zu fahren.
g) Lese die Zeitung und du bist gut informiert.

5. **Aktiv**ieren Sie die **passiv**en Sätze: • • •

Vor zwei Wochen war ich schon einmal unsanft geweckt worden, als ich mit einer Hand aus dem Regal gezerrt wurde. Anschließend wurde ich ganz schön durchgerüttelt. Gott sei Dank wurde ich wieder zwischen meine Freunde zurückgestellt. Erst gestern bin ich dann ein zweites Mal am Rücken ergriffen worden. Diesmal wurde ich aufmerksam betrachtet und sanft durchgesehen. Ich hörte, wie über mich gesprochen wurde. Ein Preis wurde genannt und ich wurde in Geschenkpapier gewickelt und in eine Tüte gesteckt. Hier wurde es mir fast übel, weil mir die Luft abgeschnitten und ich ganz schön geschaukelt wurde. Endlich, mit einem Ruck wurde der Pendelbewegung ein Ende gesetzt. Ich schlief ein, ehe ich von Stimmen geweckt wurde: „Herzlichen Glückwunsch …". Ich fühlte, wie ich von einer anderen Hand umfasst wurde. Das Papier um mich wurde zerrissen und ich wurde von Kinderaugen angelächelt. Jetzt bin ich schon fast ganz durchgeblättert worden. – Kennen Sie mich?

Eugen Roth
Der eingebildete Kranke

Ein Griesgram denkt mit trüber List,
Er wäre krank. (was er nicht ist!)
Er müsste nun, mit viel Verdruss,
ins Bett hinein. (was er nicht muss!)
Er hätte, spräch der Doktor glatt,
Ein Darmgeschwür. (was er nicht hat!)
Er soll verzichten, jammervoll
Aufs Rauchen ganz. (was er nicht soll!),
Und werde, heißt es unbeirrt,
Doch sterben dran. (was er nicht wird!)
Der Mensch könnt, als gesunder Mann
Recht glücklich sein. (was er nicht kann!)
Möcht glauben er nur einen Tag,
Dass ihm nichts fehlt. (was er nicht mag!)

•••
6. Der Griesgram bildet sich seine Krankheit ein.
a) Wie wird dies im Gedicht verdeutlicht?

Direkte Rede →	**Indirekte Rede**	
Indikativ	Konjunktiv I	Konjunktiv II
Er sagte: „Ich komme."	Er sagte, er komme.	(Er sagte, er käme.)
Er sagte: „Sie kommen."	~~Er sagte, sie kommen.~~	Er sagte, sie kämen.

Die **indirekte Rede** wird mit dem Konjunktiv I gebildet. Wenn die Form des Konjunktiv I mit der Form des Indikativs identisch ist, wird die Form des Konjunktiv II verwendet. In der Umgangssprache werden die Konjunktiv-Formen häufig mit „würde" gebildet: Er sagte, er würde kommen.

•••
b) Der Griesgram kommt ins Krankenhaus und erzählt der Krankenschwester:
„Ich fühle mich sehr schlecht.
Seit drei Tagen leide ich an Magenschmerzen.
Zuerst kamen die Schmerzen nur ab und zu; seit gestern Abend sind sie stärker geworden.
Ich kann auch nicht essen, ich habe keinen Appetit.
Meine Frau hat bereits bei Dr. Kurz angerufen.
Der hat ihr geraten, mich zur Beobachtung ins Krankenhaus zu bringen."
Die Krankenschwester berichtet anschließend dem Assistenzarzt, was der Griesgram ihr erzählt hat: *„Der Mann hat gesagt, er ..."*
Formulieren Sie den Bericht der Krankenschwester in indirekter Rede.
c) Geben Sie die Diskussionsbeiträge auf Seite 163 f. in Form der indirekten Rede wieder.

Die Grammatik nutzen

5.3 In Sätzen schreiben

In der Zelle des Strafgefangenen Klunker Paul wird folgender zerrissener Kassiber (ein heimliches Schreiben von Gefangenen) entdeckt:

AM ICH 3. FLUR WÄRTER WÄHREND
DIE UNSER IM DER ÜBERNIMMST SCHLÜSSEL
ORGANISIERE ERFOLGT DEN DU ESSENAUSGABE
WÄHREND UM AUSBRUCH 18:00 UHR SONNTAG

1. Versuchen Sie den Text des Kassibers wie bei einem Puzzle wieder zusammenzusetzen.

2. Vergleichen Sie Ihre Lösungen. Worin unterscheiden sie sich, was ist gleich?

3. Beschreiben Sie, wie Sie beim Wiederherstellen des Textes vorgegangen sind.

4. Formulieren Sie Fragen, auf die folgende Teile Ihrer Sätze antworten:

  a) ÜBERNIMMST, ORGANISIERE, ERFOLGT
  b) ICH, DU, DER AUSBRUCH
  c) DEN WÄRTER, DIE SCHLÜSSEL
  d) UM 18:00 UHR, IM 3. FLUR

5. Welche inhaltlichen Aufgaben erfüllen diese Teile im Satz?

> Mit dem Zusammensetzen des Kassibers haben Sie Ihre Kenntnisse über den Satzbau (die Syntax) unter Beweis gestellt. Man unterscheidet vier **Satzglieder**:
>
> - **Subjekt** (Satzgegenstand)
> - **Prädikat** (Satzaussage)
> - **Objekt** (Satzergänzung)
> - **Adverbiale** (Umstandsbestimmung)

Grundlagen der Kommunikation

Wie lassen sich die Satzglieder erkennen?

Die Satzglieder lassen sich leicht erkennen, indem man den Satz umstellt, ohne dabei die Aussage wesentlich zu verändern. Dieses Verfahren heißt Verschiebeprobe.

- **Sie erkennen die Satzglieder leicht durch die Verschiebeprobe.**
- **Die Satzglieder erkennen Sie leicht durch die Verschiebeprobe.**
- **Durch die Verschiebeprobe erkennen Sie leicht die Satzglieder.**
- **Leicht erkennen Sie die Satzglieder durch die Verschiebeprobe.**

Der Satz enthält also folgende Satzglieder:

| Sie | erkennen | die Satzglieder | leicht | durch die Verschiebeprobe |

1. Bestimmen Sie die Satzglieder, indem Sie die Verschiebeprobe anwenden.
a) Wir erreichten nach neun Stunden das Basislager.
b) Heute Abend gehe ich mit Monika ins Kino.
c) Wegen des schweren Verkehrsunfalls war die Autobahn mehrere Stunden für den gesamten Verkehr gesperrt.
d) Ich lese sehr gerne Kriminalromane.

2. Fertigen Sie aus den Sätzen der Übung 1 eine Übersicht nach folgendem Muster an:

Beispiel	Frage	Aufgabe	Satzglied
nach neun Stunden	wann?	Umstand der Zeit	Adverbiale

3. Ein Computer hat die ihm eingegebenen Satzglieder zu Sätzen verbunden:

Der Hase soll sich verbünden mit wem?
Der Fuchs schleicht ihm nach im Grase.
Des Geiers Schwingen rauschen von oben.
Der Bauer legt ihm Schlingen im Kohlfeld.
Der Hase macht sich auf die Füße jetzt.
Des Jägers Schüsse treffen ihn da.

a) Nach welchem „Programm" hat der Computer die Satzglieder angeordnet?
b) Verschieben Sie die Satzglieder so, dass ein Gedicht entsteht.

4. Berichtigen Sie durch das Verschieben von Satzteilen die Sinnfehler.
a) Wir verkaufen Billiganzüge für Herren mit kleinen Webfehlern.
b) Es gibt Hamburger für eilige Gäste mit Pommes frites.
c) Die Waren liefern wir an alle Kunden mit kleinen Fehlern ohne Aufpreis.
d) Die Touristen mit den Bussen sind nach Paris gefahren.

Die Grammatik nutzen

5.4 Vollständige Sätze bilden

Josef Guggenmoos: **Wenn das Kind nicht still sein will**

Die Bären brummen,
die Bienen summen,
die Katzen miauen,
es krächzen die Pfauen.

Die Mäuse pfeifen,
die Affen keifen,
die Löwen brüllen,
es wiehern die Füllen.

Die Tauben gurren,
die Hunde knurren,
die Störche klappern,
die Kinder plappern,

Und ginge das nicht in einem fort,
kämen die Fische auch zu Wort.

Sie werden zu Recht sagen, das sei ein Gedicht für Kinder.
1. Warum werden Kinder das Gedicht leicht verstehen und behalten können?
2. Erläutern Sie, was an dem Gedicht so einfach ist.

Der folgende Text ist nach demselben Muster gebaut wie das Kindergedicht:

Die Männer schürfen.
Die Kranken bedürfen.
Die Angehörigen gedenken.
Die Freunde schenken.

Das Auto gehört.
Die Polizei verhört.
Der Junge gleicht.
Der Maler streicht.

Diesen Text kann man sicherlich nicht als Gedicht bezeichnen, es ist nicht einmal ein Text mit richtigen Sätzen.
1. Woran liegt das?
2. Ergänzen Sie die einzelnen Sätze.

Ein Satz besteht mindestens aus:

Subjekt (Satzgegenstand)	+	**Prädikat (Satzaussage)**
Die Schülerin		*liest.*

Der einfache Satz wird durch Objekte (Satzergänzungen) erweitert. Die Objekte sind oft notwendig, um den Sinn eines Satzes zu vervollständigen. Objekte sind in ihrer Form abhängig vom Prädikat.

Subjekt	+	**Prädikat**	→	**Objekt (Satzergänzung)**
Die Schülerin		*liest*		*ein Buch.*

1. Zeitungsschlagzeilen sind oft keine Sätze; häufig fehlt das Verb. Formulieren Sie die folgenden Schlagzeilen in ganze Sätze um:
a) Alkohol die Unfallursache
b) Freistil-Staffel mit Weltrekord
c) Aids-Test nur mit Zustimmung
d) Über 100 Jahre „Made in Germany"
e) Mehrheit der Jugendlichen leistungsbereit
f) Raucher stärker gefährdet

2. Ergänzen Sie mögliche Objekte. Achten Sie dabei auf eine korrekte Formulierung der Wortendungen (richtiger Fall!).
a) Mein Freund hat mir _____ geliehen.
b) Wir liefern _____.
c) Wir liefern _____ _____.
d) Der Abteilungsleiter bestellt _____.
e) _____ schuldet die Auszubildende.
f) Bitte geben Sie _____.
g) Michael beschuldigt _____ _____.
h) Unsere Mannschaft hat _____ erreicht.

3. Bilden Sie mit den folgenden Verben Sätze mit möglichst vielen Objekten:
leihen, berichten über, empfehlen, beweisen, besorgen, verbieten

4. Fenster grinst Verrat. Äste würgen.
a) Sind diese Sätze grammatikalisch gesehen korrekt?
b) Wie urteilen Sie über den Sinn der Sätze?
Die beiden Sätze stammen aus einem Gedicht des Expressionisten August Stramm (1874–1915), der im Ersten Weltkrieg als Soldat in Russland fiel:

Patrouille

Die Steine feinden
Fenster grinst Verrat
Äste würgen
Berge Sträucher blättern raschlig
Gellen
Tod

c) Erläutern Sie die Aussage des Gedichts.

Die Grammatik nutzen

5.5 Die näheren Umstände bestimmen

Städtequiz

Die gesuchte rheinland-pfälzische Stadt liegt ▓▓▓▓▓▓. Sie wurde ▓▓▓▓▓▓ von den Römern gegründet und ist die älteste Stadt Deutschlands. Viele Touristen besuchen die Stadt vor allem wegen ▓▓▓▓▓▓; sie bestaunen dieses mächtige Stadttor. Die gesuchte Stadt ist ▓▓▓▓▓▓ über die BAB 1 zu erreichen.

1. Schreiben Sie die Sätze ab und fügen Sie für jedes markierte Feld das betreffende Fragewort ein.

2. Beantworten Sie die Fragen, indem Sie die Fragewörter ersetzen.

3. Wie heißt die gesuchte Stadt?
   (Tipp: Übung 3 auf Seite 68.)

Wenn Sie die Fragen beantwortet haben, haben Sie ein wichtiges Satzglied ergänzt, nämlich die Adverbiale Bestimmung (Umstandsbestimmung):

- wo? (wohin? woher?) → Adverbiale Bestimmung des Ortes
- wann? (wie lange?) → Adverbiale Bestimmung der Zeit
- warum? (weshalb?) → Adverbiale Bestimmung des Grundes
- wie? (auf welche Art? womit?) → Adverbiale Bestimmung der Art und Weise

Adverbiale Bestimmungen geben die näheren Umstände eines Geschehens an. Sie präzisieren das Prädikat.

Subjekt + **Prädikat** → **Objekt (Satzergänzung)**
Die Schülerin   liest   ein Buch.

↓

**Adverbiale Bestimmung
(Ort, Zeit, Art und Weise, Grund)**

in ihrer Freizeit

1. Schreiben Sie aus dem Zeitungsartikel alle Adverbialen Bestimmungen heraus.
2. Welche Informationen zum Prädikat enthalten sie (Ort, Zeit, …)?

Affenzirkus

Mannheim (swz). Ein aus einem Wanderzirkus ausgebrochener Affe hat gestern Bevölkerung und Polizei in den Mannheimer Stadtteilen Käfertal und Waldhof in Aufregung versetzt. Der rund 60 Zentimeter große Flüchtling, ein Rhesusaffe, soll bissig sein, hieß es zunächst bei der Polizei. Zwei Stunden später wurde dann der Affe „relativ friedlich" unter der Treppe eines Käfertaler Einfamilienhauses entdeckt, wo er sich vermutlich ein schattiges Plätzchen gesucht hatte. Die Feuerwehr habe Schläuche ausgelegt, um das Tier mit einem kräftigen Wasserstrahl ins Fangnetz zu treiben, jedoch sei der Ausreißer „unter Missachtung aller Verkehrsregeln" geflüchtet, berichtete der Polizeisprecher. Unter einer Palette in einer nahen Baustoffhandlung sei der Affe schließlich dingfest gemacht worden.

5.6 Satzglieder mit Attributen ausschmücken

Ausschnitt aus einer Zeugenvernehmung im Polizeirevier:

Zeuge: Der Mann trug eine Tätowierung auf dem Arm.
Kommissar: Welcher Mann?
Zeuge: Der zweite, etwas ältere Mann mit dem Hut.
Kommissar: Welche Tätowierung war das?
Zeuge: Ich glaube eine große Rosette.
Kommissar: Auf welchem Arm war die Tätowierung?
Zeuge: Auf dem linken.
Kommissar: Fassen wir zusammen: Der zweite, etwas ältere Mann mit dem Hut trug eine Tätowierung, vermutlich eine große Rosette, auf seinem linken Arm.

Sie sehen: Die erste Zeugenaussage ist bei der Zusammenfassung durch den Kommissar sehr viel genauer geworden.

Grammatisch betrachtet hat sich Folgendes ereignet: Der Satz **Der Mann** **trug** **eine Tätowierung** **auf dem Arm** besteht aus den Satzgliedern Subjekt, Prädikat, Objekt und Adverbiale Bestimmung des Ortes.
Diese Satzglieder sind durch **Attribute** (Beifügungen) ergänzt und näher bestimmt worden. Attribute sind also keine eigenen Satzglieder, sondern nur Satzgliedteile. Wenn sie weggelassen werden, bleiben alle Satzglieder erhalten.
Die Attribute lassen sich also durch die **Weglassprobe** bestimmen:

Der zweite, ~~etwas ältere~~ Mann ~~mit dem Hut~~ trug

eine Tätowierung, ~~vermutlich eine große Rosette,~~

auf seinem ~~linken~~ Arm.

Attribute bestimmen Satzglieder näher.

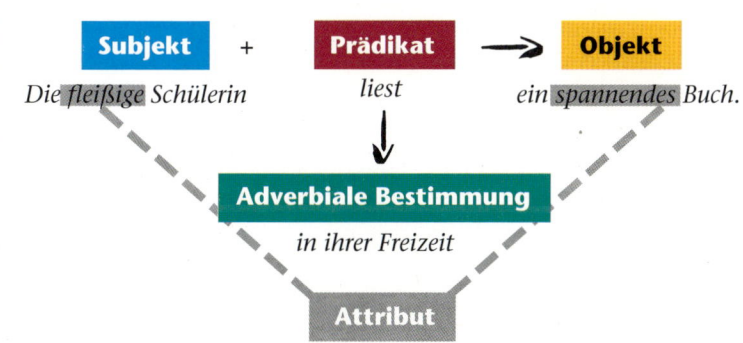

Subjekt + **Prädikat** → **Objekt**
Die *fleißige* Schülerin liest ein *spannendes* Buch.
↓
Adverbiale Bestimmung
in ihrer Freizeit

Attribut

Die Grammatik nutzen

1. Bestimmen Sie in den nachfolgenden Sätzen die Attribute. Nennen Sie auch das näher bestimmte Satzglied.
   a) Bundesweit gelten für die rund 200 000 Auszubildenden in den industriellen Metall- und Elektroberufen neue Berufsbilder.
   b) Allen neuen Metallberufen ist die einjährige Grundausbildung gemeinsam.
   c) Hier erlernen die Auszubildenden die sogenannten Kernqualifikationen, z. B. manuelles und maschinelles Spanen und Fügen.
   d) Die notwendige Spezialisierung erfolgt in der sich anschließenden berufsspezifischen Fachausbildung.
   e) Ähnlich sieht die neue Ausbildungsstruktur in den industriellen Elektroberufen aus.

2. Zu viele Attribute machen Sätze eher kompliziert und unverständlich. Attributketten sind vor allem im „Behördendeutsch" beliebt. Schreiben Sie die folgenden Beispielsätze so um, dass ihr Sinn leichter erfassbar wird.
   a) „Ausbilder sind für die Ausbildung ausgebildete Mitarbeiter, die vom Ausbildenden beauftragt sind, Auszubildende auszubilden."
   (Berufsausbildungsgesetz, Hamburg)
   b) „Das Präsidium des Bundesdisziplinargerichts besteht aus dem Präsidenten, den drei dem Dienstalter, bei gleichem Dienstalter, dem Lebensalter nach ältesten Direktoren und dem dem Dienstalter, bei gleichem Dienstalter nach ältesten Richter."
   (Bundesdisziplinarordnung)
   c) „Bei Übergang des Versicherungsvertrages auf einen nicht nachlassberechtigten Erwerber des versicherten Kraftfahrzeuges hat dieser den Unterschiedsbetrag zwischen dem für ihn maßgebenden Beitrag und dem um den Nachlass ermäßigten Beitrag anteilig bis zum Ende des Versicherungsjahres nachzuzahlen."
   (Tarifbestimmungen für die Fahrzeugversicherung)

3. Bilden Sie aus den Erklärungen in Klammern eine nachgestellte Beifügung im gleichen Fall (Apposition). Beachten Sie dabei, dass diese vom übrigen Satz durch Kommas abgetrennt wird.

   Ein Beispiel:
   Die französischen Gäste wurden von Herrn Kunze (unser Bürgermeister) empfangen.
   Die französischen Gäste wurden von Herrn Kunze, unserem Bürgermeister, empfangen.

   a) Trier (Trier ist die älteste Stadt Deutschlands) wurde zwischen 16 und 13 v. Chr. von den Römern gegründet.
   b) Ich warte auf dich vor der Porta Nigra (Die Porta Nigra ist ein viel besuchtes römisches Stadttor in Trier).
   c) In unserem Urlaub auf Sizilien waren wir natürlich auch auf dem Ätna (Der Ätna ist einer der aktivsten Vulkane Europas).
   d) Petra hat in Mainz (rheinland-pfälzische Landeshauptstadt) viele Freunde.
   e) Hast du das Fernsehspiel (Es war ein spannender Krimi) gestern Abend gesehen?

5.7 Sätze miteinander verknüpfen

wenn's um Geld geht – Sparkasse

Weil nur Tore zählen. DEXTRO ENERGEN.

Die Limousine, die allen Ansprüchen gerecht wird.

1. Erläutern Sie, welches Bauprinzip den Slogans zugrunde liegt.
2. Welche Wirkung soll damit erzielt werden?
3. Erweitern Sie die Slogans, sodass grammatikalisch vollständige Sätze entstehen.

Sätze, und damit Aussagen und Gedanken, lassen sich miteinander verknüpfen. So können Begründungen, Bedingungen, Zeitfolgen oder nähere Erläuterungen einer Aussage beschrieben werden. Solche Satzverknüpfungen aus Haupt- und Nebensätzen werden als **Satzgefüge** bezeichnet. Haupt- und Nebensatz werden durch Komma abgetrennt.

An welchen Merkmalen lässt sich ein Nebensatz (Gliedsatz) erkennen?

Konjunktion   *mit dem Hauptsatz verknüpft*

Wenn der Autohändler einen fairen Preis macht, kaufe ich das Cabrio.

Prädikat am Satzende

Die drei Merkmale des Nebensatzes:

- Er ist mit dem Hauptsatz verknüpft und kann sinnvoll nicht alleine stehen.
- Das Prädikat steht immer am Satzende.
- Er wird meist durch eine Konjunktion oder ein Relativpronomen eingeleitet.

Der Nebensatz kann dem Hauptsatz vorangestellt, nachgestellt oder in ihn eingeschoben werden:

Wenn der Autohändler einen fairen Preis macht, kaufe ich das Cabrio.

Ich kaufe das Cabrio, **wenn der Autohändler einen fairen Preis macht**.

Ich kaufe, **wenn der Autohändler einen fairen Preis macht**, das Cabrio.

1. Bestimmen Sie in der Übung 5 auf Seite 60 die Haupt- und Nebensätze.
2. Notieren Sie typische Nebensatz-Konjunktionen.

Die Grammatik nutzen

5.8 Kommas setzen

So ... *Zum Müßiggang, nicht zur Arbeit sind wir geboren.*

oder so? *Zum Müßiggang nicht, zur Arbeit sind wir geboren.*

Wo würden Sie im folgenden Satz ein Komma setzen?

Die Frauen behaupten die Männer wollen keine Gleichberechtigung.

Haben Sie den Männern oder den Frauen den Willen zur Gleichberechtigung abgesprochen?

Die obigen Beispielsätze zeigen, dass das Komma nicht nur „Satz-Kosmetik" ist, sondern in bestimmten Fällen entscheidende Bedeutung für den Sinn eines Satzes haben kann. Durch unterschiedliche Kommasetzung kann sogar der Inhalt eines Satzes in sein Gegenteil verkehrt werden.

Ein Sprachbuch aus dem 17. Jahrhundert enthält über das Komma folgende Erläuterungen:

> Das Beystrichlein (Comma) hat seine Benahmung, weil es ein klein beygestrichenes Zeichen ist, wird geschwinde durch ein leichtes, etwas gelehntes Strichlein gezogen, und zu unterscheidung der Wörter, sehr oft und vielmals gebraucht: Nemlich, so oft die Rede noch unvollkommen ist, die Wörter aber darin gleichwohl eine schiedliche Sönderung erfordern, zu besserem Verstande dem Leser, und zu schiklicher Teihlung der Wörter.

Wie wird die Funktion des „Beystrichleins" beschrieben?

2. Inwieweit ist diese Funktion auch heute noch gültig?

Durch die Kommasetzung soll in erster Linie der Sinn eines Satzes unterstrichen oder geklärt werden. Ob man die Kommas „aus dem Sprachgefühl heraus" oder aus der Kenntnis der Regeln heraus richtig setzt, spielt dabei keine Rolle.

1. Im folgenden Text fehlen die Kommas. An verschiedenen Stellen müssen, an anderen Stellen können als Lesehilfe und zur Verdeutlichung des Sinnes Kommas gesetzt werden.
   a) An welchen Stellen müssen Kommas eingefügt werden?
   b) An welchen Stellen setzen Sie Kommas als Lesehilfe und zur Sinnunterstützung?

Im Geschäft

Im Betrieb bin ich eigentlich das erste Mal richtig gesiezt worden und vorher vielleicht wenn du im Laden was eingekauft hast. Aber das hast du noch nicht so wahrgenommen richtig angefangen hat es eigentlich im Beruf. Das war so schrecklich. Vorher bist du überall geduzt worden und auf einmal von einem Tag auf den anderen haben dich alle nur noch mit „Sie" und „Frau Riedel" angesprochen. Das fand ich so furchtbar weil es so unpersönlich war. Du hast dich als Außenseiter gefühlt so allein. In der Berufsschule haben sie uns auch mit Nachnamen angeredet: „Frau Wedel würden Sie bitte mal an die Tafel kommen." Du hast dann sofort gemerkt wen der Lehrer besser leiden konnte denn dann hat er auf einmal den Vornamen gerufen und manchmal sogar „du". Im Geschäft hat es sich jetzt geändert wir duzen uns schon viel und das ist eine ganz andere Atmosphäre. Heute stört es mich auch nicht mehr so sehr wenn mich Leute siezen. Trotzdem mache ich meistens dass sie mich dann später doch mit „du" anreden. Im Laden beim Einkaufen ist es nicht mehr so komisch wie vor drei Jahren. Ja ich bin auch schon von Jugendlichen als Erwachsene angesprochen worden auch im Betrieb.

Um die Kommasetzung sinnvoll zu handhaben, lassen sich unterscheiden:

ⓘ Muss-Regeln (Grundregeln)

Das Komma trennt:

1. Aufzählungen
2. Haupt- und Nebensatz
3. Zusätze und Nachträge
4. Anreden und Ausrufe
5. wörtliche Rede vom Begleitsatz

○ Kann-Regeln

Das Komma kann zur Verdeutlichung gesetzt werden:

1. zwischen Hauptsätzen und zwischen Nebensätzen, auch wenn sie durch *und*, *oder* usw. verbunden sind
2. bei Infinitiv- und Partizipgruppen

⚠️ **Grundregel 1**
Aufzählungen von gleichrangigen Wörtern, Wortgruppen und Teilsätzen (Hauptsätze und Nebensätze) werden durch Komma voneinander abgegrenzt, wenn sie nicht durch eine Konjunktion wie *und*, *oder*, *sowie* verbunden sind.

Beispiele:
- ⚠️ Es war eine gelungene, stimmungsvolle und unterhaltsame Party.
- ⚠️ Wir produzieren Endlosformulare, Zahlungsbelege für Banken, Rechnungsvordrucke für die unterschiedlichsten Unternehmen sowie Fahrkarten für Verkehrsbetriebe.
- ⚠️ Die Musik wird leiser, der Vorhang hebt sich, die Vorstellung beginnt.
- ⚠️ Wenn du mich noch liebst, wenn du mir noch einmal verzeihen kannst und wenn du mit mir noch mal von vorne beginnen willst, dann rufe mich an.

Die Konjunktionen *aber*, *doch*, *jedoch* und *sondern* sollten Sie sich merken. Vor ihnen steht ein Komma, weil sie einen Gegensatz oder eine Einschränkung signalisieren:
Es war eine anstrengende, aber dennoch interessante Fahrt.

Kein Komma steht, wenn das letzte mehrerer Adjektive mit dem Nomen einen feststehenden Begriff bildet:
Er bestand die schwere kaufmännische Prüfung mit Bravour.

• • •
2. Schreiben Sie die Sätze in Ihr Arbeitsheft.
a) Setzen Sie die Kommas.
b) Begründen Sie die Kommas, indem Sie die Art der Aufzählung erläutern.

Der Heimwerker
1. Ein Heimwerker sägte hobelte hämmerte bis spät in die Nacht.
2. Besonders die Motorsäge die Bohrmaschine und der Elektrohobel verursachten einen Höllenlärm.
3. Der Krach belästigte die Hausbewohner die Nachbarn sowie die Bewohner des nahegelegenen Altenheimes.
4. Aber hartnäckig uneinsichtig allen Drohungen zum Trotz weigerte sich der Übeltäter seine Arbeit einzustellen.
5. Als sich schließlich die Heimleitung beschwerte als man mit einer Anzeige drohte und als man gerade die Polizei rufen wollte zog sich der Störenfried murrend aber leise zurück.
6. Der schrille nervenaufreibende Krach hatte ein Ende.
7. Der Heimwerker packte seine lärmenden elektrischen Geräte ein.

ⓘ Grundregel 2
Nebensätze werden durch Komma vom Hauptsatz abgetrennt.

Beispiele:
- Ich bin sicher, dass wir das Umsatzziel für dieses Jahr erreichen werden.
- Wir werden das Buch, das alle wichtigen Themenbereiche berücksichtigt, anschaffen.
- Nachdem sie das Ziel als Erste erreicht hatte, brach sie erschöpft zusammen.

3. Setzen Sie im folgenden Text die Kommas und begründen Sie diese, indem Sie die Haupt- und Nebensätze bestimmen.

Die Geschäftseröffnung

1. Nachdem der letzte Handwerker fertig war konnte das Geschäft neu eröffnet werden.
2. Der Laden machte in seiner neuen Ausstattung die sehr geschmackvoll ist einen guten Eindruck und wirkte auf die Kunden durch die neuartige Leuchtreklame sehr anziehend.
3. Lange vor Geschäftsbeginn hatten sich die ersten Kunden eingefunden die darauf spekulierten dass die preisgünstigen Eröffnungsangebote freigegeben würden.
4. In Sonderprospekten die tags zuvor an alle Haushaltungen verteilt worden waren wurden einige Artikel zu derart günstigen Preisen angeboten dass sich auch weite Wege lohnten.
5. Der Geschäftsinhaber äußerte in einer kurzen Ansprache er freue sich sehr über die guten Wünsche zur Eröffnung und lud zum kalten Buffet ein.

ⓘ Grundregel 3
Zusätze und Nachträge werden durch Komma abgegrenzt.

Beispiele:
- An diesem Mittwoch, es war Anfang Mai, sah ich ihn das letzte Mal.
- Ich werde meinem Freund, diesem fanatischen FC-Fan, zum Geburtstag eine Eintrittskarte schenken.
- Wir treffen uns am Montag, dem 12. Juni, um 17:00 Uhr (,) im Internet-Café (,) in der Heinrich-Heine-Straße.
- Auf der Messe sind viele ausländische Unternehmen vertreten, insbesondere aus Frankreich.

Wichtige Einleitewörter für Nachträge sollten Sie sich merken:
also, besonders, das heißt (d. h.), das ist (d. i.), genauer, insbesondere, nämlich, sogar, und zwar, vor allem, zum Beispiel (z. B.)

Die Grammatik nutzen

4. Setzen Sie im folgenden Text die Kommas.

Auf der Computermesse

1. Die diesjährige Computermesse die fünfzehnte überhaupt stand ganz im Zeichen von Multimedia.
2. Alle Angestellten der EDV-Abteilung insbesondere die Software- und System-Betreuer nutzten die Gelegenheit zur Information.
3. In der Halle 10 Stand 45 demonstrierten verschiedene Firmen darunter auch IVM die Leistungsfähigkeit der neuen Netz-Systeme.
4. Jetzt endlich nach mehr als 3-jähriger Entwicklungszeit konnte IVM ihren Server vorführen.
5. An vielen Ständen wurden die Möglichkeiten von Multimedia am Arbeitsplatz vorgestellt vor allem die Nutzung von externen Datenbanken.
6. Die Aussteller waren trotz hoher Besucherzahlen mit dem Messeergebnis nicht zufrieden.

ⓘ Grundregel 4
Anreden und Ausrufe werden durch Komma abgegrenzt.

Beispiele:
- ⓘ Ich heiße Sie, liebe Freunde der Kunst, zur Eröffnung der Ausstellung herzlich willkommen.
- ⓘ Oh, das hätte ich aber nicht gedacht.
- ⓘ Ja, ich bin ganz Ihrer Meinung.

ⓘ Grundregel 5
Die wörtliche Rede wird grundsätzlich durch ein Komma vom Begleitsatz abgegrenzt.

Beispiele:
- ⓘ „Lauf los!", befahl der Trainer.
- ⓘ „In welchem Betrieb arbeiten Sie?", fragte die Lehrerin den Auszubildenden.
- ⓘ Er sagte: „Ich komme gleich wieder", und machte sich auf den Weg.

Kann-Regel 1

Zwischen Hauptsätzen und zwischen Nebensätzen **kann** ein Komma gesetzt werden, auch wenn sie durch anreihende Konjunktionen verbunden sind. Solche Konjunktionen sind: *und, oder, bzw., sowie, entweder – oder, nicht – doch, sowohl – als (auch), sowohl – wie (auch), weder – noch*

Beispiele:
- Die Mannschaft belegte den dritten Platz (,) und Monique wurde in der Einzelwertung Vierte.
- Wir fahren entweder in die Berge zum Wandern (,) oder wir fliegen in die USA.
- Ich bin der Meinung, dass du die Prüfung bestehen wirst (,) und dass du eine neue Stelle bekommst.

5. Das Komma kann gesetzt werden, um die Gliederung eines Satzes zu verdeutlichen. Entscheiden Sie, wo Sie in den folgenden Sätzen ein Komma einfügen.

   Statt eines Einkaufsbummels
   1. Ich wollte unbedingt in den CD-Laden und Kathrin ging gerne zur Mode-Boutique.
   2. Wir mussten uns entscheiden ob wir zuerst Kathrins Wunsch nachkommen sollten oder ob der Einkaufsbummel beim CD-Laden beginnen konnte.
   3. Kathrin meinte wir sollten entweder eine Münze entscheiden lassen oder wir sollten gleich zur Boutique gehen.
   4. Kathrins Freundin Julia war der Meinung dass wir unter diesen Umständen weder in die Boutique gehen sollten noch dass mein Wunsch erfüllt werden sollte.
   5. Julia überlegte kurz und schließlich schlug sie vor besser direkt ins Café zu gehen.
   6. Wir schauten uns verwundert an und so ging ich mit beiden ins Café; wir saßen dort bis 16:00 Uhr und es war ein wirklich amüsanter Nachmittag.

Kann-Regel 2

Bei Infinitiv- und Partizipgruppen **kann** ein Komma gesetzt werden, um die Gliederung des Satzes zu verdeutlichen und den Sinn klarzustellen.

Beispiele:
- Durch eine Tasse Kaffee gestärkt (,) werden wir unsere Arbeit erfolgreich fortsetzen.
- Der Kunde machte (,) den Händler laut beschimpfend (,) seinem Ärger Luft.
- Ich rate(,) ihm bei der Arbeit zu helfen.
  Oder: Ich rate ihm(,) bei der Arbeit zu helfen.

Die Grammatik nutzen

Aber: Ein **Komma muss gesetzt werden**, wenn
- die Infinitivgruppe mit um, ohne, statt, anstatt, außer oder als eingeleitet wird,
- die Infinitgruppe von einem Nomen abhängt,
- es ein Verweiswort gibt.

Ich fahre nach München, um das Länderspiel zu sehen.
Wir sind in der Lage, die Ware noch diese Woche zu liefern.
Sie liebt es, am Wochenende lange auszuschlafen. Lange auszuschlafen, das liebt sie.

6. Entscheiden Sie, ob und wo Sie in den folgenden Sätzen ein Komma einfügen. Begründen Sie Ihre Entscheidung.

   Das Vorstellungsgespräch
   1. Claudia trat ein chic aber nicht aufdringlich geschminkt und frisiert.
   2. An seinem Schreibtisch sitzend und eine Zigarette rauchend empfing sie der Personalchef.
   3. „Um sich beruflich zu verbessern kommen Sie zu uns?" fragte er lächelnd.
   4. „Ja der Ausbilder meines Ausbildungsbetriebes hat mir empfohlen mich bei Ihnen zu bewerben" bemerkte Claudia.
   5. „Ihre Noten sind ja recht gut" meinte er anerkennend die Zeugnisse durchblätternd.
   6. Durch diese Bemerkung bestärkt fragte Claudia nach ihren Chancen die angebotene Stelle zu bekommen.
   7. „Ich denke ganz gut" antwortete der Personalchef und rief seine Sekretärin um die Einstellungsformalitäten zu erledigen.
   8. Erleichtert atmete Claudia auf.

7. Setzen Sie in der folgenden Gebrauchsanweisung die Kommas.

   Alte Anstriche von Ölfarbe oder Öllackfarbe kann man mit Laugen lösen und danach leicht abkratzen. Diese alkalischen Abbeizmittel zu denen Seifenstein oder Ätzlaugen gehören sind unter verschiedenen Markennamen erhältlich. Die Fläche die vom alten Anstrich gereinigt werden soll wird mit Hilfe eines Beizpinsels der gegen Laugen unempfindlich ist mit der Lauge bestrichen. Am besten zieht man sich dabei Gummihandschuhe an denn Laugen greifen die Haut an. Nach einigen Minuten verändert sich das Aussehen der alten Farbe sie schrumpft zusammen und sie wird von der Lauge verseift. Nun pinselt man dabei wird kein neues Beizmittel mehr angewandt die Fläche nochmals kräftig durch bis man zum Holzgrund durchgestoßen ist. Die verseifte Farbe schiebt man mit dem Spachtelmesser ab. Sofort danach muss die behandelte Fläche mit klarem Wasser abgewaschen werden.

6 Die Rechtschreibung verbessern

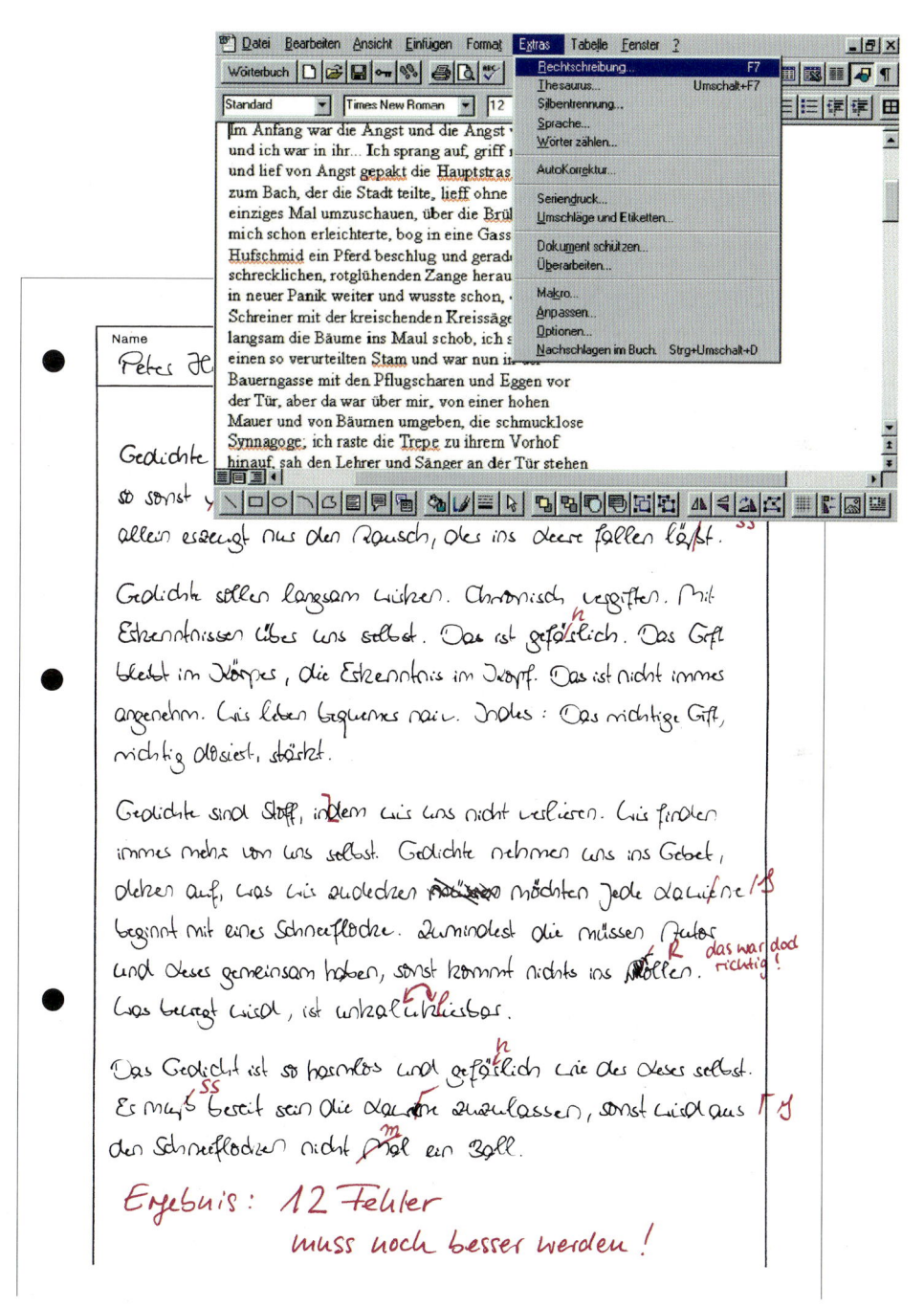

6.1 Schwierige Fälle der Rechtschreibung beherrschen

Der amerikanische Präsident John F. Kennedy hielt bei seinem Besuch 1963, kurz nach dem Mauerbau in Berlin, eine Rede vor dem Schöneberger Rathaus. Dabei redete er einige Sätze in deutscher Sprache. Die Bevölkerung war darüber begeistert.
Hier ein Ausschnitt aus der Redevorlage Kennedys:

> ish FROY-er mish in bear-LEAN sue zine.
> ish FROY-er mish in DOICH-lont sue zine.
> ish bin DONK-bar fear dane HAIRTS-lishen emp-FONG.
> dane zee mere eeba-OLL ba-WRY-tet hobben.
> ish HAUFER doss mine ba-ZUKE dot-sue BUY-traked,
> dee FROINT-shofts vishen DOICH-lont oont ah-MAY-ree-cah VIE-tar sue FEST-iggen.

1. Notieren Sie, was der amerikanische Präsident auf Deutsch sagte.
2. Wie hat Kennedy sich geholfen, einige Sätze in Deutsch reden zu können?
3. Warum schreibt Kennedy in seiner Vorlage „zine" für „sein"?
4. Insbesondere welche Art von Lauten schreibt Kennedy anders als im Deutschen?
5. Welchen Zweck hat wohl die Groß- und Kleinschreibung in der Redevorlage?

Wir sprechen **Laute**, wir schreiben **Buchstaben**.
Bei den Lauten unterscheidet man:
a) **Vokale (Selbstlaute):** a, e, i, o, u
b) **Konsonanten (Mitlaute)**

Zusammengesetzte Wörter behalten an ihrer Nahtstelle drei Vokale oder Konsonanten. Sie können auch mit Bindestrich geschrieben werden; dies gilt auch für Fremdwörter.

Sauersto**ff** + **F**lasche	→	Sauersto**fff**lasche bzw. Sauersto**ff**-**F**lasche
Flu**ss** + **S**and	→	Flu**sss**and bzw. Flu**ss**-**S**and
Te**e** + **E**rnte	→	Te**ee**rnte bzw. T**ee**-**E**rnte
Hawa**ii** + **I**nseln	→	Hawa**iii**nseln bzw. Hawa**ii**-**I**nseln

1. Welche der beiden Schreibweisen empfinden Sie als vorteilhafter?
2. Notieren Sie weitere zusammengesetzte Wörter zu dieser Regel.

Wat is een Lama?

Zwei Jungen stehen im Berliner Zoo in einem Freigehege. Mühsam entziffern sie die Namen der Tiere. Plötzlich fragt der eine: „Du Paule, sag mal, wat is een Lama?"
— „Een Lama, dat weste nich, dat is doch eener, der dat eene Bein nachzieht."

1. Worin liegt die Pointe des Witzes?

2. Warum ist dieser Witz nur „gesprochen" interessant?

> Es gibt Wörter, die ähnlich oder gleich gesprochen, aber dennoch verschieden geschrieben werden. Häufig kann man durch genaues Hinhören bzw. durch eine deutliche Aussprache erkennen, wie ein Wort geschrieben wird. Bemühen Sie sich deshalb, stets deutlich zu sprechen.

3. Bemühen Sie sich um eine deutliche Aussprache.
a) Lesen Sie dazu folgende Wörter laut vor:
reizen/ reisen/ reißen; Rassen/ Rasen; danken/ tanken; Bären/ Beeren; Rat/ Rad; er singt/ er sinkt; kriechen/ Griechen; weiße/ weise; Kreis/ Greis; Boote/ Bote; Haken/ hacken; strafen/ straffen; malen/ mahlen;
b) In welchen Fällen hilft auch die Aussprache nicht weiter?

Wenn die Aussprache keine Klarheit über die richtige Schreibweise verschafft, können die folgenden Hilfsregeln weiterhelfen:

> **Hilfsregeln**
> 1. Die Mehrzahl-Form bilden:
>   z. B. Rad → Räder   Rat → Räte   Katalog → Kataloge
> 2. Nach Silben trennen:
>   Beim Trennen nach Sprechsilben lassen sich die Schreibweisen oft hören.
>   z. B. tren-nen   ha-cken   Ha-ken   set-zen
> 3. Mit verwandten Wörtern vergleichen:
>   Wenn man weiß, woher das Wort stammt (Wortfamilie), ist die Schreibweise durch Vergleichen mit verwandten Wörtern erschließbar.
>   z. B. Sog → saugen   bisschen → Biss   nummerieren → Nummer

Wenden Sie die Hilfsregeln in den folgenden Übungen an. Immer wenn Sie unsicher sind, sollten Sie im Wörterbuch nachschlagen. Schreiben Sie die Wörter richtig in Ihr Heft.

Die Rechtschreibung verbessern

Ähnlich klingende Laute

4. ä oder e?

er h_lt; die G_ste einladen; die freundliche G_ste; n_mlich; die S_ge; die _pfel; die Vorr_te; r_chen (!); das R_cht; r_chnen; die R_nte; _quival_nt; der Z_hler; der N_nner; gef_hrlich; der R_st; die K_lter; es wird k_lter; l_cheln; l_rnen; l_rmen; die B_renf_lle; G_mse; beh_nde; St_ngel; bel_mmert;

5. d oder t?

ro_; der Freun_; sei A_ven_; die Kamera_schaf_; ihr sei_ gu_; der Win_; der To_; er ist to_; die To-en werden geehr-; to_krank sein; sei_lich; das Ba_; der Bar_; die Verwan_schaft (!); verwan_ sein (!); die Ra_e; bun_; das Hem_; en_lich; en_sprechen; en_laufen; die Sta_ (!); die Saa_; der Sala_; das Gel_; gel_en_es Rech_; der Be_riebsra_; die Kun_schaft; die En_e; die Quali_ä_; die Quan_i_ä_; er ban_ das Ban_ fest; die Han_el; der Han_el; das Lan_; En_gel_;

6. b oder p?

die Wes_e; der Stau_; das Ge_äck (!); die Bundesre_u_lik; das _rogramm; die _rämie; der Bankrau_; die Seidenrau_e; sie ga_ ihm einen Kor_; der Betrie_; das Sie_; der Gi_s; das _latt; das _lakat; er spricht _lattdeutsch; das Lau_; die Schall_latte; _rivat; die Raumka_sel; im Se_tem_er; das Lo_; tau_ sein;

7. g oder k?

er ist _lu_ und weise; der _laube; das _las; _las_lar; der _ru_ ; der Käfi_; mäßi_; im A_ord arbeiten (!); der _rießbrei; der _ies; der Prolo_; der Gestan_; die Lo_i_; die _rawatte; er bo_ nach lin_s ab; das Geschen_; er lo_;

8. Josef Wittmann: rotkapperl

d oma im oitasheim
is eh guard vasorgd.
und aus wein und kuacha
hod sa se no nia vui gmachd.

bleamen griagd s von da schwesda,
de zoin ma exdrig.
da woif im woid
kon wartn bis a schwarz wead.
von uns griagd a neamands

a) Schreiben Sie den Text um ins Hochdeutsche. Achten Sie neben der richtigen Schreibung der Laute auch auf die Groß- und Kleinschreibung.

b) Sprechen Sie auch über den Inhalt und die Aussageabsicht des Textes, indem Sie
- die Lebensumstände der Großmutter aus dem Märchen der Gebrüder Grimm mit der Situation der „oma im oitasheim" vergleichen.
- aufzeigen, was Josef Wittmann in seinem modernen „rotkapperl" kritisiert.

9. ai oder ei?

die Am_se; der H_, das M_sfeld; im M_; die M_sen schlagen; eine W_le; die K_mauer; der K_m; der L_m; auf diesem Gebiet bin ich L_e; die Wäschel_ne; das R_sfeld; die W_zenkl_e; der W_se (!); die S_ te (!); w_t; ein L_b Brot; auf h_mliche Art und W_se; W_dmannsh_l; r_sen; r_ten;

10. äu oder eu?

die B_te; der B_tel; h_fig; _ßerlich; die L_kämie; das Ungeh_er; verk_flich; der Fr_nd; die H_ser; die H_er; h_len; etwas ver_ßern; l_ten; ein Wiederk_er; h_te; die H_te; tr_men; die S_le; sch_men; r_spern; sch_ßlich; r_men; d_tlich; die B_me; etwas näher erl_tern;

Langgesprochene Vokale (Dehnung)

Schreibt man nun *Wal*, *Wahl* oder *Waal*?
Alle drei Schreibweisen sind möglich, je nachdem, was gemeint ist:
Wal: gemeint ist der Fisch;
Wahl: gemeint ist z. B. die Bundestagswahl;
Waal: gemeint ist ein Mündungsarm des Rheins.

Dieses Beispiel zeigt, dass ein langgesprochener Vokal (Selbstlaut) unterschiedlich geschrieben werden kann. Die Hilfsregeln können hier nur gelegentlich weiterhelfen; oft muss man sich die Wörter einfach einprägen.

• • •
11. Bilden Sie aus den „Worträdern" alle möglichen Wörter.

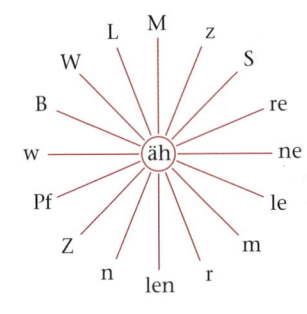

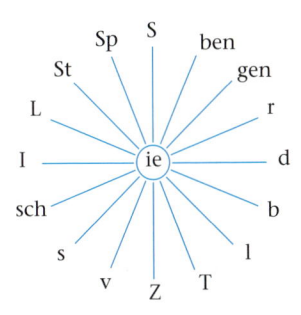

12. Fertigen Sie selbst zwei „Worträder" mit den „Achsen" (aa) und (ee) an.   • • •

Doppelte Konsonanten (Schärfung)

In der folgenden Übung müssen Sie entscheiden, ob das Wort mit einfachem oder mit doppeltem Konsonant (Mitlaut) geschrieben wird. Wenden Sie auch hier die Hilfsregeln an, vor allem die 2. und 3. Regel. Als weitere Hilfsregel können Sie sich auch merken, dass ein Mitlaut nach einem langgesprochenen Vokal (Selbstlaut) nie verdoppelt wird, z. B. Ōfen, aber ŏffen.

• • •
13. Schreiben Sie die Übung richtig in Ihr Arbeitsheft.
    er nan/nnte ihn beim Nam/mmen; stil/lle Was/sser sind tief; die Hof/ffnung; die Zerstör/rrung der Landschaf/fft; Geheimnis/sse sol/ll man/nn wahren; die Bit/tte der Freundin/nnen kan/nn Monika nicht ablehnen; Mut/tt zur Lük/cke; die Flag/gge his/ssen; die Heiz/zzung ist def/ffek/ckt; das Kap/ppital; die Hek/cktik/ck im Al/lltag; das Schif/ff lief/ff auf ein Rif/ff; diese Tap/ppet/tte gefäl/llt mir; Jugendliche dürf/ffen keinen Bran/nntwein trinken; die Kap/ppel/lle; bei Eb/bbe kann/nn man die Rob/bben beobachten;

• • •

14. Erläutern Sie, weshalb die folgenden Wörter mit doppeltem Konsonant geschrieben werden müssen (statt kk schreibt man ck, statt zz wird tz geschrieben).
Ass – frittieren – Karamell – Mopp – nummerieren – platzieren – Stopp (!) – Stuckateur – Tipp – Tollpatsch

In Fremdwörtern gilt eine spezielle Laut-Buchstaben-Zuordnung, z. B.:

Laute	Buchstaben	Beispiele
[a], [a:]	u/at	Butler, Slum, Make-up, Eklat, Etat
[i], [i:]	y/ea/ee	Baby, City, sexy, Beat, Jeans, Team, Teenager, Spleen

Bei einigen Fremdwörtern ist sowohl die fremdsprachliche als auch eine eingedeutschte Schreibweise möglich, wobei der DUDEN jeweils eine Schreibweise empfiehlt :

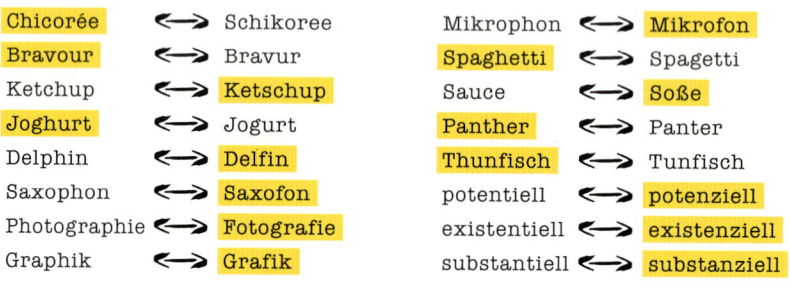

Chicorée	⟷	Schikoree	Mikrophon	⟷	Mikrofon
Bravour	⟷	Bravur	Spaghetti	⟷	Spagetti
Ketchup	⟷	Ketschup	Sauce	⟷	Soße
Joghurt	⟷	Jogurt	Panther	⟷	Panter
Delphin	⟷	Delfin	Thunfisch	⟷	Tunfisch
Saxophon	⟷	Saxofon	potentiell	⟷	potenziell
Photographie	⟷	Fotografie	existentiell	⟷	existenziell
Graphik	⟷	Grafik	substantiell	⟷	substanziell

Ich empfehle Ihnen heute: Spaghetti ohne h mit deutscher Tunfisch-Soße.

Ich hätte aber lieber original Spaghetti mit Thunfisch-Sauce.

Grundlagen der Kommunikation

6.2 Die s-Laute unterscheiden

Der Schlosserlehrling Klaus aus Füssen
wollt' seine heiß geliebte Susi küssen.
Was ist bloß los?
Ein Koloss auf ihrem Schoß!
So hat er sich's verkneifen müssen.

Es lackierte ein Azubi aus Neiße
sieben Karosserien mit riesigem Fleiße.
Doch bei der achten geschah's.
Farbe versaute das Glas.
Und der Azubi flüsterte ganz leise: Sch-ade.

1. Solche Scherzgedichte nennt man auch Limericks. Beschreiben Sie an den beiden Texten, wie ein Limerick aufgebaut ist.
2. Fertigen Sie folgende Tabelle an und tragen Sie die Wörter mit einem s-Laut aus den Limericks in die entsprechende Spalte ein.

s	ss	ß

3. Erarbeiten und formulieren Sie Hilfsregeln:
   a) Wie wird geschrieben, wenn ein stimmhafter s-Laut (z. B. in *leise*) zu hören ist?
   b) Vergleichen Sie die Aussprache des Vokals vor dem s-Laut in den Wörtern *Koloss* und *Schoß*. Welche Regel lässt sich für die Schreibweise von ss und ß ableiten?
   c) *Fleiße, heiß*: Ergänzen Sie die ß-Regel für die Schreibweise nach einem Doppellaut (au, ei)?
   d) „Verlängern" Sie die Wörter *Glas* und *heiß*. Dann können Sie die Schreibweise hören.

• •

1. Ergänzen Sie den s-Laut, indem Sie die Hilfsregeln anwenden.
la_en; er lie_; gela_en sein; la_ mich in Ruhe; er lä_t es nicht zu; er bewie_ ihm das Gegenteil; der Bewei_; sie la_ eine Illustrierte; verge_lich sein; vergi_ es bitte nicht; er ist sehr nervö_; die Ereigni_e; das Hinderni_; sich hinrei_en la_en; wei_e (!); bei_en; Vorsicht bi_iger Hund; der Imbi_; ein bi_chen; die Nu_; die Nü_e; er blä_t auf der Po_aune; sie hat die Ca_ette weggeschlo_en; das Schlo_; er erhielt einen Verwei_; wi_en; ich wei_ es; die Gewi_heit; das Gewi_en; me_bar; die Ka_e; viele Grü_e und Kü_e; ha_en; er ha_t das; die Ha_t; die Na_ra_ur; ich e_e Rei_suppe; du i_t; wir a_en; er hie_ Ulli; drau_en ist es na_; sie mu_ ihren Pa_ verlängern la_en; er rei_t keine Bäume aus; er rei_t ins El_a_; au_er Spe_en nichts gewe_en;

• •

Die Rechtschreibung verbessern

6.3 Das oder dass einsetzen

DES BASST IMMA.
Fa mich als Pälzer esch des mid'dem Des beim Babble ganz äfach. Des Des basst imma. E Beispiel: Ich gläb, des des Modorrad, des ich mer käft häb, des esch subber. Wann ich de Satz jetzat schreiwe sell, muss ich schun g'nau iwerleche, des ich des Des richtig schreib. Dodebei hälft mer folchendi Rechel: Imma wann ich fa des im Houchdeitsche ein, dies, dieses orra welches sache kann, schreiw ich des Des mit s, wann nit, schreiw ich's mit ss. Des basst imma.

✗ **1.** Warum treten beim Schreiben des DES Probleme auf?

■ **2.** Mit welcher Regel hilft sich der Pfälzer beim Schreiben? Notieren Sie sich diese Hilfsregel.

■ **3.** Schreiben Sie den Text ins Hochdeutsche. Achten Sie dabei besonders auf den richtigen Gebrauch von *das* und *dass*, indem Sie die Regel anwenden.

■ **4.** *dass* ist eine Konjunktion. Bestimmen Sie die Wortarten von *das* im Text. Welche drei Wortarten kann *das* darstellen?

> **Hilfsregel:**
> Man schreibt **das**, wenn man es durch *ein, dies, dieses* oder *welches* ersetzen kann.
> Man schreibt **dass**, wenn man es nicht ersetzen kann.

1. Ergänzen Sie das bzw. dass. Begründen Sie Ihre Entscheidung.

Vom Abfall zum Rohstoff

1. Da_ Abfallbeseitigungsgesetz verlangt, da_ der Müll auf geordneten Mülldeponien gelagert wird.
2. Da_ ist ein Fortschritt gegenüber den wilden Müllkippen von früher.
3. Es zeigt sich jedoch, da_ mit dem Abfallbeseitigungsgesetz allein das Problem Müll, da_ zu den dringendsten gehört, nicht in den Griff zu bekommen ist.
4. Es setzt sich langsam die Erkenntnis durch, da_ da_ Vermeiden von Müll und Sondermüll da_ Problem am ehesten lösen kann.
5. Die Industrie muss deshalb bei der Produktion darauf achten, da_ weniger Abfall entsteht, da_ dieser wiederverwertet werden kann und da_ rohstoffschonend produziert wird.

Grundlagen der Kommunikation

6. Da_ Duale System, da_ in der Bundesrepublik mit dem Grünen Punkt flächendeckend eingeführt ist, soll dazu beitragen, da_ Müll vermieden bzw. recycelt wird.
7. Ob da_ wirklich der richtige Weg ist, da_ Problem zu lösen, ist fraglich.
8. Denn fast alle Produkte tragen den Grünen Punkt und beruhigen eher den Verbraucher, als da_ sie wirklich „grün" im Sinne von umweltschonend sind.
9. Als umweltbewusster Verbraucher tut man also gut daran, nur da_ einzukaufen, was wirklich umweltschonend verpackt ist.
10. Dabei ist es richtig, da_ überflüssige Verpackungsmaterial im Geschäft zurückzulassen, soda_ der Einzelhandel und die Hersteller gezwungen werden zu reagieren.
11. Denn schließlich kann sich nur da_ am Markt behaupten, was die Verbraucher wünschen.
12. Müll- und andere Umweltprobleme haben uns Menschen bewusst gemacht, da_ wir Verantwortung tragen gegenüber der Natur, unserer Nachwelt und uns selbst.
13. Denn da_, was der folgende Slogan behauptet, ist unbestritten: Wir brauchen die Natur. Die Natur braucht uns nicht.

2. *Wir sind der Ansicht, dass ...   Ich hoffe, dass ...*
Notieren Sie weitere solcher Wendungen.

Beamtenbeleidigung.
Eine Anekdote über das Trierer Original Fischers Maathes (1822–1879)

Fischers Maathes stand einmal wegen Beamtenbeleidigung vor Gericht. Auf die Frage des Richters nach dem Vorgang des Delikts erklärte der Angeklagte: „Här Gerichtshof, dat waor esu: Dat eich geren amaol en paar Pörzjen Viez trinke, dat woaß jao jeden. Dat ma do oach maol ebbes Faolsches saot, dat koann schun maol passieren. Eich klaaw, eich haon iwer onsen Owerbirjermaasder gesaot, dat dat Geld, dat en verdient, vil zu vil öss on dat onsen Birjemaasder et net wärt wär, dat en erschoss göfft."

Der Richter hielt dem Angeklagten den Tatbestand der Trunkenheit zugute. Maathes wurde dazu verurteilt, die Beleidigung an Ort und Stelle, also in der Weinwirtschaft, öffentlich zu widerrufen. Noch am gleichen Abend kam Maathes in seinem Stammlokal dieser Auflage nach. In dem überfüllten Lokal erklärte er: „Eich haon elao neilich gesaot, dat onsen Owerbirjermaasder et net wert wär, dat en erschoss göfft. Dat öss net waohr! Onsen Birjermaasder öss doch wert, dat en erschoss göfft, wu flotter, wu besser."

3. Erläutern Sie die Pointe der Anekdote.
a) Durch welchen „Trick" kehrt Maathes den Widerruf in sein Gegenteil?
b) *Das* und *dass* lauten in der Trierer Mundart *dat*. Wie ist das in Ihrer Mundart?
c) Schreiben Sie die Aussagen von Maathes ins Hochdeutsche. Achten Sie dabei vor allem auf den richtigen Gebrauch von „das" und „dass", indem Sie die Hilfsregel benutzen.

6.4 Nach Sprechsilben trennen

Enten	Wild-ente	Transpar-ente	Zeitungs-ente	Stud-enten	Absolv-enten
	Segm-ente	Peking-ente	Tauch-ente	Pati-enten	Korrespond-enten
	Wis-ente	R-ente	Ent-ente	Refer-enten	Schnatter-enten

1. Welche der „Enten" können schwimmen?
2. Wie spricht man die Begriffe aus, die nichts mit Enten zu tun haben?
3. Erklären Sie, was mit den „schwimmunfähigen" Enten jeweils gemeint ist.
4. Trennen Sie diese Begriffe richtig, sodass die falschen „Enten" verschwinden.

Regeln der Silbentrennung
1. Getrennt wird nach Sprechsilben: *Aus-zu-bil-den-de, Fens-ter, Di-a-mant*. Einzelne Buchstaben am Anfang oder Ende eines Wortes werden nicht abgetrennt. Bei Fremdwörtern ist auch auf Sinneinheiten zu achten: *Chi-rurg, bio-logisch*.
2. Ein Konsonant (Mitlaut) zwischen zwei Vokalen (Selbstlauten) kommt in die folgende Zeile: *He-xe, Regie-rung, Rasie-rer, Lehre-rin*.
   Bei mehreren Konsonaten kommt der letzte Konsonant in die nächste Zeile: *Karp-fen, knusp-rig, dunk-le*.
3. *ch, sch* und *ck* gelten als Laut und werden nicht getrennt: *la-chen, wa-schen, ba-cken*.

1. Trennen Sie die folgenden Wörter an allen möglichen Stellen:
   Küste, schöpfen, Zucker, Läufer, Samstagabend, boxen, international, Aktionäre, Situation, charakterisieren, essenziell, Premierminister, attackieren, Erblasser, darüber, Adresse, isolieren, Eheanbahnungsinstitut, Attraktion, Assel

2. Lösen Sie das folgende Silbenrätsel.
   1. Leim 2. schön finden 3. Niederschlag 4. Maßeinheit 5. Bote 6. schnell 7. abhanden kommen 8. Pulli 9. Wochentag 10. oberhalb 11. Die Koffer ... 12. Metall

   Ab - ber - cken - da - Diens - fal - fer - ge - ge - gen - has - Kleis - Kup - len - lie - me - o - pa - Pull - Re - ren - rü - sand - tag - ter - ter - ter - ti - tig - ver - ver - Zen

86 Grundlagen der Kommunikation

6.5 Groß- oder kleinschreiben

Richter: „Hatten s/sie einen G/genossen?"
Angeklagter: ...?

1. Wie könnte der Angeklagte auf die Frage des Richters antworten?
2. Erläutern Sie, welche Bedeutung je nach Antwort die Groß- und Kleinschreibung hat.

Grundregel für die Großschreibung

Großgeschrieben werden nur:
1. das Wort am Anfang eines Satzes
2. Eigennamen
3. Nomen (Hauptwörter)
4. nichtvertrauliche Anreden

Schwierig wird die Frage, ob groß- oder kleingeschrieben wird, eigentlich erst dadurch, dass alle anderen Wortarten in Nomen umgewandelt werden können.

■TELEX■ ■TELEX■ ■TELEX■ ■TELEX■ ■TELEX■ ■TELEX■ ■TELEX■

bonn (dpa) jugendliche rauchen weniger

die jugendlichen in der bundesrepublik rauchen weniger. wie ein rheinland-pfälzischer abgeordneter des deutschen bundestages in bonn unter berufung auf zahlen des familienministeriums mitteilte, sei in den letzten jahren der anteil der nichtraucher unter den heranwachsenden zwischen 14 und 25 jahren von 42 auf 51 prozent angestiegen. bei den 14- bis 19-jährigen sei der anteil der rauchenden dagegen von über 40 prozent auf 28 vom hundert um ein beträchtliches gefallen. der abgeordnete betonte, rauchen sei nach wie vor die hauptursache für krebserkrankungen.

■TELEX■ ■TELEX■ ■TELEX■ ■TELEX■ ■TELEX■ ■TELEX■ ■TELEX■

1. a) Schreiben Sie die Pressemeldung in Groß- und Kleinschreibung in Ihr Arbeitsheft.
   b) Listen Sie die großgeschriebenen Wörter und deren Begleiter auf.
   c) Bestimmen Sie die Wortarten der Begleiter.

Die Rechtschreibung verbessern

Andere Wortarten lassen sich in Nomen umwandeln

Die als Nomen im Satz gebrauchten Wörter werden großgeschrieben. Sie sind daran zu erkennen, dass sie meist zusammen mit einem Nomen-Begleiter auftreten:

- mit Artikel: *Das Parken ist verboten.*
- mit Präposition: *Beim Fahren sollte man nicht telefonieren.*
- mit Numerale: *Sie hat viel Kluges gesagt.*
- mit Pronomen: *Mein Lernen hat sich ausgezahlt.*
- ohne Begleiter, Artikel ergänzbar: *Ich glaube, dass Joggen gesund ist.*

...

2. Entscheiden Sie, ob die in Klammern gesetzten Wörter großzuschreiben sind. Begründen Sie Ihre Entscheidung.

   Besseres Lernen
   1. Viele Schülerinnen und Schüler könnten in der Schule besser sein, wenn sie das richtige (lernen) einmal gelernt hätten.
   2. Wer z. B. beim (vorbereiten) auf eine Klassenarbeit krampfhaft versucht, sich am Abend vorher das (durchgenommen) ins Gedächtnis zu pauken, tut eigentlich genau das (falsch).
   3. Von den vielen möglichen Tipps seien im (folgend) nur einige (wichtig) herausgegriffen.
   4. Psychologen haben herausgefunden, dass viele Menschen im (allgemein) (neu und fremdartig) zunächst im (unterbewusst) ablehnen.
   5. Wenn es aber gelingt, neue Lernstoffe an schon (bekannt) anzuknüpfen, entfällt diese Hemmschwelle und man ist von (vornherein) zum (lernen) viel stärker motiviert.
   6. Ein weiteres Ergebnis psychologischen (forschen) besagt, dass der größte Teil dessen, was ein Mensch weiß, durch das (anschauen), also über die Augen eingeprägt wurde.
   7. Also sollte beim (lernen) versucht werden, sich das Schriftbild eines Begriffes oder einer Formel zu merken.
   8. Viele Auszubildende suchen ihr Glück im (auswendig lernen).
   9. Das ist zwar nicht immer das (falsch), aber besser ist es, durch (strukturieren) die Lerninhalte zu begreifen und zu merken, z. B. mit Hilfe einer Mind-Map.
   10. Im (groß und ganz) wird von der Forschung in Bezug auf das (lernen) bestätigt, was die Pädagogen im (einzeln) bereits umgesetzt haben.

...

Großschreibung von Paarformeln

Beim Fest traf sich Alt und Jung, Arm und Reich, Groß und Klein.

Hilfsregel
Großgeschrieben werden nichtveränderte Adjektive in Paarformeln zur Bezeichnung von Personen.

Großschreibung von Eigennamen

Friedrich der Große – Deutscher Gewerkschaftsbund – Thüringer Wald

Hilfsregeln

Adjektive und Numerale werden in Eigennamen und feststehenden Begriffen großgeschrieben.

Tipp: Eigennamen liegen dann vor, wenn das Bezeichnete einmalig ist oder eine Gattungsbezeichnung darstellt.
Beispiel: *der Zweite Weltkrieg*, aber *der zweite Urlaubstag*

3. Notieren Sie die markierten Begriffe in der richtigen Schreibweise.
   1. Der dreißigjährige Krieg endete mit dem westfälischen Frieden.
   2. Am ägäischen Meer liegen und griechischen Wein trinken, das ist Urlaub.
   3. Ein amerikanischer Astronaut war der erste Mensch auf dem Mond.
   4. Nach dem italienischen Erdbeben leisteten das technische Hilfswerk und die freiwillige Feuerwehr erste Hilfe.
   5. Der europäische Rat hat die Regierungen der europäischen Union aufgefordert, Maßnahmen gegen die Verschmutzung der europäischen Flüsse zu ergreifen.
   6. Der erste Senat des Bundesverfassungsgerichts fällte ein salomonisches Urteil.
   7. Im Aufsichtsrat von Großbetrieben ist die Gruppe der leitenden Angestellten gesondert vertreten.
   8. Die vereinigten Staaten von Amerika werden durch die amerikanischen Bundesstaaten gebildet.
   9. Der Film über das rote Meer wurde im zweiten deutschen Fernsehen gesendet.

Groß- und Kleinschreibung bei Anreden

Sehr geehrte Frau Neumann,
Ihre Lieferung vom 16. Juli ist bei uns eingetroffen. Ich bitte Sie, die noch ausstehenden Waren bis zum 24. d. M. zu liefern. Hierzu erwarte ich Ihre Bestätigung.

Liebe Caroline,
ich schreibe dir (Dir), weil ich dich (Dich) Wichtiges zu fragen habe. Warum hast du (Du) mich verlassen? Ich denke, dass deine (Deine) und meine Liebe so nicht enden darf. Bitte melde dich (Dich)!

1. Formulieren Sie eine Regel über die Schreibweise von Anreden.

Schreibung von Tageszeiten

Wir treffen uns erst heute Abend, weil morgens die Handwerker da sind.
Am Freitagmittag wollen Nicole und Jürgen bei uns eintreffen.

> **Hilfsregeln**
> 1. Nach *heute, (vor)gestern, (über)morgen* werden Tageszeiten großgeschrieben.
> 2. Zusammensetzungen aus Wochentag und Tageszeit werden zusammen- und großgeschrieben: *am Dienstagabend*
> 3. Tageszeitangaben und Wochentage (ohne Artikel) mit angehängtem -s werden kleingeschrieben: *dienstagabends*

4. Wie werden die Zeitangaben in den folgenden Sätzen geschrieben?

Rechtsanwaltsfachangestellte Sandra

1. Kurz nach Dienstbeginn am *morgen* geht Sandra als Botin zum Gericht.
2. Darf ich Sie gegen *mittag* zurückrufen?
3. Das Büro ist *mittwoch nachmittags* geschlossen.
4. Das Sortieren und Einordnen der Post am *morgen* dauert häufig den ganzen *vormittag*.
5. Sandra geht *dienstags abends* zur Jazz-Gymnastik und jeden *donnerstag abend* zum Schwimmen.
6. Den *samstag abend* verbringt sie meist mit ihrem Freund Dirk.
7. Dirk spielt *sonntag nachmittags* Fußball.
8. Der Berufsschultag für Rechtsanwaltsfachangestellte ist der *dienstag*.
9. Sandra besucht jeden *samstag vormittag* einen Computerkurs.
10. Sie hat *vorgestern abend* ihre Freundin Anne besucht.

6.6 Getrennt oder zusammenschreiben

Ob Wörter *getrennt geschrieben* oder *zusammengeschrieben* werden, ist ein schwieriger Bereich der Rechtschreibung. Warum schreibt man *getrennt schreiben* auseinander, *zusammenschreiben* aber zusammen?

> Als **Grundsatz** gilt:
> Wörter werden normalerweise getrennt geschrieben. Zusammenschreibungen sind also die Ausnahme: Zwei Wörter werden zusammengeschrieben, wenn aus ihnen ein neuer Begriff entsteht und die ursprüngliche Bedeutung der Einzelwörter verblasst ist.
>
> z. B.
> *Der Erstklässler kann schon gut schreiben.*
> *Ich werde Ihnen den Betrag gutschreiben.*
> *Wir gehen eislaufen, auch wenn es mir heute schwerfällt.*

Im Einzelnen gelten folgende Regeln:

> **Getrennt geschrieben werden grundsätzlich:**
>
> 1. Verbindungen mit *sein*: *fertig sein, zufrieden sein, beisammen sein*
> 2. Verbindungen aus Nomen und Verb: *Auto fahren, Rad fahren, Halt machen*. Dies gilt nicht, wenn das Nomen „verblasst" ist: *eislaufen, leidtun, nottun, standhalten, Kopf stehen*.
> 3. Verbindungen aus Verb und Verb: *baden gehen, sitzen bleiben, stehen lassen*. Verbindungen mit *bleiben* und *lassen* bei übertragener Bedeutung dürfen auch zusammengeschrieben werden: *in der Schule sitzenbleiben, den Gegenspieler stehenlassen, den Termin platzenlassen*.
> 4. Verbindungen aus Verb und Partizip: *gefangen nehmen, getrennt schreiben*
> 5. Verbindungen aus Adverb und Verb: *aufeinander achten, beiseite legen*
> 6. Verbindungen aus Adjektiv und Verb werden meistens getrennt geschrieben: *scharf sehen, schnell laufen*. Wenn die Verbindung nur in übertragenem Sinn verstanden werden kann, muss zusammengeschrieben werden: *schwerfallen, festhalten*. Sollte nicht klar zu bestimmen sein, ob eine übertragene Bedeutung vorliegt, kann sowohl zusammen- als auch getrennt geschrieben werden: *leicht fallen / leichtfallen*.
> 7. Ableitungen, die auf *-ig, -isch, -lich* enden und Verb: *müßig gehen, logisch denken*
> 8. Verbindungen mit *viel, wenig, -einander, -wärts*: *wie viel, miteinander gehen*

Zusammengeschrieben werden:

1. untrennbare Zusammensetzungen (= in allen Formen gleiche Reihenfolge der Bestandteile): *nachtwandeln, ich nachtwandle, ich hatte nachtgewandelt*

2. Verbindungen, bei denen der erste Wortteil nicht selbstständig vorkommt: *fehlgehen*

3. Verbindungen, die nicht erweitert oder gesteigert werden können und deren ursprüngliche Bedeutung verblasst ist: *hochrechnen* (man kann nicht „höher" rechnen), *fernsehen, zusammenschreiben, gutschreiben*

4. alle Verbindungen mit *irgend*: *irgendwer, irgendwo, irgendetwas*

---

1. Bilden Sie nach der Regel 6 mit den Wörtern aus den beiden Gruppen möglichst viele Wortverbindungen.
   Prüfen Sie dabei, ob die Verbindung steigerbar oder erweiterbar ist (vgl. Regel 3).
   Gruppe A: blau, fest, schwer, zusammen, hoch, kurz, tief, bereit, tot, bloß, fern, grob, schön, schief, fertig, klein, schwarz
   Gruppe B: mahlen, treten, färben, reden, machen, gehen, fallen, legen, bringen, schlagen, arbeiten, schreiben, stellen

2. Bilden Sie nach der Regel 2 mit den Wörtern aus den beiden Gruppen Wortverbindungen.
   Gruppe A: Diät, Ski, Walzer, Kopf, Probe, Pleite, Maß, Rat, Teppich, Halt, Not, Hohn, Eis, Angst, Rad, Schlange, Fuß, Schule
   Gruppe B: laufen, fahren, stehen, machen, fassen, gehen, lachen, schlagen, klopfen, halten, leiden, suchen, tanzen

3. Wenn aus diesen Verbindungen aber Nomen werden, müssen sie zusammengeschrieben werden:
   Jana geht gerne Ski laufen. **Das Skilaufen** macht ihr Spaß.
   Bilden Sie aus Ihren Wortverbindungen Sätze, in denen die Verbindungen als Nomen vorkommen.

4. Setzen Sie nach der Regel 4 mit den Wörtern aus den beiden Gruppen Wortverbindungen zusammen, mit denen Sie einen Satz bilden.
   Gruppe A: gefangen, verloren, getrennt, geliehen, versteckt, gesagt
   Gruppe B: lernen, gehen, nehmen, bekommen, halten, schreiben

5. Zusammensetzungen mit einzelnen Buchstaben, Abkürzungen oder mit Ziffern werden mit Bindestrich geschrieben:
   T-Shirt, Kfz-Mechatronikerin, 3-Tonner.
   Notieren Sie weitere Beispiele.

Die Rechtschreibung verbessern

6. Prüfen Sie, ob getrennt oder zusammengeschrieben werden muss. Begründen Sie die Entscheidung, indem Sie auf die entsprechende Regel verweisen.

> **Die große Liebe**
> 1. Seit ich Rita kennen/gelernt habe, mit ihr zusammen/arbeite und zusammen/lebe, ist irgend/wie alles viel einfacher.
> 2. Mir ist es z. B. früher schwer/gefallen, über Sorgen miteinander/zu/reden.
> 3. Ich hatte Angst, mich bloß/zu/stellen.
> 4. Heute ist das ganz anders. Wenn ich r/Rat/suche, spreche ich Rita an, ohne meine Probleme schön/zu/färben.
> 5. Wie/viel Zeit habe ich früher/tot/geschlagen und fern/gesehen! Heute kann ich die Glotze tagelang links liegen/lassen.
> 6. Ich hätte nie geglaubt, dass mich eine Beziehung so gefangen/nehmen kann.
> 7. Ich glaube nicht fehl/zu/gehen, wenn ich behaupte, dass irgend/etwas mich verändert hat. Vielleicht ist es ja die große Liebe.

7. Beim Schreiben des folgenden Textes war offensichtlich die Leertaste defekt.
a) Schreiben Sie den Text nach den Regeln der Getrennt- und Zusammenschreibung in Ihr Arbeitsheft.
b) Erläutern Sie die beiden Bedeutungen von „zusammen" in diesem Text.

Wannmangetrenntschreibensollundwannzusammengeschriebenwird

FürdiesesGebietderRechtschreibungisterstmitderRechtschreibreformeineamtlicheRegelungversuchtwordendennaufdererstenOrthographiekonferenzvon1901warenkeineVorschriftenbeschlossenworden,undsogabeskeineallgemeingültigenRegeln.AuchheutegibtesZweifelsfälle,obmaneinWortgetrenntschreibensolloderzusammen.EingutesBeispielistdasAdverb„zusammen",dasineinerListederamtlichenRegelungalsPartikelaufgeführtwird,dasinderVerbindungmiteinemVerbimmerzusammengeschriebenwerdenmuss.NachdieserRegelmüssenwirdeshalbzusammenschreibenebenzusammenschreiben.WennaberzweiGruppenmitgliedereineProjektarbeitzusammmenschreiben,istdasetwasganzanderesalswennsiezweiWörterzusammenschreiben.BleibtunsalsTrost,dassesingesprochenenSprachevölligegalist,obichzusammenschreibenbeimSchreibenzusammenodergetrenntschreibenmuss.

6.7 Straßen einen Namen geben

Gesehen in der pfälzischen Kurstadt Bad Bergzabern:

Danzigerstraße   **Danziger Straße**   **Danziger-Straße**

1. Hier war man sich offensichtlich nicht ganz im Klaren, welche Schreibweise die richtige ist. Wissen Sie es?
2. Welche drei grundlegenden Schreibweisen von Straßennamen zeigen die Schilder?
3. Aus welchen Bestandteilen setzt sich ein Straßenname zusammen?
4. Nennen Sie andere Bezeichnungen für Straße, z. B. Allee.

Ein Straßenname besteht aus zwei Teilen, nämlich aus dem Grundwort (Straße) und dem Bestimmungswort (Danzig). Für die Schreibweise des Straßennamens ist entscheidend, wie das Bestimmungswort beschaffen ist.

Schreibweise:
a) **zusammen**
Hohlweg
Heineplatz
Blumenmarkt

b) **getrennt**
Berliner Straße
Hohler Weg
In dem Tiefen Graben

c) **mit Bindestrich**
Dr.-Koch-Straße
Heinrich-Heine-Platz
Herzog-Wolfgang-Weg

Regel:
Wenn das Bestimmungwort keine Endung hat (außer Mehrzahl), werden Bestimmungswort und Grundwort zusammengeschrieben.

Wenn das Bestimmungwort eine Endung hat, werden Bestimmungswort und Grundwort getrennt geschrieben. Präpositionen und Adjektive werden getrennt und großgeschrieben.

Wenn das Bestimmungwort aus mehreren Namen oder Titeln besteht, werden alle Teile mit Bindestrich geschrieben.

1. Schreiben Sie folgende Straßennamen richtig.
   schul straße, fischer pfad, steiler pfad, lang straße, unter den linden, nord wall, braunschweiger allee, kaiser wilhelm ring, dr. meier steg, schiller platz, am alten brunnen, beethoven straße, friedrich ebert allee, potsdamer platz, madenburg straße, pfalzgrafen straße, auf der grünen wiese

2. Erläutern Sie, wieso beide Schreibweisen möglich sind:
   a) Adenauerstraße / Adenauer Straße
   b) Landauerstraße / Landauer Straße

Die Rechtschreibung verbessern

6.8 Kleiner Rechtschreibtest

Testen Sie sich selbst.

Welche Schreibweisen sind richtig? (Manchmal sind zwei Varianten korrekt.)

A) Flusssand	A) anderst	A) Kassettenrekorder	A) unendgeldlich
B) Flußsand	B) anders	B) Cassettenrecorder	B) unentgeltlich
C) Flussand	C) anderßt	C) Kassettenrecorder	C) unendgeltlich
D) Fluss-Sand	D) anderß	D) Cassettenrekorder	D) unentgeltlich

A) selbstständig	A) plazieren	A) ein Bißchen	A) Passstrasse
B) selbständig	B) plazzieren	B) ein Bisschen	B) Paßstraße
C) selbststendig	C) platzzieren	C) ein bißchen	C) Passstraße
D) selbstendig	D) platzieren	D) ein bisschen	D) Paßstrasse

A) gesternabend	A) los lassen	A) Republik	A) Weißheit
B) gestern abend	B) loslaßen	B) Rebublik	B) Weissheit
C) gestern Abend	C) loslassen	C) Republick	C) Weisheit
D) Gestern Abend	D) Los lassen	D) Repuplik	D) Weishait

A) Rythmus	A) Spaghetti	A) Spassverderber	A) viel leicht
B) Rhytmus	B) Sbagetti	B) Spaßverdärber	B) vielleicht
C) Rhytmuss	C) Spagetti	C) Spaßverderber	C) vieleicht
D) Rhythmus	D) Spagätti	D) Spassverdärber	D) fielleicht

A) Beim abbiegen muss man den Fahrtrichtungsanzeiger rechtzeitig setzen.
B) Beim Abbiegen muß mann den Fahrtrichtungsanzeiger recht zeitig setzen.
C) Beim Abbiegen muss man den Fahrtrichtungs-Anzeiger recht zeitig setzen.
D) Beim Abbiegen muss man den Fahrtrichtungsanzeiger rechtzeitig setzen.

A) Der Kassierer vergaß, dem Kunden den Skonto gut zu schreiben.
B) Der Kasierer vergaß, dem Kunden das Skonto gutzuschreiben.
C) Der Kassierer vergaß, dem Kunden das Skonto gut zu schreiben.
D) Der Kassierer vergas, dem Kunden das Skonto gutzuschreiben.

A) Heinrich Heine Straße	A) Mainzer Allee	A) Im grünen Hain 7
B) Heinrich-Heinestraße	B) Mainzerallee	B) Im grünen Hein 7
C) Heinrich-Heine-Strasse	C) Mainzer-Allee	C) Im Grünen Hain 7
D) Heinrich-Heine-Straße	D) Mainzer-allee	D) Im Grünen-Hain 7

7 Informationen beschaffen, aufnehmen und strukturieren

Projektaufgabe A: Begriffe erklären, Informationen beschaffen

Klären Sie mithilfe verschiedener Informationsquellen die folgenden Begriffe und sammeln Sie Informationen für einen Kurzvortrag:

Heraldik – Mikroelektronik – Ökosystem – Photosynthese – Vulkanismus – Wechsel – Hambacher Fest – Darwinismus – Hydraulik – Rock 'n' Roll – Astrologie – Astronomie

Projektaufgabe B: Eine Internet-Recherche durchführen

Das Internet bietet eine fast unüberschaubare Fülle von mehr oder weniger interessanten Informationen. Deshalb ist es wichtig, sich gezielt zu einem Thema „vorzuarbeiten", etwa mithilfe von Suchmaschinen.

Führen Sie eine Internet-Recherche zu einer speziellen Fragestellung durch, z. B.

- Wie hoch ist die Ausbildungsvergütung im dritten Ausbildungsjahr?
- Welche Rockkonzerte finden in naher Zukunft in Ihrer Umgebung statt?
- Welche Prüfungsaufgaben können bei der Abschlussprüfung gestellt werden?
- Welche Weiterbildungsmöglichkeiten gibt es in Ihrem Berufsfeld?

Projektaufgabe C: Eine Lernkartei für ein Prüfungsfach anlegen

Lerninhalte lassen sich durch eine Lernkartei leichter erschließen, verstehen und behalten. Die Lernkartei ist somit ein geeignetes Hilfsmittel zur Vorbereitung auf Prüfungen.

Wie wird eine Lernkartei angelegt?

Auf die Karteikarten werden nur die wichtigsten Inhalte des Lernstoffes notiert. Es ist z.B. sinnvoll, auf die Vorderseite der Karten eine Frage und auf die Rückseite die Antwort zu schreiben.

Wie wird mit der Lernkartei gearbeitet?

Alle neu beschrifteten Karten kommen ins erste Fach. Wird der Lernstoff beherrscht, wandern die Karten ins zweite Fach. Damit die Lerninhalte nicht vergessen werden, müssen sie wiederholt werden. Alle Karten, die bei der Wiederholung „gelöst" werden, wandern ins nächste Fach. Die Karten, bei denen noch Wissenslücken vorhanden sind, müssen in das erste Fach zurück. Im ersten Fach sind also immer die Inhalte, die nochmals gelernt werden müssen. Je weiter eine Karte nach hinten rutscht, um so besser ist der Lernstoff behalten.

Erstellen Sie eine Lernkartei für ein Prüfungsfach.

7.1 Aktiv lesen

Effektives Lesen will geübt sein.

Testen Sie sich selbst:
Sie wollen sich darüber informieren, welche Infektionsrisiken bei AIDS bestehen. Dazu haben Sie 30 Sekunden Zeit, die wesentlichen Textstellen im Sachtext „Entstehung und Verbreitung von AIDS" (S. 103f.) zu finden und die Frage nach den Infektionsrisiken zu beantworten.

Anders als literarische Texte müssen Sachtexte nicht immer Wort für Wort gelesen werden. Es lassen sich verschiedene Lesetechniken unterscheiden.

Diagonales Lesen genügt meistens. Dabei soll ein schneller Gesamtüberblick über ein Sachbuch oder einen Text gewonnen werden. Erste Informationen bieten:
- das Titelblatt
- das Inhaltsverzeichnis
- das Stichwortverzeichnis
- die Überschriften
- stichprobenartige Lektüre

Kursorisches Lesen ist zum genaueren Erfassen von Inhalten geeignet. Hierbei wird der Sachtext „überflogen" und die Aufmerksamkeit auf die wesentlichen Inhalte gerichtet.

Worauf ist beim kursorischen Lesen eines Sachtextes zu achten?
- Kursorisches Lesen erfordert die volle Konzentration.
- Beim Überfliegen des Textes ist Wichtiges vom Unwichtigen zu trennen. Dazu ist nach wichtigen Begriffen, Abbildungen, Daten und Zahlen zu suchen.
- Hierbei ist besonders auf Hervorhebungen, Marginalien und Abschnittanfänge zu achten.
- Eigene Markierungen im Text und am Textrand erleichtern die Orientierung.
- „Querlesen" ist nur dann effektiv, wenn der Gedankengang des Textes im Auge behalten wird: den „roten Faden" eines Textes nicht verlieren!

Intensives Lesen ist bei Sachtexten oft nur bei einzelnen Textabschnitten erforderlich. Dabei geht es zumeist um das Erfassen schwieriger Sachverhalte.

1. Üben Sie das aktive und schnelle Lesen, indem Sie einen Text am PC-Monitor lesen und dabei den Text schnell „scrollen" (den Text nach oben ablaufen lassen).
2. Auch beim Zeitungslesen werden die meisten Artikel nur überflogen. Lesen Sie die Regionalseiten Ihrer Tageszeitung „kursiv" und berichten Sie darüber.
3. a) Welche Lesetechnik wenden Sie an, um die Standpunkte in der Diskussion über die Sperrung von Autobahnen bei Nebel (S. 163 f.) zu erfassen?
   b) Wenden Sie diese Lesetechnik an und geben Sie die Standpunkte wieder.

7.2 Informationen beschaffen

Parabel (griech. *parabole* = Vergleichung, Gleichnis), lehrhafte Erzählung, die e. allg. sittliche Wahrheit oder Erkenntnis durch e. analogen Vergleich, also Analogieschluss, aus e. anderen Vorstellungsbereich erhellt, der nicht ein in allen Einzelheiten unmittelbar übereinstimmendes Beispiel gibt wie die Fabel, sondern nur in einem Vergleichspunkt mit dem Objekt übereinstimmt, und die im Ggs. zum Gleichnis keine direkte Verknüpfung (so: wie) mit dem zu erläuternden Objekt enthält, wenngleich sie das Beziehungsfeld erkennen lässt, sondern vom Gegenstand abgelöst zur selbstständigen Erzählung wird. Besonders in buddhist. und hebr. Lit. häufig; am berühmtesten die P.n. des *NT* (Verlorener Sohn) und die des Menenius Agrippa, die das Verhältnis von Senatoren und Bürgern im Staat durch die P. vom Magen und den Gliedern erläutert; dt. P.n von Lessing, Herder, Goethe, Rückert und Krummacher. Vgl. auch Lessings P. von den drei Ringen (*Nathan* III, 7) nach Boccaccio und Schliers P. im *Fiesko* II, 8. In der mod. Lit. wird die P. vielfach zur einzig möglichen Aussage menschlicher Befindlichkeit (Kafka, S. Beckett, H. Pinter).
J. Jülicher, D. Gleichnisreden Jesu, *1910; I. K. Madsen, D. P.n d. Evangelien, Koph. 1936; N. Miller, Mod. P.? (Akzente 6, 1959); L. MacNeice, Varieties of P., Lond. 1965; RL.

P
Parabel 173f.
Parodie 138, **181f.**
Personenbeschreibung 43ff.
Politische Rede 159ff.
Propaganda-Rede 161
Protokoll 30ff.

Pa|ra, der; -s, -s (franz.) (Kurzform für parachutiste [paraʃy'tist] = franz. Fallschirmjäger)
Pa|ra|ba|se, die; -, -n (griech.) (Teil der attischen Komödie)
Pa|ra|bel, die; -, -n (griech.) (Gleichnis[rede]; Math. Kegelschnittkurve)
Pa|ra|bel|lum ®, die; -, -s (lat.) (Pistole mit Selbstladevorrichtung); Pa|ra|bel|lum|pis|tol|le

Parabel [griech.],
1) *Literatur:* literar. Form des Vergleichs; im Unterschied zum Gleichnis ist die P. (oft als Teil eines größeren Werkes) eine in sich abgeschlossene (lehrhafte) Erzählung.

2) *Mathematik:* eine zu den Kegelschnitten gehörende Kurve, und zwar der geometr. Ort für alle Punkte P der Ebene, die von einem festen Punkt, dem Brennpunkt F, und einer festen Geraden, der Leitlinie I, jeweils denselben Abstand haben. Die durch den Brennpunkt F gehende Senkrechte zur Leitlinie I ist die P.achse. Der Schnittpunkt S der P. mit der P.achse ist der Scheitel der Parabel. Die P. ist eine algebraische Kurve zweiter Ordnung; liegt der Scheitel im Koordinatenursprung eines kartes. Koordinatensystems, so lautet ihre Gleichung $y^2 = 2\,px$ (Scheitelgleichung der Parabel).

1. Woher stammen die verschiedenen Textauszüge?
2. Vergleichen Sie den Informationsgehalt und beschreiben Sie die Unterschiede.
3. Welche Informationsquellen würden Sie benutzen, um
  a) den Begriff „Parabel" zu klären,
  b) einen Kurzvortrag in Deutsch zu halten,
  c) eine Aufgabe in Geometrie zu lösen?
4. Nennen und beschreiben Sie weitere Informationsquellen.

7.3 Exzerpte und Stichwortzettel anfertigen

Die verschiedenen Informationsquellen (Fachbücher, Lexika, Zeitschriften, elektronische Datenbanken, Prospekte) bieten zuweilen eine unübersehbare Informationsflut. Für den Kurzvortrag gilt es nun, die wesentlichen Informationen herauszufiltern und festzuhalten. Dieser Vorgang wird auch als Exzerpieren bezeichnet.

1. Fertigen Sie ein Exzerpt (Textauszug) zum Thema „Die Parabel als Textsorte" an.
2. Üben Sie das Exzerpieren an dem Text „Der Schutzschild der Erde" (S. 101) zum Thema „Folgen des Ozonlochs".

Aus den Exzerpten lassen sich dann die Informationen weiter strukturieren und verdichten. Stichwortzettel eignen sich neben Mind-Maps (vgl. S. 17) als Gedächtnis- und Strukturskizze. Vor allem beim freien Vortrag und Referieren ist ihr Einsatz von Vorteil.

Stichwortzettel

▶ Format DIN A 6
▶ nur Stichwörter, keine Sätze
▶ nicht mehr als 5 Stichwörter
▶ oben rechts fortlaufend numme-

3. Fertigen Sie Stichwortzettel für einen Kurzvortrag an über
   a) „Die Parabel in der Literatur"
   b) „Folgen des Ozonlochs"
4. Erstellen Sie zu den gleichen Themen eine Mind-Map.
5. Vergleichen Sie die beiden Gedächtnisskizzen. Mit welcher Technik kommen Sie besser zurecht?
6. Bilden Sie einen Doppelkreis (vgl. S. 18) und halten Sie mithilfe des Stichwortzettels oder Ihrer Mind-Map einen Kurzvortrag.

7.4 Sachtexte strukturieren und auswerten

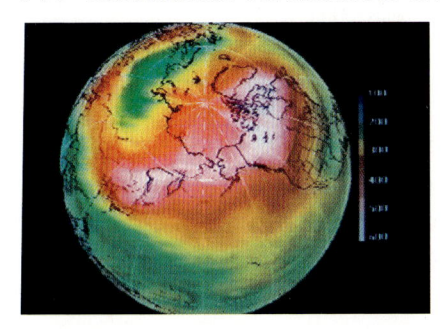

Ozonloch über der Arktis

Der Schutzschild der Erde – die Ozonschicht

1. Die Ozonschicht spannt sich in der Stratosphäre in einer Höhe von 15 bis 50 km über unsere Erde. Doch trotz ihrer Dicke ist sie ein äußerst zartes Gebilde. Könnten wir sie herunterholen auf Meereshöhe, würde sie auf ca. 5 Millimeter Dicke zusammengedrückt. So dünn ist die Luft dort oben. Die Ozonschicht ist mehr ein dünner, zarter Schleier, der sich normalerweise immer wieder regeneriert.

2. In der mittleren Stratosphäre treffen die kurzwelligen „harten" Sonnenstrahlen auf den Sauerstoff unserer Atmosphäre. Diese Sauerstoffmoleküle bestehen aus 2 Sauerstoffatomen, die fest aneinander gekoppelt sind (O_2). Treffen kurzwellige Sonnenstrahlen auf eines dieser Moleküle, so sprengen sie diese Moleküle auseinander. Ein solcher Volltreffer nimmt dem Sonnenlicht seine für das Leben auf der Erde zerstörerische Energie. Es wird „entschärft", gefiltert und kommt als Lebensspender bei uns hier unten an. Viele der dabei frei gewordenen Atome lagern sich zu einem weiteren Sauerstoffmolekül, zu O_3, dem dreiatomigen Sauerstoff, dem Ozon, zusammen. Auch dessen Moleküle werden durch die ultraviolette Strahlung wieder zerstört und in den zweiatomigen Sauerstoff zurückverwandelt. Auch dabei wird wieder Sonnenenergie aufgezehrt.

3. Die FCKWs, Fluorchlorkohlenwasserstoffe, sind leicht flüssige, geruchlose Gase. Sie können mit fast allen anderen Stoffen zusammen verwendet werden – sie reagieren nicht miteinander und vermischen sich nicht. In unserer Atmosphäre haben FCKWs eine Lebensdauer von 50 bis 100 Jahren.

4. Erst in der Stratosphäre – dort wo das Ozon seine schützende Wirkung hat – wird durch die ultraviolette Strahlung bei großer Kälte das in FCKWs enthaltene Chlor freigesetzt. Und das Chlor spaltet dann das dreiatomige Sauerstoffmolekül Ozon in das zweiatomige „normale" Sauerstoffmolekül. Die Folge: Die Balance im Auf- und Abbau des Ozons wird gestört. Das Ozon wird schneller abgebaut als aufgebaut: die Ozonschicht verdünnt sich. Man hat herausgefunden, dass ein FCKW-Molekül bis zu 10 000 Ozonmoleküle zerstören kann. Extreme Kälte, wie über der Antarktis, begünstigt diesen Prozess. Deshalb wurde dieser Effekt, das sogenannte Ozonloch, dort zuerst entdeckt.

5. FCKWs wurden hauptsächlich als Treibgase in Spraydosen und Schaumstoffen, als Kühlmittel in Kühl- und Gefrierschränken und als Lösungsmittel verwendet.

6. FCKWs brauchen 10 bis 20 Jahre, um von der Erde in die Stratosphäre zu gelangen. Es ist deshalb schwierig vorherzusagen, wie langsam oder schnell sich der Abbau der Ozonschicht bzw. die Vergrößerung des Ozonlochs vollzieht. Auf jeden Fall scheint es dringend geboten, den Verbrauch von FCKW weltweit so schnell wie möglich einzuschränken oder ganz zu verbieten. Denn wird der Ozonschleier zerstört, sind Menschen, Tiere und Pflanzen nicht mehr vor den schädlichen ultravioletten Strahlen geschützt. Die Folgen wären: Anstieg von Hautkrebs und Augenerkrankungen, schlechte Ernten und Störungen im ökologischen Gleichgewicht.

Um Sachverhalte genau zu erfassen und ausführlich zu erklären, ist es erforderlich, Sachtexte intensiv durchzuarbeiten.

Das Bearbeiten von Sachtexten erfolgt in mehreren Arbeitsschritten:

1. Schritt: Den Text lesen und mit Bleistift oder Textmarker bearbeiten
   - wichtige Aussagen unterstreichen oder markieren
   - unbekannte Wörter unterschlängeln und am Textrand mit ? anmerken
   - Begriffserklärungen und Definitionen am Rande vermerken (Def.)
   - auf wichtige Beispiele am Textrand hinweisen (Bsp.)
   - unklare und unverständliche Textstellen unterschlängeln
   - Zusammenhänge mit eigenen Zeichen verdeutlichen:
     ! = → ↔ →←

2. Schritt: Unbekannte Wörter klären
   - Wörterbücher und Lexika zu Hilfe nehmen

3. Schritt: Den Text gliedern
   - einzelne Abschnitte schlagwortartig oder in Überschriften zusammenfassen
   - ggf. durch ein Gliederungsschema (1.1–1.2) oder eine Strukturskizze Zusammenhänge verdeutlichen

4. Schritt: Den Inhalt des Textes wiedergeben
   - den Basissatz (Autor, Textsorte, Titel, Thema, Quelle) formulieren
   - eine strukturierte Inhaltsangabe verfassen

1. Bearbeiten Sie den Text „Der Schutzschild der Erde – die Ozonschicht" (S. 101) mit dem Bleistift oder Marker.
2. Klären Sie die Wörter, die Sie mit „?" versehen haben, z.B. Ozonschicht, Stratosphäre, regenerieren, Molekül, Atom, Antarktis, ökologisches Gleichgewicht.
3. Gliedern Sie den Text, indem Sie den Inhalt der einzelnen Abschnitte schlagwortartig am Rande notieren, z.B. (¶) Ozonschicht.
4. Geben Sie den Text mündlich wieder. Benutzen Sie dazu Ihre Gliederung als Stichwortzettel.
5. Weisen Sie nach, dass der Text nach
   a) Inhalt und Aufbau
   b) sprachlicher Gestaltung
   ein Sachtext ist.

1. Arbeiten Sie den folgenden Text entsprechend den Schritten 1–3 durch.

Entstehung und Verbreitung von AIDS

1981 wurden in den USA die ersten Fälle beschrieben, bei denen junge Männer an opportunistischen Infektionen bzw. am Kaposi-Sarkom erkrankten und verstarben. Opportunistische Infektionen sind ansteckende Krankheiten, die einem Menschen mit intaktem Immunsystem normalerweise nicht gefährlich werden; bei dem Kaposi-Sarkom handelt es sich um einen Hauttumor, der früher – zumindest in Amerika und in Europa – nur bei älteren Männern mit geschwächten Immunreaktionen in seltenen Fällen beobachtet wurde. Da es sich bei den oben genannten Fällen um homosexuelle Männer handelte, suchte man die Ursache für die offenbar vorliegende Immunschwäche in ihren Lebensgewohnheiten. Bestimmte stimulierende Mittel wurden verdächtigt, den Immundefekt zu verursachen. Als dann auch Drogenabhängige (Fixer) von der Immunschwäche befallen wurden und es sich in der Folgezeit herausstellte, dass Homosexuelle mit häufigem Partnerwechsel auffallend oft unter den Patienten waren, vermutete man, dass bei beiden Gruppen das allgemein hohe Infektionsrisiko zu einer „Überlastung" der Infektabwehr und schließlich zum Zusammenbruch des Immunsystems führt. Beide Annahmen erwiesen sich als unhaltbar, da auch Menschen, die Bluttransfusionen erhalten hatten oder mit Blutprodukten behandelt worden waren (Bluterkranke), an der Immunschwäche erkrankten.

Als Gemeinsamkeit bei allen Erkrankten entdeckte man eine auffällige Veränderung in der Zusammensetzung des Blutes. Die Anzahl einer bestimmten Gruppe von weißen Blutkörperchen lag weit unter der Norm. Es handelt sich um die T-Helferzellen. Die T-Helferzellen spielen eine zentrale Rolle bei körpereigenen Abwehrreaktionen, z.B. gegen Bakterien, Viren und andere Mikroorganismen. Diese Erreger dringen in den Körper ein, rufen als Antigene Abwehrreaktionen hervor und können krank machen.

Der Erreger, der AIDS verursachen kann, ist das HI-Virus. HI-V wurde bisher in allen Körperflüssigkeiten gefunden: im Blut, in der Samenflüssigkeit (nicht in Spermazellen), im Vaginalsekret, in Muttermilch, in Tränen, im Nasensekret, im Speichel, im Schweiß, im Urin und im Kot. Die Körperflüssigkeiten sind unterschiedlich infektiös. Nachgewiesen sind Ansteckungen über Blut und Samenflüssigkeit. Praktisch bedeutsam und riskant ist für Gesunde in erster Linie der Kontakt mit Blut eines/einer Infizierten oder mit Samenflüssigkeit eines Virus-Trägers. Eine Infektion kann bei solchen Kontakten dann stattfinden, wenn die Flüssigkeit mit einer Wunde in Berührung kommt, durch die die Viren in den Körper des/der Gesunden eindringen und zu ihren Wirtszellen (T-Helferzellen und Gehirnzellen) gelangen können.

Kinder von infizierten Müttern können vor oder während der Geburt angesteckt werden. Auch eine Ansteckung nach der Geburt über die Muttermilch ist möglich.

Ein hohes Infektionsrisiko gehen Drogenabhängige ein, die untereinander ungereinigte Spritzbestecke austauschen. Reste von virushaltigem Blut können auf diesem Wege injiziert werden. Demgegenüber ist ein Infektionsrisiko bei Eingriffen durch den Arzt, den Fußpfleger usw. nahezu ausgeschlossen, weil HI-V durch die üblichen Desinfektionsmittel sofort abgetötet wird. Ein Infektionsrisiko für Menschen, die eine Bluttransfusion oder eine Behandlung mit Blutprodukten erhalten, besteht heute praktisch nicht mehr, weil alle Spender auf Antikörper untersucht werden. Ein hohes Infektionsrisiko besteht außer bei den direkten Blut-zu-Blut-Kontakten vor allem beim Kontakt von Samenflüssigkeit eines Virusträgers mit dem Blut eines/einer Gesunden. Solche Kontakte können bei allen Formen des Geschlechtsverkehrs vorkommen, wenn Verletzungen in der Haut oder Schleimhaut des gesunden Partners das Eindringen des Virus möglich machen.

In der Bundesrepublik Deutschland sind sowohl Frauen als auch Männer von AIDS betroffen. Deshalb müssen sich Frauen und Männer beim Geschlechtsverkehr mit einer möglicherweise infizierten Person durch Kondome schützen.

• • •
2. Verfassen Sie einen Textauszug zu einer der folgenden Fragen:
   a) Wie wurde Aids entdeckt?
   b) Wie wird das Aids-Virus übertragen?
3. Verfassen Sie eine strukturierte Inhaltsangabe.
4. Weisen Sie inhaltliche und sprachliche Merkmale eines Sachtextes am Text auf.
5. Verfassen Sie einen kurzen erläuternden Text zur Aussage der Grafik.

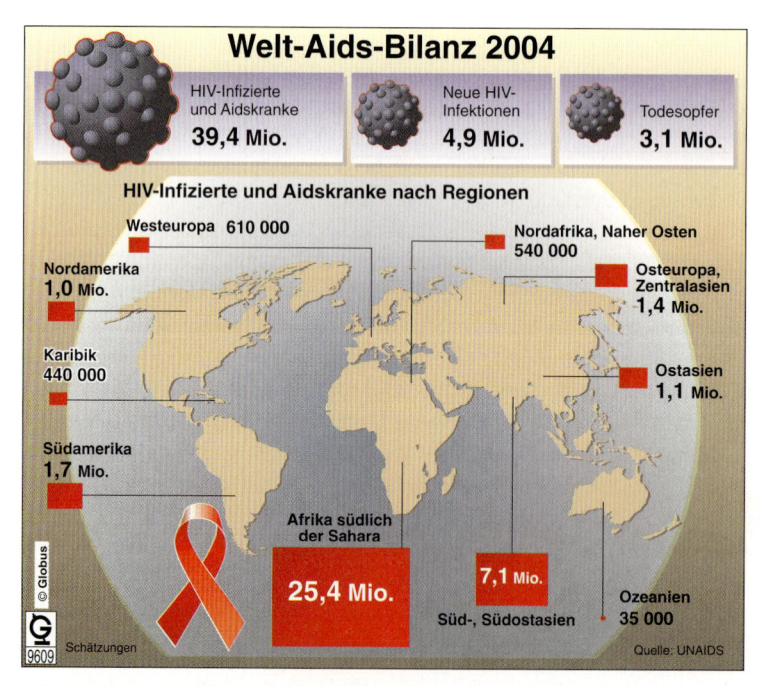

Welt-Aids-Bilanz 2004

HIV-Infizierte und Aidskranke	Neue HIV-Infektionen	Todesopfer
39,4 Mio.	4,9 Mio.	3,1 Mio.

HIV-Infizierte und Aidskranke nach Regionen

- Westeuropa: 610 000
- Nordafrika, Naher Osten: 540 000
- Nordamerika: 1,0 Mio.
- Osteuropa, Zentralasien: 1,4 Mio.
- Karibik: 440 000
- Ostasien: 1,1 Mio.
- Südamerika: 1,7 Mio.
- Afrika südlich der Sahara: 25,4 Mio.
- Süd-, Südostasien: 7,1 Mio.
- Ozeanien: 35 000

Schätzungen — Quelle: UNAIDS

Informationen zu Aids: www.bzga.de

8 Gespräche führen und korrespondieren

➚ Projektaufgabe A: Gesprächsregeln erarbeiten

Formulieren Sie Gesprächsregeln für Gespräche und Diskussionen in der Klasse. Halten Sie die Regeln auf Plakaten fest.

➚ Projektaufgabe B: Faxvorlagen gestalten

Entwerfen Sie für Ihren Betrieb oder Ihre Schule eine Faxvorlage.

➚ Projektaufgabe C: Ansagetexte für Anrufbeantworter formulieren

Entwerfen Sie für sich, Ihren Betrieb oder Ihre Schule einen Ansagetext für den Anrufbeantworter. Die (ggf. mit Musik unterlegten) Texte sollten so gestaltet sein, dass die Anrufer sich angesprochen fühlen, ihr Anliegen auf Band zu sprechen.

➚ Projektaufgabe D: Einen Briefkopf entwerfen

Auch für private Zwecke ist es durchaus von Vorteil, den geschäftlichen Schreiben ein eigenes Profil zu geben. Dies ist z.B. durch die Gestaltung des Briefkopfes möglich. Der Computer macht eine Gestaltung sehr leicht; außerdem kann eine solche Formatvorlage immer wieder aufgerufen und benutzt werden.

Entwerfen Sie einen persönlichen Briefkopf für Ihre privaten Geschäftsbriefe.

➚ Projektaufgabe E: Verkaufstraining

Versetzen Sie sich in die Rolle eines Verkäufers oder einer Verkäuferin.

Entwickeln Sie in Teamarbeit Verhaltensstrategien für die folgenden Kundentypen:

Der Draufgänger:
kurze bestimmte Sprechweise
schnelle Bewegungen
entschlossener Blick
stellt Bestätigungsfragen

Der Interessierte:
ruhiges, abwartendes Verhalten
offener, bewegter Blick
sucht Kontakt zum Verkäufer
stellt Informationsfragen

Der Eitle:
aufrechte Körperhaltung
auffällig gepflegte Kleidung
geschraubte Sprechweise
gekünstelte Gestik

Der Nörgler:
kritischer Gesichtsausdruck, unruhiger Blick
betont die Nachteile der Ware
versucht Fachkenntnisse vorzuweisen
formuliert Fragen als Aussagen

Der Unentschlossene:
ratloser Gesichtsausdruck
häufiges und kritisches Prüfen der Ware
wortkarg
oft geneigte Kopfhaltung

8.1 Gespräche führen

Der Chef hat seinem Auszubildenden Klaus zu Unrecht vorgeworfen, einen Kunden nicht richtig beraten zu haben. Klaus ist stocksauer und berichtet seiner Freundin darüber:

„Der spinnt doch. Ich habe dem Kunden genau erklärt, dass er vor dem Gebrauch des Gerätes die Transportsicherung lösen muss. Ich habe ihm sogar gezeigt, wie man das macht. Ich habe den Kunden noch gefragt, ob er alles verstanden habe; er hat dies bejaht. Und jetzt kommt der und behauptet, ich hätte ihn falsch beraten. Deshalb sei das Gerät kaputt. Mein Chef ist mir ganz schön in den Rücken gefallen, als der Kunde kam. Das kann ich mir nicht bieten lassen, sonst macht der das wieder. Der hätte mich auch mal fragen müssen."

1. Bitten Sie den Chef um einen Gesprächstermin in dieser Angelegenheit. Was würden Sie ihm sagen?
2. Spielen Sie in einem Rollenspiel das Gespräch zwischen Chef und Azubi. Achten Sie auf die Gesprächsregeln.

Bei einem Gespräch und in einer Diskussion sollen sich die Teilnehmer an folgende Regeln halten:

- bei der Sache bleiben
- im Ton sachlich und höflich bleiben
- zu dem stehen, was man sagt
- verständlich und kurz reden
- offen und tolerant sein
- andere ausreden lassen

Ein sinnvoller Gesprächsbeitrag kann nach dem Verfahren des „Dreisatzes" wie folgt aufgebaut werden.

1 Auf einen Gesprächsbeitrag und Äußerungen anderer Bezug nehmen.

„Du hast gesagt, …"
„Wir überlegen die ganze Zeit …"

2 Gesprächsinhalte richtigstellen und ergänzen.

„Dabei hast du vergessen, dass …"
„Niemand hat gesagt, dass …"

3 Die eigene Meinung äußern.

„Deshalb finde ich …"
„Für mich ist wichtig …, weil …"

1. Üben Sie diese Schritte, indem
   a) ein Schüler ein Gespräch über ein aktuelles Thema eröffnet und die folgenden sich darauf beziehen;
   b) jeder Schüler einen Gegenstand zum Verkauf anpreist (Marktschreierspiel). Spielregel ist, dass sich jeder an die Form des Dreisatzes hält. Die Klasse entscheidet über den besten Marktschreier.

2. **Alena Wagnerová: Abendgespräch**

   Frau: Noch ein Stück Brot?   Frau: Möchtest du Käse?
   Mann: Ja, danke.   Mann: Nein, danke.
   Frau: …   Frau: …
   Mann: …   Mann: …
   Frau: …   Frau: …
   Mann: …   Mann: …
   Frau: …   Frau: …
   Mann: …   Mann: …
   Frau: …   Frau: …
   Mann: …   Mann: Warum weinst du?
                                     Frau: … Ich weiß es nicht.

   a) Warum scheint der Titel „Abendgespräch" zunächst völlig unzutreffend zu sein? Welche Situation will Alena Wagnerová aufzeigen?
   b) Ergänzen Sie in einem Rollenspiel oder in Partnerarbeit die „Leerstellen" im Gespräch.

Gespräche führen und korrespondieren

8.2 Einander zuhören

Menschliche Zuwendung in Form des Zuhörens scheint eine in Vergessenheit geratene Tugend zu sein. So haben sich bei einer jüngst durchgeführten Umfrage des Wickert-Instituts 59 Prozent aller befragten erwachsenen Bundesbürger darüber beklagt, dass der Partner sie nicht ausreden lasse, sie fortwährend unterbreche und schließlich

Zuhören, eine Tugend von gestern?

nicht zu Ende zuhöre. Bedenklich ist, dass das Nachlassen der Fähigkeit zuzuhören immer mehr um sich greift. Denn noch vor fünf Jahren – so das Meinungsforschungsinstitut – klagten „nur" 47 Prozent der Befragten über die mangelnde Bereitschaft ihres Gesprächspartners zuzuhören. Vor zehn Jahren waren es sogar nur 41 Prozent.   epd

1. Welche „Tatbestände" sind Ausdruck dafür, dass der Gesprächspartner nicht richtig zuhört?
2. Welche Gründe sehen Sie für diese „Untugend?"
3. Was passiert, wenn in Gesprächen oder Diskussionen die Gesprächsteilnehmer sich nicht ausreden lassen, sich ständig gegenseitig unterbrechen oder sich nicht richtig zuhören?

Die Fähigkeit, dem Gesprächspartner zuzuhören, ist auch im beruflichen Alltag von entscheidender Bedeutung. Ob die Verkäuferin den Kunden anhört, ob der Großhändler über ein Telefonat eine Gesprächsnotiz macht oder ob die Kellnerin eine Bestellung entgegennimmt – immer ist die Tugend, zuhören zu können, Grundvoraussetzung für ein erfolgreiches Handeln.

In den folgenden Übungen können Sie Ihre Fähigkeiten dahingehend weiter trainieren.

1. Stille Post: Ein kurzer zusammenhängender Text (z. B. eine Zeitungsnachricht) wird flüsternd dem Nachbarn weitergegeben. Dieser gibt das Gesagte – so genau wie möglich – wieder weiter. Der fünfte Teilnehmer trägt dann die ihn erreichte Information vor.
2. Stille Post, Variation: Fünf Schüler verlassen den Raum. Der Text wird dann jeweils vor der Klasse laut vorgetragen. So lässt sich die Informationsveränderung besonders gut kontrollieren. Zusätzlich können Text und Textwiedergabe über eine Overhead-Projektion verglichen werden.
3. Kettengeschichten: Ein Themenstichwort wird vorgegeben (z. B. „Computer", „Urlaub", „Betrieb"). Der erste Teilnehmer formuliert einen Satz zum Themenstichwort. Die nächsten Teilnehmer wiederholen den Satz des Vorredners und fügen einen neuen hinzu.
4. Rollenspiel: Üben Sie das Zuhören. Wählen Sie dazu die Situation einer Bestellung in einem Speiselokal oder eine telefonische Warenbestellung im Betrieb.

Ein Gespräch kann Leben retten

Manfred Langer nähert sich mit langsamen Schritten seinem lebensmüden Gesprächspartner. „Guten Tag Herr Arnold, was machen wir beide denn jetzt miteinander?", fragt der Münchner Polizeipsychologe.

„Ich weiß, was ich tue", antwortet der 48jährige Selbstmordkandidat, „ich springe, Sie können ja nach Hause gehen." Er ist fest entschlossen sich von der 35 Meter hohen Großhesseloher Brücke in München in die Tiefe zu stürzen. Langer, selber nicht ganz schwindelfrei, muss die richtigen Worte finden, den passenden Ton anschlagen und einfühlsame Fragen stellen – seine einzige Chance, den Suizidgefährdeten zu retten. „Das ist eine hohe Kunst: über das Wort das Verhalten zu ändern", so der Psychologe. Das erste Mal atmet Langer bei seinem Einsatz auf, als Arnold zu erzählen beginnt, denn „solange sie reden, springen sie nicht".

Nirgendwo entscheiden Worte so direkt über Leben und Tod wie in solch einer Ausnahmesituation.

Zuhörer haben ein natürliches Gespür für eine Show ...

Der Stellenwert der Ehrlichkeit und der Fairness sollte immer höher angesetzt werden als das taktische Ausspielen manipulativer Techniken ...

Nach diesem Grundsatz handelt auch der Münchner Polizeipsychologe Manfred Langer. In stundenlanger Überzeugungsarbeit hat er den zum Todessprung entschlossenen Peter Arnold überredet mit ihm hinunterzusteigen. In Sicherheit rauchen sie auf dem Kies der Münchner Isarauen eine Zigarette.

Langer, der bislang noch jeden Lebensmüden überzeugen konnte, wieder langsam vom Fenstersims, vom Baukran oder von der Brücke herunterzusteigen, weiß aus Erfahrung, dass „die Macht der Sprache auch sehr viel mit der Kunst der Zuhörens zu tun hat".

(Focus 44/1996)

5. Leiten Sie aus der Extremsituation Grundsätze ab für Gespräche im Alltag.

INTERVIEW
„Frauen reden höflicher"

FOCUS: Reden Frauen mehr als Männer?
Braun: Mit schöner Übereinstimmung zeigen Untersuchungen, dass Männer mehr reden. Die Quasselstrippe ist ein Märchen. Männer ergreifen häufiger das Wort und haben längere Redebeiträge in Diskussionen.
FOCUS: Wie unterscheiden sich männliche und weibliche Sprachstile?
Braun: Seit Ende der 70er Jahre haben Studien bestätigt, dass Frauen höflicher und indirekter sprechen, sich stärker auf ihre Gesprächspartnerinnen und -partner beziehen und das Rederecht der anderen weniger verletzen. Sie sagen häufiger: „Ja, wie vorher schon der Hans ganz richtig gesagt hat ..." Es entsteht ein kooperatives Bild, während Männer direkter sprechen, mehr Kritik äußern, sich auf eigene Aussagen beziehen und sprachlich konfrontativ agieren.

Wie Männer und Frauen sprechen erforscht F. Braun vom Zentrum für interdisziplinäre Frauenforschung an der Uni Kiel.

FOCUS: Sollte eine Frau den männlichen Sprachstil annehmen?
Braun: Es ist nicht endgültig nachgewiesen, dass ein veränderter Sprachstil speziell Frauen auch zu mehr Erfolg verhilft. Unter Umständen wird eine sprachkompetente Frau dann nicht als durchsetzungsfähige Geschäftsfrau wahrgenommen, sondern als eine, die sich sprachlich nicht geschlechtsadäquat verhält, vielleicht als nervige Zicke. Denken Sie an die „Eiserne Lady" Margret Thatcher.

(Focus 44/1996)

6. Stellen Sie die Merkmale des männlichen und weiblichen Sprachstils gegenüber, wie sie die Sprachwissenschaftlerin aufführt.
7. Diskutieren Sie, ob Frauen den männlichen Sprachstil nachahmen sollten.

8.3 Konflikte im Gespräch lösen

Die Sachbearbeiterinnen Sabrina Ball und Judith Thraut unterhalten sich während der Mittagspause in der Betriebskantine.

Sabrina: Also heute Morgen war bei uns in der Abteilung wieder dicke Luft. Jürgen hat eine Bestellung nicht weitergeleitet. Der Kunde hat sich bereits beschwert. Ich fand es prima, dass die Abteilungsleiterin ihn gegenüber dem Chef in Schutz genommen hat. Schließlich hat Jürgen in den letzten Wochen mehrere Überstunden gemacht, nur um den großen Auftrag aus Köln zu erledigen.

Judith: Da habt ihr aber Glück mit eurer Abteilungsleiterin. Unser Abteilungsleiter, Herr Ruffing, führt sich auf wie der Chef persönlich. Und immer nur Kritik, nie ein Wort des Lobes. Deshalb wollen viele aus der Abteilung in andere Bereiche wechseln. Wenn nicht die Frau Bauer oder du wären, wüsste ich gar nicht, mit wem ich mal reden sollte.

Mir macht die Arbeit zurzeit überhaupt keinen Spaß. Am liebsten würde ich die Abteilung wechseln. Stell dir vor, Herr Ruffing besteht darauf, dass ich ihm jede Abrechnung persönlich vorlege. Er kontrolliert mich auf Schritt und Tritt. Das Ergebnis ist, dass ich nur noch unsicherer werde und Fehler mache.

Sabrina: Macht er das bei den anderen Kollegen auch so?

Judith: Ich weiß es nicht. Aber das ist noch nicht alles. Heute habe ich in einer Abrechnung zwei Fehler gemacht, worauf Herr Ruffing mich angebrüllt hat: „Ihnen muss man alles hundertmal sagen! Sie lernen das nie!" Dabei erhält man bei uns keine Informationen über unsere Kostenschlüssel. Es ist niemand in der Abteilung da, der mir hilft und mir erklärt, was sich verändert hat.

Sabrina: Was ist mit Herrn Scholl? Hilft der dir nicht?

Judith: Herr Scholl macht nur stur seine Arbeit, ist aber sonst nicht sehr hilfsbereit, redet mit niemandem über persönliche Dinge. Frau Bauer ist sehr nett, ist aber nicht immer da, da sie halbtags beschäftigt ist. Und mit Frau Schwarz rede ich nicht mehr, seit sie mich beim Abteilungsleiter angeschwärzt hat.
Ich weiß mir keinen Rat mehr. Was soll ich bloß machen?

1. Beschreiben Sie die Arbeitsatmosphäre in den Abteilungen von Sabrina und Judith.

2. Welche Auswirkungen hat dies?

3. „Was soll ich bloß machen?"

Machen Sie Vorschläge, wie Judith vorgehen soll, um die Arbeitsatmosphäre zu verbessern.

Rollenspiel: Mitarbeitergespräch

Auf Anraten ihrer Freundin und Arbeitskollegin Sabrina sucht Judith das Gespräch mit dem Abteilungsleiter, Herrn Ruffing. Dieser ist daran interessiert, dass die Spannungen in seiner Abteilung abgebaut werden.

Er lädt alle Mitarbeiterinnen und Mitarbeiter zu einem Mitarbeitergespräch ein.

Ziel des Gespräches soll es sein, Spannungen in der Abteilung abzubauen und das Betriebsklima zu verbessern.

Spielen Sie mithilfe der Rollenkarten und der Informationen des Kantinengespräches die Mitarbeiterbesprechung.

Vorgehensweise in sechs Schritten (vgl. S. 113)

Rollenkarte Judith Trauth
Es ist nicht das erste Mal, dass Herr Ruffing sie beschimpft hat. Judith ist der Meinung, dass persönliche Antipathie eine Rolle spielt, zumal die Beurteilung ihres letzten Arbeitszeugnisses (noch aus der Abteilung Einkauf) mit der Note „mit vollster Zufriedenheit" lautete. Das Verhalten von Herrn Ruffing empfindet Judith schon als Mobbing.

Rollenkarte Jens Ruffing
Herr Ruffing stuft seine Äußerungen als bedauerlichen Ausrutscher ein, zumal er in den letzten Tagen viel Stress gehabt hat. Auf der anderen Seite ist es eine Tatsache, dass Frau Trauth in den letzten Wochen viele Fehler macht. Er betont, dass er immer ein offenes Ohr für die Belange seiner Mitarbeiter habe. Er wünscht sich auch, dass das Klima in der Abteilung besser wird. An ihm solle es nicht liegen, er ist für alle Vorschläge dankbar. Allerdings darf darunter nicht die Arbeit leiden.

Rollenkarte Bernd Scholl
Herr Scholl versteht gar nicht, weshalb dieses Gespräch notwendig ist. Jeder soll seine Arbeit erledigen. Herr Scholl ist der Meinung, dass jeder sich über Änderungen selbst informieren und weiterbilden muss. Er macht dies ja schließlich auch.

Gesprächsregeln beachten !

Rollenkarte Ruth Bauer
Frau Bauer findet, dass das Klima in der Abteilung schlecht ist. Obwohl sie nur halbtags beschäftigt ist, merkt sie die Spannungen. Frau Bauer vermisst Kollegialität, Offenheit, Teamgeist. Sie ist der Meinung, dass Kolleginnen und Kollegen nicht nur über betriebliche Belange miteinander reden sollten. Sie hat das Gefühl, dass sich alle aus dem Weg gehen.

Rollenkarte Hilde Schwarz
Als langjährige Mitarbeiterin findet sie, dass Fehler beim Namen genannt werden müssen. Sie fühlt sich deshalb verpflichtet den Abteilungsleiter auf Fehlverhalten aufmerksam zu machen. Dies will sie auf keinen Fall als „anschwärzen" verstanden wissen. Sie versteht nicht, dass Frau Trauth bei Problemen nicht zu ihr kommt und sie um Rat fragt.

Das Lösen von Problemen und Konflikten erfordert einen stufenweisen Prozess, der schließlich zu einer Lösung des Konfliktes führt. Für die Mitarbeiterbesprechung sollten Sie sich an dem vorgeschlagenen methodischen Vorgehen orientieren. Als Medium sind Pinnwände sinnvoll.

Sechs Schritte zur Konfliktlösung

→ **6. Konfliktlösung**

5. Konkrete Schritte und Maßnahmen festlegen
- Vereinbarungen treffen
- Reihenfolge festlegen
- Zeit- und Aufgabenplan erstellen

4. Entscheidung für die beste Lösung
- Lösungsvorschläge nochmals gemeinsam bewerten
- sich möglichst im Konsens für eine Lösung entscheiden

3. Bewertung der Lösungsvorschläge
- Vorschläge ordnen (clustern)
- Vorschläge streichen, die eine negative Bewertung finden

2. Sammlung möglicher Lösungen
- jeder schreibt spontan seine Vorschläge auf (Brainstorming)
- an der Pinnwand die Vorschläge sammeln

1. Das Problem möglichst genau und offen beschreiben
- in Kurzsätzen an der Pinnwand festhalten

Verfahren der Mediation

Zuweilen ist es sinnvoll, bei Konfliktgesprächen die Hilfe eines neutralen Dritten in Anspruch zu nehmen. Dem Mediator fällt die Aufgabe der Vermittlung zu. Dazu sind Machtverzicht, Neutralität, Einfühlung und Verschwiegenheit erforderlich. Der Mediator soll nicht als Anwalt, Richter oder Lehrer auftreten, sondern den Prozess der Konfliktlösung steuern und protokollieren.

Die wichtigste Methode der Gesprächsführung ist die des „Spiegelns". Der Mediator fasst wichtige Aussagen in eigene Worte. Das Spiegeln vermeidet es, Aussagen zu bewerten und signalisiert dem Gegenüber ein intensives Zuhören. Ziel der Mediation ist es, eine Lösung ohne Verlierer zu finden.

8.4 Kunden- und Verkaufsgespräche führen

1. Beschreiben Sie das Verhalten, die Gestik und die Mimik des Verkäufers.
2. Mit welchen Argumenten versucht er Werner vom Kauf zu überzeugen?
3. Inwiefern stellt die Bilderfolge eine typische Verkaufssituation dar?
4. Was wird durch die Reaktion Werners auf die Schippe genommen?

Verkaufsgespräche spielen in fast allen Berufen eine wichtige Rolle, egal ob es um den Verkauf von Waren oder Dienstleistungen geht. Der Verkäufer oder die Verkäuferin sollte über die folgenden Fähigkeiten verfügen:

- den Kunden einschätzen und sich auf ihn einstellen können
- die Artikel, die man verkauft, genau kennen
- gut erklären und beraten können
- geschickt verhandeln können
- eigene Gefühle und Gedanken für sich behalten können

Hans Fallada
Pinnebergs Verkaufserfolg[1]

Langsam kommt Leben in das Geschäft ... Schon hat auch Pinneberg seinen Käufer, jüngeren Herrn, einen Studenten. Doch Pinneberg hat kein Glück: der Student verlangt kurz und knapp einen blauen Trenchcoat[1].

Es schießt durch Pinnebergs Hirn: „Keiner am Lager. Der läßt sich nichts aufschwatzen. Keßler wird grinsen, wenn ich 'ne Pleite schiebe. Ich muß die Sache machen ..."

Und schon hat er den Studenten vor einem Spiegel: „Blauer Trenchcoat, jawohl. Einen Moment bitte. Wenn wir erst einmal diesen Ulster[2] probieren dürften?"

„Ich will doch keinen Ulster", erklärt der Student.

„Nein, selbstverständlich nicht. Nur der Größe wegen. Wenn der Herr sich bemühen wollen. Sehen Sie – ausgezeichnet, was?"

„Na, ja", sagt der Student. „Sieht gar nicht so schlecht aus. Und nun zeigen Sie mal einen blauen Trenchcoat."

„Neunundsechzig fünfzig", sagt Pinneberg beiläufig und fühlt vor, „eines unserer Reklameangebote. Im vorigen Winter kostete der Ulster noch neunzig. Angewebtes Futter. Reine Wolle ..."

„Schön", sagt der Student. „Den Preis wollte ich ungefähr anlegen, aber ich möchte einen Trenchcoat. Zeigen Sie mir mal ..."

Pinneberg zieht langsam und zögernd den schönen Marengo-Ulster[3] aus. „Ich glaube nicht, daß Ihnen irgend etwas anderes so gut stehen würde. Blauer Trenchcoat ist eigentlich ganz abgekommen."

„Also, nun zeigen Sie mir endlich – !", sagt der Student sehr energisch.

„Doch, doch. Alles, was Sie wollen." Und er lächelt auch, wie der Student bei seiner Frage eben gelächelt hat. „Nur –", er überlegt fieberhaft. Nein, nicht schwindeln, man kann es ja versuchen: „Nur, ich kann Ihnen keinen blauen Trenchcoat verkaufen." Pause. „Wir führen keinen Trenchcoat mehr."

„Warum haben Sie mir das nicht gleich gesagt?!", sagt der Student, halb verblüfft, halb ärgerlich.

„Weil ich Sie nur davon überzeugen wollte, wie ausgezeichnet Ihnen dieser Ulster steht. Bei Ihnen kommt er wirklich zur Geltung. Sehen Sie", sagt Pinneberg halblaut und lächelt, wie um Entschuldigung bittend, „ich wollte Ihnen nur zeigen, wieviel besser der ist als so ein blauer Trenchcoat. Das war so eine Mode – na ja! Aber dieser Ulster ..."

Pinneberg sieht ihn liebevoll an, streicht einmal über den Ärmel, hängt ihn wieder über den Bügel und will ihn in den Ständer zurückhängen.

„Halt!", sagt der Student. „Ich kann ja immer noch mal ..., schlecht sieht er ja nicht gerade aus ..."

[1] Wettermantel, [2] weiter Herrenmantel, [3] graues Stoffgarn

---

[1] Dieser Autor lehnt für sein Werk die reformierte Rechtschreibung und Zeichensetzung ab.

„Nein, schlecht sieht er nicht aus", sagt Pinneberg und hilft dem Herrn wieder in den Mantel. „Der Ulster sieht direkt vornehm aus. Aber vielleicht darf ich dem Herrn noch andere Ulster zeigen? Oder einen hellen Trenchcoat?"

Er hat gesehen, die Maus ist beinahe in der Falle, sie riecht den Speck schon, jetzt darf er es riskieren.

„Helle Trenchcoats haben Sie also doch!", sagt der Student grollend.

„Ja, wir haben da was ...", sagt Pinneberg und geht an einen anderen Ständer.

In diesem Ständer hängt ein gelbgrüner Trenchcoat, zweimal ist er schon im Preis zurückgesetzt worden.

Jedermann sieht in diesem Mantel irgendwie komisch verbogen, falsch oder halb angezogen aus ...

„Wir haben da was ...", sagt Pinneberg. Er wirft den Mantel über seinen Arm. „Ich bitte sehr, ein heller Trenchcoat. Fünfunddreißig Mark."

Der Student fährt in den Ärmel. „Fünfunddreißig?", fragt er erstaunt.

„Ja", antwortet Pinneberg verächtlich. „Solche Trenchcoats kosten nicht viel."

Der Student prüft sich im Spiegel. Und wieder bewährt sich die Wunderwirkung dieses Stücks. Der eben noch nette junge Mann sieht aus wie eine Vogelscheuche.

„Ziehen Sie mir das Ding nur schnell wieder aus", ruft der Student, „das ist ja grauenhaft".

„Das ist ein Trenchcoat", sagt Pinneberg ernst.

Und dann schreibt Pinneberg den Kassenzettel über neunundsechzigfünfzig aus, er gibt ihn dem Herrn, er macht seine Verbeugung. „Ich danke auch verbindlichst".

„Nee ich danke", lacht der Student und denkt jetzt sicher an den gelben Trenchcoat.

„Na also, geschafft", denkt Pinneberg.

Verkaufsgespräche lassen sich in verschiedene Phasen unterteilen. Die Hauptabschnitte des Gespräches sind in der Regel:

✺ **Kontaktaufnahme mit dem Kunden**
Käufertyp einschätzen, Kundenwünsche ermitteln, positive Atmosphäre herstellen

✺ **Informationsvermittlung und Beratung**
Produkteigenschaften herausstellen, Einwände des Kunden beseitigen

✺ **Verkaufsabschluss**

■ **1. Bestimmen Sie die Hauptphasen in Pinnebergs Verkaufsgespräch und zeigen Sie typische Merkmale auf.**

Zu den wichtigsten Tricks in einem Verkaufsgespräch zählen folgende:

♦	**Kompliment**	dem Kunden schmeicheln
♦	**Aufwertung**	das gewünschte Produkt oder einzelne positive Produkteigenschaften herausstellen
♦	**Abwertung**	Konkurrenzprodukte schlecht machen
♦	**Verniedlichung**	negative Produkteigenschaften herunterspielen
♦	**Gefühle erregen**	Empfindungen verstärken, die den Kunden mit dem Produkt verbinden können, z. B. Wohlfühlen
♦	**Vor-Augen-führen**	das Produkt vorführen, ggf. den Kunden den Artikel aus- bzw. anprobieren lassen

■ **2. Beschreiben Sie die Verhaltensweisen des Verkäufers in den markierten Textstellen und bezeichnen Sie die dabei angewandten Verkaufstricks.**

8.5 Telefonieren – Faxen – Mailen

Herr Schröder …

… und Frau Fricke beim Telefonieren.

Bürotechnik Sperber, Montabaur. Schröder. Guten Tag.

> *Bürosysteme Klauser, Fricke. Guten Tag, Herr Schröder. Könnte ich bitte Herrn Hoffmann sprechen?*

Tut mir leid, Herr Hoffmann ist zurzeit nicht im Hause. Aber vielleicht kann ich Ihnen weiterhelfen.

> *Ja. Sie haben bei uns am letzten Dienstag 500 Pack Kopierpapier Copy 301 bestellt. Leider muss ich Ihnen mitteilen, dass dieses Papier nicht mehr vorrätig ist und bis Ende der Woche nicht geliefert werden kann. Wir haben allerdings sofort beim Hersteller angefragt und zugesichert bekommen, dass bis Ende der nächsten Woche geliefert werden kann.*

Das wird wahrscheinlich zu spät sein.

> *Ich kann Ihnen eine interessante Alternative anbieten. Das Kopierpapier Xero-Spezial haben wir momentan im Angebot. Und das zu günstigen Konditionen.*

Welche Qualität hat denn dieses Papier?

> *Holzfrei, weiß, 80g-Papier, erfüllt die DIN 19309. Geeignet für Normalpapierfax, Laserdrucker und Kopierer.*

Was kostet das denn?

> *Das könnten wir Ihnen bei Ihrem Bestellumfang für 5,98 € pro Pack liefern.*

Frau Fricke. Ich kann das jetzt nicht entscheiden. Ich werde das aber heute noch mit Herrn Hoffmann abklären und gebe Ihnen dann Bescheid.

> *Gut, Herr Schröder. Ich höre dann von Ihnen. Auf Wiederhören!*

Auf Wiederhören, Frau Fricke.

1. Sie wollen Herrn Hoffmann über das Telefongespräch informieren. Welche Angaben über das Gespräch sind wichtig?

2. Fertigen Sie eine Gesprächsnotiz an. Orientieren Sie sich dazu an dem abgebildeten Formular.

Wichtige Sachverhalte und Vorgänge sollten in Form einer Notiz festgehalten werden. Dies gilt insbesondere für wichtige berufliche Mitteilungen und Informationen. Notizen sind eine gute Gedächtnisstütze und können gegenüber Vorgesetzten und Kunden als Nachweis dienen.

Eine Notiz sollte folgende Angaben enthalten:

- Datum und Uhrzeit des Gesprächs
- Name des Gesprächspartners/der -partnerin und Position
- Adressat des Gesprächs
- Inhalt der Mitteilung in Stichworten
- Vorgeschlagene bzw. ergriffene Maßnahmen
- Unterschrift des Gesprächsempfängers

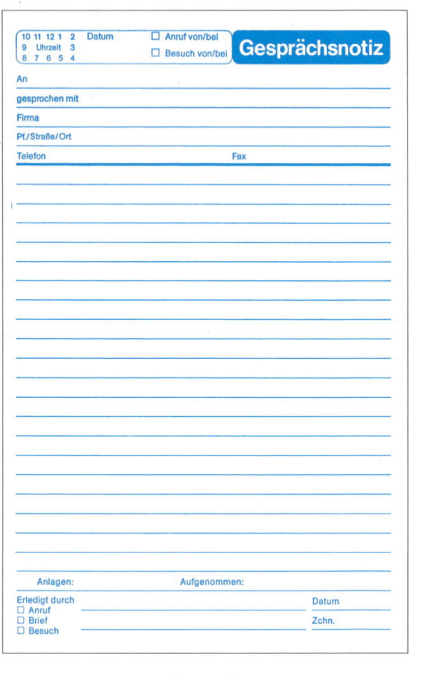

Herr Schröder hat Herrn Hoffmann über das Telefonat mit Frau Fricke informiert. Herr Hoffmann hat ihn beauftragt, das Kopierpapier Xero-Spezial zu den angebotenen Bedingungen zu bestellen.

Bei der Firma Bürosysteme Klauser meldet sich der Anrufbeantworter:

Guten Tag! Bürosysteme Klauser, Ludwigshafen. Sie erreichen uns während der Geschäftszeiten. Selbstverständlich können Sie uns auch jetzt eine Nachricht hinterlassen. Nennen Sie nach dem Signal Ihren Namen, Ihre Anschrift, Ihre Telefonnummer und Ihr Anliegen.

1. Untersuchungen haben gezeigt, dass 60 % der Anrufer beim Melden des Anrufbeantworters das Telefonat abbrechen. Nennen Sie Gründe für dieses Verhalten.
2. Sprechen Sie die Bestellung auf den Anrufbeantworter.
3. Die Bestellung könnte auch per Fax oder E-Mail übermittelt werden. Geben Sie die Bestellung per Fax auf. Sie können sich dabei an den unten abgebildeten Vordrucken orientieren.

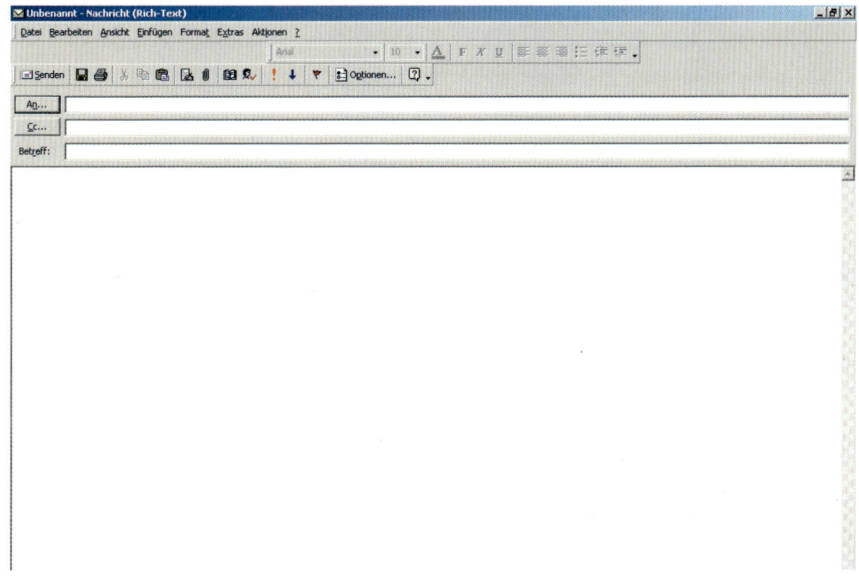

TELEFAX

Absender:

An: Fax:
Von: Datum:
Betreff: Seiten:
Cc:

☐ Dringend ☐ Zur Erledigung ☐ Zur Stellungnahme ☐ Zur Kenntnis ☐ Mit Dank zurück

8.6 Protokolle führen

Einladung
zur Mitgliederversammlung
am **17. Oktober – 20:00 Uhr**
im Vereinslokal Hotel Krone

Tagesordnung
1. Begrüßung und Feststellung der Beschlussfähigkeit
2. Kassenbericht
3. Bau einer Zuschauertribüne
4. Verschiedenes

Der Schriftführer des FC Schönheim hat sich während der Mitgliederversammlung Notizen gemacht:

> zu 1: Von 125 Mitgliedern sind 75 anwesend, damit beschlussfähig.
>
> zu 2: Ausgaben: 48.550 €, besonders durch weitere Fahrten der ersten Mannschaft nach Aufstieg und neue Trikots.
>
> Einnahmen: 45.230 €, schlechter Zahlungseingang der fälligen Mitgliedsbeiträge; viele Mitglieder sind nicht bereit, Beitrag per Einzugsermächtigung zu leisten; aber leicht erhöhter Betrag bei Eintrittsgeld.
>
> Kassenstand wegen Plus aus Vorjahr noch bei nur minus 575 €; Kassenführung wurde durch zwei Mitglieder geprüft – keine Beanstandungen.
>
> zu 3: Vorsitzender: Bau trotz schlechter Finanzlage möglich, wenn einige Mitglieder zu Eigenleistung bereit sind; nicht genannter Gönner des Vereins will 50.000 € spenden; Abstimmung einstimmig für Bau der Tribüne.
>
> zu 4: Ein Mitglied regt an, Weihnachtsfeier zu organisieren; Einnahmen sollten wohltätigem Zweck zur Verfügung gestellt werden; allgemeine Zustimmung.
>
> Stellvertretender Vorsitzender Herr Bauer erklärt sich bereit, Organisation zu übernehmen.

1. Schreiben Sie das Protokoll über die Mitgliederversammlung des FC Schönheim, indem Sie

a) einen Protokollkopf nach folgendem Muster gestalten;
b) wichtige Beschlüsse und Ergebnisse in ganzen Sätzen formulieren;
c) wesentliche Aussagen hervorheben, den Inhalt auf Vollständigkeit und Richtigkeit überprüfen;
d) im Protokollschluss Ort und Datum der Niederschrift angeben und unterschreiben.

```
PROTOKOLL
über:
Ort:
Beginn:                    Datum:
Anwesende:                 Ende:
Leitung:
Protokollführer/in:
Verlauf/Ergebnisse:


_____          _____
Ort                        Datum
Protokollführer/in
Leitende/r
```

2. Neben dem Protokollführer oder der Protokollführerin wird das Protokoll auch von dem/der Veranstaltungsleitenden unterschrieben. Warum?

3. Nennen Sie Anlässe, bei denen Protokolle angefertigt werden. Erläutern Sie, welchem Zweck sie jeweils dienen.

Protokolle dienen vor allem

- **der Dokumentation**

  Protokolle sind Dokumente, sie haben Beweiskraft.

- **der Information**

  Anhand der Protokolle können Abwesende sich über Vorgänge und Entscheidungen informieren.

- **der Kontrolle**

  Mithilfe der Protokolle ist überprüfbar, ob Beschlüsse auch umgesetzt werden.

Um diese Zielsetzungen zu erfüllen, muss bei der sprachlichen Gestaltung auf folgende Punkte geachtet werden:

- objektive Darstellung (keine wertenden Adjektive und Verben)
- klare zeitliche oder systematische Gliederung
- treffende, kurze Ausdrucksweise
- wichtige Äußerungen in Form von Zitaten oder in der indirekten Rede wiedergeben
- Zeitform der Gegenwart

Vorsitzender

Schatzmeister

Mitglied Oster

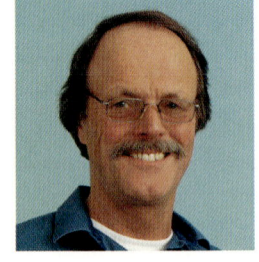

Spieler Huber

Mitglied Klein

*Diskussion bei der
Mitgliederversammlung
des FC Schönheim*

1. Spielen Sie die Diskussion der Mitgliederversammlung nach, indem Sie den Text in verschiedenen Rollen vortragen.

   Ausschnitte aus der Diskussion bei der Mitgliederversammlung des
   FC Schönheim

   Schatzmeister:
   … Die höheren Ausgaben gegenüber dem Vorjahr sind vor allem auf zwei Dinge zurückzuführen: erstens durch unsere Erste, die ja aufgestiegen ist und in diesem Jahr viel weitere Fahrten zu den Auswärtsspielen hat als im letzten Jahr; und zweitens durch die neuen Trikots und Trainingsanzüge …

   Mitglied Klein:
   Die hätten ihre Trainingsanzüge auch selber bezahlen können; wir haben früher überhaupt keine Trainingsanzüge gehabt …

   Spieler Huber:
   So ein Blödsinn! Das gibt's ja wohl in keinem Verein mehr! Alle Mannschaften in unserer Klasse erscheinen in einheitlicher Trainingskluft auf dem Platz. Und außerdem: das ist heute alles so teuer, dass junge Spieler sich das gar nicht leisten können; die gehen dann zu anderen Vereinen …

   Vorsitzender:
   Meine Herren! Streiten wir uns doch jetzt nicht mehr darüber. Ich möchte darauf hinweisen – und bitte das im Protokoll zu vermerken –, dass das ein einstimmiger Vorstandsbeschluss ist, da gibt es nichts mehr zu diskutieren! Herr Maier, fahren Sie fort, bitte.

   Schatzmeister:
   … Die Mindereinnahmen sind auf die schlechte Zahlungsmoral der Mitglieder zurückzuführen. Ich möchte daher der Mitgliederversammlung vorschlagen zu beschließen, dass die Beiträge in Zukunft nur noch am Anfang jeden Jahres per Überweisung, konkret per Einzugsermächtigung, zu leisten sind. Dann weiß man, wo man dran ist und kann mit dem Geld arbeiten. (Gemurmel, Unmutsäußerungen)

122 Kommunikation im Beruf

Mitglied Groß:
80 Euro auf einmal – ich glaub', Ihr spinnt! Da mach ich nicht mit!

Schatzmeister:
Also, aus der Sicht des Vorstands gesehen wäre das schon ideal. Ich möchte den Antrag mal stellen.

Vorsitzender:
Liebe Sportfreunde! Darf ich namens des Vorstands etwas dazu sagen! Also, wir haben die Sache schon unter uns diskutiert. Natürlich mag das dem einen oder anderen auf den ersten Blick viel erscheinen, aber ich möchte klarstellen: es handelt sich nicht um eine Erhöhung des Mitgliedsbeitrags, sondern nur um eine Umstellung auf eine jährlich einmalige Zahlung. Außerdem ist das übrigens bei anderen Vereinen schon gang und gäbe, z. B. im Musikverein und beim Tennisclub …

Mitglied Oster:
Ich bin auch für den Antrag, aber vielleicht kann man, wenn 80 Euro auf einmal zu viel sind, auch halbjährliche Zahlung von 40 Euro einräumen, aber prinzipiell bin ich auch für Zahlung per Einzugsermächtigung, wie wir das im Musikverein auch handhaben; dann kann der Vorstand mit festen Einnahmen kalkulieren, und es ist ja sowieso schwierig, heutzutage noch jemanden zu finden – oder, Herr Groß, wollten Sie das vielleicht machen? – der zu den einzelnen Mitgliedern hinläuft und das Geld einkassiert. (Weitere erregte Diskussion) …

Vorsitzender:
Ich lasse also über den Antrag des Vorstands abstimmen: Wer für den Antrag ist, der hebe die Hand … 55 … 56 … 57 dafür. Wer ist dagegen? – 12 dagegen. Wer enthält sich? – 6 Enthaltungen. Ich stelle fest: der Antrag ist mit großer Mehrheit angenommen …

2. Fertigen Sie ein Ergebnisprotokoll über die Diskussion an und halten Sie die wichtigsten Informationen fest.
Anders als bei einem **Ergebnisprotokoll**, das sich auf Beschlüsse und Ergebnisse beschränkt, wird in einem Verlaufsprotokoll auch der Gang der Diskussion festgehalten. Dazu müssen alle wichtigen Äußerungen, Anträge, Argumente und Einwände wiedergegeben werden. Dies geschieht meist in Form der indirekten Rede.
3. Erstellen Sie ein **Verlaufsprotokoll** über die Mitgliederversammlung.
4. Wandeln Sie die folgenden Sätze in indirekte Rede um (vgl. S. 61):
a) Der Monteur sagt: *„Ich habe die Fehlerstelle gefunden."*
b) Der Kunde behauptet: *„Meine Frau kann sich trotz langen Überlegens nicht zum Kauf entschließen."*
c) *„Die Lieferung ist bereits reklamiert"*, betonte der Abteilungsleiter.
d) Die Bauherrin fordert: *„Der Verputz muss ausgebessert werden!"*
e) *„Wann ist der Brief abgegangen?"*, fragte der Chef.
f) *„Das Hobeleisen wurde beschädigt"*, meldet der Auszubildende.
g) *„In der Freizeit fahre ich mit meinem Käfer spazieren"*, erzählt Peter.

8.7 Geschäftliche Briefe schreiben

Michael Klein hat sich vor einigen Wochen eine Digitalkamera bei einem Fotoversand gekauft.
Heute erhielt er folgenden Kurzbrief des Versandhauses:

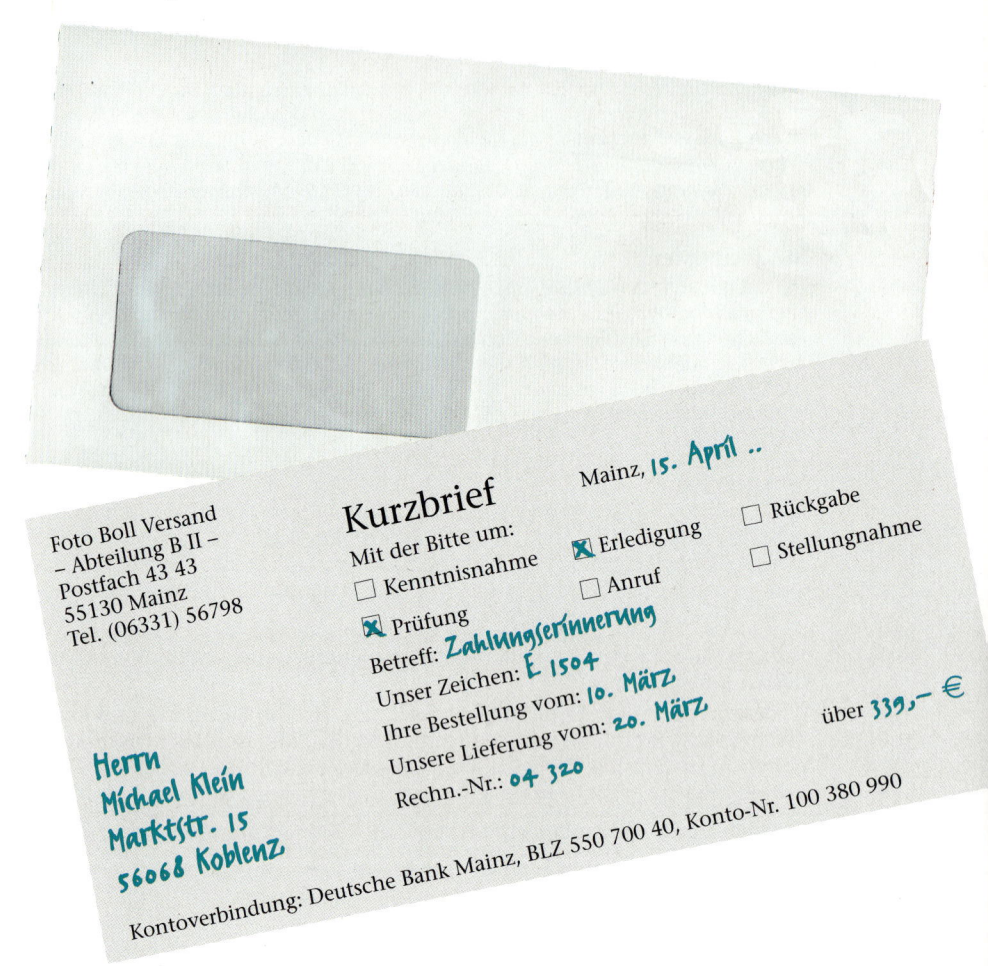

Kurzbrief

Foto Boll Versand
– Abteilung B II –
Postfach 43 43
55130 Mainz
Tel. (06331) 56798

Mainz, 15. April ..

Mit der Bitte um:
- ☐ Kenntnisnahme
- ☒ Prüfung
- ☒ Erledigung
- ☐ Anruf
- ☐ Rückgabe
- ☐ Stellungnahme

Betreff: Zahlungserinnerung
Unser Zeichen: E 1504
Ihre Bestellung vom: 10. März
Unsere Lieferung vom: 20. März
Rechn.-Nr.: 04 320
über 339,– €

Herrn
Michael Klein
Marktstr. 15
56068 Koblenz

Kontoverbindung: Deutsche Bank Mainz, BLZ 550 700 40, Konto-Nr. 100 380 990

1. Was ist der Anlass des Schreibens?
2. Welche Informationen enthält es?
3. Welche Vorteile bietet die Mitteilungsform eines Kurzbriefes? Wofür ist ein solcher Brief geeignet, wofür nicht?

Michael Klein ist ganz erstaunt über das Erinnerungsschreiben des Fotoversands. Er ist sich sicher, den Betrag bereits am 25. März überwiesen zu haben. Deshalb schreibt er folgenden Brief an die Firma Foto Boll Versand:

> An
> Foto Boll Versand
> Postfach 4343
> 55130 Mainz

> An
> Foto Boll
> Mainz
>
> 18.4. ...
>
> Sehr geehrter Foto Boll Versand!
> Ich habe den Brief über die Zahlungserinnerung heute erhalten.
> Das muss ein Fehler sein. Ich habe nätürnlich das Geld für die Kamera längst bei meiner Sparkasse eingezahlt.
> Bitte bringen sie das also in Ordnung.
>
> Ihr Michael Klein
>
> P.S. Die Kamera macht super Bilder!

1. Wie würde der Brief schneller und sicherer den richtigen Schreibtisch finden?
2. Wie muss der Briefumschlag richtig beschriftet werden?
3. Welche Schwierigkeiten wird der Empfänger dieses Briefes haben?
4. Welche sprachlichen Mängel enthält das Schreiben?

■ **5.** In welchen Punkten weicht der Brief Michael Kleins von der formalen Anordnung eines Geschäftsbriefes ab? Vergleichen Sie dazu das Muster eines Geschäftsbriefes auf dieser Seite. Der Brief ist nach der DIN-Vorschrift 5008 abgefasst worden; man sollte sich bei geschäftlichen Angelegenheiten und bei Schreiben an Behörden, Ämter, Versicherungen usw. an diesen Aufbau halten, auch wenn man den Brief von Hand schreibt.

Name, Ort, Datum	Michael Klein Koblenz, 18.04.2...
Straße	Marktstraße 15
PLZ, Ort	56068 Koblenz
Telefon	Tel. 0261 49356
E-Mail	E-Mail: m.klein@t-online.de
(Versendungsform, z.B. Einschreiben)	
Frau/Herrn/Firma	Foto Boll Versand
Name	Abteilung BII
(Abteilung/z.H....)	Postfach 43 43
Straße/Postfach	55130 Mainz
PLZ, Ort	
Betreff	Zahlungserinnerung, Rechn.-Nr. 04320
Bezug (falls gegeben)	Ihr Zeichen E 1504 vom ...-04-15
Anrede	Sehr geehrte Damen und Herren,
Text	in Ihrem Kurzbrief vom 15.04. haben Sie mich erinnert, dass die Rechnung Nr. 04320 noch offensteht.
	Die Summe von 339,- € für Ihre Lieferung vom 20.03. habe ich jedoch bereits am 25.03. auf Ihr Konto überwiesen. Eine Kopie des Überweisungsauftrags füge ich meinem Schreiben bei.
	Bitte überprüfen Sie Ihre Zahlungseingänge.
Grußformel	Mit freundlichen Grüßen
Unterschrift	*Michael Klein*
Anlage (Anzahl oder einzeln aufführen)	Anlage 1 Kopie

✗ **1.** Aus welchem Grund muss der Absender mit Anschrift nicht nur auf dem Umschlag, sondern auch im Brief selbst aufgeführt werden?

■ **2.** Warum sind die Angaben gerade in dieser Reihenfolge und mit festgelegten Zeilenabständen angeordnet?

■ **3.** Warum muss man beim Geschäftsbrief links einen Rand lassen?

Treffend formulieren

In einem Geschäftsbrief müssen alle Angaben enthalten sein, die für den Empfänger zur Bearbeitung notwendig sind. Wichtig ist, dass die Angaben

- vollständig und sachlich richtig,
- übersichtlich angeordnet,
- einfach, knapp, klar und höflich formuliert sind.

In einem Geschäftsbrief sind in der Regel die folgenden vier Punkte aufzunehmen:

1. **Bezugnahme**

    In der Bezugszeichenzeile wird auf vorangegangene Schreiben verwiesen, um den Geschäftsvorgang einzuordnen.

2. **Darstellung des Sachverhalts**

    Der Sachverhalt und die Vorgänge werden kurz dargestellt, um zwischen Absender und Empfänger einen gemeinsamen Informationsstand zu gewährleisten.

3. **Stellungnahme**

    Der Sachverhalt wird aus Sicht des Absenders bewertet und kommentiert.

4. **Aufforderung**

    Der Empfänger wird aufgefordert, bestimmte Maßnahmen in die Wege zu leiten.

---

1. Überprüfen Sie, ob der Brief auf der vorhergehenden Seite die vier Punkte der inhaltlichen Gestaltung enthält.
2. Formulieren Sie jeweils die Betreffzeile. Achten Sie auf kaufmännische Fachbegriffe:
   a) Die gelieferte Ware ist zwar vollständig, aber mit Mängeln versehen.
   b) Die bestellte Ware ist nicht zum vereinbarten Liefertermin geliefert worden.
   c) Sie wollen eine Illustrierte im Abonnement nicht weiter beziehen.
   d) Sie haben Ihrer Haftpflichtversicherung einen Schaden zu melden.
3. Verbessern Sie den Stil der folgenden Briefauszüge, indem Sie den gleichen Sachverhalt knapp, klar und höflich formulieren:
   a) Die von Ihnen geforderte Nachzahlung in Höhe von 345,85 €, die Sie mir in Ihrem Schreiben vom 4. April mitgeteilt haben, ist eine Frechheit, da die Belege über zusätzliche Kosten Ihrerseits mir von Ihnen bis heute nicht vorgelegt wurden.
   b) Für Ihren Brief dankend, in dem Sie ein Angebot über die auszuführenden Malerarbeiten unterbreitet haben, muss ich Ihnen leider mitteilen, dass ich einer anderen Firma den Auftrag erteilen werde, weil Sie viel zu teuer sind.

•••

4. Verbessern Sie den schwerfälligen Stil, indem Sie Zeit- statt Hauptwörter verwenden:
   a) Wir übernehmen eine Garantie für den reibungslosen Gebrauch des Gerätes nur bei Sicherstellung einer sachgemäßen Bedienung durch den Benutzer.
   b) Nach Abwägen Ihrer Argumente werden wir in Erwägung ziehen, die Angelegenheit noch einmal einer Prüfung zu unterziehen.
   c) Ich kann Ihnen die Mitteilung machen und die Zusicherung geben, Ihre Bestellung in Kürze zu bearbeiten.
   d) Infolge der Nichtbeachtung der Vorfahrt wurde Herrn Müller eine Verwarnung vonseiten der Polizei erteilt.

5. Was ist hier unklar? Woran liegt das? Verbessern Sie die Briefauszüge.
   a) Hier unser Angebot: Blusen zu 35,– € für Damen mit kleinen Schönheitsfehlern.
   b) Sie haben mich an die noch offenstehende Rechnung erinnert. Dies ist nicht wahr. Ich habe bereits den Betrag über den Teppich, der sich über 740,– € erstreckt, bezahlt.
   c) Meinem Schreiben beiliegend übersende ich Ihnen die gewünschten Unterlagen.
   d) Mein Sohn und Ralf Peters haben mit dem Hund gespielt; er wurde dabei angefallen und gebissen, weil er keinen Maulkorb trug.
   e) Es muss etwas gegen die Verschmutzung der Flüsse vonseiten der Politiker getan werden, welche in zunehmendem Maße betroffen sind.

6. Schreiben Sie zu den folgenden Fällen einen formgerechten privaten Geschäftsbrief:
   a) Sie sind vor einer Woche auf der Straße angesprochen worden, Mitglied in einem Bücherbund zu werden. Sie haben einen Mitgliedsantrag unterschrieben. Mittlerweile haben Sie erkannt, dass das Angebot des Bücherbundes Ihren Vorstellungen doch nicht entspricht und dass die angebotenen Bücher zu teuer sind. Sie wissen, dass Sie Ihre Mitgliedschaft innerhalb von 10 Tagen beim Bücherbund „Bücherwurm", Poststraße 18, 81827 München, widerrufen können. Dies wollen Sie tun.
   b) Sie wollen Ihre Abschlussprüfung bei der Handwerks- bzw. Industrie- und Handelskammer zwei Wochen vor den vorgesehenen Terminen (12. Mai und 3. Juni) ablegen, da Sie ab 24. Mai wegen eines notwendigen längeren Krankenhausaufenthaltes verhindert sind. Ihr Hausarzt hat Ihnen bereits eine Bescheinigung ausgestellt.
   c) Vor einer Woche haben Sie eine 6-tägige Busreise nach Rom mit dem Reiseunternehmen Schleckermann gemacht. Die Reise hat 820,– € gekostet. Sie hatten das Mittelklassehotel „International" gebucht (Reise Nr. 451). Das Hotel sollte laut Prospekt im Stadtzentrum Roms liegen. Doch in Rom wurden Sie weit außerhalb des Zentrums am Stadtrand in einem Hotel der untersten Kategorie (im Hotel „Parma") untergebracht. Sie haben sich in Rom sofort bei der Reiseleitung beschwert, aber ohne Erfolg. Jetzt wollen Sie beim Reiseveranstalter Schleckermann Reisen, Karlsbader Allee 5, 70372 Stuttgart, Schadenersatz in Höhe von 20 % des Gesamtbetrages verlangen, da Hotel und Service nicht den Beschreibungen des Prospektes und Ihrer Buchung entsprochen haben. Sie wollen den Betrag auf Ihr Girokonto überwiesen bekommen.

8.8 Mit Kunden korrespondieren

Ingenieurbüro Jansen GmbH, Postfach 99 24, 94034 Passau

Möbelwerk Schultze
Nördlinger Str. 3
80638 München

Ihr Zeichen/Ihre Nachricht	Unser Zeichen	Es schreibt Ihnen (Durchwahl)	Datum
kl-ru	j-f	Herr Jansen, -14	22.3.

Einrichtung meiner neuen Büroräume

Sehr geehrte Frau Kleine,

Anfang Dezember besuchte mich Ihr Außendienstmitarbeiter Herr Arnold. Er wollte mich bei der Einrichtung der neuen Räume beraten. Wegen des strengen Winters ist es jedoch zu Verzögerungen am Bau gekommen, sodass zu diesem Zeitpunkt eine genaue Planung der Einrichtung nicht möglich war.

Inzwischen ist der Rohbau fertig und der Innenausbau hat begonnen. Es wäre mir deshalb recht, wenn Herr Arnold mich in der nächsten Woche besuchen könnte. Es sind mehrere Räume unterschiedlicher Größe auszustatten, u.a.

1 Büro der Geschäftsführung
1 Sekretariatsraum
1 Ausstellungsraum

Alle Räume sollen funktionsgerecht mit modernen Büromöbeln ausgestattet werden, die ergonomisch gut gestaltet sind. Die Größe der Räume entnehmen Sie bitte den beigefügten Grundrisszeichnungen.

Bitte teilen Sie mir baldmöglichst mit, wann ich mit Herrn Arnolds Besuch rechnen kann.

Mit freundlichen Grüßen

Klaus Jansen

Klaus Jansen

Anlage
Grundrisszeichnungen

Hausanschrift	Telekommunikation	Bankverbindung	Amtsgericht
K. Jansen GmbH	Telefon 0851 2302-0	Nobilbank Passau	Passau HRB 21502
Nelkenweg 3	Telefax 0851 2302-9	BLZ 611 400 80	Geschäftsführer:
94134 Passau	Internet www.ing.jansen.de	Konto 5 404 280	Klaus Jansen

1. In welchen Punkten sind ein privater geschäftlicher Brief und ein betrieblicher Geschäftsbrief gleich?
2. Wo liegen die Unterschiede?

Gespräche führen und korrespondieren

„Der Kunde ist König". Dieser Grundsatz gilt auch für die Korrespondenz mit Kunden. Die Kundenorientierung soll insbesondere in folgenden Punkten zum Ausdruck kommen:

- den Kunden persönlich ansprechen
- auf die Kundeninteressen eingehen
- informieren und beraten
- Sie-Stil statt Wir-Stil anwenden
- Belehrungen vermeiden
- dem Kunden angemessene Ausdrücke wählen
- den Text lesefreundlich gliedern

1. Formulieren Sie die folgenden Sätze kundenfreundlich um:
a) Für den oben genannten Auftrag liegt uns noch keine Bestätigung vor.
b) Wir sind uns zwar bewusst, dass Ihre Mitgliedschaft in unserem Verein für uns von Nutzen ist, dennoch erlauben es uns die Vereinsstatuten nicht, hier eine Ausnahme zu gestatten.
c) Unserem Entgegenkommen sind in Fragen des Preisnachlasses über das übliche Skonto hinaus enge Grenzen gesetzt.
d) Voraussetzung für eine Leistung unsererseits ist, dass die in den Vertragsgrundlagen fixierten Bedingungen durch unsere Versicherungsnehmer erfüllt werden.
e) In dem vorliegenden Fall war eine frühere Reaktion unsererseits nicht angezeigt, da Sie es verabsäumt haben, Ihre Ansprüche früher geltend zu machen.

2. Verfassen Sie einen inhalts- und normgerechten Geschäftsbrief zu folgendem Fall:
Sie sind Mitarbeiterin bzw. Mitarbeiter der Firma Möbelwerke Schultze, Nördlinger Straße 3, 80638 München. Der Kunde, Ingenieurbüro Klaus Jansen GmbH, Postfach 99 24, 94034 Passau, hat mit Schreiben vom ... mitgeteilt, dass der Fuß eines gelieferten Bürotisches – wahrscheinlich aufgrund mangelhafter Verpackung – stark beschädigt ist. Ihrer Firma ist sehr daran gelegen, den Kunden schnell zufriedenzustellen.

Rechte des Käufers bei mangelhafter Lieferung

Wandlung (Rücktritt vom Vertrag)
Umtausch
Minderung
Schadenersatz

3. Gestalten Sie am PC ein Musterbrief-Formular mit den Angaben
a) Ihres Ausbildungsbetriebes
b) Ihrer Schule

9 Darstellen und dokumentieren

➚ Projektaufgabe A: Ein Berufsbild erstellen

Erstellen Sie ein Berufsbild Ihres Ausbildungsberufes mit möglichst vollständiger Darstellung der Arbeitsgebiete, der Anforderungen, des Ausbildungsganges und der Aufstiegsmöglichkeiten.

➚ Projektaufgabe B: Eine Taschensteckkarte anfertigen

Eine Taschensteckkarte soll als Gedächtnisstütze dienen, in Ausnahmesituationen richtig zu handeln.

Fertigen Sie als Taschensteckkarte ein Ablaufdiagramm über „Lebensrettende Sofortmaßnahmen am Unfallort" an. Dazu müssen Sie die folgenden Textbausteine verwenden:

- nicht ansprechbar
- Maßnahmen nach Notwendigkeit, z. B.
  - Blut stillen
  - Schock bekämpfen
- Pulskontrolle am Hals
- Auffinden eines Unfallopfers
- Atemspende
- Atmung vorhanden
- Puls nicht vorhanden
- Herz-, Lungenwiederbelebung
- ansprechbar
- Atmung nicht vorhanden
- Seitenlagerung/ Maßnahmen nach Notwendigkeit/ Kontrolle der Vitalfunktionen
- Feststellen des Bewusstseins
- Puls vorhanden
- Atemwege freimachen und Atem kontrollieren

➚ Projektaufgabe C: Ein Faltblatt für Heimwerker gestalten

In Baumärkten liegen zuweilen Faltblätter als Anleitungen zum Selbermachen aus.

Gestalten Sie ein Faltblatt für Heimwerker, z. B. eine Arbeitsanleitung zum Tapezieren, zum Anlegen eines Gartenteiches, zum Pflanzen eines Baumes. Achten Sie dabei auf den Grundsatz: ‚Möglichst viel Grafik – möglichst wenig Worte!'

➚ Projektaufgabe D: Ein Kochbuch erstellen

Verfassen Sie für Ihre Lieblingsspeisen Kochrezepte und stellen Sie diese zu einem Kochbuch zusammen. Denken Sie daran: Das Auge isst mit.

➚ Projektaufgabe E: Einen Prospekt über den Ausbildungsbetrieb gestalten

Betriebe müssen sich präsentieren, um ihre Dienstleistungen und Produkte an den Kunden zu bringen.

Gestalten Sie einen Prospekt oder eine Internetseite über Ihren Ausbildungsbetrieb

9.1 Einen Gegenstand beschreiben

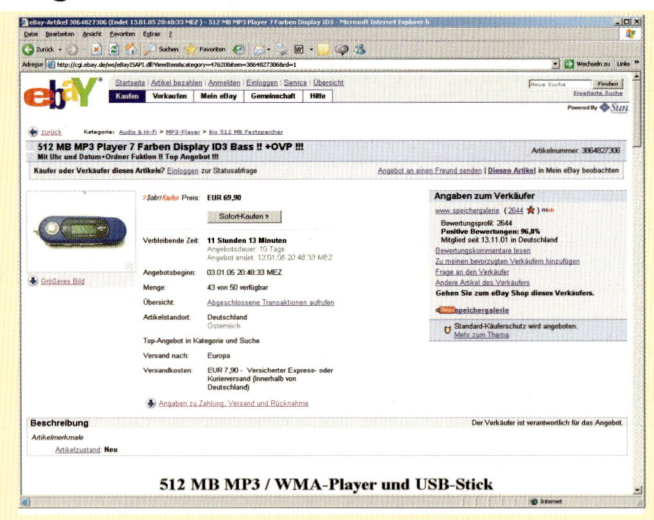

> **512 MB MP3 / WMA-Player und USB-Stick**
>
> Mit 7-farbigem DISPLAY! Farbe frei wählbar.
> Geeignet für MP3- und WMA-Musik-Dateien, ID3-Tag-Datenspeicher auch für Daten,
> Dokumente, Bilder etc. Diktierfunktion – eingebautets Mikrofon!
> 7 verschiedene Equalizer Modes (Jazz/Classic/Rock/Pop/Normal/Soft/Effekte aus)
> Repeat-Funktion für einen oder alle Titel, mehrfach verstellbare Lautstärke
> Sehr leicht (ca. 48 Gramm incl. AAA-Batterie!), sehr klein
> Laufzeit mit Akku/Batterie bis zu 12 Std. MP3-Player ist ideal für unterwegs
> MP3 Player mit 512 MB Flash-Speicher USB-Datenspeicher 512 MB USB 1.1
> **Plug and play unter WIN 98SE/ME/2000/XP (Treiberlose automatische
> Erkennung/Installation ab Windows 98SE. Download von Programmen,
> komplettem Handbuch, zertifizierter Firmware & Sprachsätzen.
> Bei all unseren Waren handelt es sich um NEUWARE mit Rechnung mit
> 24 Monaten Garantie und ausgewiesener MwSt.!!!**
>
> **Technische Daten:**
> – MP3, WMA, ADPCM variable Frequenz   – ID3-TAG-Unterstützung
> – Diktiergerät-Funktion   – Hintergrundbeleuchtung: 7 Farben frei wählbar
> – Liedtextbegleitfunktion   – benutzerdefinierbares Start-up-Logo
> – grafische Benutzeroberfläche   – Akku/Batterie 12 Stunden Laufzeit
> – einstellbare Auto-Aus-Funktion   – 7 Equalizer-Funktionen
> – MP3-Player ist ideal für unterwegs
> – 8-sprachiges Menü (Deutsch, Englisch, Französisch, Italienisch, Spanisch und 3 weitere Sprachen)
> – Wiedergabemodus: Normal, Wiederholfunktion eine oder alle, Vorschau
> – Benutzereinstellungen individualisierbar (10 Zonen)
> – Sehr leicht (ca. 48 Gramm incl. Akkus!), sehr klein
> – USB-Datenspeicher 512 MB USB 1.1
>
> Lieferumfang: MP3-Player, USB-Datenkabel, Kopfhörer, Batterie

1. Untersuchen Sie das Angebot einer eBay-Auktion.
    a) Wie ist die Beschreibung gegliedert?
    b) Suchen Sie in der Beschreibung Fachbegriffe und erläutern Sie deren Inhalt.
    c) Wie kommt in der Beschreibung die werbende Absicht zum Ausdruck?

Aus der Bedienungsanleitung eines MP3-Players

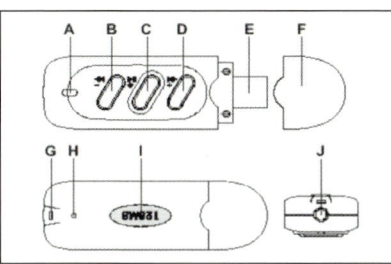

A. Zustandsanzeige
B. Vorheriger Song/Lautstärke-Knopf
C. EIN / AUS Knopf
D. Nächster Song / Lautstärke + Knopf
E. USB-Stecker
F. USB-Steckerdeckel
G. Loch für Trageband
H. Reset-Knopf
I. Speicherangabe-Schild
J. Kopfhörer-Anschluss

1. **Vorheriger Song / Lautstärke – Knopf (B)**
   Dieser Knopf hat 2 Funktionen:
   a) Drücken nicht länger als 1 Sek. und MP3 schaltet zum vorherigen Song.
   b) Drücken länger als 3 Sek. und Lautstärke sinkt. Wenn gewünschte Lautstärke erreicht, ist Knopf loszulassen.
2. **Nächster Song / Lautstärke + Knopf (D)**
   Dieser Knopf hat 2 Funktionen:
   a) Drücken nicht länger als 1 Sek. und MP3 schaltet zum nächsten Song.
   b) Drücken länger als 3 Sek. und Lautstärke steigt. Wenn gewünschte Lautstärke erreicht, ist Knopf loszulassen.
3. **Ein-/Aus-Knopf (C)**
   Um MP3 einzuschalten, Knopf länger als 3 Sek. drücken.
   Um MP3 auszuschalten, Knopf länger als 3 Sek. drücken
4. **Reset-Knopf (H)**
   Wenn MP3 verriegelt, drücken Sie den RESET-Knopf, um das System neu zu starten.
5. **Zustandsanzeige (LED) (A)**
   a) Grüne Anzeige blinkt langsam, Player in Stand-by.
   b) Grüne Anzeige blinkt schnell, Player ist im Schreib-/Lese-Zustand.
   c) Rote Anzeige blinkt langsam, MP3-Player läuft.
6. **Multi-Knopf-Funktion (B und D)**
   Knopf B und D gleichzeitig drücken, Player wird zurückgesetzt.

Quelle: http://www.tusa.de/download/MP3-anleitung.pdf (überarbeitet)

1. Analysieren Sie die Beschreibung.
a) Welche Funktion hat die schematische Darstellung des Gegenstandes?
b) Welche Funktion hat die textliche Darstellung?
c) Wie ist der Text gegliedert?
d) Nennen Sie Gründe für die Art und Weise der Gliederung.
2. Analysieren Sie die Sprache des Textes.
a) Beschreiben Sie Besonderheiten des Sprachstils.
b) Worin sehen Sie Gründe für diesen Stil?
c) Formulieren Sie den Text in vollständige Sätze um.

Darstellen und dokumentieren

Gegenstandsbeschreibungen sind insbesondere in Gebrauchsanweisungen, Testberichten sowie in Werbeanzeigen enthalten. Sie sollen dem Leser eine konkrete Vorstellung von dem betreffenden Gegenstand vermitteln, eine sachgemäße Bedienung gewährleisten und für das betreffende Produkt werben.

Inhalt
Wichtigstes Prinzip ist die Genauigkeit. Beschrieben wird der Gegenstand zunächst in seiner Gesamterscheinung. Dann folgen detaillierte Angaben zu wichtigen Einzelheiten:

- Material
- Oberflächenstruktur
- Farbe(n)
- Form einzelner Bestandteile
- Funktion einzelner Teile

Sprache
Ein beschreibender Sprachstil wird erreicht durch:

- überschaubare Aussagesätze
- die Verwendung von Fachbegriffen
- die Zeitform der Gegenwart (Präsens)
- präzise Adjektive
- Maßangaben
- ggf. treffende Vergleiche

1. Gehen Sie auf eine Auktionsplattform im Internet (z. B. eBay). Rufen Sie alle Angebote eines Artikels auf. Vergleichen Sie die Produktbeschreibungen bezüglich Informationsgehalt, Vollständigkeit und Darstellung.

2. Sie wollen auf einer Auktionsplattform im Internet einen Gegenstand (z. B. Fahrrad, Motorrad, Auto, ...) anbieten.
   a) Suchen Sie eine entsprechende Auktionsplattform.
   b) Erstellen Sie ein Angebot mit einer ansprechenden Gegenstandsbeschreibung.

3. Sie haben Ihre Armbanduhr (Brieftasche, Schirm, ...) verloren und fragen beim Hausmeister oder im Fundbüro nach, ob Ihr Eigentum abgegeben wurde. Dazu müssen Sie den verlorenen Gegenstand genau beschreiben.

4. Bestimmen Sie die Trinkgläser. Ordnen Sie den Gläsern die richtigen Bezeichnungen zu: Bierbecher – Bierseidel – Kelch für Weizenbier – Cognacschwenker – Likörglas – Pilsglas – Römer – Rotweinglas – Schale für „Berliner Weiße" – Schnapsglas (Stamperl) – Sektflöte – Weißweinglas

9.2 Personen beschreiben

Christina 26 J., ich bin mädchenhaft, natürlich, gr. Augen, freche Stupsnase, schöne Figur, lg. Beine. Dazu zärtlich, weiblich u. temperamentv. Ich liebe das Meer und Sonne auf meiner Haut, bin lustig, romantisch u. stehe auch mit beiden Beinen im Leben, möchte dir Kamerad u. zärtl. Geliebte sein. Ich suche einen ganz normalen, fröhl., treuen Mann, gib uns die Chance des Kennenlernens, vielleicht bei einem gem. Abendessen, bei romantischem Kerzenschein u. schwarzem Spitzenkleid? Ruf einfach an.

Daniel 28 J., ist ein netter, sympathischer Mann. Er sieht gut aus und ist humorvoll. Er hat gute Umgangsformen, ist zuverlässig und sagt, was er denkt. Daniel ist fürsorglich, häuslich (aber trotzdem kein Stubenhocker) romantisch, aber DICH, eine natürliche, liebevolle Frau, hat er noch nicht gefunden. Wenn auch du dich nach Zweisamkeit sehnst, dann gib uns eine Chance. Ruf einfach an. Tel.

1. Welche Eigenschaften werden in den Kontaktanzeigen in den Vordergrund gestellt?
2. Verfassen Sie eine Anzeige über sich selbst.
3. Führen Sie Situationen an, in denen Personen sich beschreiben oder beschrieben werden.

Lene Nimptsch *(Theodor Fontane: Irrungen, Wirrungen)*

Die Handlung des Romans spielt in den 70er Jahren des 19. Jahrhunderts in Berlin. Botho, Offizier aus adliger Familie, hat sich in Lene, ein einfaches Mädchen aus kleinbürgerlichen Verhältnissen verliebt. Obwohl beide eine tiefe Liebe füreinander empfinden, scheitert ihre Beziehung am damals vorherrschenden Standesdenken. Ein paar Jahre nach dem Ende ihrer Beziehung besucht Gideon, der Mann, der sie nun heiraten möchte, Botho, um ihn über Lene zu befragen. Botho äußert sich u.a. wie folgt:

... Eins der beiden Mädchen war die Lene und an der Art, wie sie dankte, sah ich gleich, dass sie anders war als andere. Von Redensart keine Spur, auch später nicht, ... Denn so heiter und mitunter beinahe ausgelassen sie sein kann, von Natur ist sie nachdenklich, ernst und einfach.

Ich bat sie, sie nach Hause begleiten zu dürfen und sie nahm es ohne weiteres an, was mich damals einen Augenblick überraschte. Denn ich kannte sie noch nicht. Aber ich sah sehr bald, woran es lag; sie hatte sich von Jugend an daran gewöhnt, nach ihren eigenen Entschlüssen zu handeln, ohne viel Rücksicht auf die Menschen und jedenfalls ohne Furcht vor ihrem Urteil ...

Als ich sie fragte, ob ich wiederkommen dürfe, antwortete sie mit einem einfachen ‚Ja'. Nichts von falscher Scham, aber noch weniger von Unweiblichkeit. Umgekehrt, es lag etwas Rührendes in ihrem Wesen und ihrer Stimme ...

Denn die Lene ... lügt nicht und bisse sich eher die Zunge ab, als dass sie flunkerte. Sie hat einen doppelten Stolz und neben dem, von ihrer Hände Arbeit leben zu wollen, hat sie noch den anderen, alles geradeheraus zu sagen und keine Flausen zu machen und nichts zu vergrößern und nichts zu verkleinern. ‚Ich brauche das nicht und ich will es nicht', das hab ich sie viele Male sagen hören. Ja, sie hat ihren eigenen Willen, vielleicht etwas mehr als recht ist und wer tadeln will, kann ihr vorwerfen, eigenwillig zu sein. Aber sie will nur, was sie glaubt verantworten zu können und wohl auch wirklich verantworten kann und solch Wille, mein ich, ist doch mehr Charakter als Selbstgerechtigkeit. ... sie hat das Herz auf dem rechten Fleck und ein starkes Gefühl für Pflicht und Recht und Ordnung.

1. Charakterisieren Sie Lene mit eigenen Worten.
2. Wie versucht der Erzähler dem Leser die Eigenschaften Lenes vor Augen zu führen?
3. Diskutieren Sie über die Frage, ob Lene als Frauentyp auch heute Vorbildcharakter hat.

Wir sind ein bedeutendes Handelsunternehmen. Leistungsstark und erfolgreich durch ein rationelles Verkaufssystem.
Wir suchen zum 1. August

Auszubildende

die wir in einer zwei- bis dreijährigen Ausbildungszeit zu

Kaufleuten im Einzelhandel

ausbilden.
Nach erfolgreichem Abschluss vor der Industrie- und Handelskammer bestehen gute Aufstiegschancen in leitende Positionen unseres Unternehmens.

Wir erwarten
- guten Hauptschulabschluss
- gute Allgemeinbildung
- gepflegtes Äußeres
- Einsatzbereitschaft und Verantwortungsbewusstsein
- Kontaktfreude

Wir bieten
- umfassende fachliche Ausbildung in verschiedenen Filialen – mit zusätzlicher innerbetrieblicher Schulung
- ein angenehmes Arbeitsklima in einem Kreis von aufgeschlossenen Mitarbeitern

Interessierte Schülerinnen und Schüler richten bitte ihre Bewerbungen mit handgeschriebenem Lebenslauf, Lichtbild und sämtlichen Schulzeugnissen an …

Mode frisieren,
Menschen kennenlernen,
creativ arbeiten,
all das bietet der Beruf

Friseur/Friseurin

Die Meisterbetriebe der Friseur-Innung stellen ein:

Auszubildende
(männlich/weiblich)

für einen tollen Beruf mit Zukunft

Voraussetzungen:
Köpfchen, Geschick,
„Feeling" für das, was „in" ist,
Freude am Umgang mit Menschen,
Aufgeschlossenheit

Wir informieren gerne über die Möglichkeiten der Aus- und Weiterbildung im Friseurhandwerk

Sprechen Sie uns an!
Informationen: …

IM DIENSTE DER SCHÖNHEIT

---

1. Welche schulischen Voraussetzungen, Fähigkeiten und Eigenschaften werden an Auszubildende als Kaufleute im Einzelhandel gestellt?
2. Welche besonderen Eigenschaften sollten Auszubildende als Friseur/in mitbringen? Worin liegt die Begründung dafür?
3. Erläutern Sie die „Kompetenzen", die im unten stehenden Schaubild genannt werden, indem Sie zu jedem Punkt ein Beispiel anführen.
4. Prüfen Sie, inwieweit Sie selbst über die geforderten Kompetenzen verfügen bzw. wo Ursachen für Mängel liegen.

Was die Wirtschaft von Schulabgängern erwartet

Persönliche Kompetenz
- Zuverlässigkeit
- Lern- und Leistungsbereitschaft
- Ausdauer, Durchhaltevermögen, Belastbarkeit
- Sorgfalt, Gewissenhaftigkeit
- Konzentrationsfähigkeit
- Verantwortungsbereitschaft, Selbstständigkeit
- Fähigkeit zur Kritik und Selbstkritik
- Kreativität, Flexibilität

Fachliche Kompetenz
- Grundlegende Beherrschung der deutschen Sprache in Wort und Schrift
- Beherrschung einfacher Rechentechniken
- Grundlegende naturwissenschaftliche Kenntnisse
- Grundlegende wirtschaftliche Kenntnisse
- Grundkenntnisse in Englisch

Soziale Kompetenz
- Kooperationsfähigkeit und Teamfähigkeit
- Höflichkeit und Freundlichkeit
- Konfliktfähigkeit
- Toleranz

Quellen: Westdeutscher Handwerkskammertag, IHKs in NRW

9.3 Vorgänge beschreiben

Make-up

1 Vor der Grundierung Feuchtigkeitscreme auftragen. Dann das Make-up gleichmäßig mit den Fingern verteilen. Mit einem losen Transparentpuder das Gesicht mattieren.

2 Unterhalb der Augenbrauen von der Nasenwurzel ausgehend glanzloses Rouge auftragen. Auf dem Lid ein mattes Beige verteilen. Mit einem feuchten Pinsel einen Lidstrich am Ober- und Unterlid ziehen. Wimpern kräftig tuschen.

3 Mit einem weißen Kajalstift (lässt die Augen größer wirken) das Innenlid nachziehen. Hierzu kann man auch einen schwarzen Kajalstift verwenden.

4 Die Lippen zuerst mit einem roten Konturenstift nachziehen. Danach roten Lippenstift auftragen. Zum Fixieren die Lippen mit einem Kosmetiktuch abtupfen. Zum Schluss den Schönheitsfleck mit Kajalstift oder einem weichen Augenbrauenstift unterhalb des rechten Nasenflügels malen. Darüber losen Puder auftragen, damit der Punkt nicht verwischt.

1. Wie wird erreicht, dass die Leserinnen sich in der gleichen Art auch selbst schminken können?
2. Mit welchen Formulierungen wird die Reihenfolge der einzelnen Vorgänge beim Auftragen des Make-ups verdeutlicht?
3. Die einzelnen Tätigkeiten und Utensilien werden durch Fachbegriffe bezeichnet.
   a) Nennen Sie die Fachbegriffe.
   b) Versuchen Sie den Vorgang „mit einem losen Transparentpuder das Gesicht mattieren", ohne Fachausdrücke zu umschreiben.
   c) Welchen Vorteil bieten die Fachbegriffe?

Tipps für den Heimwerker
Lackieren mit der Spritzpistole

Der Erfolg beim Farbspritzen hängt neben der eigenen Geschicklichkeit vor allem von der Vorbereitung ab. Zum Verfahren gelten zunächst einmal die alten Malerregeln: „Die Oberfläche wird nie besser als der Untergrund" und „Drei dünne Farbschichten sind stets besser als eine dicke".

Der Rest ist Übung und besteht vor allem in der sparsamen Dosierung und der geeigneten, das heißt einer waagerechten Geräteführung. Zuerst immer die Kanten spritzen. Senkrechte Flächen vornebeln und je Schicht einmal längs und dann quer dazu spritzen (Kreuzgang). Der Spritzkegel soll aus einem weichen regelmäßigen Farbnebel bestehen und über die Werkstückkanten hinausgehen. Es darf kein fester Farbstrahl sichtbar sein. Trifft der Spritzkegel zu schräg, zum Beispiel unter 45 Grad, auf fertig gespritzte Oberflächen, fördert das den unerwünschten „Apfelsinenschalen-Effekt".

Farben und Lacke sind im Allgemeinen zur Verarbeitung mit Farbroller oder Pinsel eingestellt. Für die Verarbeitung mit der Elektro-Spritzpistole muss das Spritzgut meist dünner (niedrigviskos) sein. Nicht immer sind die günstigsten Werte auf dem Farbeimer genannt. Die Regel: Je dickflüssiger ein Anstrichmittel ist, desto größer müssen Düsenöffnungen und Geräteleistung sein, umso ungleichmäßiger wird jedoch die Oberfläche, allerdings bei besserer Deckfähigkeit. Niedrigviskos, das heißt dünnflüssig eingestelltes Spritzgut, geringe Düsenöffnungen und hauchdünne Schichten versprechen das bestmögliche Ergebnis. Deshalb ist es nicht nur von Vorteil, sondern notwendig, neben den Standarddüsen 0,4 und 1,0 Millimeter auch die Rundstrahldüsen von 0,3 bis 1,5 Millimeter Düsenöffnung im Werkzeugvorrat zu haben.

1. Vergleichen Sie diese Vorgangsbeschreibung mit der Make-up-Beschreibung. Wo sind Gemeinsamkeiten, wo Unterschiede zu finden?

2. In diesem Text werden Fachbegriffe vermieden bzw. nur in Klammern erwähnt, z. B. „Kreuzgang", „niedrigviskos". Worin liegt der Grund?

3. Wie wird erreicht, dass der Leser sich auch ohne bildliche Illustrierung den Vorgang gut vorstellen kann?

Laut DIN 8418 (Angaben in Gebrauchs- und Betriebsanleitungen) sollen Gebrauchs- oder Betriebsanleitungen helfen, dem Verwender die einschlägigen Kenntnisse zu vermitteln, die zum sachgerechten und sicheren Gebrauch oder Betreiben technischer Erzeugnisse erforderlich sind. Gebrauchsanleitungen sollen leicht verständlich sein. Zweckmäßig ist die Unterstützung des Textes durch bildliche Darstellungen; sie können umfangreiche textliche Erläuterungen ersetzen.

4. Überprüfen Sie, ob die Bedienungsanleitung der DIN 8418 gerecht wird.

Vorgangsbeschreibungen tauchen im beruflichen wie im privaten Bereich alltäglich auf, z. B. als Bedienungsanleitungen, Reparaturanweisungen, Spiel- und Gebrauchsanleitungen, Kochrezepte oder auch als mündliche Anweisungen für einzelne berufliche Tätigkeiten. Sie helfen dem noch Unkundigen, eine für ihn wichtige Tätigkeit richtig zu vollziehen und regen an zum Selbermachen und Nachmachen.

Inhalt

Der Gesamtvorgang wird zunächst bezeichnet und in die wichtigsten Einzelschritte untergliedert. Diese werden dann in ihrer zeitlichen Aufeinanderfolge knapp und präzise beschrieben.

Damit dem Leser der Gesamtvorgang einsichtig wird, muss auch immer wieder kurz erklärt werden, welche Bedeutung ein Einzelvorgang für das Ganze hat oder warum etwas so und nicht anders gemacht werden muss.

Sprache

Um eine konkrete Vorstellung des Vorgangs zu erreichen, wird besonderer Wert gelegt auf:

- **treffende Zeit-Bindewörter (temporale Konjunktionen)**
- **verständliche Fachbegriffe**
- **Umschreibungen mithilfe treffender Verben und Adjektive**
- **Zeitform des Präsens**

---

1. Beschreiben Sie einen typischen beruflichen Vorgang (z. B. ASU-Test, Bearbeitung des Posteingangs, Blutdruckmessen, Haare waschen, …)
2. Erstellen Sie eine Spielanleitung für ein Ihnen bekanntes Karten-, Brett-, Gesellschafts- oder Computerspiel (z. B. Dame, Mühle, Mogeln, Schiffchen versenken, Mau-mau, 17 und 4).
3. Verfassen Sie für Ihre Lieblingsspeise ein Kochrezept.
4. Beschreiben Sie (mithilfe des Sozialkundebuches)
a) den durch die Verfassung festgelegten Gang der Gesetzgebung bei einfachen Gesetzen,
b) den Ablauf der Bundestagswahl,
c) den Ablauf von Tarifverhandlungen.

••◦

5. Verfassen Sie eine Anleitung zum Anstreichen, indem Sie die Vorgänge auf den Abbildungen beschreiben.
   Sie sollten dabei u. a. folgende Fachbegriffe verwenden: grundieren, spachteln, Quast oder Flächenpinsel, Farbroller.

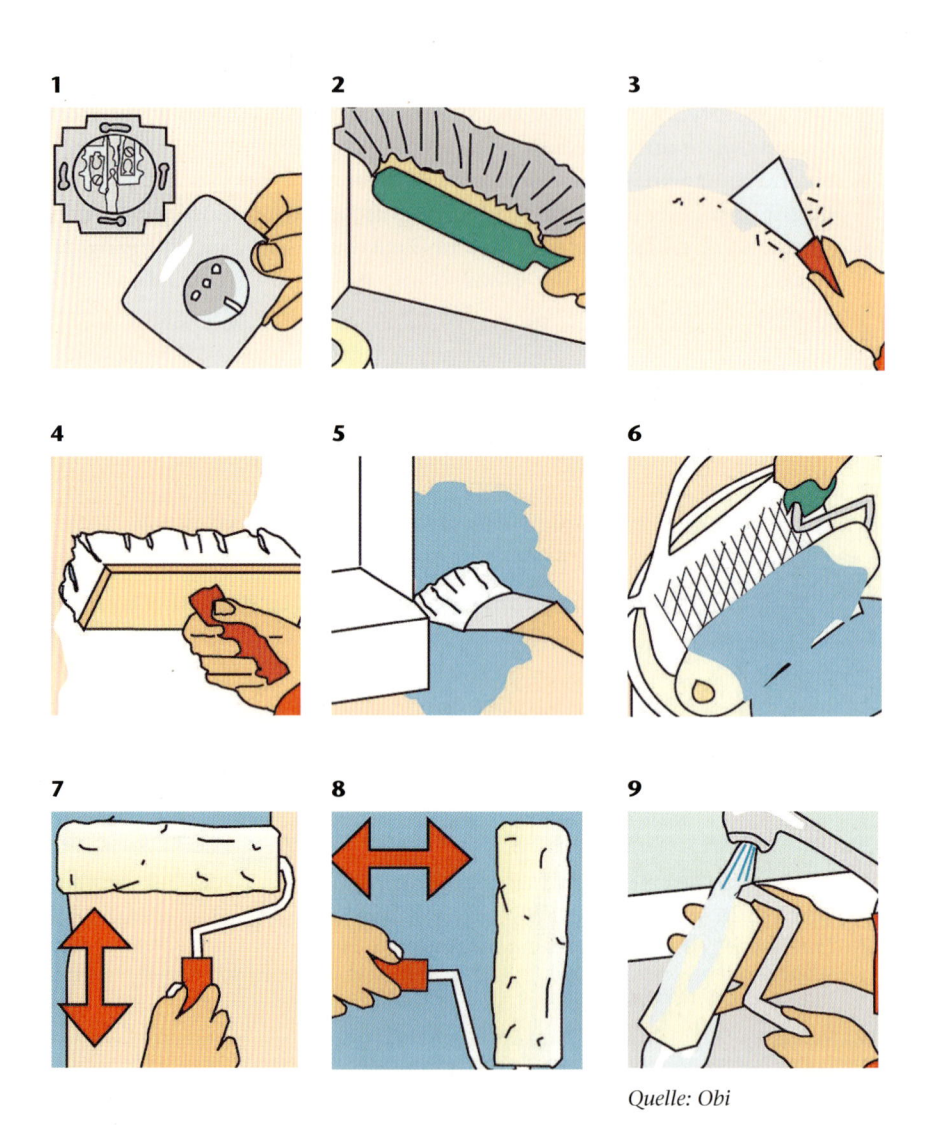

••◦

Quelle: Obi

Vorgangsbeschreibungen sind auch im Bereich der Datenverarbeitung von besonderer Bedeutung. So zerlegt der Programmierer einen Vorgang zunächst genau in seine Einzelheiten. Der Ablauf des Vorgangs wird dann z. B. in einem Struktogramm oder in einem Programmablaufplan festgehalten. Das Struktogramm spiegelt also den logischen Ablauf wider.

Beispiel: Struktogramm über gesetzliche Kündigungsfristen und -termine

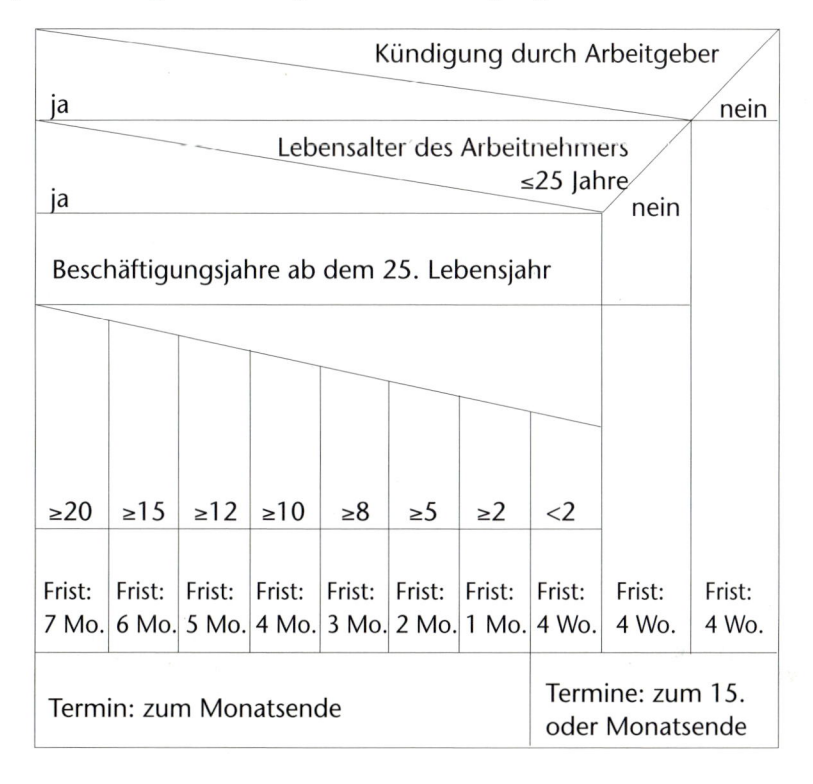

Kündigung durch Arbeitgeber								
ja								nein
Lebensalter des Arbeitnehmers ≤25 Jahre								
ja							nein	
Beschäftigungsjahre ab dem 25. Lebensjahr								
≥20	≥15	≥12	≥10	≥8	≥5	≥2	<2	
Frist: 7 Mo.	Frist: 6 Mo.	Frist: 5 Mo.	Frist: 4 Mo.	Frist: 3 Mo.	Frist: 2 Mo.	Frist: 1 Mo.	Frist: 4 Wo.	Frist: 4 Wo.
Termin: zum Monatsende							Termine: zum 15. oder Monatsende	

...

6. Versuchen Sie das Struktogramm zu „lesen".
   a) Was bedeutet „Kündigung durch Arbeitgeber / nein"?
   b) Nennen Sie die Punkte, auf die der Arbeitgeber bei den Kündigungsfristen achten muss.
   c) Welche Daten müsste man dem Computer eingeben, damit er Kündigungsfristen und Kündigungstermine errechnet?
   d) Beschreiben Sie mithilfe des Struktogramms folgenden Fall: Ein Angestellter, 33 Jahre alt und seit 8 Jahren in der Firma, soll am 31. März entlassen werden.

...

Auch **Wegebeschreibungen** sind eine Art Vorgangsbeschreibung. Landkarten, Stadtpläne und Wegeskizzen stellen dabei eine große Hilfe dar, wenn man sie richtig benutzen kann.

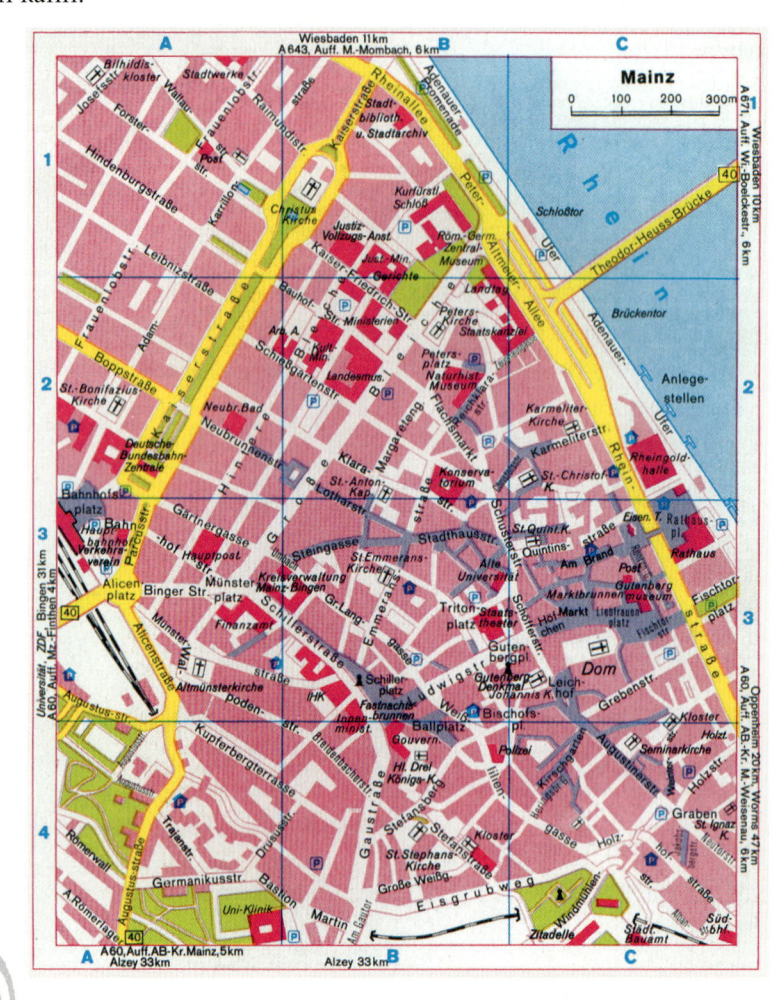

7. Sie sind am Hauptbahnhof in Mainz angekommen und müssen auf dem schnellsten Wege zum Rathaus gehen. Beschreiben Sie den Weg.

8. Sie fahren per Taxi zurück zum Hauptbahnhof. Durch welche Straßen werden Sie wahrscheinlich fahren, wenn das Taxi nicht durch die Fußgängerzone fahren darf?

    Lassen Sie sich die Namen der Straßen nennen, notieren Sie diese und achten Sie dabei auf die richtige Schreibung der Straßennamen.

9. Ausgangspunkt ist wiederum der Hauptbahnhof. Ein Schüler sucht sich ein Ziel heraus und beschreibt den Weg dorthin; die anderen verfolgen den Weg mit und erraten das Ziel.

9.4 Funktionszusammenhänge erklären

Der Kühlschrank besteht aus einem wärmeisolierten Kühlraum, dem man Wärmeenergie entzieht, die nach außen abtransportiert wird. Dazu dient ein geschlossenes Röhrensystem und ein Kältemittel, d.h. eine Flüssigkeit mit sehr niedrigem Siedepunkt, die verdampfend und wieder kondensierend im Röhrensystem umläuft.

Die Verdampfung, für die Wärmeenergie benötigt wird, findet im Kühlraum statt; diesem wird somit Wärmeenergie entzogen. Die Kondensation, bei der die aufgenommene Wärmeenergie wieder abgegeben wird, erfolgt außerhalb.

Der Kreislauf des Kältemittels wird im Kompressor-Kühlschrank durch eine elektrische Pumpe in Gang gehalten.

Je nach der gewünschten und einstellbaren Temperatur des Kühlraums wird der Motor (durch einen Bimetallkontakt) ein- und ausgeschaltet.

Das Kältemittel verdampft im oberen Teil des Kühlraums, im Verdampfer. Die benötigte Verdampfungswärme entzieht es sich selbst, den Röhren des Verdampfers, der umgebenden Luft und schließlich dem Kühlgut – die eigentliche Aufgabe des Kühlschranks.

Der Kompressor pumpt den Dampf aus dem Verdampfer und drückt ihn in den Verflüssiger (Kondensator), der sich meist außen, an der Rückseite des Kühlraums befindet. Durch den Druck wird das Gas erwärmt (Kompressionswärme).

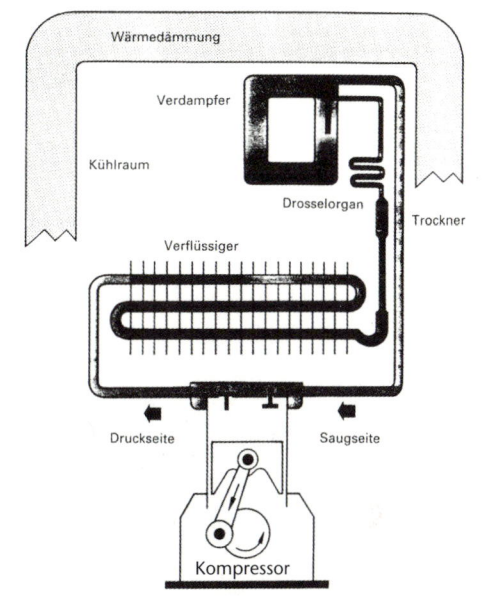

Über die Kühlrippen des Kondensators kann der Dampf seine Wärmeenergie an die ihn umgebende Außenluft abgeben. Dabei kühlt er ab und das Kältemittel geht wieder vom gasförmigen in den flüssigen Zustand über.

Das Kältemittel wird erneut in den Verdampfer geleitet und der Kreislauf beginnt von vorn.

1. Benennen Sie die fünf wichtigsten Bestandteile eines Kühlschranks.
2. Erklären Sie, wie der Kühleffekt zustande kommt, indem Sie den Ablauf des Kühlvorgangs in einzelne Phasen aufgliedern und diese erläutern.
3. Warum ist eine gute Isolierung durch Wärmedämmplatten wichtig?
4. Welche Auswirkungen auf die Leistung des Kühlschranks hätte es, wenn er an der Rückseite so dicht abgedeckt wäre, dass keine warme Luft entweichen könnte?

Darstellen und dokumentieren

In nahezu allen Lebensbereichen begegnen wir Funktionszusammenhängen. Sie zu verstehen und darstellen zu können ist sehr wichtig.
Von Funktionszusammenhängen spricht man, wenn es z. B. darum geht,

- das Zusammenwirken der Einzelteile eines Gerätes oder technischen Systems,
- das Zusammenwirken der einzelnen Bestandteile eines Versorgungssystems des menschlichen Körpers, z. B. des Blutkreislaufs,
- das Entstehen von Naturerscheinungen, z. B. Jahreszeiten, Ebbe und Flut, u. a.,
- das Ineinandergreifen einzelner Vorgänge oder Maßnahmen im menschlichen Zusammenleben, z. B. in der Wirtschaft, zu erklären. Es handelt sich um ständig wiederkehrende, voraussehbare Vorgänge.

Inhalt
Bei Funktionsbeschreibungen müssen

- die wichtigsten Einzelteile in ihrem Aufbau und ihrer Wirkungsweise möglichst genau beschrieben werden,
- die Einzelvorgänge in der richtigen Reihenfolge dargestellt werden,
- Zusammenhänge, sprich Ursache-Folge-Beziehungen erklärt werden,
- Auswirkungen von Teilvorgängen auf andere Teilvorgänge und auf das ganze System erläutert werden.

Sprache

- Fachbegriffe bzw. verständliche Umschreibungen
- treffende Konjunktionen, um zeitliche und sachliche Zusammenhänge zu verdeutlichen
- treffende Verben, um die Einzelfunktionen zu charakterisieren
- Zeitform der Gegenwart

1. Verdeutlichen Sie die sachlichen Zusammenhänge der folgenden Sätze, indem Sie treffende Konjunktionen und Adverbien verwenden.

   Die Verdauung der Kohlenhydrate
   Die Speise ist trocken oder feucht.
   Die Speicheldrüsen sondern mehr oder weniger Speichel in den Mund ab.
   Die Nahrung wird angefeuchtet und schlüpfrig.
   Wir können sie besser schlucken.
   Der Speichel enthält Schleimstoffe, Salze und Amylase.
   Die Amylase beginnt im Mund Stärke in Doppelzucker abzubauen.
   Wir kauen etwa eine halbe Minute.
   Die Amylase wirkt im Magen.
   Die im Magensaft enthaltene Salzsäure macht die Amylase unwirksam.

2. Mit den Umweltproblemen haben Funktionszusammenhänge der Natur, aber auch von „Schadstoffkreisläufen" an Bedeutung gewonnen.
   a) Erläutern Sie mithilfe der Abbildung, wie saurer Regen entsteht.
   b) Welche Auswirkungen hat der saure Regen?
   c) Versuchen Sie die Folgen des Waldsterbens aufzuzeigen, indem Sie die schematische Darstellung durch die Punkte 8, 9 usw. fortschreiben.

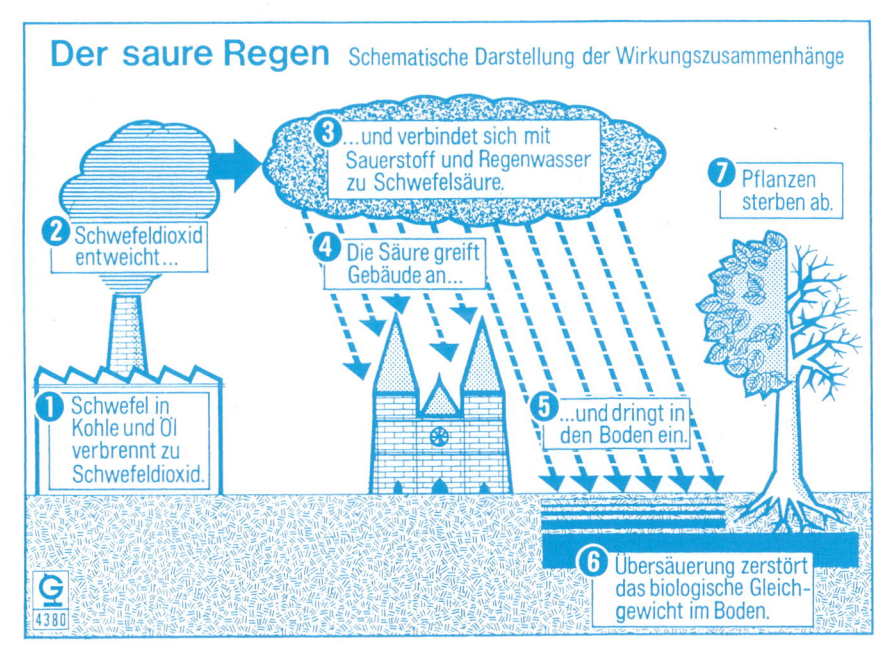

Der saure Regen Schematische Darstellung der Wirkungszusammenhänge

① Schwefel in Kohle und Öl verbrennt zu Schwefeldioxid.
② Schwefeldioxid entweicht...
③ ...und verbindet sich mit Sauerstoff und Regenwasser zu Schwefelsäure.
④ Die Säure greift Gebäude an...
⑤ ...und dringt in den Boden ein.
⑥ Übersäuerung zerstört das biologische Gleichgewicht im Boden.
⑦ Pflanzen sterben ab.

Aus den Schloten von Kraftwerken und Industrieanlagen entweichen 84 Prozent aller Emissionen von Schwefeldioxid in der Bundesrepublik. Schwefeldioxid und Stickoxide, die zu 45 Prozent aus Verkehrsabgasen stammen, verursachen den sauren Regen.

∙ ∙ ∙

3. Es gibt Speziallexika mit dem Titel „Wie funktioniert das?", in denen wichtige Zusammenhänge erläutert werden.

   Verfassen Sie – mündlich oder schriftlich – Beschreibungen von wichtigen Funktionszusammenhängen Ihres Berufs, z. B. Abteilung Ihres Betriebs, Weg und Wirkung eines Stoffes in Nahrungsmitteln, Steuersysteme in technischen Anlagen, Funktionieren eines Wirtschaftskreislaufs usw.

4. Sowohl Tatform (Aktiv) als auch Leideform (Passiv) werden häufig in Funktionsbeschreibungen benutzt:

   Passiv: Luft wird durch das Drucksteuerventil eingeleitet.
   Aktiv: Das Drucksteuerventil leitet Luft in die Bremsleitung ein.

   Welche von beiden Formen die bessere ist, hängt ab von dem konkreten Sachzusammenhang und von dem sprachstilistischen Empfinden. Bilden Sie die jeweils andere Form der folgenden Sätze und prüfen Sie, welche besser erscheint:

a) Voltmeter messen die elektrische Spannung.
b) Durch Drehen der Einstellschraube wird die Einstellfeder gespannt.
c) Der Druck wird vom Arbeitsmanometer angezeigt.
d) Die Kolben (eines Dieselmotors) schieben im vierten Takt die Verbrennungsgase hinaus.
e) Durch die hohe Verdichtung erhitzt sich die Luft auf 700 bis 900 °C.
f) Die bargeldlose Lohnauszahlung erspart dem Lohnbüro viel Arbeit.
g) Thermostatventile regeln die Menge des Warmwasserdurchflusses und erhalten so eine gleichmäßige Raumtemperatur.
h) Der Ankauf einiger Millionen US-Dollar durch die Zentralbank stabilisierte seinen Kurs.

5. Lesen Sie die folgende Gleichnisgeschichte.
a) Welche Lehre enthält das Gleichnis?
b) Übertragen Sie die Geschichte auf andere soziale „Funktionssysteme", z. B. den Betrieb, die Schule, einen Verein.

Am Anfang der Menschheit harmonierten im menschlichen Körper noch nicht alle Organe miteinander, sondern jedes Glied hatte noch seinen eigenen Willen und seine eigene Sprache. Da regten sich die Glieder darüber auf, dass sie durch ihre Arbeit und Dienstleistungen den Magen bedienten. Der Magen aber tue, ruhig in der Mitte, nichts weiter, als sich an den dargebotenen Genüssen zu erfreuen. Und so beschlossen die Glieder, den Magen zu boykottieren: Die Hände führten keine Speisen mehr zum Mund, der Mund nahm keine mehr an und die Zähne zerkauten keine mehr. Die Folge war, dass die Glieder selbst und der ganze Körper völlig abmagerten. Da zeigte es sich, dass der Magen eben auch seine Bedeutung und Funktion hatte.

(frei nach Menenius Agrippa)

9.5 Schaubilder und Diagramme lesen

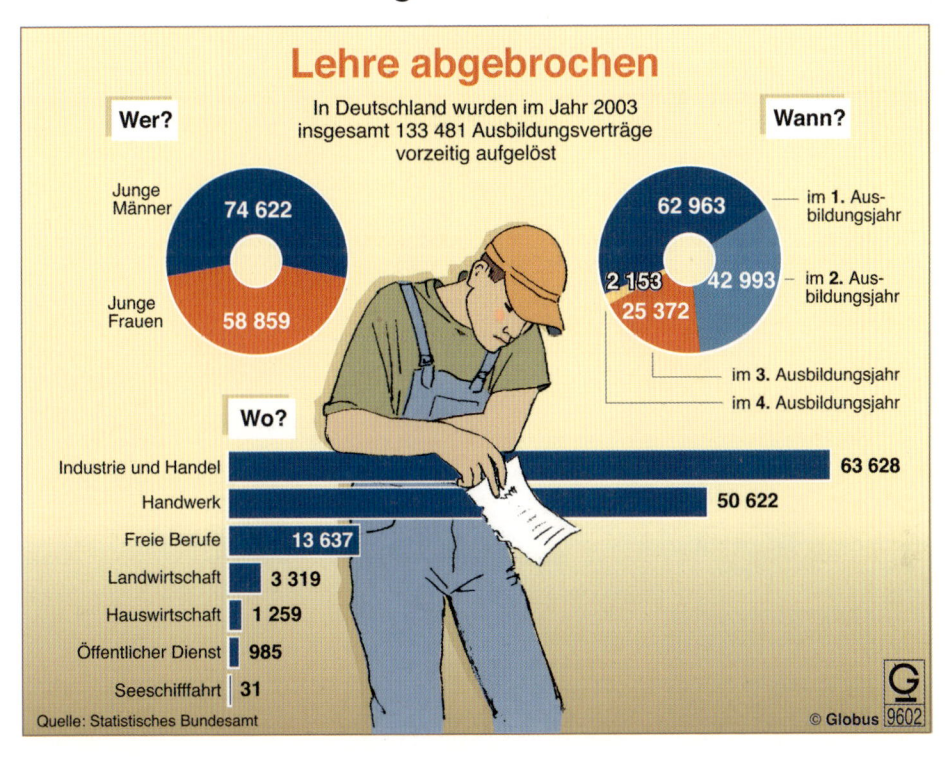

Lehre abgebrochen

In Deutschland wurden im Jahr 2003 insgesamt 133 481 Ausbildungsverträge vorzeitig aufgelöst

Wer?
- Junge Männer: 74 622
- Junge Frauen: 58 859

Wann?
- im 1. Ausbildungsjahr: 62 963
- im 2. Ausbildungsjahr: 42 993
- im 3. Ausbildungsjahr: 25 372
- im 4. Ausbildungsjahr: 2 153

Wo?
- Industrie und Handel: 63 628
- Handwerk: 50 622
- Freie Berufe: 13 637
- Landwirtschaft: 3 319
- Hauswirtschaft: 1 259
- Öffentlicher Dienst: 985
- Seeschifffahrt: 31

Quelle: Statistisches Bundesamt © Globus 9602

1. Mit welchem Problem befasst sich das Schaubild?
2. Welche Einzelaspekte werden dargestellt?
3. Welche Diagrammformen werden in der Grafik verwendet?
4. Wie aussagekräftig ist die Grafik hinsichtlich der Sektoren im Wirtschaftsleben?
5. Worin sehen Sie die Gründe dafür, dass mit der Dauer der Ausbildung die Quote der Abbrecher sinkt?
6. Wie lässt sich die Gefahr verringern, dass die Lehre abgebrochen wird?
7. Wie hoch ist die Abbrecherquote, wenn in diesem Jahr insgesamt 564.000 Ausbildungsverträge abgeschlossen wurden?

Schaubilder oder **Diagramme** informieren anschaulich und mit wenigen Worten über Sachverhalte.
Ein Schaubild ist also eine grafische Form des Beschreibens und Berichtens.

Darstellen und dokumentieren

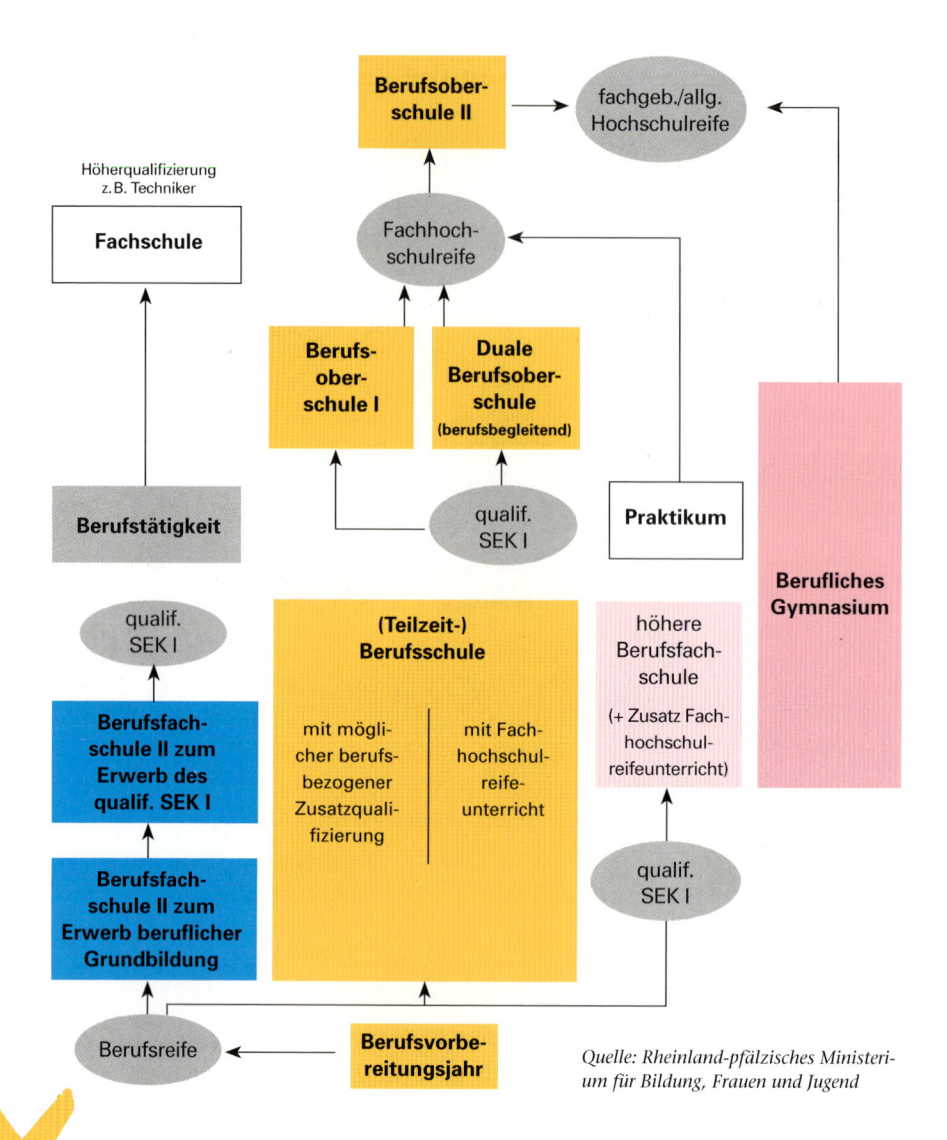

Quelle: Rheinland-pfälzisches Ministerium für Bildung, Frauen und Jugend

1. Beschreiben Sie Ihren schulischen Weg bis heute.
2. Erklären Sie mithilfe des Schaubildes, welchen Bildungsweg Sie einschlagen müssen, wenn Sie Techniker (Meister, staatlich geprüfter Betriebswirt, Erzieher, Wirtschafter) werden wollen.
3. Nennen Sie alle Möglichkeiten, wie Sie
   a) die Fachhochschulreife
   b) die fachgebundene oder allgemeine Hochschulreife erreichen können.
4. Schreiben Sie zum Schaubild einen kurzen Begleittext mit der Überschrift: „Die Berufsschule ist keine Sackgasse".

In der Wissenschaft und Forschung, aber auch im Alltag spielen Schaubilder und Diagramme eine wichtige Rolle. So kann der Arzt z. B. mithilfe des Elektrokardiogramms (EKG) Herzerkrankungen feststellen.

In vielen Berufen werden Schaubilder bei bestimmten Arbeiten eingesetzt, z. B. geben dem Kfz-Mechaniker sogenannte Kennlinienschaubilder Auskunft über Drehmoment, Leistung und Kraftstoffverbrauch eines Motors bei verschiedenen Drehzahlen:

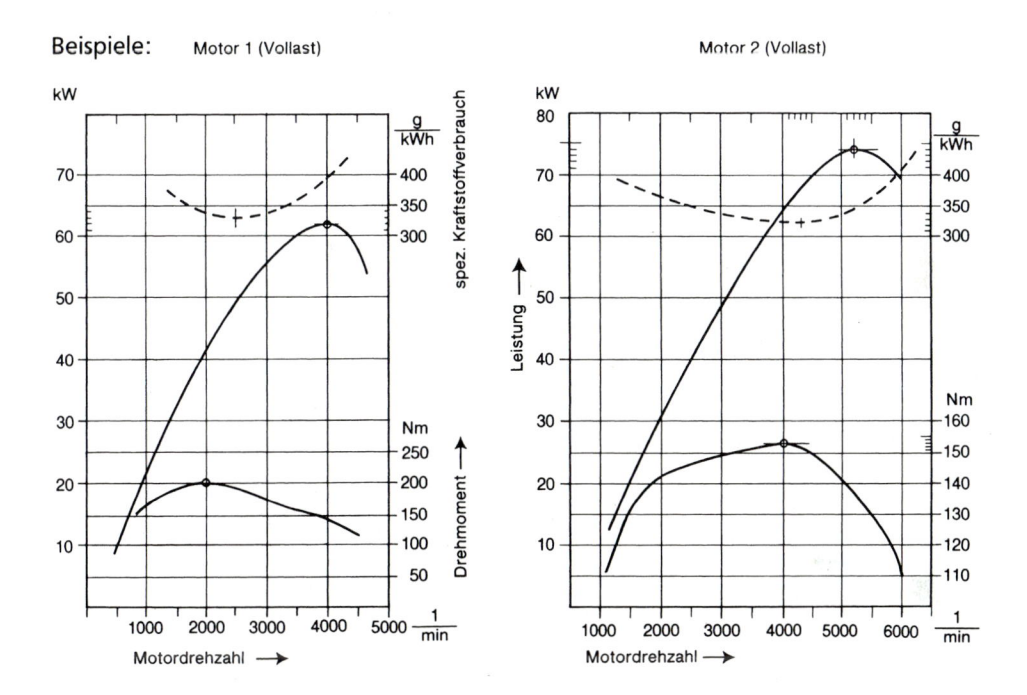

Beispiele: Motor 1 (Vollast)   Motor 2 (Vollast)

1. Ermitteln Sie, bei welcher Drehzahl Motor 1 bzw. 2
  a) ihr größtes Drehmoment erreichen,
  b) ihre größte Leistung erreichen,
  c) ihren geringsten Kraftstoffverbrauch haben.

2. In welchem Drehzahlbereich sollte man als kluger Autofahrer fahren?

3. Nennen und erläutern Sie Bereiche und Arbeitsgänge in Ihrem Ausbildungsberuf, in denen Schaubilder und Diagramme verwendet werden.

Darstellen und dokumentieren

9.6 Einen Unfallbericht verfassen

Berichte über einen Betriebsunfall

Der Auszubildende Peter G. berichtet:

Es war am letzten Mittwoch nach der Brötchenpause, als Volker S., unser Neuer, singend und pfeifend auf dem Gerüst herumturnte, als sei es völlig ungefährlich, 3 Meter über der Erde auf einem Gerüst zu arbeiten. Als er gerade den noch fast vollen Farbeimer anhob, um ihn weiterzustellen, rutschte er auf Putzresten aus und fiel hin. Es war seine eigene Dummheit, er hätte vorher mit einem Besen die Gerüstbretter sauber fegen sollen. Stark wie er immer tut, behauptete er dann noch: „Es ist nichts passiert, es macht nichts." Ich wusste gleich, dass es eine schlimmere Verletzung war.

Der Arbeitskollege Günter M. beschreibt den Vorfall so:

AM LETZTEN MITTWOCH, ICH GLAUBE ES WAR GEGEN 9:00 UHR, SAGTE ICH ZU VOLKER S., JETZT KÖNNE ER AUCH MAL ANFANGEN ANZUSTREICHEN, DAS SEI AN DIESER STELLE NICHT SO SCHWIERIG, UND ER KÖNNE IM GRUNDE NICHT VIEL FALSCH MACHEN. WENN IHM NOCH ETWAS UNKLAR SEI, SOLLE ER MICH FRAGEN. VOLKER WAR FROH, DASS ER AUCH MAL RICHTIG MITMACHEN KONNTE, SPRANG DIE GERÜSTLEITER HINAUF UND FING GLEICH AN. ALS ICH KURZ DANACH MAL ZU IHM HINÜBERGUCKTE, SAH ICH, WIE ER DEN SCHWEREN EIMER MIT FARBE WEITERSTELLEN WOLLTE, ABER DABEI AUSRUTSCHTE UND HINFIEL. ICH WOLLTE IHM NOCH ZURUFEN: „PASS AUF, DER IST SEHR SCHWER!", DA WAR ES AUCH SCHON PASSIERT. DA ER GLEICH AUFSTAND UND SAGTE, ES SEI NICHT SCHLIMM, WAR DIE SACHE FÜR MICH VERGESSEN.

Volker S. selbst stellt den Unfall so dar:

Endlich durfte ich am letzten Mittwoch nach der Brötchenpause auch mal richtig anstreichen. Ich freute mich darüber und wollte alles ganz genau machen. Es klappte auch ganz gut, bis ich den Farbeimer weitersetzen wollte. Ich hatte nicht beachtet, dass der Eimer noch sehr voll war und ich auf alten Putzresten stand. Und so rutschte ich beim Anheben des Eimers aus und fiel seitlich auf den Gerüstboden – beinahe wäre ich noch runtergefallen. Ich konnte aber sofort noch mal aufstehen und dachte, es sei nicht so schlimm. Als ich aber dann am Abend Schmerzen bekam, ging ich am nächsten Morgen zum Arzt, der eine schwere Rippenprellung feststellte. Ich wurde eine Woche lang krankgeschrieben.

1. Versetzen Sie sich in die Lage des Betriebsleiters, der aufgrund der Aussagen einen Unfallbericht an die Berufsgenossenschaft verfassen soll.

  a) Welche Schwierigkeiten ergeben sich für ihn hinsichtlich der Klärung des Vorfalls?

  b) Weshalb treten diese Schwierigkeiten auf?

2. Welche Fragen würden Sie als Betriebsleiter an die Unfallzeugen stellen?

3. Beschreiben Sie kurz mit eigenen Worten den Unfallhergang entsprechend den Schilderungen der Unfallzeugen.

4. Erstatten Sie mithilfe des Formulars die Unfallanzeige an die Berufsgenossenschaft.

Darstellen und dokumentieren

Der Bericht dient dazu, andere in knapper Form über ein wichtiges Ereignis zu informieren. Er soll deshalb nach folgenden Merkmalen gestaltet werden:

Inhalt
- Aufbau in chronologischer Reihenfolge
- Kurze, genaue Beschreibung des Ereignisses, wobei Antworten auf die folgenden W-Fragen gegeben werden sollten:
  - Was ist passiert?
  - Wo ist es passiert?
  - Wer war beteiligt?
  - Warum ist es passiert?
  - Wann ist es passiert?
  - Was sind die Folgen?

Sprache
- sachlicher Stil (keine eigene Meinung)
- Fachwörter benutzen
- überwiegend Aussagesätze formulieren
- Zeitstufe: Vergangenheit

1. Lesen und bearbeiten Sie den folgenden Zeitungsbericht.
   a) Bringen Sie die Sätze in die richtige Reihenfolge.
   b) Begründen Sie Ihre Reihenfolge mit inhaltlichen Besonderheiten einzelner Sätze.
   c) Markieren Sie Wörter, die zeitliche Zuordnungen leisten, und erläutern Sie deren Funktion.
   d) Formulieren Sie eine Schlagzeile für den Zeitungstext.

```
Gegen 15 Uhr wurde gestern die Aachener Berufsfeuerwehr alar-
miert.

Die Feuerwehrleute löschten mit drei C-Rohren.

Die Ursache des Brandes ist noch nicht bekannt.

Sie rückte in die Thomashofstraße aus, wo es in einer Wohnung
brannte.

Zwei Zimmer brannten vollkommen aus.

Während des Brandes befand sich niemand in der heimgesuchten
Wohnung.

Drei weitere wurden in Mitleidenschaft gezogen.

Die Feuerwehr musste aus einem oberen Geschoss ein Kleinkind
retten.

Die Kripo hat sich inzwischen eingeschaltet.
```

2. Lesen Sie die Kurzgeschichte „Ellebracht begeht Fahrerflucht" (S. 250 f.) und verfassen Sie über den dort geschilderten Verkehrsunfall einen Unfallbericht.
3. Lesen und bearbeiten Sie das folgende Gedicht.
a) Stellen Sie die „Fehler" richtig; achten Sie dabei auf die richtige Schreibweise.
b) Erklären Sie, nach welchem System die Fehler gemacht wurden.

Ein schlechter Schüler

Als ich noch zur Schule gehte,
zählte ich bald zu den Schlauen,
doch ein Zeitwort recht zu biegen,
bringte immer Furcht und Grauen.

Wenn der Lehrer mich ansehte,
sprechte ich gern falsche Sachen,
für die andern Kinder alle
gebte das meist was zum Lachen.

Ob die Sonne fröhlich scheinte
oder ob der Regen rinnte:
wenn der Unterricht beginnte,
sitzt' ich immer in der Tinte.

Ob ich schreibte oder leste,
Unsinn machtete ich immer,
und statt eifrig mich zu bessern,
werdete es nur noch schlimmer.

Als nun ganz und gar nichts helfte,
prophezieh mir unser Lehrer:
wenn die Schule ich verlasste,
wörde ich ein Straßenkehrer.

Da ich das nicht werden willte,
kommte ich bald auf den Trichter,
stak die Nase in die Bücher,
und so werdete ich Dichter.
Bruno Horst Bull

4. Bilden Sie die Vergangenheitsform (Präteritum) der ersten Person, Einzahl von folgenden Verben:
a) sprühen, glasieren, fräsen, kneten, biegen, schleifen, reiben, schweißen, sägen
b) buchen, gutschreiben, rechnen, datieren, diskontieren, berechnen, bilanzieren
c) frisieren, föhnen, toupieren, waschen, ondulieren, schneiden, färben, tönen
d) braten, frittieren, kochen, grillen, wiegen, backen, filetieren, salzen, würzen

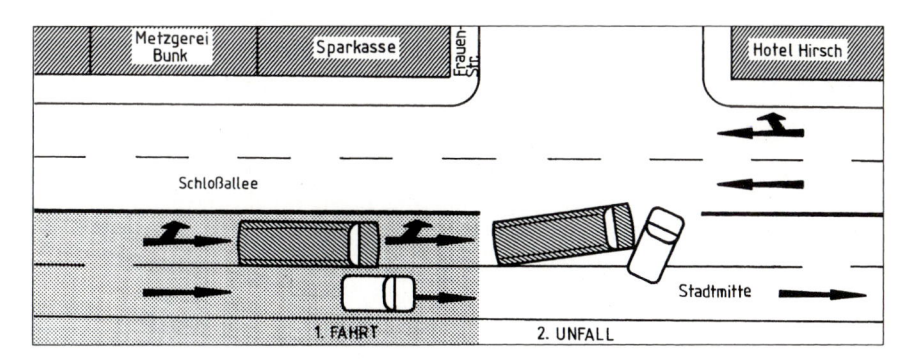

5. Verfassen Sie einen Unfallbericht für die Versicherung aus der Sicht des Pkw-Fahrers.

9.7 Ausbildungsberichte schreiben

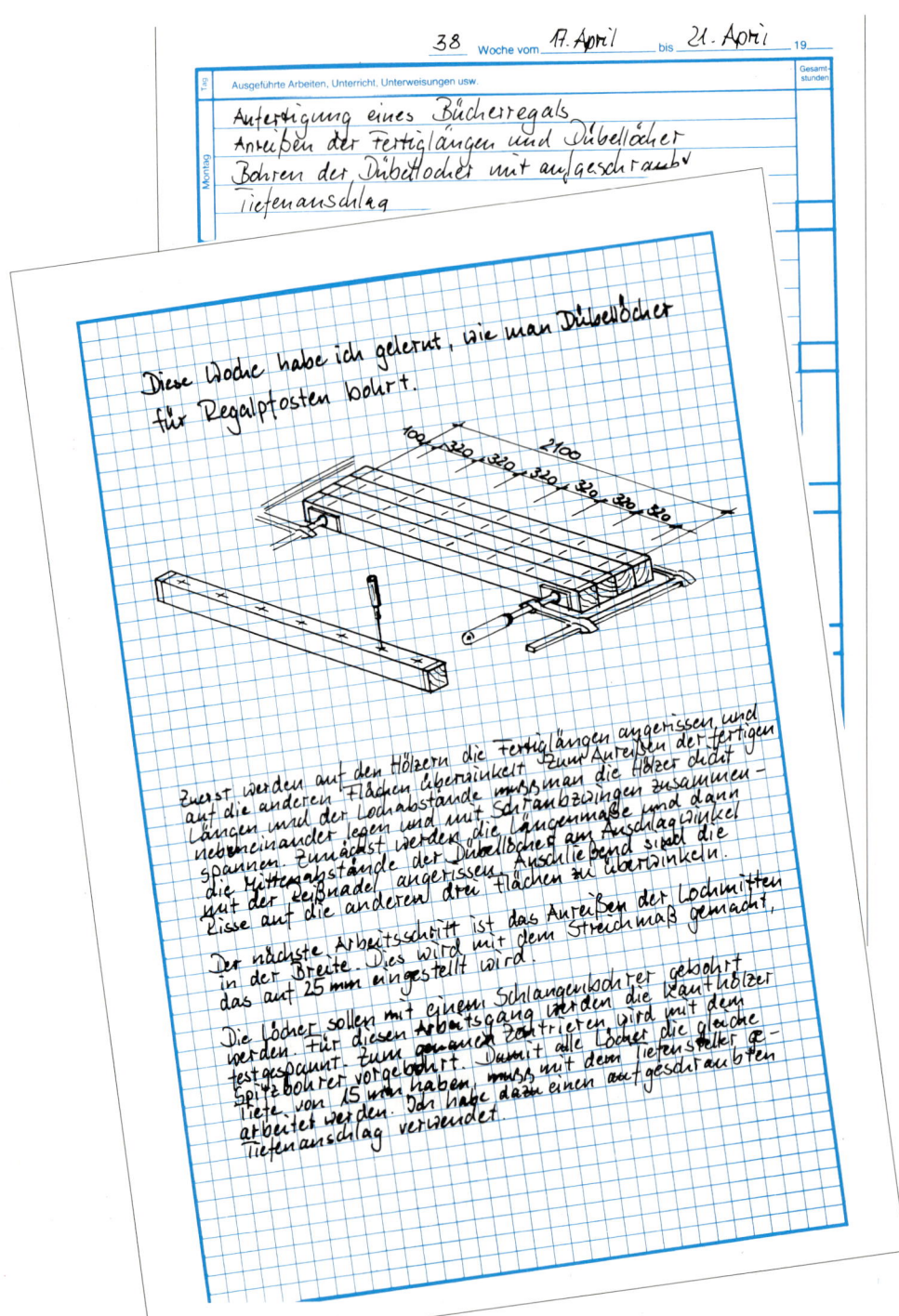

38 Woche vom **17. April** bis **21. April** 19___

Tag	Ausgeführte Arbeiten, Unterricht, Unterweisungen usw.	Gesamt-stunden
Montag	Anfertigung eines Bücherregals Anreißen der Fertiglängen und Dübellöcher Bohren der Dübellöcher mit aufgeschraubt. Tiefenanschlag	

Diese Woche habe ich gelernt, wie man Dübellöcher für Regalpfosten bohrt.

Zuerst werden auf den Hölzern die Fertiglängen angerissen und auf die anderen Flächen überwinkelt. Zum Anreißen der fertigen Längen und der Lochabstände muss man die Hölzer dicht nebeneinander legen und mit Schraubzwingen zusammenspannen. Zunächst werden die Längenmaße und dann die Mittelabstände der Dübellöcher am Anschlagwinkel mit der Reißnadel angerissen. Anschließend sind die Risse auf die anderen drei Flächen zu überwinkeln.

Der nächste Arbeitsschritt ist das Anreißen der Lochmitten in der Breite. Dies wird mit dem Streichmaß gemacht, das auf 25 mm eingestellt wird.

Die Löcher sollen mit einem Schlangenbohrer gebohrt werden. Für diesen Arbeitsgang werden die Kanthölzer festgespannt. Zum genauen Zentrieren wird mit dem Spitzbohrer vorgebohrt. Damit alle Löcher die gleiche Tiefe von 15 mm haben, muss mit dem Tiefensteller gearbeitet werden. Ich habe dazu einen aufgeschraubten Tiefenanschlag verwendet.

154 Kommunikation im Beruf

1. Machen Sie sich den Aufbau des Ausbildungsberichts klar, indem Sie den Inhalt jedes Abschnitts stichwortartig zusammenfassen.
2. Nennen Sie die Wörter, die Tätigkeiten des Auszubildenden beinhalten.
3. Notieren Sie die Fachbegriffe und umschreiben Sie diese.
4. Warum hat der Auszubildende seinen Bericht durch Fachzeichnungen ergänzt?

Viele Auszubildende sind verpflichtet, einen sogenannten Ausbildungsnachweis zu führen, häufig auch Berichtsheft genannt. Dieser muss bei der Zulassung zur Abschlussprüfung vorgelegt werden.

Von den meisten Kammern und Ausbildungsbetrieben wird verlangt, dass der Ausbildungsbericht in einer Mischform verfasst wird. Das bedeutet für den **Inhalt**:

- die täglich wiederkehrenden Tätigkeiten werden nur stichwortartig und kurz festgehalten;
- die für einen bestimmten Ausbildungsabschnitt wichtigen neuen Inhalte werden ausführlich in Form von Vorgangsbeschreibungen (vgl. S. 137 ff.) wiedergegeben.

Für die sprachliche Gestaltung gelten zunächst die gleichen Grundsätze wie beim Ereignisbericht und bei der Vorgangsbeschreibung. Außerdem ist besonders auf Folgendes zu achten:

- die genaue Beschreibung der einzelnen Tätigkeiten
- das Einhalten der richtigen Reihenfolge
- die Verwendung der betreffenden Fachausdrücke

---

1. Listen Sie stichwortartig alle Tätigkeiten Ihres letzten Arbeitstages auf und geben Sie Ihren Mitschülern einen kurzen mündlichen Bericht.
2. Listen Sie Zeitwörter auf, die wichtige Tätigkeiten Ihres Berufes beschreiben.
3. Bilden Sie Wortfelder zu Ihrem Beruf, d.h., notieren Sie alle Wörter (gleich welcher Wortart), die in dem gleichen Handlungszusammenhang verwendet werden können (Beispiele: Berufsschule – Fachheft – Rechnen – Klassenarbeit – Fachzeichnen – …).
4. Beim Schreiben des Ausbildungsberichtes neigt man leicht dazu, denselben Ausdruck immer wieder für die gleiche, sich wiederholende Tätigkeit zu verwenden. Versuchen Sie daher die folgenden Begriffe durch andere mit etwa der gleichen Bedeutung zu ersetzen: erklären – anfertigen – genau säubern – lernen.

Darstellen und dokumentieren

Das Fest des Herbstmondes (Herbert Rosendorfer)

„Das Fest des Herbstmondes" spielt sich auf einer gigantischen Wiese etwas abseits vom Zentrum der Stadt ab. Es ist nahezu unbeschreiblich. Ich glaube, dass ich mich nie so geekelt habe wie dort. Dennoch bin ich einige Stunden geblieben. Schon von weitem leuchtete der Himmel über den Häusern, als ob eine Feuersbrunst ausgebrochen sei. Tosender Lärm hüllt einen ein, je näher man kommt. Obwohl ich mich sonst doch schon recht frei hier bewege, klammerte ich mich an den Arm von Herrn Shi-shmi. Aus Tausenden von Schellen, Trommeln und Rasseln quälte ein unversiegender Strom von kreischendem Lärm. Es soll Musik sein. Man kann sich nur schreiend unterhalten. Was würde Euer Meister We-to-feng zu diesem Lärm sagen?, schrie ich. Er war ja taub! schrie Herr Shi-shmi zurück. Das kann ich jetzt verstehen! schrie ich.

Zunächst erkannte ich gar nichts. Als sich meine Augen an das Blenden und Blitzen gewöhnten, das zahllose grelle Lampen verbreiteten, sah ich riesige Räder sich drehen, Schaukeln flogen, überall saßen Großnasen und ließen sich furchtlos oder, besser gesagt, selbstmörderisch durch die Luft schleudern. Überall stank es, denn zu der Lustbarkeit gehört es offenbar, dass sie ihre Notdurft verrichten, wo immer sie der Drang überkommt, und da ein Hauptteil der Lustbarkeit darin besteht, dass man Ma-'ße und Hal-bal in ungeheuren Mengen trinkt, müssen sie auch sehr viel von sich geben.

Ich weigerte mich natürlich, mich auf so ein Rad schnallen oder an so eine fliegende Kette hängen zu lassen. Aber ich folgte dann, nachdem ich – immer noch an den Arm meines Freundes geklammert – einen Rundgang von vielleicht einer Stunde gemacht hatte, Herrn Shi-shmi in eine der Haupt-Trink-Stätten. Das sind unvorstellbar riesige Zelte, in denen es vor Menschendampf wie in einem Stall riecht. Eine Gruppe von Musikern spielte auf sehr dicken Trompeten auf einem Podium in der Mitte äußerst kräftige Musik, die mit der des Meisters We-to-feng nicht das Geringste zu tun hat. Die meisten Leute sind grün gekleidet und tragen stark lächerliche Hüte. Unvorstellbar dicke Dienerinnen, die – wie mir Herr Shi-shmi sagte – eigens darin ausgebildet sind, zehn, zwölf und noch mehr Ma'ßa-Krüge gleichzeitig zu schleppen, stampfen von Tisch zu Tisch und verteilen die Krüge. Man muss unverzüglich bezahlen. Die Großnasen, oft mit merkwürdigen Insignien geschmückt, mit Papierblumen bekränzt oder mit Haarbüscheln am Hut, schlagen sich auf die Schenkel und schreien ohne ersichtlichen Grund. Sie öffnen den Mund weit und schütten das Ma'ßa-Getränk, kaum dass ihnen die Dienerinnen den Krug gebracht hat, in den Schlund. In regelmäßigen Abständen spielt die ohnedies alles übertönende Musik noch lauter ein sehr kurzes, offenbar äußerst beliebtes Lied, dessen Sinn mir nicht ganz klar war. Es lautete: Wan-tswa-xu-fa …, woraufhin auf einer gewaltigen Trommel drei mächtige Schläge erdröhnen. Das ist das Zeichen, dass jeder seinen Ma-'ßa-Krug ergreift und soviel in sich hineingießt, wie ihm möglich ist. Danach entlädt sich ein Brüllen, und alle schreien nach den Dienerinnen, damit neues Ma-'ßa gebracht wird. In riesigen Fässern wird es von draußen herangerollt, und dämonische Berserker in Lederschürzen mit Händen wie Schaufeln stechen die Fässer an bestimmten Stellen an, aus denen sich dann die Flüssigkeit in die Krüge ergießt.

Es bleibt natürlich nicht aus, dass die sehr bald berauschten Großnasen entweder untereinander oder mit den Krug-Dienerinnen zu streiten anfangen. Das artet oft blitzartig in eine Schlägerei aus und dann kommt je ein Dämon mit Schaufelhänden, ergreift den zappelnden Unruhestifter und schleudert ihn aus dem Zelt hinaus. Das ist stets von mehr oder weniger freudigen Zurufen begleitet und unmittelbar danach spielt die Musik wieder das beliebte: Wan-tswa-xu-fa … und alle singen mit ihren tiefen Stimmen mit.

1. Haben Sie erkannt, welches Fest in dem literarischen Erlebnisbericht beschrieben wird?

2. Zeigen Sie auf, wie sich der Erlebnisbericht von einem Sachbericht unterscheidet.

3. Der literarische Text ist aus der Perspektive eines Chinesen verfasst, der erstmals in „Min-chen" in „Ba Yan" zu Gast ist.

Versuchen Sie über ein Erlebnis, z.B. aus dem Urlaub, in ähnlicher Weise zu berichten.

10 Erörtern und moderieren

Projektaufgabe A: Eine „PRO & KONTRA"-Sendung produzieren

Wählen Sie ein aktuelles Streitthema.

Verteilen Sie die Rollen: Moderator, Pro-Anwalt, Kontra-Anwalt, Experten, Jury.

Bereiten Sie sich in Gruppen auf die Argumentation vor und halten Sie Ihre Argumente auf „Argument-Karten" fest.

Führen Sie die Diskussion durch. Dabei soll die Jury die Argumente notieren und in einer Schlussabstimmung gewichten.

Projektaufgabe B: Rollenspiel Expertenanhörung

Thema: Sollen auch auf deutschen Autobahnen Autobahngebühren erhoben werden?

Situation: In einer Expertenanhörung wollen die Abgeordneten Informationen und Argumente sammeln, um schließlich eine Entscheidung zu treffen.

Rollen: ○ Experten (Umwelt- und Finanzminister, Automobilclub, Umweltverband, Automobilindustrie, …)

  ○ Abgeordnete der verschiedenen Parteien

  ○ Gesprächsleiter

Projektaufgabe C: Diskutieren im Internet

Klinken Sie sich in die Diskussion einer Newsgroup ein und beteiligen Sie sich an dem Gedankenaustausch.

10.1 Argumentieren und kritisieren

Ein Fall für den Staatsanwalt

Die Wasserschutzpolizei hat das Tankschiff „Bettina" aufgebracht, weil es eine übel riechende Flüssigkeit in die Mosel abgelassen hat. Die Ermittlungen der Polizei ergeben, dass der Reeder Friedrichson und die Besatzung Raffinerie-Schmutzwasser in den Fluss abgelassen haben. Es wird festgestellt, dass diese Verklappung schon seit zwei Monaten regelmäßig erfolgt ist. Dadurch konnte der Reeder Kosten für sachgemäße Entsorgung in Höhe von mindestens 22.000 € einsparen. Insgesamt sind mehr als 3.000 Tonnen Schmutzwasser in Binnengewässer eingeleitet worden. Dadurch sind erhebliche ökologische Schäden entstanden; eine gesundheitliche Gefährdung der Anrainer und eine Beeinträchtigung der Trinkwasserversorgung werden nicht ausgeschlossen. Für die Reinhaltung der Gewässer müssen jährlich Millionen aufgewendet werden. Reeder Friedrichson ist bisher strafrechtlich nicht aufgefallen.

Versetzen Sie sich in die Rolle des Staatsanwaltes.

1. Untersuchen Sie den Fall und erstellen Sie eine Anklageschrift, in der Sie die Anklagepunkte nennen und begründen. Ziehen Sie dazu die Bestimmungen des Wasserhaushaltsgesetzes heran.

2. Auf welches Strafmaß wollen Sie plädieren? Wägen Sie ab und argumentieren Sie unter Verweis auf die Bestimmungen des Wasserhaushaltsgesetzes.

Auszüge aus dem Wasserhaushaltsgesetz

§ 1a: Die Gewässer sind so zu bewirtschaften, dass sie dem Wohl der Allgemeinheit … dienen und dass jede vermeidbare Beeinträchtigung unterbleibt.

§ 18a: Abwasser ist so zu beseitigen, dass das Wohl der Allgemeinheit nicht beeinträchtigt wird. Abwasserbeseitigung im Sinne dieses Gesetzes umfasst das Sammeln, Fortleiten, Behandeln, Einleiten, Versickern, Verregnen und Verrieseln von Abwasser.

§ 22: Wer in ein Gewässer Stoffe einbringt oder einleitet oder wer auf ein Gewässer derart einwirkt, dass die physikalische, chemische oder biologische Beschaffenheit des Wassers verändert wird, ist zum Ersatz des daraus einem anderen entstehenden Schadens verpflichtet.

§ 38:
(1) Wer unbefugt ein Gewässer verunreinigt oder sonst dessen Eigenschaften nachteilig verändert, wird mit Freiheitsstrafe bis zu zwei Jahren oder mit Geldstrafe bestraft.
(2) Handelt der Täter gegen Entgelt oder in der Absicht, sich oder einen anderen zu bereichern oder einen anderen zu schädigen, so ist die Strafe Freiheitsstrafe bis zu drei Jahren oder Geldstrafe.
(3) Der Versuch ist in den Fällen des Absatzes 2 strafbar.

§ 39: Wer durch eine in § 38, Absatz 1, bezeichnete Handlung 1. das Leben oder die Gesundheit eines anderen, eine fremde Sache von bedeutendem Wert, die öffentliche Wasserversorgung oder eine staatlich anerkannte Heilquelle gefährdet oder 2. die Eigenschaften eines Gewässers derart beeinträchtigt, dass es für eine der Nutzungen, denen das Gewässer dient, nicht nur vorübergehend ungeeignet ist, wird mit Freiheitsstrafe bis zu fünf Jahren oder mit Geldstrafe bestraft.

Der Staatsanwalt muss durch eine stichhaltige Beweiskette die Täter überführen. Ähnlich muss man vorgehen, wenn man andere von der eigenen Meinung überzeugen will, man muss argumentieren.

Der Aufbau einer Argumentation sieht wie folgt aus:

Behauptung: Der Gurt ist der Lebensretter Nr. 1, …

Begründung: … weil er bei Unfällen verhindert, dass die Autoinsassen aufprallen oder hinausgeschleudert werden.

Beweis/Beispiel: Denn seitdem das Anschnallen Pflicht ist, ist die Anzahl der jährlichen Verkehrstoten stark gesunken. Waren es 1970 noch über 19 000 Verkehrstote, so sank diese Zahl auf unter 8 000 im Jahr 1987 und auf 6 550 im Jahre 2003.

Schlussfolgerung: Also: Erst gurten – dann starten!

1. Suchen Sie in dem folgenden Text zum Thema „Rauchen am Arbeitsplatz" die Argumente und unterscheiden Sie die Bestandteile Behauptung, Begründung, Beweis/Beispiel und Schlussfolgerung.

   Nichtraucher werden durch das sogenannte passive Rauchen ungewollt gefährdet. Wenn nämlich am Arbeitsplatz geraucht wird, sind die Nichtraucher wohl oder übel gezwungen, die mit Nikotin durchsetzte Luft einzuatmen. So wurde z. B. nachgewiesen, dass Kellner und Gastwirte – obwohl sie keine Raucher waren – sehr viel mehr typische Raucherkrankheiten bekommen. Folglich kann man tatsächlich von einem passiven Mitrauchen sprechen. Raucher verhalten sich gegenüber ihren Nichtraucher-Kollegen eigentlich rücksichtslos. So klagen Nichtraucher oft in stark verrauchten Räumen über brennende Augen und Kopfschmerzen. Denn Tabakrauch reizt die Schleimhäute und beeinträchtigt das Wohlbefinden von Nichtrauchern und kann so zu niedrigeren Arbeitsleistungen führen. Wie statistische Erhebungen erwiesen haben, fehlen Raucher häufiger am Arbeitsplatz als Nichtraucher. Raucher sind öfter krank. Sie erkranken z. B. doppelt so häufig an Kreislauferkrankungen, fünfmal so häufig an Bronchitis und gar zehnmal so häufig an Lungenkrebs als Nichtraucher. Daher sind Nichtraucher am Arbeitsplatz sozusagen auch „gesünder" für die Betriebe.

2. Achten Sie beim Lesen des oben stehenden Textes auf die sprachliche Funktion bestimmter Wörter.
   a) Notieren Sie die Wörter, durch die der Gedankengang der Argumentation sprachlich verdeutlicht wird: denn, ...
   b) Notieren Sie weitere Verknüpfungswörter, mit denen Begründungen, Beweise, Beispiele und Schlussfolgerungen kenntlich gemacht werden können.
3. Führen Sie Gegenargumente aus der Sicht der Raucher aus.
4. Führen Sie Argumente oder Gegenargumente zu folgenden Behauptungen aus:
   a) Videos führen zu mehr Gewalt.
   b) Ankreuzaufgaben in Prüfungen sind leichter zu lösen als offene Fragen.
5. Aus einem Werbeprospekt eines Kreditkarten-Unternehmens:

   „Gute Gründe
   für Ihre persönliche Kreditkarte"

   Die bequemste Art, bargeldlos zu zahlen.

   Kaufen, wann immer und wo immer Sie wollen.

   Die Karte, die Ihr Image hebt.

   a) Erweitern Sie diese Slogans zu richtigen Argumenten.
   b) Führen Sie Gründe an, die gegen Kreditkarten sprechen.

Ein Argument wirkt dann besonders überzeugend auf die Zuhörer, wenn es

- stichhaltig
- knapp und verständlich
- sachbezogen formuliert ist.

Gelegentlich werden statt echter Argumente Argumentationstricks eingesetzt, z. B.: Meinungen werden als Tatsachen dargestellt, dem Gegner werden Unkorrektheiten oder persönliche Interessen unterstellt. Diese Tricks sollen andere ablenken, einschüchtern und mundtot machen.

6. Prüfen Sie die folgenden Äußerungen aus öffentlichen Reden. Mit welchen Tricks wird hier versucht zu überreden und zu beeindrucken?
a) Es bedarf eigentlich gar keiner weiteren Diskussion. Wir brauchen die Industrieansiedlung ganz einfach, um unsere Zukunft zu sichern.
b) Jeder, der sich in der neuesten Forschung auskennt, wird sich mir anschließen, wenn ich sage: Rauchen an sich muss noch nicht schädlich sein.
c) Ich habe keine Arbeit und Mühe gescheut, um Ihnen heute diese Erkenntnisse vortragen zu können. In aller Bescheidenheit darf ich doch sagen, dass ich mir auf diesem Gebiet ein Urteil erlauben kann.
d) Die Lage war noch nie so ernst; es geht um Sein oder Nichtsein. Wenn Sie weiter in Frieden leben wollen, dann müssen Sie jetzt für meinen Antrag stimmen.
e) Was hinter dem Argument von Herrn Schwerer steckt, ist mir sehr wohl bekannt. Aber das lässt sich vor aller Öffentlichkeit nicht offen aussprechen. Auf jeden Fall ist er im Unrecht.
f) Was Herr Grupe da gerade gesagt hat, das stimmt ganz einfach nicht. Da befindet er sich im Irrtum. Die Sache verhält sich völlig anders.
g) Herr Tiedge, Sie haben sich völlig unnötigerweise erregt. Die Sache ist gar nicht so dramatisch. Aber nun ja, Sie haben jetzt gerade Ihre Scheidung hinter sich, da regt man sich ja schon mal auf.

©Deutscher Bundestag/Lichtblick/Achim Melde

Erörtern und moderieren

7. Üben Sie im Rollenspiel „Ballonfahrt" sachliches Argumentieren:
Fünf Personen sind auf Fahrt in einem Heißluftballon über dem Meer. Im Ballon fliegen folgende Persönlichkeiten mit: ein Politiker, Wissenschaftler, Pfarrer, Arzt und Landwirt. Der Ballon sinkt. Um die Höhe zu halten, muss nach und nach ein Ballonfahrer über Bord gehen. Jeder versucht mit überzeugenden Argumenten zu begründen, warum gerade er noch im Ballon bleiben und überleben muss. Die Klasse entscheidet nach jeder Argumentationsrunde, wer die Gondel verlassen muss.

8. Bearbeiten Sie folgende Aufgaben zu der unten stehenden Zeitungsmeldung:
a) Überprüfen Sie mithilfe der sogenannten W-Fragen (vgl. S. 152) die Vollständigkeit der Zeitungsmeldung. Welche Frage bleibt unbeantwortet?
b) Verhandeln Sie in Form eines Rollenspiels den Fall vor Gericht. Bereiten Sie sich dazu in Gruppenarbeit vor und notieren Sie sich Stichworte zu Argumenten. Folgende Rollen sollten Sie besetzen:
- Vertreter der Bank (mit Anwalt)
- Auszubildender (mit Anwalt)
- Richter

Am Ende der Verhandlung soll die Klasse entscheiden, welche der beiden Parteien die besseren Argumente vorgebracht hat.

Bundesarbeitsgericht bestätigt Kündigung

Spielbankbesuch kostet Banklehre

KASSEL (AP) – Der Besuch einer Spielbank hat einen jungen Mann aus Berlin den Ausbildungsplatz als Bankkaufmann gekostet. Das Bundesarbeitsgericht wies entgegen allen Vorinstanzen seine Klage gegen die Bank ab.

Das Geldinstitut hielt den Mann wegen eines Spielbankbesuchs für den Beruf als Bankkaufmann für ungeeignet und kündigte den einige Monate vorher abgeschlossenen Ausbildungsvertrag, bevor der Berliner seine Lehrzeit überhaupt angetreten hatte.

Der Mann hatte vor Beginn seines vertraglich vereinbarten Ausbildungsverhältnisses bereits als Aushilfskraft bei der Bank gearbeitet und dabei anderen Mitarbeitern erzählt, dass er zusammen mit seinem älteren Bruder eine Spielbank besucht hat. Kollegen hinterbrachten dies dann der Direktion des Geldinstituts.

Das Arbeitsgericht und das Landesarbeitsgericht in Berlin sahen in dem Spielbankbesuch keinen Kündigungsgrund. Sie verurteilten die Bank übereinstimmend dazu, den Mann trotzdem als Bankkaufmann auszubilden und den Berufsausbildungsvertrag zu erfüllen.

Gegen diese Urteile legte die Bank beim höchstinstanzlichen Bundesarbeitsgericht in Kassel Revision ein, die nun Erfolg hatte. Der junge Mann muss jetzt auch die gesamten Prozesskosten bezahlen.

10.2 Diskutieren

Über 120 Pkw rasten im Nebel aufeinander: 2 Tote, 17 Schwerverletzte

Massenkarambolage in dichtem Nebel

Erstmals Autobahn wegen Nebels gesperrt

Herr Baum:	Bei Glatteis und vor allem bei Nebel kommt es auf den bundesdeutschen Autobahnen immer wieder zu schrecklichen Unfällen und Massenkarambolagen. In Nordrhein-Westfalen werden deshalb bei Gefahr Autobahnen ganz gesperrt. In anderen Ländern sind solch rigorose Maßnahmen umstritten. Die grundsätzliche Frage lautet also: Soll bei dichtem Nebel die Autobahn gesperrt werden? In der folgenden Diskussion wollen wir versuchen diese Frage zu beantworten. Als Diskussionsteilnehmer begrüße ich Frau Dr. Schranz aus dem Verkehrsministerium, Herrn Folz vom Automobilclub sowie Herrn Kienle als Vertreter der Autobahnpolizei. – Bitte, Herr Folz.
Herr Folz:	Richtig ist, dass die Unfälle bei schlechter Witterung, also vor allem bei Glätte und bei Nebel, zunehmen, auch auf der Autobahn. Dennoch ist und bleibt die Autobahn die sicherste Straße, was die Unfallstatistik beweist.
Frau Dr. Schranz:	Aber Herr Folz, Sie wissen doch auch, dass diese statistischen Belege hier kein wahres Bild vermitteln können, da weder die Unfallursachen, noch die Schwere der Unfälle ausgewiesen sind. Tatsache ist und bleibt, dass in den letzten Monaten die Unfälle bei Nebel auf unseren Autobahnen erschreckend zugenommen haben. Hier müssen wir uns fragen: Warum ist das so? Nun, ein wesentlicher Punkt scheint mir zu sein, dass einige Autofahrer sich nicht der Witterung gemäß verhalten, sprich schlicht und einfach in

Erörtern und moderieren

	den Nebel rasen. So kommt es zu den schrecklichen Unfällen. Gegen Raserei ist aber anscheinend kein Kraut gewachsen: Alle Appelle an die Vernunft der Autofahrer haben bisher nichts genutzt. Jetzt bleibt uns nur das letzte Mittel: die Sperrung der Autobahn bei dichtem Nebel oder bei Glatteis.
Herr Baum:	Herr Kienle, Sie beobachten ja tagtäglich den Verkehr auf der Autobahn. Stimmt es, dass – wie Frau Schranz behauptet – die Raserei die Hauptursache für die Massenkarambolagen ist?
Herr Kienle:	Ja, das kann ich nur bestätigen. Gerade bei den letzten Unfällen war überhöhte Geschwindigkeit die eindeutige Unfallursache. Allerdings gibt es auch Stellen, wo Nebel und Glatteis ganz plötzlich auftreten und die Autofahrer ohne Vorwarnung sind. Hier …
Herr Folz:	Ja, ganz richtig, das …
Herr Baum:	Entschuldigung, Herr Folz, Herr Kienle sollte erst noch seine Gedanken zu Ende bringen. Bitte, Herr Kienle.
Herr Kienle:	Ich wollte sagen, dass es auch Fälle gibt, in denen der Autofahrer überfordert ist. Hier könnte ein besseres Nebelwarnsystem Abhilfe schaffen. Die Sperrung der Autobahn darf wirklich nur der letzte Schritt sein.
Herr Folz:	Sehr richtig, Herr Kienle. Die Sperrung der Autobahn verlagert nur das Problem von der Autobahn auf die Landstraße. Nebelwarnsysteme halte ich für eine gute Sache. Aber auch verstärkte und schärfere Kontrollen der Polizei könnten hier von Nutzen sein, denn Geldbußen schrecken die Raser bestimmt mehr ab als alles andere.
Frau Dr. Schranz:	Nichts gegen Nebelwarnsysteme und schärfere Polizeikontrollen. Aber damit werden Sie das Problem nicht lösen können. Auf einigen Strecken haben wir ja bereits solche Warnsysteme. Dennoch ist es auch hier zu Unfällen gekommen. Ich meine, es gibt ganz einfach Situationen, da ist Autofahren schlicht und einfach unmöglich. Hier helfen auch Kontrollen nicht weiter. So gesehen ist die Sperrung der Autobahn dann wirklich die einzige und zugleich letzte Möglichkeit, Massenunfälle zu verhindern.
Herr Folz:	Hier wird wieder eindeutig eine Stimmungsmache gegen die Autofahrer betrieben. Das ist ja ganz typisch für Sie und Ihre Parteifreunde, Frau Dr. Schranz.
Frau Dr. Schranz:	Diese dummen Vorwürfe muss ich hier entschieden zurückweisen. Ich …
Herr Baum:	Entschuldigen Sie, wenn ich hier eingreifen muss, aber ich denke, persönliche und parteipolitische Auseinandersetzungen gehören nicht in diese Diskussionsrunde. Wir sollten das Thema nicht aus den Augen verlieren. Herr Kienle, eben wurden ja verstärkte Polizeikontrollen verlangt. Wie stehen Sie zu dieser Forderung?
Herr Kienle:	…
Herr Baum:	Ich darf als Ergebnis festhalten, dass die Frage, ob die Autobahn bei dichtem Nebel gesperrt werden soll, unterschiedlich beantwortet wird. Übereinstimmung herrscht aber darin, dass mehr Nebelwarnsysteme eingeführt und dass die Polizeikontrollen verschärft werden sollen. Hoffen wir, dass die Vernunft der Autofahrer die Diskussion beenden wird, indem alle Verkehrsteilnehmer rücksichtsvoller und verantwortungsbewusster fahren. Vielleicht sollten wir uns auch verstärkt darüber Gedanken machen, welche Konsequenzen bereits in der Verkehrserziehung in der Schule zu ziehen sind. Vielen Dank Ihnen, meine Dame, meine Herren, für Ihre Diskussionsbeiträge.

1. Beschreiben Sie kurz mit eigenen Worten die Diskussion.
   a) Welche Positionen vertreten die einzelnen Diskussionsteilnehmer?
   b) Nennen Sie die Argumente der einzelnen Teilnehmer.
   c) Wie lassen sich ihre unterschiedlichen Haltungen erklären?
2. Untersuchen Sie das Verhalten der Diskussionsteilnehmer.
   a) Wo verstößt ein Teilnehmer gegen Gesprächs- und Diskussionsregeln (vgl. S. 106)?
   b) Wer ist für bessere Argumente offen und zugänglich?
3. Welche Aufgaben nimmt der Diskussionsleiter Herr Baum wahr?

4. Betrachten Sie die oben stehende Karikatur und beantworten Sie folgende Fragen:
   a) Welche Diskussionstypen verbergen sich hinter den Tiergestalten?
   b) Wie werden sie sich in der Diskussion verhalten?
   c) Versetzen Sie sich in die Rolle des Diskussionsleiters und überlegen Sie, wie er sich gegenüber den einzelnen Typen verhalten soll.
5. Wie kann man als Diskussionsteilnehmer bzw. als Diskussionsleiter folgende schwierige Situationen überwinden?
   a) Die Diskussion kommt nicht in Gang.
   b) Einzelne Teilnehmer reden zu oft und zu lang.
   c) Die Diskussion artet in eine hitzige Debatte aus.

Erörtern und moderieren

10.3 Erörtern von Problemen und Sachverhalten

MP3-Player

Disko in der Hosentasche

Für Jugendliche gehören sie längst zum festen Accessoire. Nun steigt auch die Generation-Walkman auf tragbare MP3-Spieler um. Mancher Altfreak archiviert seine ganze CD-Sammlung auf einem 80-Gigabyte-iPod. Er bietet Platz für bis zu 20 000 Songs, 25 000 Fotos oder 100 Stunden Videos. Kostet aber auch fast 400 Euro. Preiswerte MP3-Spieler für Einsteiger gibts unter 100 Euro. Die kleinsten Geräte wiegen gerade mal 20 bis 30 Gramm. Ihr Ein-Gigabyte-Flash-Speicher fasst immerhin noch 160 Musiktitel in guter Qualität.

test zeigt die besten MP3-Spieler für Reise, Sport und Büro.

Im Test: 18 tragbare MP3– und Multimediaspieler. Zum Teil auch für Fotos und Videos geeignet. Preise: 53 bis 380 Euro.

(Quelle: Stiftung Warentest vom 14.12.2006)

STIFTUNG WARENTEST
test MP3-Spieler — 1 / 2007
www.test.de

	Preisspanne in Euro ca.	Mittlerer Preis in Euro ca.	Ton	Schutz vor Gehörschäden	Bild	Stromversorgung	Handhabung	Tragekomfort	Haltbarkeit	Vielseitigkeit	test-QUALITÄTS-URTEIL
GEWICHTUNG			35%	0%	0%	20%	25%	5%	5%	10%	100%
AUDIOSPIELER											
Sony NW-A1200	229 bis 261	256	+	++	entfällt	O	+	⊖	++	+	GUT (2,4)
Samsung YP-F2 [1]	99 bis 140	113	+	O	entfällt	⊖	O	++	++	O	BEFRIEDIGEND (2,7)
Sony NW-S203F	129 bis 140	138	+	+	entfällt	O	O	+	+	O	BEFRIEDIGEND (2,7)
Maxfield Max Sin Touch	89 bis 109	97	O	⊖	entfällt	⊖	O	+	+	O	BEFRIEDIGEND (2,9)
Packard Bell Pulse FM		80	O	⊖	entfällt	+	⊖	O	++	⊖	BEFRIEDIGEND (3,0)
Teac MP-222	44 bis 60	53	O	+	entfällt	+	⊖	+	++	O	BEFRIEDIGEND (3,0)
Trekstor iBeat mood FM	60 bis 100	81	O	+	entfällt	+	⊖	+	++	O	BEFRIEDIGEND (3,0)
AUDIOSPIELER MIT FOTO- UND VIDEOFUNKTION											
Apple iPod	375 bis 400	380	+	O	O	O	O	⊖	++	+	GUT (2,5)
Archos 604	350 bis 380	375	+	++	+	+	+	⊖	⊖	O	GUT (2,5)

Bewertungsschlüssel der Prüfergebnisse: ++ = Sehr gut (0,5–1,5), + = Gut (1,6–2,5), O = Befriedigend (2,6–3,5), ⊖ = Ausreichend (3,6–4,5), — = Mangelhaft (4,6–5,5). Bei gleichem Qualitätsurteil Reihenfolge nach Alphabet.
*) Führt zur Abwertung. 1) Laut Anbieter nicht mehr im Angebot. 2) Laut Anbieter inzwischen Firmware-Update mit geringerer maximaler Lautstärke verfügbar.

Stiftung Warentest vom Januar 2007

1. Welchen Zweck haben die Testberichte der STIFTUNG WARENTEST?

2. Welche Fragen sollten vor der Kaufentscheidung eines MP3-Players erörtert werden?

3. Für das test-Qualitätsurteil werden von der STIFTUNG WARENTEST die Kriterien wie nebenstehend gewichtet:
   a) Wie beurteilen Sie diese Gewichtung?
   b) Welche Rolle spielt für Sie der Preis?

Nicht nur bei Kaufentscheidungen, sondern auch bei anderen Anlässen, wie z. B. bei Arbeitsbesprechungen, bei Diskussionen, in Vereinssitzungen oder in Leserbriefen werden Probleme und Sachverhalte erörtert.

Erörtern heißt, sich mit Problemen und Sachverhalten auseinanderzusetzen, um zu einer Entscheidung und Lösung zu kommen.

Es lassen sich entsprechend der Fragestellung zwei Arten der Erörterung unterscheiden:

- **Sacherörterung (Fachaufsatz)**
- **Problemerörterung (Dialektische Erörterung)**

Die Problemerörterung erfordert eine Stellungnahme in Pro und Kontra und mündet in eine Entscheidung. Dagegen wird in der Sacherörterung ein Sachverhalt erläutert und geklärt.

Bei der Erörterung empfehlen sich folgende Arbeitsschritte:

4. AUSARBEITUNG
3. GLIEDERUNG
2. STOFFSAMMLUNG
1. ERFASSEN DES THEMAS

> 10 Themen
> 1. Das Internet und seine Bedeutung für die Wirtschaft
> 2. Tempolimit auf bundesdeutschen Autobahnen?
> 3. Maßnahmen zur Unfallverhütung an Ihrem Arbeitsplatz
> 4. Soll die Türkei Mitglied in der EU werden?
> 5. Beschreiben Sie die Möglichkeiten der Werbung. Welche Formen sind für Ihren Betrieb besonders vorteilhaft?
> 6. Gentechnik – Darf der Mensch was er kann?
> 7. Die Möglichkeiten der Mitbestimmung des Betriebsrates
> 8. Die Bedeutung des bargeldlosen Zahlungsverkehrs
> 9. Umweltschutz – eine wichtige Aufgabe für die Betriebe?
> 10. Windkraft – nein danke oder ja bitte?

1. Verwandeln Sie alle Themen, die nicht in Form einer Frage gestellt sind, in Fragesätze um.
2. Welche Themen erfordern eine Sacherörterung, welche eine Problemerörterung?

1. ERFASSEN DES THEMAS

Dieser erste Arbeitsschritt ist besonders wichtig, weil dadurch die Bemerkung „Thema verfehlt" verhindert werden kann.

Mithilfe der folgenden Fragen lässt sich das Thema erschließen und eingrenzen:
- Wie lautet das Thema als Fragesatz?
- Handelt es sich um eine Sach- oder Problemerörterung?
- Welches ist das Schlüsselwort (der Kern) des Themas?
- Durch welche näheren Angaben wird das Thema eingegrenzt?
- Was gehört nicht zum Thema?

Beispiel:

Thema: Die gesetzliche Sozialversicherung in der Bundesrepublik – Arten, Leistungen und Finanzierung	
Wie lautet das Thema als Fragesatz?	Welche Arten der gesetzlichen Sozialversicherung in der Bundesrepublik gibt es? Was leisten sie, wie werden sie finanziert?
Handelt es sich um eine Sach- oder Problemerörterung?	Sacherörterung
Welches ist das Schlüsselwort?	Sozialversicherung
Durch welche näheren Angaben wird das Thema eingegrenzt?	gesetzlich: Versicherungspflicht für Arbeiter, Angestellte, Azubis Arten: Kranken-, Renten-, Arbeitslosen-, Unfall-, Pflegeversicherung Leistungen: z. B. Krankengeld, Arbeitslosengeld, … Finanzierung: Beiträge 50 % Arbeitgeber, 50 % Arbeitnehmer, bei Unfallversicherung 100 % Arbeitgeber
Was gehört **nicht** zum Thema?	z. B. Individualversicherungen, geschichtliche Entwicklung

3. Benennen Sie die Schlüsselwörter in den 10 Aufsatzthemen der vorhergehenden Seite.
4. Durch welche näheren Angaben werden die Themen 1, 5 und 9 eingegrenzt?
5. Was gehört nicht in die Erörterung der Themen 7 und 8?

10.4 Sachverhalte erörtern

Bei der Sacherörterung kommt es darauf an, Sachverhalte objektiv, klar und in allen wichtigen Aspekten zu erläutern. Es wird also nicht verlangt, Pro- und Kontra-Argumente gegeneinander abzuwägen und eine Entscheidung zu treffen. Dies hat Folgen für die Stoffsammlung und die Gliederung des Aufsatzes.

2. STOFFSAMMLUNG

Hier sind Informationen und Wissen über das Sachthema entscheidend. Damit man bei der Stoffsammlung alle wichtigen Punkte erfasst, sollte man

- alles, was spontan zum Thema einfällt (Brainstorming), stichwortartig notieren;
- mithilfe der W-Fragen alle wichtigen Aspekte ausleuchten.

1. Fertigen Sie eine Stoffsammlung zum Thema 5 an: Beschreiben Sie Möglichkeiten der Werbung. Welche Formen sind für Ihren Betrieb besonders vorteilhaft? Vergleichen und vervollständigen Sie Ihre Stoffsammlungen.

3. GLIEDERUNG

Beispiel:

Thema:	Die gesetzliche Sozialversicherung in der Bundesrepublik – Arten, Leistungen und Finanzierung
Einleitung	
„Aufhänger": monatliche Abzüge für Sozialversicherung von meiner Ausbildungsvergütung	
Hauptteil:	1 Sozialversicherung als Pflichtversicherung
	1.1 Gruppen: Arbeiter, Angestellte, Azubis
	1.2 Besonderheiten a) Rentner in Krankenversicherung
	b) Angestellte ab best. Einkommen KV freiwillig
	2 Arten und Träger
	2.1 Krankenversicherung: Krankenkassen, Ersatz-, Betriebskassen
	2.2 Arbeitslosenversicherung: Bundesagentur für Arbeit, Arbeitsagentur
	2.3 Unfallversicherung: Berufsgenossenschaft
	2.4 Rentenversicherung: Deutsche Rentenversicherung
	2.5 Pflegeversicherung: Pflegekassen (identisch mit Krankenkassen)
	3 Leistungen
	3.1 KV: Vorsorgeuntersuchungen, Krankenhilfe (Arzt, Arznei, …), …
	3.2 AV: Arbeitslosengeld, Kurzarbeitergeld, Umschulung, …
	3.3 UV: Unfallverhütung, Behandlungskosten, Berufskrankheiten, …
	3.4 RV: Rente bei Alter, Erwerbsunfähigkeit, Witwen, Waisen, …
	3.5 PV: Teil der Pflegekosten, Pflegemittel, …
	4 Finanzierung
	4.1 Beitrage: je 50% Arbeitgeber, Arbeitnehmer, außer UV
	4.2 Beitragssätze
	4.3 Staatszuschüsse
Schluss	
Schlussgedanke: Sozialversicherung als wesentlicher Bestandteil unseres sozialen Netzes	

2. Erstellen Sie auf der Grundlage Ihrer Stoffsammlung zum Thema 5 eine Gliederung.

3. Die folgenden Begriffe stammen aus einer Stoffsammlung zum Thema „Wie kann ich mich durch Sport körperlich fit halten?":
Tennis, Reiten, Leichtathletik, Mannschaftssport, Schwimmen, Joggen, Kondition, Ausdauer, Bergsteigen, Schnelligkeit, Surfen, Handball, Einzelsport, Gelenkigkeit, Fußball, Gymnastik, Kraft, Wandern, Bodybuilding, Ballspielen, Turnen
   a) Ordnen Sie die Begriffe nach Ober- und Unterbegriffen und ergänzen Sie ggf.
   b) Erstellen Sie eine Gliederung für die Sacherörterung.

4. Stoffsammlung und Gliederung lassen sich auch mithilfe einer Mind-Map erstellen. Versuchen Sie dies am Aufsatzthema 3.

5. Erarbeiten Sie eine Gliederung mithilfe der Informationen, die Sie dem folgenden Schaubild entnehmen können. Thema der Sacherörterung ist: „**Wie werden die Interessen Auszubildender und jugendlicher Arbeitnehmer im Betrieb wahrgenommen?**"

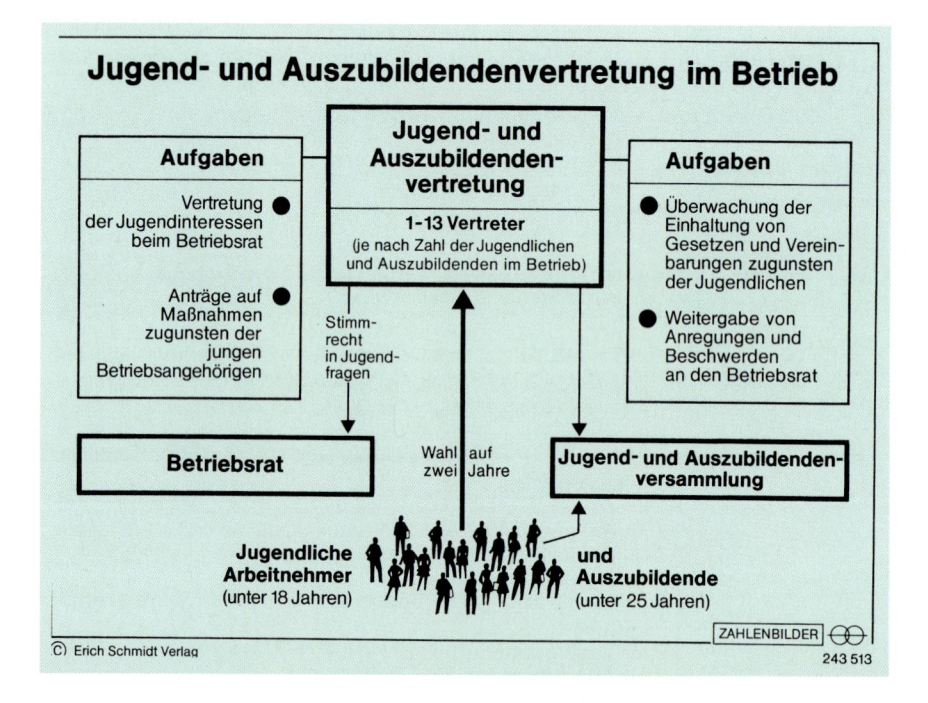

Jugend- und Auszubildendenvertretung im Betrieb

Aufgaben
- Vertretung der Jugendinteressen beim Betriebsrat
- Anträge auf Maßnahmen zugunsten der jungen Betriebsangehörigen

Jugend- und Auszubildendenvertretung
1–13 Vertreter
(je nach Zahl der Jugendlichen und Auszubildenden im Betrieb)

Aufgaben
- Überwachung der Einhaltung von Gesetzen und Vereinbarungen zugunsten der Jugendlichen
- Weitergabe von Anregungen und Beschwerden an den Betriebsrat

Stimmrecht in Jugendfragen

Betriebsrat

Wahl auf zwei Jahre

Jugend- und Auszubildendenversammlung

Jugendliche Arbeitnehmer (unter 18 Jahren) und Auszubildende (unter 25 Jahren)

© Erich Schmidt Verlag — ZAHLENBILDER 243 513

6. Schreiben Sie eine Einleitung zur Gliederung der Übung 5.
7. Schreiben Sie eine Einleitung zum Thema 5.

4. AUSARBEITUNG

Einleitung
Auch bei der Erörterung „fällt man nicht gleich mit der Tür ins Haus". Zunächst muss das Interesse des Lesers geweckt werden. Dies lässt sich u. a. mit folgenden „**Aufhängern**" erreichen:

- Begriffserklärung (Definition)
- Geschichtlicher Rückblick
- Zitat, Sprichwort, Redewendung
- Aktualität (z. B. Zeitungsmeldung)
- persönliche Erfahrung oder Beziehung

Wichtig ist, dass der Leser „auf die richtige Spur gesetzt wird", d. h., die Themafrage muss in der Einleitung wörtlich oder in abgewandelter Form eingearbeitet werden.

Beispiele von **Einleitungen** zum Thema:
**Die gesetzliche Sozialversicherung in der Bundesrepublik –
Arten, Leistungen und Finanzierung.**

A) In Presse, Rundfunk und Fernsehen gibt es zurzeit ein großes Thema: Die Probleme in der Sozialversicherung. So zwingt die Kostenexplosion im Gesundheitswesen zu neuen Überlegungen über Leistungen und Finanzierung. Um neue Wege gehen zu wollen, muss man sich zunächst die aktuelle Situation deutlich machen: Wie ist die gesetzliche Sozialversicherung gegliedert, was leistet sie, wer trägt die Beiträge?

B) „Einer trage des anderen Last." So oder ähnlich könnte man das Prinzip der gesetzlichen Sozialversicherung umschreiben. Welche Lasten trägt die Sozialversicherung, wer kommt für die Kosten auf? Diese Fragen sollen im Folgenden erörtert werden.

C) Jeden Monat muss ich einen nicht unerheblichen Teil meiner Ausbildungsvergütung als Sozialabgaben an die gesetzliche Sozialversicherung abführen. An welche Versicherungen werden die Beiträge abgeführt? Welchen Versicherungsschutz habe ich damit? Wer beteiligt sich an der Finanzierung der Sozialversicherung?

D) Jeder kann krank werden, einen Unfall erleiden oder seinen Arbeitsplatz verlieren; und jeder wird einmal im Alter auf die Hilfe anderer angewiesen sein. Gegen all diese Fälle kann man sich oft nicht alleine absichern. Und hier beginnt die Aufgabe der Sozialversicherung.

Beurteilen Sie die Einleitungen.
1. Welcher „Aufhänger" oder „Einstieg" ist jeweils gewählt worden?
2. **Führen alle Einleitungen zum Thema (Themafrage)?**
3. **Nimmt eine Einleitung etwas vorweg, was in den Hauptteil gehört?**
4. **Welche Einleitung erscheint Ihnen am besten gelungen zu sein?**

Erörtern und moderieren

Schluss

Wie die Einleitung zum Thema hinführt, so rundet der Schluss die Erörterung ab. Als **„Schlussgedanke"** bieten sich mehrere Möglichkeiten an, z. B.:

- wesentliche Aussagen nochmals herausstellen
- Anstoß zum Weiterdenken des Themas geben
- Ergebnisse in einen größeren Zusammenhang stellen
- Zitat, Sprichwort, Redewendung
- an die Einleitung anknüpfen

Beispiele von **Schlüssen** zum Thema:
Die gesetzliche Sozialversicherung in der Bundesrepublik – Arten, Leistungen und Finanzierung.

A) Mir scheint es besonders wichtig, dass die Sozialversicherung ihre Leistungen für die Arbeitnehmer auch in Zukunft erfüllen kann. Hierzu müssen auch die aktuellen Probleme bei der Finanzierung angegangen werden. Je eher und gründlicher, desto besser.

B) Die Sozialversicherung ist ein wesentlicher Bestandteil unseres sozialen Netzes, auf das wir mit Recht stolz sein dürfen. Dieses Netz muss ständig ausgebessert werden, damit es auch weiterhin die Risiken des Arbeitnehmers auffangen kann.

C) Auch in Zukunft müssen die Gesunden den Kranken, die Jungen den Alten, die Arbeitenden den Arbeitslosen und Rentnern helfen. Dieses soziale Verhalten ist Grundvoraussetzung dafür, dass das System der Sozialversicherung funktioniert.

D) „Jeder sei seines eigenen Glückes Schmied." Dies wird auch für die Sozialversicherung immer wichtiger. Ich glaube, dass in Zukunft jeder Einzelne sich durch private Versicherungen zu einem Teil selbst absichern muss.

E) Wenn ich mir abschließend die Leistungen der einzelnen Versicherungen betrachte, komme ich zu dem Ergebnis, dass meine Sozialabgaben gut angelegt sind. Denn schließlich kann es sein, dass auch ich einmal z. B. krank bin oder arbeitslos werde.

Beurteilen Sie die Schlüsse.
1. Welcher „Schlussgedanke" ist jeweils gewählt worden?
2. Welcher Schluss passt gut zu welcher Einleitung auf der vorherigen Seite?
3. Welcher Schluss scheint Ihnen am besten gelungen zu sein?

8. Schreiben Sie einen Schluss zu Ihrer Einleitung der Übung 6.
9. Schreiben Sie einen Schluss zum Thema 5.
10. Wählen Sie sich ein Thema aus den Aufsatzthemen der Seite 167 aus, das eine Sacherörterung verlangt. Schreiben Sie einen kompletten Aufsatz. Achten Sie dabei darauf, dass Sie die Gliederungspunkte auch „optisch" im Text hervorheben, indem Sie Abschnitte machen.

10.5 Pro und Kontra erörtern

Streitpunkt Tierversuche

Für Schönheit müssen Tiere leiden.

Tierversuche sind grausam

Schmerzhafte Versuche sind die Ausnahme

Computer können Tiere ersetzen

Jeder Forscher ein Frankenstein?

Bessere Chancen für Schwerverletzte

Tierversuche sind in der überwiegenden Zahl schmerzlos

Tierversuche mit Alkohol, Nikotin und Drogen sind überflüssig

Führen Versuchstiere ein Hundeleben?

7-14 Millionen Tierversuche werden jährlich in der Bundesrepublik durchgeführt

Selbstversuch: Keine adäquate Alternative

Der Organismus lässt sich nicht simulieren.

Alle sind gegen Tierklau

Forschungsinteresse schließt Tierliebe keineswegs aus

Tiere geben ihr Leben für Menschen

1. Formulieren Sie in ausführlichen Aussagesätzen die Behauptungen, die in den Schlagzeilen über Tierversuche stecken.
2. Warum kann man sich anhand dieser Schlagzeilen noch keine eigene Meinung zu diesem Problem bilden?
3. Listen Sie die Aussagen nach Pro und Kontra auf.

Das Ziel der Problemerörterung besteht in der Regel darin, eine Entscheidung zu treffen, um das Problem zu lösen. Deshalb muss ihre Gliederung im Unterschied zu der Sacherörterung die Gegenüberstellung von Pro- und Kontra-Argumenten deutlich aufweisen:

Beispielthema: Tempolimit – Ja oder Nein?

1 Einleitung
- Aufhänger   Urlaubserfahrung in anderen EU-Ländern
- Themafrage   Soll ein Tempolimit eingeführt werden?

2 Hauptteil Diskussion

2.1	<u>These</u>	Kontra: Kein Tempolimit
2.1.1	Argument 1	hohe Verkehrssicherheit auf Autobahnen
2.1.2	Argument 2	kaum Energieeinsparung
2.1.3	Argument 3	Absatzeinbußen der Automobilindustrie
2.2	<u>Antithese</u>	Pro: Tempolimit auf deutschen Autobahnen
2.2.1	Argument 1	weniger Unfälle und Verkehrstote
2.2.2	Argument 2	weniger Stress
2.2.3	Argument 3	Energieeinsparung
2.2.4	Argument 4	Beitrag zum Umweltschutz
2.3	Synthese	Abwägen der Pro- und Kontra-Argumente: Tempolimit soll eingeführt werden wegen Verkehrssicherheit und Umweltschutz

3 Schluss   Schlussgedanke   Generell mehr Rücksicht im Straßenverkehr

Bei der Anordnung der Pro- bzw. Kontra-Argumente sollte man dem **Prinzip der Steigerung** folgen. Das bedeutet: vom weniger gewichtigen zum gewichtigeren Argument!

Ein anderes mögliches Gliederungsschema ergibt sich, wenn man einzelne Pro- und Kontra-Argumente, die sich inhaltlich entsprechen, direkt einander gegenüberstellt.

1. Erstellen Sie eine Gliederung zum Thema „Streitpunkt Tierversuche".
   a) Fassen Sie dazu einzelne Pro- bzw. Kontra-Argumente zusammen und bilden Sie entsprechende Überschriften.
   b) Ordnen Sie die Argumente nach dem Prinzip der Steigerung.
   c) Fertigen Sie eine ausführliche Gliederung nach dem obigen Schema an.

Bei der schriftlichen Ausarbeitung der Gliederungspunkte kommt es darauf an, dem Leser den gedanklichen Zusammenhang zwischen verschiedenen Aussagen zu verdeutlichen und gute Überleitungen zu formulieren. Hierbei spielen Bindewörter (Konjunktionen) und Umstandswörter (Adverbien) eine wichtige Rolle.

Formulierungen für

Überleitungen	ferner – nicht zuletzt – des Weiteren – von Bedeutung ist auch – man sollte auch nicht vergessen – außerdem – zweitens – ein weiterer Punkt ist –
Begründungen	weil – da – begründen lässt sich das damit, dass – denn – der Grund dafür liegt darin, dass – als Begründung dafür lässt sich anführen –
Belege und Beispiele	z. B. – beispielsweise – jedermann weiß – unbestreitbar – ohne Zweifel – ohne Frage – das kann man auch dadurch erhärten, dass –
Folgerungen	also – folglich – als Konsequenz ergibt sich daraus, dass – demnach – deshalb – daraus ist zu schließen – es ergibt sich –
Einschränkungen	obgleich – falls – zu bedenken ist aber – jedoch – allerdings – und Gegensätze vorausgesetzt – nicht von der Hand zu weisen ist zwar … aber – dennoch – aber – leider –

2. Schreiben Sie den folgenden Text in Ihr Arbeitsheft, ergänzen Sie dabei die fehlenden Verknüpfungswörter und Satzzeichen.

Der Computer am Arbeitsplatz

Der Computer ist ein Freund des Arbeitnehmers … aus vielen Gründen … verdient der Arbeitnehmer durch den Computer mehr … ihm dieser die Routinearbeiten abnimmt, ist sein Arbeitsplatz jetzt wertvoller geworden … ist der Arbeitsplatz viel sicherer geworden … wo mit so moderner Technik gearbeitet wird, ist man wettbewerbsfähig und verliert nicht so schnell seinen Job … hat der Arbeitnehmer mehr Spaß an seiner Arbeit … durchschaut er größere Zusammenhänge und kann mehr mitreden. Das ist … gut für die Karriere … wer mehr Überblick hat, kann mehr Verantwortung übernehmen … muss er nicht mehr so lange arbeiten … ist es dem Computer mitzuverdanken, dass die Arbeitszeit kürzer und der Urlaub länger wird … haben Arbeitnehmer allen Grund, für den Computer zu sein.

In einer Zeitungsmeldung haben Sie gelesen, dass **Umweltschutz** noch von vielen Menschen nicht ernst genommen wird. Jetzt wollen Sie einen Leserbrief verfassen, in dem Sie nachweisen wollen, dass das Problem der Umweltverschmutzung ernst genommen werden muss und dass jeder umweltfreundlich handeln sollte. Sie können dazu die folgenden Gedanken so miteinander verknüpfen, dass eine überzeugende Argumentation entsteht.

Riesige Müllberge

Nordsee als Müllhalde – Robbensterben

Autoabgase führen zum Waldsterben

Umweltfreundliche Putzmittel benutzen

Batterien gehören nicht in den Hausmüll

Wiederholt tote Fische in Flüssen

Die Ozonschicht, die die Erde vor der Sonne schützt, ist schon z.T. zerstört

Treibhauseffekt

Mülltourismus

Getränke in Pfandflaschen kaufen

Auf den blauen Umweltengel achten

Alte Zeitungen gehören in den Papier-, alte Flaschen in den Glascontainer

Das Problem Tierversuche

„Versuchstieren die Freiheit geschenkt." – So die Überschrift einer Zeitungsmeldung, in der über die Aktion militanter Tierschützer berichtet wurde, die Tiere aus der Uniklinik befreit haben. Diese Aktionen häufen sich in letzter Zeit und mit ihnen die Diskussionen über den Sinn oder Unsinn von Tierversuchen. Sind Tierversuche wirklich notwendig?

Gegen Tierversuche sprechen viele Argumente.

Im Kreuzfeuer der Kritik steht die Art und Weise, wie Tiere in den Versuchslaboren gehalten werden. Eingepfercht in kleinen Käfigen warten sie auf die Versuchsreihen. Eine artgerechte Haltung vor allem von Hunden und Katzen ist kaum gegeben. Im Tierversuch sollen neue Substanzen und Medikamente getestet werden. Die Aus- und Nebenwirkungen sind also nicht oder nicht vollständig bekannt. Für die Tiere bedeuten die Tests meistens den Beginn einer langen, qualvollen Zeit, die schließlich mit dem Tode endet. Diese unnatürliche Lebensweise der Tiere ist zweifellos Tierquälerei.
Es muss auch bezweifelt werden, ob die Ergebnisse von Tierversuchen überhaupt auf Menschen übertragbar sind. Der Fall Contergan machte das sehr drastisch deutlich. Das Medikament wurde von schwangeren Frauen eingenommen. In etlichen Fällen kamen die Kinder mit Missbildungen zur Welt, obwohl das Medikament getestet worden war. Man hatte einfach die Wirkung in der Schwangerschaft nicht getestet. Dieser Fall zeigt, dass kein Tierversuch eine „Unbedenklichkeitsbescheinigung" für ein Medikament liefern kann. Der Deutsche Tierschutzbund ist der Ansicht, dass jährlich mehrere Tausend Todesfälle auf Medikamente zurückzuführen sind, die vorher im Tierversuch getestet wurden. Der Nutzen von Tierversuchen muss also ernstlich in Zweifel gezogen werden. Ein weiterer Punkt, der gegen Tierversuche spricht, ist die Tatsache, dass ständig neue Arzneimittel entwickelt werden, für die in vielen Fällen kein Bedarf besteht. Zudem werden die gleichen Versuche oft in mehreren Instituten durchgeführt. Das bedeutet, dass Tiere völlig sinnlos für die gleichen Tests sterben müssen.
Der Einsatz von Tieren in der Militär- und Raumfahrttechnik ist nicht vertretbar. Bei diesen zum Teil grausamen Experimenten wird deutlich, wie wenig die Kreatur für die Forscher gilt. Ähnlich verhält es sich bei Versuchen in der Kosmetikindustrie. Welches Recht haben wir Menschen, Tiere für unsere Schönheit leiden zu lassen?
Tierschützer stellen immer wieder die Frage, wo neben dem Wohl des Menschen denn jenes der Tiere bleibe, wenn die Tiere für uns ihr Leben lassen müssen. Dass jedes Tier Schmerzen empfinden kann, ist für die Tierversuchsgegner offensichtlich. Sie sehen Tiere als Mitgeschöpfe und halten es für ethisch unvertretbar, dass diese zu Versuchszwecken gequält und getötet werden dürfen.

Auf der anderen Seite sprechen aber gewichtige Argumente für die Notwendigkeit von Tierversuchen.

Der eben erwähnte Contergan-Fall spricht in gewisser Weise auch für Tierversuche. Denn seit jenem Fall werden neu entwickelte Wirkstoffe heute darauf geprüft, ob sie den menschlichen Embryo schädigen.

Und das geschieht im Tierversuch. Seither ist kein zweiter Contergan-Fall mehr aufgetreten.

Fortschritte bei Behandlungsmethoden sind ohne Tierversuche kaum möglich. Ein gutes Beispiel ist die Behandlung von Unfallopfern. Während früher jeder zweite Schwerverletzte nach 14 Tagen infolge eines traumatischen Schockzustandes starb, erliegt heute nur noch jeder sechste dem Lungenschock.

Durch Versuche des Unfallchirurgen Dr. Johannes Sturm an Schafen konnten nämlich die Operationsmethoden bei Unfallopfern verbessert werden.

In diesem Zusammenhang muss auch die Ausbildung von Wissenschaftlern und Ärzten genannt werden. Chirurgen müssen zunächst am lebenden Objekt geschult werden, bevor sie einen Menschen operieren.

Ein wichtiges Argument, das für Tierversuche spricht, ist die medizinische Erforschung von Medikamenten gegen Krankheiten wie Tuberkulose oder Aids. Nur durch Experimente an Tieren können neue Wirk- und Impfstoffe erforscht und getestet werden.

Wenn ich die Pro- und Kontra-Argumente abwäge, komme ich zu dem Entschluss, dass Tierversuche möglichst begrenzt werden sollten. Überzeugt haben mich die Argumente, dass Tierversuche in der medizinischen Forschung und Ausbildung unverzichtbar sind. Dagegen sind Versuche in allen anderen Bereichen nicht notwendig. Ich denke auch, dass die Zahl von Versuchen drastisch gemindert werden könnte, wenn Ersatzmethoden entwickelt und sinnlose Mehrfachversuche in verschiedenen Labors unterbleiben würden.

Ich denke, jeder Verbraucher kann etwas tun, um Tierversuche zu verringern, z. B. indem er bewusst Produkte und Kosmetika kauft, für die keine Tiere sterben mussten. Dazu muss man also kein militanter Tierschützer werden.

1. Erläutern Sie den Aufbau des Aufsatzes, indem Sie die Gliederung notieren.

2. Wie sind Einleitung und Schluss gestaltet?
  a) Welcher „Aufhänger" wird benutzt?
  b) Wird die Themenfrage hinreichend klar?
  c) Welche Gedanken beinhaltet der Schluss?

3. Prüfen Sie die Stichhaltigkeit der Argumente.

4. Beschreiben Sie, wie die Synthese gestaltet wurde.

5. Untersuchen Sie den Sprachstil.
  a) Nennen Sie die Formulierungen und Ausdrücke, mit denen zu den wichtigen Teilen und zu neuen Argumenten übergeleitet wird.
  b) Überprüfen Sie, ob aus den Formulierungen hervorgeht, dass es sich um eine Behauptung, Begründung, einen Beleg oder eine Folgerung handelt.

6. Wie würden Sie den Aufsatz zusammenfassend bewerten?

Der Streitfall
Schutz der Nichtraucher per Gesetz?

Von Claus-Peter Schmidt

Man darf schon mal tief durchatmen. Wird der Gesetzentwurf zum Schutz der Nichtraucher vom Bundestag gebilligt, klärt sich die Luft in deutschen Büros und Werkshallen, Ämtern und öffentlichen Verkehrsmitteln. Vorbei ist es dann mit solchen Rauchern, die rücksichtslos ihren Genuss am Glimmstängel suchen und ihre Umwelt mit den schädlichen Bestandteilen von dem, was sie ausatmen, belästigen.

Klagen vor Arbeitsgerichten zeigen, dass es mit der gegenseitigen Rücksichtnahme nicht überall klappt. Und wo die Einsicht fehlt, müssen eben verbindliche Regeln her. So funktioniert unsere Gesellschaft.

Dass Rauchen schädlich für die Gesundheit ist, bestreitet nicht einmal mehr die Zigaretten-Industrie. Rauchen ist die häufigste Ursache von Lungenkrebs. Nun sind aber nicht die Raucher selbst Schutzgut des geplanten Gesetzes, sondern die passiven Mitraucher, die unverschuldet ein gesundheitliches Risiko eingehen.

Wissenschaftler des Heidelberger Krebsforschungszentrums kommen, basierend auf der weltweit wohl umfangreichsten Datensammlung zu Rauchergewohnheiten und medizinischen Folgen, zu dem Schluss: Wenn in Gegenwart eines Menschen 20 bis 25 Jahre lang jeden Tag zehn bis 25 Zigaretten geraucht werden, steigt sein Risiko, an Lungenkrebs zu erkranken, um 35 Prozent. Wenn man bedenkt, wie lange und eng Menschen gerade am Arbeitsplatz zusammen sind, lässt sich das persönliche Risiko abschätzen. Und noch ein Fakt muss ins Gedächtnis gerufen werden: Drei Viertel der deutschen Bevölkerung atmet ungewollt Tabakrauch ein. Eine Minderheit von Genusssüchtigen beherrscht bisher uneingeschränkt den Luftraum.

Mit der Atemluft wird sich auch die Atmosphäre zwischen Nichtrauchern und Rauchern klären. Das Gesetz stellt Verhaltensnormen auf, nach denen sich jeder richten kann. Wo die gegenseitige Rücksichtnahme vorhanden ist, entstehen eh keine Probleme. Fehlt sie, zeigt das Gesetz die Grenzen der individuellen Entfaltung auf und sorgt damit für Klarheit im Umgang von Rauchern und Nichtrauchern.

Von Peter Gartz

Rauchen gefährdet die Gesundheit.
Der Alltag zeigt, dass die Erkenntnis nichts nützt, weil aus ihr keine Konsequenzen gezogen werden.

Nun soll ein Gesetz dafür sorgen, dass wenigstens die Nichtraucher vor den schädlichen Folgen des Rauchens geschützt werden. Es gibt Wissenschaftler, die das Passivrauchen für gefährlich halten. Sie leiten daraus ab, dass die Nichtraucher vor den Rauchern geschützt werden müssen. Am besten durch strenge Separation. Raucher ab in die Raucherecken!

Wer sozusagen wild raucht, soll 100 Mark* Strafe zahlen. Und wer in Unternehmen oder öffentlichen Häusern das Rauchverbot nicht überwacht oder kein Verbotsschild aufstellt, soll bis zu 500 Mark Strafe zahlen.

Ausnahmen gibt es auch. Hotels und Gaststätten werden nicht zur Kasse gebeten, wenn es dort keine Trennung von Rauchern und Nichtrauchern gibt. Da genügt die Zusage, künftig für mehr Nichtraucherbereiche zu sorgen. Und genau dies ist der Punkt, der ärgert, der Sauers Gesetzentwurf diskreditiert.

Rauchen ist keine Ordnungswidrigkeit, kein Anschlag auf das Leben eines Mitmenschen, kein Verbrechen. Es gibt hier also keinen Raum für die Drohung mit einer Strafe. Und wenn trotzdem Strafe, dann für alle. Irgendwem Sonderrecht zuzubilligen, nur weil es ums Geld geht, ist allzu billig.

Noch einen Grund gibt es, ein Anti-Rauchergesetz abzulehnen. Wir Deutschen sind Weltmeister, wenn es um das Einklagen vermeintlichen Rechts geht. Das Gesetz, das darf man erwarten, löste eine Welle von Klagen aus, weil Raucher sich diskriminiert, weil Nichtraucher sich beeinträchtigt fühlen. Eine friedensstiftende Wirkung jedenfalls ist von diesem Gesetz nicht zu erwarten. Vielmehr finden die Rechthaber, die Fundamentalisten eine schöne Spielwiese, um sich auszutoben.

Zum Schaden unserer Gesellschaft, für die jetzt schon Miteinander und Rücksichtnahme keine Selbstverständlichkeiten mehr sind.

---
* 100,00 DM = 51,129 €

Bilden Sie sich Ihre Meinung zu dieser Streitfrage, indem Sie

1. in Ihrer Lerngruppe darüber diskutieren und
2. die Argumente gewichten und abwägen.

PRO & KONTRA

Sollen Inlineskater auf die Fahrbahn?

JA

Bernd Herzog-Schlak
Der 48-jährige Straßenbauingenieur ist Gründungsmitglied des Fußgängerschutzvereins „Fuss". Das Hauptanliegen des bundesweit agierenden Vereins ist die Verminderung von Verkehrsunfällen.

Inlineskating ist leise, verschmutzt die Luft nicht und gefährdet somit auch nicht das Klima. Es ist also eines der umweltfreundlichen Verkehrsmittel.

Allerdings wird gerade die geringe Lärmverursachung für Fußgänger zum Problem, wenn sie sich mit den Skatern gleiche Flächen teilen müssen. Mit bis zu fünffacher Gehgeschwindigkeit kommen die Inlineskater wespenhaft schnell und durchaus bedrohlich heran.

Rempeleien und auch Verkehrsunfälle mit Verletzungen werden mit der zu erwartenden Verkehrsdichte noch zunehmen. Es ist nicht hinzunehmen, dass langsamere und schnellere Fußgänger mit Gepäck oder Kinderwagen, Blinde, Behinderte in Rollstühlen, Kinder auf Fahrrädern, Jugendliche auf Skateboards und nun auch noch Inlineskater auf häufig viel zu schmalen und vollgestellten Gehwegen zusammengedrängt werden, während dem Autoverkehr in der Regel überdimensionierte Spurbreiten zur Verfügung stehen.

Da Inlineskating mehr als eine Modeerscheinung ist, muss der Gesetzgeber schleunigst reagieren: Skater fahren und sie gehören damit auf die Fahrbahnen! Bei Aufhebung der Radwege-Benutzungspflicht für die oft unbenutzbaren Radwege, könnten sie auch dem Radverkehr gleichgestellt werden. Die Straßenbreiten sind begrenzt und die vorhandenen Flächen müssen für alle benutzbar sein. Skater sind damit ein Grund mehr, ernsthaft darüber nachzudenken, ob der Autoverkehr in unseren Städten nicht ziemlich überzogen ist und ob seine Geschwindigkeitsspitzen wirklich erforderlich sind. Mit einer Höchstgeschwindigkeit von 30 km/h in den Städten könnten alle Verkehrsteilnehmer sicherer leben.

NEIN

Dieter Grupe
Der 58-jährige Jurist leitet seit 1991 die Abteilung Straßenverkehr im Bundesverkehrsministerium. Dieter Grupe arbeitet schon seit 1974 in verschiedenen Aufgaben im Bereich des Verkehrswesens.

Rollschuhe, Inlineskates oder auch Skateboards sind keine Fahrzeuge im Sinne der Straßenverkehrsordnung. Sie zählen zum Bereich Sport, Spiel und Freizeit und müssen daher die Vorschriften der Straßenverkehrsordnung für den Fußgängerverkehr beachten.

Aus diesem Grunde dürfen Inlineskater weder Radwege noch die Fahrbahn benutzen, wenn ein Gehweg vorhanden ist. Auch Inlineskater haben selbstverständlich darauf zu achten, dass sie andere nicht schädigen, gefährden, belästigen oder behindern.

Inlineskater haben daher wie jeder Verkehrsteilnehmer die Pflicht, ihr Verhalten, zum Beispiel die Geschwindigkeit, an die örtlichen Gegebenheiten anzupassen und insbesondere auf Schwächere, wie alte oder behinderte Menschen und Kinder, Rücksicht zu nehmen. Wo freie Bahn ist, können sie sich austoben, aber grundsätzlich sind Fußwege keine Rennbahnen.

Wer als Inlineskater sein Verhalten in Fußgängerbereichen, sei es auf Gehwegen oder in Fußgängerzonen, nicht nach diesem Grundsatz ausrichtet, handelt ordnungswidrig. Sein Fehlverhalten kann heute bereits mit Verwarnungsgeld geahndet werden. Die Frage einer Öffnung von Radwegen für Inlineskater wurde auf der Sitzung des Bund-Länder-Fachausschusses für den Straßenverkehr und die Verkehrspolizei im Herbst letzten Jahres behandelt. Der Ausschuss sprach sich dagegen aus, die Straßenverkehrsordnung entsprechend zu ändern. Eine Änderung der Straßenverkehrsordnung halte ich zum jetzigen Zeitpunkt auch nicht für notwendig. Wir werden die Entwicklung allerdings weiter im Auge behalten.

10.6 Moderieren

Im letzten Quartal ist der Umsatz des Einrichtungshauses „Wohnland" im Bereich der Jugendzimmermöbel stark zurückgegangen. Deshalb hat die Geschäftsleitung beschlossen, Maßnahmen zu ergreifen, um den Absatz zu steigern. Zur Vorbereitung der Maßnahmen sind die Mitarbeiterinnen und Mitarbeiter zu einem Meeting eingeladen. Dort soll mithilfe der Moderationsmethode ein Konzept zur Absatzsteigerung gefunden werden. Der zuständige Abteilungsleiter, Herr Peters, moderiert die Arbeitssitzung.

Herr Peters begrüßt die Teilnehmer des Meetings, die im Halbkreis um mehrere Pinnwände und Flipcharts sitzen.

1. Warum sind alle Mitarbeiter und Mitarbeiterinnen eingeladen worden?

2. Mit welchen Erwartungen gehen Sie als Mitarbeiterin bzw. Mitarbeiter zu diesem Meeting?

3. Welche Vorteile bietet die Anordnung des Besprechungsraumes?

1. Schritt: Einstieg

Der Moderator skizziert anhand der „Umsatzkurve" an der ersten Pinnwand das Problem des Absatzrückganges. Als Problemfrage wird formuliert: „Welche Ursachen hat der Absatzrückgang?" Bevor die Teilnehmer sich dieser Frage zuwenden, wird ein Zeitrahmen mit Pausen abgestimmt.

Ursachen des Absatzrückganges

2. Schritt: Themen sammeln

Die Teilnehmer werden aufgefordert, zu der Problemfrage auf Moderationskarten stichwortartig Antworten zu notieren. Jeder Teilnehmer heftet seine Karten an die Pinnwand und erläutert seine Stichworte. Anschließend werden die Karten gemeinsam nach Schwerpunkten sortiert (Clustering) und mit einem Oberbegriff benannt.

4. Notieren Sie die Ursachen für den Absatzrückgang.

5. Clustern Sie die Karten.

3. Schritt: Thema auswählen

Es wird festgelegt, in welcher Reihenfolge welches Thema bearbeitet werden soll. Dies kann z. B. mithilfe der Punkt-Abfrage ermittelt werden. Dazu markieren die Teilnehmer mit Klebepunkten die Themen, die für sie Vorrang haben.

6. Markieren Sie mit drei Punkten die Themen, die Sie für vorrangig halten. Sie können bis zu zwei Punkte für ein Thema vergeben.

4. Schritt: Thema bearbeiten

Die Punktabfrage hat ergeben, dass das Thema „Werbung" an erster Stelle liegt.
Dieses Problem wird mithilfe eines Problemanalyse-Schemas bearbeitet. Ein solches Schema sieht z. B. wie folgt aus:

7. Erarbeiten Sie in Gruppen mithilfe des abgebildeten Schemas das Thema und visualisieren Sie es auf Ihrer Pinnwand.

Werbung verbessern

Ziel	Wie	Hindernisse

5. Schritt: Maßnahmen festlegen

Nach der Problembearbeitung werden konkrete Maßnahmen festgelegt. Dazu wird gemeinsam ein Maßnahmeplan verabschiedet, z. B. nach folgendem Schema:

8. Warum ist es wichtig, nicht nur die Maßnahmen, sondern auch die Termine und Verantwortlichkeiten genau zu vereinbaren?

Werbung verbessern
Maßnahmen
Was   Bis wann   Wer

6. Schritt: Abschluss

Zum Schluss soll die gemeinsame Arbeit bewertet und gewürdigt werden. Der Moderator bedankt sich und verabschiedet die Teilnehmer.

9. Formulieren Sie Fragen für die Abschlussbeurteilung.

Die Moderationsmethode auf einen Blick

6. Abschluss

5. Maßnahmen festlegen

4. Thema bearbeiten

1. Einstieg

2. Themen sammeln

3. Thema auswählen

Erörtern und moderieren

Tipps für die Durchführung einer Moderation

- **Gut vorbereitet sein**
  Die Moderation ist so erfolgreich wie ihre Vorbereitung. Eine Checkliste kann dabei helfen, z. B.:
  - Welches Ziel soll erreicht werden?
  - Wie gestalte ich den Einstieg?
  - Welche Medien und Materialien werden benötigt?

- **Das Ziel nie aus den Augen verlieren**
  Wichtig ist, dass das Ziel gemeinsam formuliert wird und für alle sichtbar festgehalten wird. Gegebenenfalls muss der Moderator die Teilnehmer auf das Ziel hinweisen.

- **Die einzelnen Schritte der Moderation bewusst machen**
  Der Ablauf sollte jedem Teilnehmer klar sein. Nur wenn jeder Teilnehmer weiß, in welcher Phase sich die Moderation befindet, kann ein effektives gemeinsames Erarbeiten sichergestellt werden.

- **Für eine angenehme Atmosphäre sorgen**
  Die Motivation der Teilnehmer ist abhängig von ihrer persönlichen Befindlichkeit. Schon zu Beginn sollte deshalb auf eine positive Arbeitsatmosphäre geachtet werden. Pausen müssen vereinbart werden.

- **Sich neutral verhalten**
  Moderieren heißt auf keinen Fall „Dominieren". Die Hauptaufgabe des Moderators ist die methodische Führung und Visualisierung, nicht eine inhaltliche Gängelung. Anders als die Leiterin oder der Leiter einer Besprechung ist die Moderatorin oder der Moderator bei einer Arbeitssitzung inhaltlich nicht beteiligt und unparteiisch. Die inhaltliche Verantwortung liegt also bei den Gruppenmitgliedern.

---

1. Die Moderation ist Ihnen sicherlich aus dem Fernsehen bekannt.
a) Nennen Sie Fernsehsendungen und deren Moderatoren.
b) Beschreiben Sie die Unterschiede zu der Moderationsmethode in Betrieb und Schule.
2. Erläutern Sie, wieso die Moderationsmethode im betrieblichen Alltag zunehmend praktiziert wird.
3. Üben Sie die Moderationsmethode an überschaubaren Problemstellungen ein. Begrenzen Sie sich in der Zeitplanung und übergeben Sie das Wort Schritt für Schritt an die Teilnehmerinnen und Teilnehmer.

11 Referieren und präsentieren

Projektaufgabe A: Wir präsentieren uns auf der Messe

Nutzen Sie eine regionale Messe, einen Informationstag oder einen Tag der offenen Tür, um ihr Berufsfeld zu präsentieren.

Treffen Sie alle organisatorischen Maßnahmen. Gestalten Sie verschiedene Präsentationsmedien. Führen Sie die Präsentation durch.

Projektaufgabe B: Eine Festrede halten

Entwerfen Sie eine Festrede (mithilfe der Stichwortzettel-Technik) für folgende Anlässe:

- Geburtstagsfeier
- Jubiläum
- Abschlussfeier

Projektaufgabe C: Rhetoriktraining

1. Üben Sie sich in der Aussprachetechnik, indem Sie die folgenden Texte betont und deutlich artikuliert vortragen:

Lang lauscht Lilli Endlich lieblos lächelnd Lallt sie leise: Lautlos Lallas, log dein Loblied! Lisple, lieblich, Liebeslallen; Lächeln ließ mich längst Solch Liebleids Langweil!	Nicht schlechte Wächter scheuchen Wichte, welche frech lächelnd, Ziemlich bezecht – Möchten flüchtig entweichen. Schüchtern verächtlich, Kätzchen weich schleichen sie Sichtlich gemächlich.

2. Üben Sie sich in der Vortragstechnik, indem Sie eine Ballade oder eine Erzählung laut vortragen.
3. Nehmen Sie die Vorträge mit einem Kassettenrekorder oder einer Videokamera auf. Analysieren und bewerten Sie die Vorträge.

Projektaufgabe D: Eine Stehgreif-Rede halten

Halten Sie eine freie Rede aus dem Stehgreif zu einem vorgegebenen Begriff (z.B. Baum, Sonne, Angst, Beruf, Wald, …). Die Rede sollte genau eine Minute lang sein.

11.1 Einen Kurzvortrag halten

„Tritt frisch auf, mach's Maul auf und hör bald wieder auf!" soll Martin Luther seinen Schülern mit auf den Weg gegeben haben.

Kurt Tucholsky: Ratschläge für einen schlechten Redner[1]
- Fang nie mit dem Anfang an, sondern immer drei Meilen vor dem Anfang!
- Sprich nicht frei – das macht einen so unruhigen Eindruck.
- Sprich mit langen, langen Sätzen ...
- Kümmere dich nicht darum, ob die Wellen, die von dir ins Publikum laufen, auch zurückkommen – das sind Kinkerlitzchen.
- Du mußt alles in die Nebensätze legen.
- Eine Rede ist, wie könnte es anders sein, ein Monolog.
- Viel Statistik hebt immer eine Rede ... da jeder imstande ist, zehn verschiedene Zahlen mühelos zu behalten.
- Kündige den Schluß an und dann beginne deine Rede von vorn.

1. Formulieren Sie Ratschläge für einen guten Redner.
2. Versuchen Sie diese Tipps bei Ihren Kurzvorträgen zu befolgen.

6 Trainingstipps

1 Lesen Sie einen Zeitungsartikel, z.B. am Frühstückstisch, und geben Sie dann Ihrem Partner eine präzise Inhaltsangabe.

2 Drehen Sie am Fernseher den Ton ab und beschreiben Sie die Signale der Körpersprache der Menschen, die Sie sehen.

3 Halten Sie im Auto eine Rede, die nur aus einer Silbe besteht. Versuchen Sie den Laut „mo" so zu sprechen, dass er mal wütend, freundlich, selbstsicher, schüchtern klingt.

4 Lernen Sie abzuschätzen, wie weit Ihr Atem reicht. Holen Sie Luft und atmen aus, indem Sie ein „S" summen.

5 Nehmen Sie Vorgelesenes auf und achten Sie beim Abhören auf Artikulation, Betonung, Tempo, Pausen und Lautstärke.

6 Sehen Sie sich eine Bundestagsrede an und achten Sie auf die Argumentation der Redner. Benutzen sie Fakten, sprechen sie Gefühle an?

Beredsamkeit fördert die Karriere

Ein gelungenes Rhetoriktraining verbessert zahlreiche Schlüsselqualifikationen wie angegeben:

	Gering	Mittel	Stark
Eigeninitiative			•••
Selbstvertrauen			•••
Begeisterungsfähigkeit		••	
Durchsetzungskraft			•••
Sicherheit im Sozialkontakt			•••
Entscheidungskraft			•••
Eigenmotivation		••	
Belastbarkeit		••	
Selbstdisziplin		••	
Flexibilität			•••
Konformität	•		
Einsatzbereitschaft		••	
Leistungsorientierung		••	
Weiterbildungsbereitschaft			•••
Teamfähigkeit			•••
Einfühlungsvermögen		••	
Konfliktstärke		••	
Auffassungsgabe			•••
Perfektionismus	•		

aus: FOCUS Nr. 44/1996

---

[1] Dieser Autor lehnt für seine Texte die reformierte Rechtschreibung und Zeichensetzung ab.

11.2 Vortragen von Ergebnissen

Das Referieren über Sachverhalte oder die Präsentation von Ergebnissen gewinnen in Beruf und Alltag immer mehr an Bedeutung. Viele sehen solchen Aufgaben mit Nervosität und Unsicherheit entgegen. Doch auch bei Vorträgen und Präsentationen hängt vieles von der Vorbereitung und der Übung ab.

Die ersten Vorbereitungsschritte verlaufen genauso wie beim Verfassen einer schriftlichen Arbeit: Konzept, Materialsammlung, Gliederung. Bereits hier müssen die Zuhörer, deren Interessen und Kenntnisse mitbedacht werden.

Ein Vortrag lässt sich leichter verfolgen, wenn

- wir persönlich angesprochen werden
- uns das Thema interessiert
- das Referat gut aufgebaut ist
- die Sprache nicht zu kompliziert ist
- die Präsentation anschaulich ist

1. Formulieren Sie Fragen, die bei der Vorbereitung der Präsentation zu bedenken sind.
2. Erstellen Sie eine Check-Liste „Vorbereitung für die Präsentation".

Aus den Vorüberlegungen lässt sich ein „Fahrplan" oder ein **„Drehbuch"** erstellen, in dem skizzenartig der Ablauf festgehalten wird.

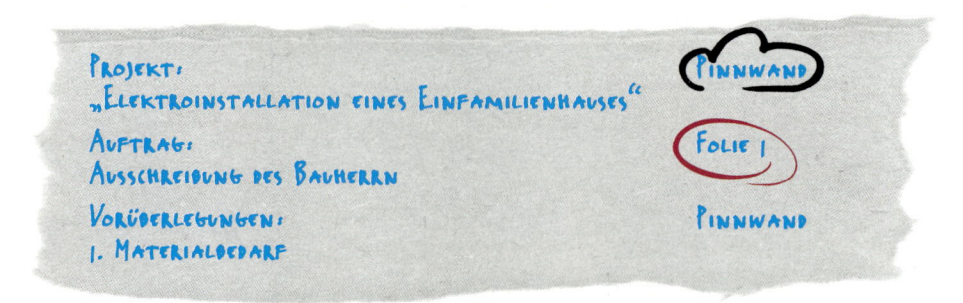

> PROJEKT:
> „ELEKTROINSTALLATION EINES EINFAMILIENHAUSES" PINNWAND
> AUFTRAG:
> AUSSCHREIBUNG DES BAUHERRN FOLIE 1
> VORÜBERLEGUNGEN: PINNWAND
> 1. MATERIALBEDARF

Die Gliederung kann – auch als Gedächtnisstütze – auf Stichwortzetteln, auf Folie, als Mind-Map oder als Thesenpapier festgehalten werden. Wichtig ist, dass die Zuhörer die Gliederung kennen, um so dem Referat besser folgen zu können.

Hilfsmittel und Medien sollen den Vortrag veranschaulichen und ergänzen. Sie sollen schnell erfassbar, also übersichtlich und gut lesbar sein. Zusammenhänge lassen sich durch gleiche Farben und Formen herstellen. Zu viele Details verwirren. Als **Medien** kommen z. B. in Frage: Wandtafel, Pinnwand, Flipchart, Plakate, Dias oder Beamer. Zu viele Hilfsmittel führen eher zu einer Multi-Media-Show als zu einer sinnvollen Veranschaulichung.

Bei dem Medieneinsatz ist zu beachten, dass nur die Darstellung, über die gerade gesprochen wird, im Blickfeld steht. Beim Erklären der Darstellung sollte sich die Referentin oder der Referent den Zuhörern zuwenden und nicht zur Wand oder zur Tafel sprechen.

Projektarbeiten sind in der Regel Gruppenarbeiten. Bei der Präsentation der Ergebnisse sollten sich deshalb möglichst alle Gruppenteilnehmer einbringen. Dies ist etwa dadurch möglich, dass die verschiedenen Teile der Präsentation von verschiedenen Gruppenmitgliedern übernommen werden. Auch andere Arbeitsteilungen sind denkbar.

Eine für die Zuhörer besonders interessante Art der Präsentation ist die **Interviewtechnik**. Ein Referent spielt den Fragesteller, der andere gibt die Antworten. Die Interviewpartner werfen sich sozusagen die Bälle zu. Diese Methode wirkt sehr lebendig und motivierend, verlangt aber eine gute Vorbereitung und etwas Übung.

11.3 Visualisieren und gestalten

Angebot, Angebot

Visualisieren an der Pinnwand oder auf dem Flipchart verlangt eine gut lesbare Schrift. Bei der Formulierung muss auf Kürze und Einfachheit geachtet werden. Das Schreiben mit den Filzstiften will geübt sein.

1. Bereiten Sie ein Blatt (wie oben) mit Linien vor und üben Sie das Schreiben mit verschieden breiten Filzstiften. Achten Sie dabei insbesondere auf die Proportion; die Kleinbuchstaben dürfen nicht zu niedrig ausfallen.

Die Textgestaltung wird durch Rahmen, Farben, und Symbole unterstützt, z. B.:

Referieren und präsentieren

Als Gestaltungselement eignen sich auch verschiedene Diagrammarten, z.B.:

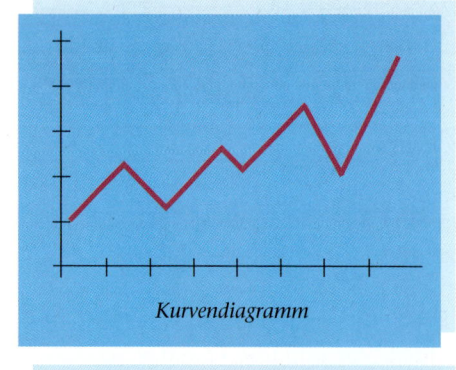

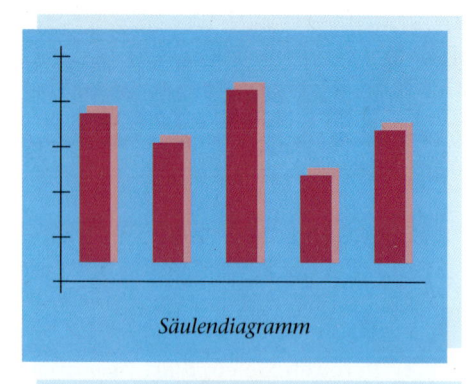

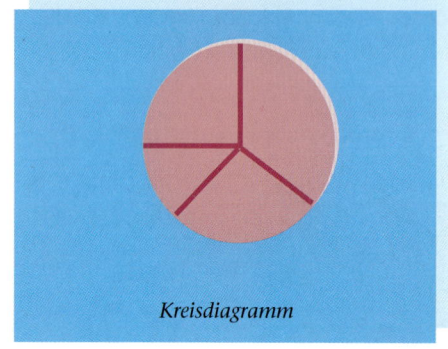

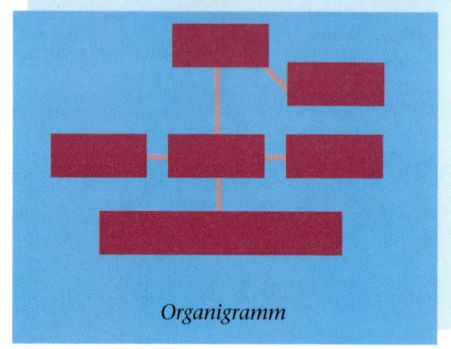

Kurvendiagramm

Säulendiagramm

Kreisdiagramm

Organigramm

1. Entscheiden und begründen Sie, welche Diagrammart Sie für die folgenden Sachverhalte wählen:

   a) Umsatzentwicklung Ihres Ausbildungsbetriebes im abgelaufenen Jahr
   b) Umsatzvergleich der beiden letzten Jahre
   c) Altersstruktur der Mitarbeiter
   d) Ablauf von Produktionsprozessen
   e) Aufbau Ihres Ausbildungsbetriebes
   f) Anteile der verschiedenen Produkte am Gesamtumsatz eines Unternehmens
   g) Entwicklung des Aktienkurses eines Unternehmens

2. Stellen Sie mithilfe einer PC-Software die Altersstruktur Ihrer Lerngruppe in verschiedenen Diagrammarten dar.

11.4 Sich bewerben

Andrea Jäger
Schulabschluss: Berufsfachschule
Ausbildung: Großhandelskauffrau (Textilgroßhandel)
Zeugnisnoten: Durchschnitt 2,8
Deutsch 2, Fachrechnen 4, BWL 2
Bewerbungsunterlagen: vollständig, kreativ und phantasievoll gestaltet
Testergebnis: sehr gute Ausdrucksfähigkeiten, weniger gute Mathe-Ergebnisse
Vorstellungsgespräch: auffallendes Make-up, gut vorbereitet, etwas übereifrig, lückenhafte Kenntnisse

Danny Knaut
Schulabschluss: Hauptschule
Ausbildung: Einzelhandelskauffrau (Textilfachgeschäft)
Zeugnisnoten: Durchschnitt 2,3
Deutsch 3, Fachrechnen 3, BWL 2
Bewerbungsunterlagen: vollständig, ordentlich, korrekt gestaltet
Testergebnis: gute Ausdrucksfähigkeiten, weniger gut im logischen Denkvermögen
Vorstellungsgespräch: dezent gekleidet, höflich, etwas unsicher, sehr gute Fachkenntnisse

Lutz Sauer
Schulabschluss: Realschule
Ausbildung: Bürokaufmann (Textilhandel), will in den Verkauf
Zeugnisnoten: Durchschnitt 2,9
Deutsch 3, Fachrechnen 3, BWL 3
Bewerbungsunterlagen: vollständig, mit Mängeln in der Rechtschreibung
Testergebnis: befriedigende Ausdrucksfähigkeiten, gut im logischen Denken und in Mathematik
Vorstellungsgespräch: gut und modern gekleidet, höflich, interessiert

Marc Schuster
Schulabschluss: Hauptschule
Ausbildung: Einzelhandelskaufmann (Textilfachgeschäft), Young-Fashion-Kurs
Zeugnisnoten: Durchschnitt 2,3
Deutsch 2, Fachrechnen 2, BWL 3
Bewerbungsunterlagen: vollständig, individuell gestaltetes Anschreiben
Testergebnis: gute Ausdrucksfähigkeiten, gut in Mathematik
Vorstellungsgespräch: etwas verspätet, chic gekleidet, interessiert, redegewandt

Projektaufgabe A: Sich für eine(n) Bewerber(in) entscheiden

In die engere Wahl um die Stelle als Mitarbeiter/-in der Herren-Boutique (vgl. S. 193) sind vier Bewerber/-innen gekommen. Die wichtigsten Bewerbungsdaten sind in den obigen Karteikarten festgehalten worden.

Diskutieren Sie in Gruppenarbeit über die einzelnen Bewerber/innen und entscheiden Sie über die Besetzung der Stelle. Begründen Sie Ihre Rangfolge.

Projektaufgabe B: Eine Bewerbung schreiben

Sammeln Sie Stellenanzeigen aus Ihrem Berufsfeld. Schreiben Sie eine Bewerbung mit Bewerbungsschreiben und Lebenslauf.

Projektaufgabe C: Rollenspiel Vorstellungsgespräch

Sie haben Ihre Ausbildung erfolgreich abgeschlossen und sich um eine Stelle beworben. Führen Sie ein Vorstellungsgespräch im Rollenspiel durch. Sie können dazu den Fragenkatalog (S. 201) zu Hilfe nehmen.

Was hat die Bewerbung mit einem Hürdenlauf zu tun?

Nun, sicherlich haben Sie bei einem 110 m-Hürdenlauf schon einmal beobachtet, dass einige Läufer die Hürden berühren oder sogar umstoßen; dabei gehen oft hundertstel Sekunden verloren. Dagegen fliegen andere Läufer leicht über die Hindernisse hinweg. Das kann mehrere Gründe haben. Vielleicht sind sie gerade besser in Form. Vielleicht aber haben sie nur intensiver trainiert. Oder die Disziplin liegt ihnen mehr, sie eignen sich einfach besser dafür.

Diese Beobachtungen lassen sich auf die Bewerbung übertragen. Auch bei der Bewerbung sind in der Regel mehrere Hürden nacheinander zu nehmen:

- ◆ das Bewerbungsschreiben mit Unterlagen
- ◆ ein Einstellungstest
- ◆ das Bewerbungs- oder Vorstellungsgespräch

Wie im Sport ist es möglich, durch gründliche Vorbereitung diese Hürden der Bewerbung zu überwinden. Denn nur wer alle Hürden meistert, wird schließlich die Stelle erhalten.

Die erste Hürde: Sich schriftlich bewerben

1. Auf welchen „Verkäufertyp" zielt diese Aufmachung?
2. Welche Arbeitsstelle erwartet den Bewerber?
3. Was erfährt man über den Arbeitgeber? Wie sind diese Informationen zu bewerten?
4. Was bedeutet „mit den üblichen Unterlagen"?

   Welche Unterlagen sollten nie als Originale eingereicht werden?

   Warum nicht?

TOPFIT!
Jung …, lässig …, selbstbewusst …,
So stellen wir uns den/die neue/n

Mitarbeiter/-in
für unsere supermodische Herren-Boutique vor.

Wir sind ein führendes Haus für DOB und HAKA und bieten alle sozialüblichen Leistungen, ein gutes Betriebsklima und eine leistungsgerechte Bezahlung. Wenn Sie in einem modernen Team ganztags aktiv mitarbeiten wollen und zum nächstmöglichen Termin frei sind, dann richten Sie Ihre Bewerbung mit Lichtbild und den üblichen Unterlagen an …

Dem Bewerbungsschreiben sind als Anlage beizufügen:

- Lebenslauf
- Lichtbild
- Zeugnisse (Kopien)
- wichtige Bescheinigungen, Leistungsnachweise (z. B. über Fortbildungskurse)
- eventuell Empfehlungs- oder Referenzschreiben
- Arbeitsproben (nur wenn ausdrücklich verlangt)

Für eine Kurzbewerbung genügt es, wenn Sie Ihrem Bewerbungsschreiben einen tabellarischen Lebenslauf als Anlage beifügen.

Der erste Eindruck von einem Bewerber ist für den Arbeitgeber oft entscheidend. Hier ist das Bewerbungsschreiben mit den Bewerbungsunterlagen eine Art Visitenkarte. Der Arbeitgeber erhält Hinweise, ob der Bewerber sauber und ordentlich, ernst und gewissenhaft, sorgfältig und zuverlässig sowie einfallsreich und engagiert ist. Online-Bewerbungen werden entweder als E-Mail-Bewerbungen oder mithilfe von Formularen der Unternehmen durchgeführt.

Sie sollten bei der schriftlichen Bewerbung die folgenden Hinweise beachten:

- sauberes weißes unliniertes Papier im Format DIN A4 verwenden
- nur auf einer Seite beschriften (für das Bewerbungsschreiben sollte eine Seite ausreichen)
- bei Schreib- bzw. Tippfehlern neu schreiben, nicht radieren, verbessern, durchstreichen oder Tipp-Ex verwenden
- Bewerbungsunterlagen vollständig, zeitlich geordnet (eventuell in Dokumenthüllen) beifügen, wichtige Dokumente nur als Kopie
- das Lichtbild sollte neueren Datums sein (kein billiges Automatenbild)
- einen festen Umschlag im Format DIN C4 verwenden und ausreichend frankieren

„Supermann" bewirbt sich.

Ein Einrichtungshaus in Norddeutschland suchte einen Auszubildenden für den Ausbildungsberuf „Schauwerbegestalter/-in". Auf ein Zeitungsinserat gingen etliche Bewerbungen ein. Rund 85 Prozent waren im gleichen Stil abgefasst. Eine allerdings fiel aus dem Rahmen. Der Bewerber hätte wahrscheinlich eine Absage erhalten, wenn sein Anschreiben nicht so außergewöhnlich gewesen wäre. Er hatte einen „Supermann" (die Comic- und Filmfigur) darauf gemalt und geschrieben:

> **„Ein Supermann bin ich leider nicht, aber ich habe sehr großes Interesse an einer Ausbildung in Ihrem Unternehmen."**

Im Gespräch bestätigte sich der erste Eindruck. Heute ist der „Supermann" von damals Abteilungsleiter.

1. Warum wird der „Supermann" zum Bewerbungsgespräch eingeladen?
2. Wie kommt es, dass die meisten Bewerbungsschreiben im gleichen Stil verfasst sind?
3. Was bleibt bei diesen Schreiben im Hintergrund?

Sie sollten bei Ihrer nächsten Bewerbung vielleicht doch keinen „Supermann" auf das Bewerbungsschreiben malen. Aber Sie sollten auf folgende Punkte achten:

- persönlicher Stil, keine Muster-Bewerbungsschreiben oder Vordrucke
- auf Angaben und Inhalte (z. B. geforderte Kenntnisse und Fähigkeiten) der Stellenanzeige Bezug nehmen
- eigene Vorzüge sachlich und klar darstellen (weder „hoch- noch tiefstapeln")
- alle Angaben müssen der Wahrheit entsprechen (lieber ungünstige Angaben weglassen als sie vertuschen)
- die Form des Geschäftsbriefes (DIN 5008) einhalten

Auf die Stellenanzeige des Modehauses Söllner (vgl. S. 193) hat sich Markus Thielen mit folgendem Anschreiben beworben. Das Bewerbungsschreiben kann lediglich als Anregung, nicht aber als Muster dienen.

1 Markus Thielen
Hauptstraße 48
67691 Hochspeyer
Tel. 06305 1234

2 Hochspeyer, 28. März

3 Söllner
Mode für Damen und Herren
Eisenbahnstraße 19
67655 Kaiserslautern

4 Bewerbung als Mitarbeiter in Ihrer Herren-Boutique
5 Ihre Anzeige in der Rheinpfalz vom 26. März

6 Sehr geehrte Damen und Herren,

7 um die von Ihnen angebotene Stelle bewerbe ich mich. Sie suchen für Ihre Herren-Boutique einen jungen, lässigen und selbstbewussten Mitarbeiter.

Ich bin	ganze 19 Jahre jung. Vor wenigen Monaten habe ich meine Ausbildung im Modehaus Rieger als Textilverkäufer abgeschlossen und danach in der Herrenabteilung gearbeitet.
Ich kann	selbstständig arbeiten und freundlich auf die Kunden eingehen. In zwei Kursen konnte ich auch meine Kenntnisse im Bereich „Young-Fashion" erweitern.
Ich möchte	die Möglichkeiten nutzen, mich beruflich zu verbessern. Der nächstmögliche Termin, zum Team Ihres Hauses zu stoßen, wäre der 1. Juli.

Ich würde mich freuen, mich bei Ihnen vorstellen zu dürfen.

8 Mit freundlichen Grüßen

9 *Markus Thielen*

10 Anlagen
Zeugnisse
Lebenslauf
Lichtbild

✗ 1. Das Bewerbungsschreiben beachtet alle formalen Gesichtspunkte des Geschäftsbriefes. Nennen Sie diese Punkte, indem Sie die Ziffern 1 bis 10 erklären.

2. Wo bezieht sich Markus in seinem Schreiben auf die Stellenanzeige?

3. Wie hat er seinen Briefinhalt gegliedert? Erklären Sie jeden einzelnen Abschnitt des Brieftextes und notieren Sie sich dazu Stichworte.

4. Wie ist es Markus gelungen, seinem Schreiben eine persönliche Note zu geben?

Lebenslauf

Jedem Bewerbungsschreiben ist ein Lebenslauf beizufügen. Nur wenige Betriebe verlangen einen ausführlichen Lebenslauf; in der Regel – und falls nicht ausdrücklich anders angegeben – genügt der Lebenslauf in tabellarischer Form.

Lebenslauf

Name:	Markus Thielen	
Geburtsdatum:	12. Januar ..	
Geburtsort:	Merzig/Saar	
Eltern:	Ralf Thielen (Kfz-Schlosser) und Susanne Thielen, geb. Baltes (Verkäuferin)	
Familienstand:	ledig	
Schulbildung:	19..–19..	Grundschule Losheim
	19..–19..	Hauptschule Losheim, bis Klasse 8
	19..–19..	Hauptschule Hochspeyer, Hauptschulabschluss
	19..–20..	Berufsbildende Schule II – Wirtschaft und Verwaltung, Kaiserslautern
Ausbildung:	19..–20..	Ausbildung als Verkäufer im Textilhandel beim Modehaus Rieger, Kaiserslautern
Berufliche Tätigkeit:		seit 6.20.. Verkäufer beim Modehaus Rieger, Kaiserslautern, vor allem in der Herrenabteilung
Kenntnisse:		zwei Kurse bei der Firma Exquisite im Bereich „Young-Fashion"
Hobby:		Tanzen

Hochspeyer, 28. März

Markus Thielen

Je nach Bewerber sind zusätzliche Angaben, wie z. B. Staatsangehörigkeit, Religion, Geschwister, Wehr-/Ersatzdienst, im Lebenslauf aufzunehmen.

1. Schreiben Sie Ihren Lebenslauf in tabellarischer Form.
2. Formulieren Sie den tabellarischen Lebenslauf in einen ausführlichen um.

Die zweite Hürde: Sich testen lassen

Über den Sinn oder Unsinn von Einstellungstests kann man sich streiten.
Tatsache ist aber, dass diese Hürde immer dann zu nehmen ist, wenn sich sehr viele Bewerber um eine Stelle beworben haben.
Die Testsituation unterscheidet sich von einer Prüfungssituation in der Schule durch einige Besonderheiten:

Die Aufgaben sind ungewohnt und neuartig.

- Machen Sie sich mit typischen Aufgabenarten vertraut; hierzu geben viele Taschenbücher oder Unterlagen bei der Arbeitsagentur gute Hinweise.
- Hören Sie genau zu bzw. fragen Sie bei Unklarheiten sofort nach, wenn der Testleiter Aufgaben erklärt.
- Beachten Sie die Anweisungen in den Testbögen, z. B. wie und wo die Lösungen einzutragen sind.

Die Zeit zum Lösen der Aufgaben ist oft sehr knapp.

- Geraten Sie nicht in Hektik, wenn Sie nicht alle Aufgaben in der vorgegebenen Zeit lösen können; bei den Tests ist es oft nicht möglich, alle Aufgaben in der knappen Zeit bis zum Ende zu bearbeiten.
- Lassen Sie sich durch den Zeitdruck nicht zu wildem Herumraten und flüchtigem Arbeiten verführen.

Bei vielen Tests werden die Aufgaben immer schwieriger.

- Ein Teil der Aufgaben ist so schwierig, dass kaum jemand sie richtig lösen kann; dies sollten Sie immer bedenken.
- Beginnen Sie immer mit den ersten Aufgaben; sie sind in der Regel leichter und man lernt daran für die folgenden schwierigeren Aufgaben.

Man kommt nicht mit allen Testaufgaben gleich gut zurecht.

- Denken Sie daran, dass die unterschiedlichen Aufgabenarten auch unterschiedliche Fähigkeiten messen sollen; Sie können also in der Regel nicht mit allen Aufgaben gleich gut zurecht kommen.

Die folgende Auswahl überwiegend sprachbezogener Aufgaben soll Ihnen in einige Aufgabentypen von Einstellungstests einen Einblick geben.

1. Lösen Sie die Testaufgaben.
2. Beschreiben Sie den Aufbau der Aufgaben und überlegen Sie, was jeweils getestet werden soll.

- 1 Welcher Begriff passt nicht?
  Suchen Sie das Wort aus einer Reihe heraus, das nicht zu den anderen Worten passt:
  Beispiel:
  a) Kirsche   b) Pflaume   c) Apfel   d) Birne   e) Kuchen
  Lösung: e)
  Aufgaben:
  1. a) Urlaub   b) Ferien   c) Feiertag   d) Arbeitstag   e) Wochenende
  2. a) Quadrat   b) Würfel   c) Kreis   d) Ellipse   e) Rechteck
  3. a) Mittag   b) Nacht   c) Uhr   d) Jahr   e) Monat
  4. a) Roller   b) Motorrad   c) Auto   d) Mofa   e) Moped

- 2 Welches Wort hat eine ähnliche Bedeutung?
  Wählen Sie unter den Lösungsvorschlägen das Wort mit gleicher oder ähnlicher Bedeutung:
  Beispiel:
  Radio
  a) Lampe   b) Kasten   c) Rundfunk   d) Gesang
  Lösung: c)
  Aufgaben:
  1. schnell   a) reißend   b) zornig   c) rasch   d) fahrend
  2. Experiment   a) Beweis   b) Versuch   c) Wissenschaft d) Experte
  3. benetzen   a) einfangen b) fischen   c) anfeuchten   d) verbinden
  4. Reklamation   a) Verweis   b) Mängelrüge c) Bezug   d) Vorkommen

- 3 Wie heißt das Wort?
  Sortieren Sie die Buchstaben zu einem sinnvollen Hauptwort:

Beispiel:	a) AALS	b) FLIHE	c) ELKRE
Lösung:	a) Saal	b) Hilfe	c) Keller
Aufgaben:	1. ORFD	4. BUERA	7. IEEDKR
	2. UHTC	5. HEELR	8. LBENKO
	3. ASLH	6. LICHM	9. SCHABR

• **4 In welchem Verhältnis stehen die Worte?**
  Ergänzen Sie die Wortgleichung:

  Beispiel: groß : klein = breit : ?
  a) dick   b) schmal   c) riesig   d) Körpergröße
  Lösung: b)

  Aufgaben:
  1. Eiche : Baum = Schwalbe : ?
  a) Vogel   b) Spatz   c) fliegen   d) Lebewesen
  2. Sand : körnig = Wasser : ?
  a) Meer   b) waschen   c) trinken   d) flüssig
  3. Jahr : Tag = Kilometer : ?
  a) Monat   b) Meter   c) Zentimeter   d) Längeneinheit
  4. Wort : Bedeutung = Zahl : ?
  a) Aussage   b) Wert   c) Nummer   d) Ziffer

• **5 Welche Position hat der Gegenstand?**
  Nennen Sie die richtige Position des Gegenstandes; jeder Pfeil bedeutet eine Viertelkreisdrehung, also im rechten Winkel (90°):

  Beispiel:

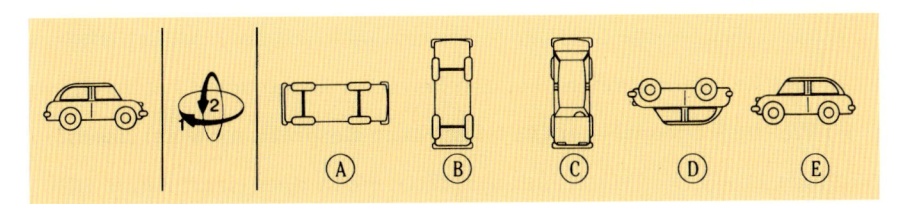

  Lösung: C

  Aufgaben:

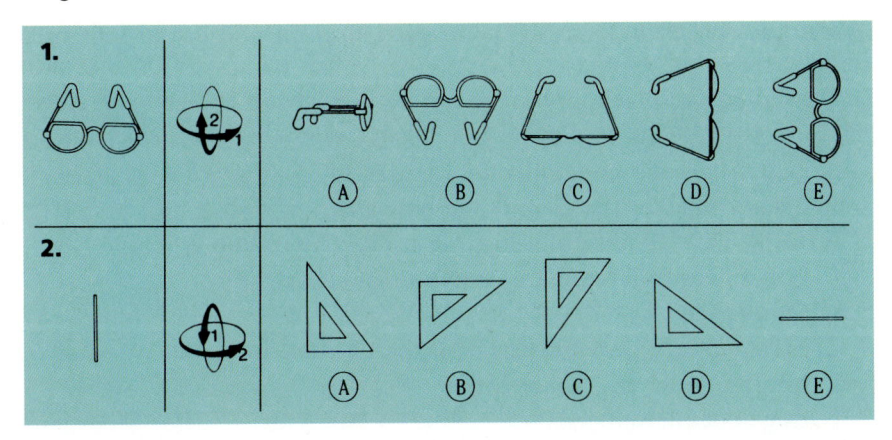

11.5 Die dritte Hürde: Sich vorstellen

> Wir laden Sie ein zu einem Vorstellungsgespräch am Mittwoch, den 21. April, um 9:30 Uhr.

Auf Ihre schriftliche Bewerbung und ggf. nach dem Eignungstest werden Sie zu einem Bewerbungsgespräch eingeladen. Jetzt können Sie davon ausgehen, dass Sie zum engeren Kreis derer gehören, die für die angebotene Stelle infrage kommen. Anders als im bisherigen Bewerbungsverfahren wird der persönliche Eindruck des Bewerbers für den Betriebsleiter oder Personalchef entscheidend sein. Sie sollten deshalb die folgenden Punkte beachten:

- in dezenter und gepflegter Kleidung erscheinen, allzu lässige Freizeitkleidung vermeiden
- auf ein gepflegtes Äußeres achten (kein auffälliges Make-up)
- unbedingt pünktlich sein, deshalb lieber Verspätungen einkalkulieren
- das Einladungsschreiben und Schreibzeug mitnehmen
- sich vorab über den Betrieb informieren

1. Versetzen Sie sich in die Rolle des Personalchefs oder des Betriebsleiters.

a) Welche Informationen über den Bewerber liegen dem Chef bereits vor?

b) Welche Fragen will der Chef deshalb im Gespräch vor allem klären?

Natürlich lassen sich Vorstellungsgespräche nicht über einen Kamm scheren. In einem kleinen Handwerksbetrieb spielen persönliche und emotionale Momente eine weitaus größere Rolle als in einem Großunternehmen oder bei einer Behörde. Aber in allen Fällen hat der Betriebs- oder Personalchef ein Ziel vor Augen, nämlich herauszufinden, welcher Bewerber für den Betrieb am ehesten geeignet ist. Darauf werden die Fragen im Gespräch dann auch abzielen und darauf sollten Sie sich vorbereiten.

Ein Bewerbungsgespräch umfasst in der Regel folgende Themen und Abschnitte, wobei die Reihenfolge der Punkte 2 bis 8 ganz unterschiedlich sein kann.

1. Begrüßung und Einleitung des Gesprächs
2. Gründe für die Stellen- und Betriebswahl
3. Tätigkeiten, Berufserfahrung, Aus- und Weiterbildung, Schule
4. Persönliche und familiäre Verhältnisse
5. Gesundheit
6. Fragen über allgemeine und berufsbezogene Kenntnisse und Fähigkeiten
7. Informationen für den Bewerber
8. Fragen des Bewerbers
9. Abschluss des Gesprächs und Verabschiedung

25 Fragen, die Ihnen beim Bewerbungsgespräch gestellt werden können:

1. Warum wollen Sie die Stelle wechseln?
2. Was wissen Sie über unseren Betrieb?
3. Was machen Sie in Ihrer Freizeit? Treiben Sie Sport?
4. Sind Sie Mitglied in der Gewerkschaft?
5. Warum haben Sie sich gerade bei uns beworben?
6. Welches Gehalt/welchen Lohn erwarten Sie bei uns?
7. Was war in Ihrer Berufstätigkeit Ihr bisher größter Erfolg bzw. Misserfolg?
8. Sie können sich denken, dass bei uns auch schon mal Mehrarbeit anfällt. Sind Sie bereit, im Bedarfsfall Überstunden zu leisten?
9. Wie stellen Sie sich Ihre Tätigkeit in unserer Firma vor?
10. Sind Sie politisch engagiert? Sind Sie Mitglied einer Partei?
11. Welche Stichworte, Begriffe fallen Ihnen bei Ihrem Berufsfeld ein?
12. Welche Arbeiten haben Sie bisher vor allem ausgeführt? Was hat Sie dabei besonders interessiert?
13. Haben Sie sich noch bei anderen Firmen beworben? Mit welchem Erfolg?
14. Sind Sie schwanger?
15. Haben Sie Fort- und Weiterbildungskurse besucht?
16. Wo werden Sie wohnen, wenn Sie bei uns anfangen können?
17. Wir arbeiten hier mit der neuen X-Maschine, dem neuen X-System, der neuen X-Methode. Haben Sie damit bereits Erfahrungen?
18. Haben Sie meist mit anderen Mitarbeitern zusammengearbeitet oder allein?
19. Welche Fächer haben Ihnen in der Berufsschule Spaß gemacht, welche nicht?
20. Sie sind ja noch jung. Welche Ziele haben Sie sich denn noch in Ihrem Beruf und in Ihrem Leben gesteckt?
21. Was machen Ihre Eltern/Ihre Ehefrau/Ihr Ehemann beruflich?
22. Welche Krankheiten haben oder hatten Sie? Für welche Arbeiten sind Sie nicht tauglich?
23. Sie haben doch heute morgen sicherlich auch den Bericht über ... in der Zeitung gelesen. Wie denken Sie denn darüber?
24. Haben Sie noch Fragen?
25. Was darf ich Ihnen zu trinken anbieten?

1. Mit welchen Fragen will der Chef etwas erfahren über

☐ die Leistungsbereitschaft

☐ die beruflichen Pläne und Absichten

☐ die beruflichen Fähigkeiten und Kenntnisse

☐ die persönlichen und familiären Verhältnisse

☐ die Selbsteinschätzung des Bewerbers oder der Bewerberin?

2. Vier Fragen in dem obigen Katalog sind in der Regel unzulässig.

a) Welche sind dies?

b) Wie verhalten Sie sich, wenn Sie Ihnen dennoch gestellt werden?

3. Beantworten Sie die Frage 24, indem Sie eigene Fragen formulieren.

Referieren und präsentieren

11.6 Ausbildungs- und Arbeitszeugnisse richtig lesen

Zeugnisse werden einer Bewerbung als Anlagen beigefügt. Sie dienen nicht nur als Eignungsnachweis, sondern entscheiden oft mit über den Erfolg bei der Bewerbung. Ganz besondere Bedeutung kommt dabei dem Ausbildungszeugnis und dem Arbeitszeugnis zu.

Das Ausbildungszeugnis

Das Berufsbildungsgesetz (BBiG) bestimmt in Paragraph 8:

(1) Der Ausbildende hat dem Auszubildenden bei Beendigung des Berufsausbildungsverhältnisses ein Zeugnis auszustellen ...

(2) Das Zeugnis muss Angaben enthalten über Art, Dauer und Ziel der Berufsausbildung sowie über die erworbenen Fertigkeiten und Kenntnisse des Auszubildenden. Auf Verlangen des Auszubildenden sind auch Angaben über Führung, Leistung und besondere fachliche Fähigkeiten aufzunehmen.

1. Im Absatz 2 wird unterschieden zwischen einem einfachen und einem qualifizierten Zeugnis, das der Auszubildende verlangen kann. Erläutern Sie den Unterschied.

2. Was ist konkret mit „Führung", was mit „Leistung" und was mit „besonderen fachlichen Fähigkeiten" gemeint? Nennen Sie Beispiele aus Ihrem Berufsfeld.

Das **einfache Ausbildungszeugnis** soll folgende Angaben enthalten:

- Bezeichnung des Ausbildungsbetriebes
- Angaben zur Person des Auszubildenden
- Bezeichnung des Ausbildungsverhältnisses
- Dauer des Ausbildungsverhältnisses
- Ziel der Berufsausbildung
- Erworbene Fertigkeiten und Kenntnisse
- Ausstellungsdatum
- Name und Unterschrift des Ausbildenden (und Ausbilders)

Darüber hinaus enthält das **qualifizierte Ausbildungszeugnis**:

- Angaben über die Führung des Auszubildenden (Verhalten)
  a) gegenüber anderen Auszubildenden
  b) gegenüber Mitarbeitern und Vorgesetzten
  c) gegenüber anderen, z. B. Kunden oder Vertretern
- Angaben über die Leistung des Auszubildenden
  a) im Lernbereich, wie Lernen am Arbeitsplatz oder in der betrieblichen Schulung
  b) im Arbeitsbereich, wie Mitarbeit, Arbeitsweise und Einsatz am Arbeitsplatz
- Angaben über besondere fachliche Fähigkeiten, z. B. über Kurse, Zusatzprüfungen

Das Arbeitszeugnis

Wer die Arbeitsstelle kündigt, hat das Recht, sich vom Arbeitgeber ein Zeugnis ausstellen zu lassen.
Ein Arbeitszeugnis darf nach einem Grundsatzurteil des Bundesgerichtshofes keine unwahren Aussagen enthalten und soll „von verständigem Wohlwollen für den Arbeitnehmer getragen sein und darf ihm sein Fortkommen nicht unnötig erschweren".

Martin Brenner, von Beruf Verkäufer, hat gekündigt; in einem anderen Einzelhandelsgeschäft hat er eine interessante und besser bezahlte Stelle gefunden. Sein alter Arbeitgeber stellt ihm folgendes Zeugnis aus:

ZEUGNIS

Herr Martin Brenner, geboren am 16. Mai 1979 in Mainz, war vom 1. April 1997 bis heute in unserer Filiale in Neuwied als Verkäufer tätig. Herr Brenner arbeitete während dieser Zeit zunächst in der Abteilung Herrenoberbekleidung; im Januar 2003 wurde er in die Sportabteilung unseres Hauses versetzt.
Die Tätigkeit von Herrn Brenner bestand vorwiegend aus
- Kundenberatung und Verkauf;
- Warenannahme, Warenkontrolle und Warenpflege;
- Kassendienst.

Herr Brenner hat die ihm übertragenen Arbeiten zu unserer Zufriedenheit mit beachtlichem Interesse erledigt.
Wir haben Herrn Brenner als zuverlässigen Mitarbeiter kennengelernt. Das Verhalten gegenüber Vorgesetzten war korrekt, im Kollegenkreis galt er als toleranter Mitarbeiter.
Herr Brenner beendet sein Arbeitsverhältnis auf eigenen Wunsch, um sich beruflich zu verändern.
Wir wünschen Herrn Brenner für seinen weiteren Lebens- und Berufsweg alles Gute.
i. V. *Krone*

Leiter der Personalabteilung

---

1. Wie ist das Zeugnis aufgebaut? Notieren Sie für jeden Abschnitt ein Stichwort.
2. Mit welcher Note würden Sie nach dem ersten Durchlesen dieses Zeugnis gleichsetzen (sehr gut, gut, befriedigend oder ausreichend)?
3. Woran liegt es, dass die Benotung des Mitarbeiters nicht leicht zu erkennen ist?
4. Überprüfen Sie Ihr Urteil, indem Sie aus dem Zeugnis die Ausdrücke herausschreiben, die Wertungen enthalten. Entschlüsseln Sie die Formulierungen mithilfe der Übersicht auf der nächsten Seite.

Die Beurteilung von Mitarbeitern ist in der Regel offen; wenn aber eher unterdurchschnittliche Leistungen festgeschrieben werden sollen, „verschlüsseln" die Arbeitgeber gerne ihr Urteil. Wie bei anderen Fach- oder Sondersprachen ist die Sprache dann nicht mehr für jeden verständlich. Was eigentlich „recht gut klingt", kann dennoch schlechte Wertungen beinhalten.

Die Arbeitsgemeinschaft selbstständiger Unternehmer hat folgende Formulierungen über die Beurteilung von Leistungen in Arbeitszeugnissen vorgeschlagen:

Leistungen	Formulierung
sehr gut …	hat die ihm übertragenen Arbeiten ständig zu unserer vollsten Zufriedenheit erledigt.
gut …	hat die ihm übertragenen Arbeiten stets zu unserer vollen Zufriedenheit erledigt.
befriedigend …	hat die ihm übertragenen Arbeiten zu unserer vollen Zufriedenheit erledigt.
ausreichend …	hat die ihm übertragenen Arbeiten zu unserer Zufriedenheit erledigt.
mangelhaft …	hat die ihm übertragenen Arbeiten im Großen und Ganzen zu unserer Zufriedenheit erledigt.
nicht genügend …	hat sich bemüht, die ihm übertragenen Arbeiten zu unserer Zufriedenheit zu erledigen.

Verschlüsselte Zeugnisaussage	Bedeutung
Er bemühte sich, den Anforderungen gerecht zu werden.	Er hat versagt.
Er hat versucht, die ihm gestellten Aufgaben zu lösen.	Die Versuche verliefen ohne Erfolg.
Er hatte Gelegenheit, alle lohnbuchhalterischen Arbeiten zu erledigen.	Die Gelegenheit war zwar vorhanden, der Erfolg blieb jedoch aus.
Er erledigte seine Aufgaben mit beachtlichem Interesse.	Eifer war zwar vorhanden, die Ergebnisse enttäuschten jedoch.
Er hat alle Arbeiten ordnungsgemäß erledigt.	Er ist ein Bürokrat, der keine Eigeninitiative entwickelt.
Er hat sich im Rahmen seiner Fähigkeiten eingesetzt.	Er hat getan, was er konnte, aber das war nicht viel.
Er zeigte für seine Arbeit Verständnis.	Er war faul und hat nichts geleistet.
Durch seine Geselligkeit trug er zur Verbesserung des Betriebsklimas bei.	Er neigt zu übertriebenem Alkoholgenuss.
Im Kollegenkreis galt er als toleranter Mitarbeiter.	Für Vorgesetzte ist er ein schwerer Brocken.

Stellen Sie sich selbst ein Arbeitszeugnis aus. Achten Sie dabei darauf, dass Sie die Art und Dauer der Tätigkeiten bei der Arbeitsbeschreibung vollständig und genau aufzählen.

12 Ein Thema – verschiedene Textarten

Der 28. Dezember 1879 war ein schwarzer Tag in der Geschichte der Technik. In dieser stürmischen Nacht stürzte die Eisenbahnbrücke über den Tay bei Dundee in Schottland ein. Ein Eisenbahnzug zerschmetterte in der Tiefe; alle 200 Passagiere kamen ums Leben. Dieses Ereignis bewegte die Öffentlichkeit.
In einer Lokalzeitung, dem Lüneburger Anzeiger vom 3. Januar 1880, heißt es über die Bedeutung des Sturms für das Unglück:

> Als nämlich der Zug die in der Mitte der Brücke befindliche freie Stelle erreichte, war er der vollen Gewalt des wütenden Sturmes ausgesetzt und während schon bei ruhigem Wetter in dem Augenblicke des Passierens eines Eisenbahnzuges stets starke Schwankungen der Brücke bemerkt worden sind, dürften diese Schwankungen zurzeit der Katastrophe das ihnen seitens der erbauenden Ingenieure zugestandene Maß überschritten und zur Entgleisung zunächst der letzten Wagen geführt haben.

Pragmatische Texte rezipieren und produzieren

Die Bedeutung des Sturms für das Eisenbahnunglück ist auch Gegenstand der beiden folgenden Texte:

Text 1
(1880)
Bezeichnet p den Winddruck pro Quadratmeter, so ist das Moment des Winddruckes auf Brücke, Zug und Pfeiler bei Zugrundelegung der in nebenstehender Skizze gegebenen Verhältnisse
$M_w = p (340 \times 30 + 110 \times 28 + 70 \times 73) = 14200\,p$
Man sieht aus diesen Werten, dass die bei uns gebräuchlichen Spannungen bedeutend überschritten werden. Bei einer so elastischen und leichten Pfeilerkonstruktion hätte übrigens auch das Arbeitsmoment der bewegten Masse wohl berücksichtigt werden müssen, da die Schwankungen der Brücke und der Pfeiler unter der Wirkung des Windes nicht unbedeutend sind.

Text 2
Theodor Fontane (1819–1898):
Die Brücke am Tay *(Auszug)*

… Tand, Tand ist das Gebilde von Menschenhand …

Und es war der Zug. Am Süderturm
Keucht er vorbei jetzt gegen den Sturm,
Und Johnie spricht: „Die Brücke noch!
Aber was tut es, wir zwingen es doch.
Ein fester Kessel, ein doppelter Dampf,
Die bleiben Sieger in solchem Kampf.
Und wie's auch rast und ringt und rennt,
Wir kriegen es unter, das Element."
……….

Auf der Norderseite das Brückenhaus –
Alle Fenster sehen nach Süden aus,
Und die Brücknersleut' ohne Rast und Ruh
Und in Bangen sehen nach Süden zu;
Denn wütender wurde der Winde Spiel.
Und jetzt, als ob Feuer vom Himmel fiel,
Erglüht es in niederschießender Pracht
Überm Wasser unten … Und wieder ist Nacht.
…

1. Die Zeitung berichtet von der „vollen Gewalt des wütenden Sturmes". Was entspricht dieser Aussage in Text 1 und was in Text 2?

2. Die beiden Texte verwenden ganz verschiedene sprachliche Mittel, um die Gewalt des Sturmes wiederzugeben. Welche sind dies?

3. Welche Absicht verfolgt der Verfasser des Textes 1? Was will dagegen der Autor des Textes 2 vor allem aussagen?

4. Welcher Sprachfunktion entspricht die jeweilige Absicht?

5. Text 1 ist offenkundig ein Fachtext.
a) Wer könnte ihn verfasst haben, wo könnte er veröffentlicht worden sein?
b) Welcher Leser interessiert sich wohl für diesen Text?

6. Wie bezeichnet man ein Gedicht, das wie hier im Text 2 etwas dramatisch „erzählt"?

> Texte lassen sich grob nach Aussageabsicht und sprachlicher Gestaltung in zwei Textarten einteilen:
> 1. Sach- oder Gebrauchstexte (z. B. Bericht)
> 2. Literarische oder dichterische Texte (z. B. Gedicht)

13 Pragmatische Texte rezipieren und produzieren

➚ Projektaufgabe A: Behörden erkunden

Behörden sind Anlaufstellen für die unterschiedlichsten Anlässe.
Erkunden Sie, an welche Stellen Sie sich jeweils wenden müssen:

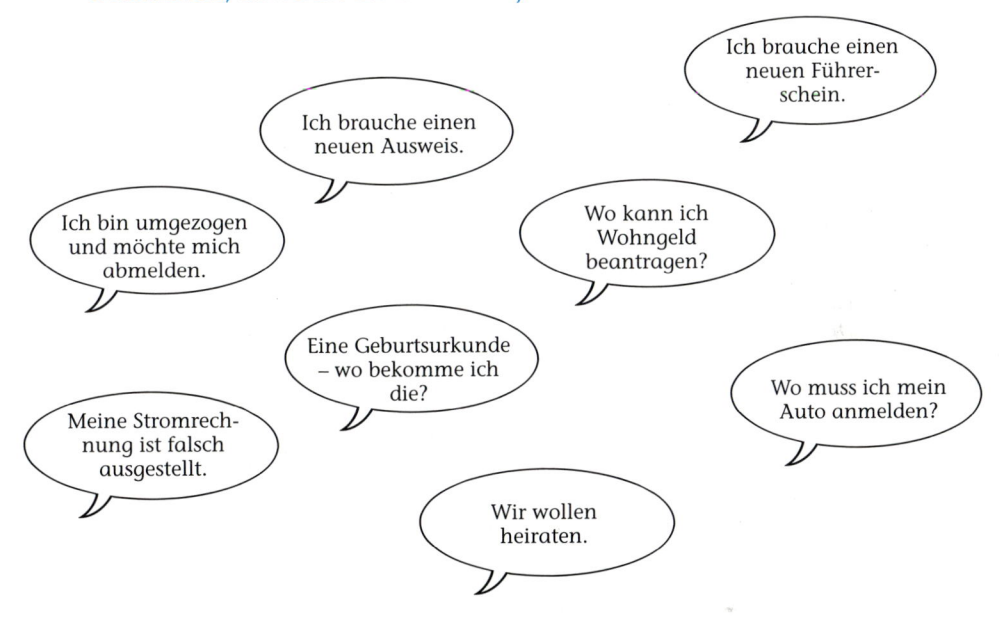

- Ich brauche einen neuen Führerschein.
- Ich brauche einen neuen Ausweis.
- Ich bin umgezogen und möchte mich abmelden.
- Wo kann ich Wohngeld beantragen?
- Eine Geburtsurkunde – wo bekomme ich die?
- Wo muss ich mein Auto anmelden?
- Meine Stromrechnung ist falsch ausgestellt.
- Wir wollen heiraten.

➚ Projektaufgabe B: Eine Schüler-Broschüre erstellen

Juristische Texte wie z.B. das Jugendschutzgesetz, das Berufsbildungsgesetz oder das Jugendarbeitsschutzgesetz sind wichtig, aber oft schwer zu verstehen.

Erstellen Sie in Gruppenarbeit zu einem dieser Gesetze eine Broschüre, die auf wenigen Seiten in schülergemäßer Sprache und Darstellung die wesentlichen Bestimmungen enthält.

➚ Projektaufgabe C: Ein Formular entwerfen

Formulare dienen dazu, Routinevorgänge zu standardisieren.

Suchen Sie nach Routinen in Betrieb und Schule, z.B. Entschuldigungsschreiben, Änderung persönlicher Daten, Nutzungserlaubnis von Labor- und Funktionsräumen. Erstellen Sie zu einem solchen Vorgang ein Formular.

13.1 Gesetzestexte verstehen

1. Charakterisieren Sie die dargestellte Situation.

a) Welche Art von Texten liest die linke Person aus dem Buch vor? Welchen Beruf übt diese Person aus?

b) Wie reagiert der Zuhörer?

c) Woran kann das liegen?

2. Wo überall spielen in Ihrem Alltag Rechts-, Gesetzestexte, Verordnungen oder Satzungen eine wichtige Rolle?

3. Warum werden gerade diese Bereiche durch Texte solcher Art geregelt?

4. Hatten Sie auch schon einmal Probleme mit dem Verständnis solcher Texte? Berichten Sie.

> Texte, die Regeln, Verordnungen oder Gesetze (also Normen) zum Inhalt haben, nennt man **normative Texte**.
> Sie regeln das Verhalten von Menschen untereinander im privaten, im öffentlichen und im betrieblichen Bereich.
> Normative Texte sind oft von Juristen verfasst worden und deren Juristendeutsch ist manchmal für den Bürger nicht ganz leicht zu verstehen.

BGB, § 110 [„Taschengeldparagraf"]

Der von einem Minderjährigen ohne Zustimmung des gesetzlichen Vertreters geschlossene Vertrag gilt als von Anfang an wirksam, wenn der Minderjährige die vertragsmäßige Leistung mit Mitteln bewirkt, die ihm zu diesem Zwecke oder zu freier Verfügung von dem Vertreter oder mit dessen Zustimmung von Dritten überlassen worden sind.

1. Was heißt BGB?
2. Wovon handelt der Gesetzestext?
3. Welche Wortart kommt auffallend häufig vor?
4. Nennen Sie die Fachbegriffe in diesem Gesetzestext und erläutern Sie deren Bedeutung, z. B. „Minderjähriger" = Kind oder Jugendlicher, also eine Person, die noch nicht volljährig ist.
5. Welchen Sinn hat die Bezeichnung „Taschengeldparagraf"?
6. Untersuchen Sie den Sprachstil.
   a) Welche Satzkonstruktion liegt vor?
   b) Bestimmen Sie den Hauptsatz und nennen Sie dessen Satzglieder.
   c) Welche Bedeutung haben die Gliedsätze (Nebensätze) für die Aussage des Hauptsatzes?
7. Erklären Sie Ihren Mitschülern anhand von konkreten Beispielen, wann ein Jugendlicher einen wirksamen Kaufvertrag abschließen kann.

Sprachliche Mittel und Sprachstil normativer Texte:
- viele Hauptwörter (Nominalstil)
- (juristische) Fachbegriffe
- oft Satzgefüge

Berufsbildungsgesetz, [§ 15 „Kündigung"]

(1) Während der Probezeit kann das Berufsausbildungsverhältnis jederzeit ohne Einhalten einer Kündigungsfrist gekündigt werden.

(2) Nach der Probezeit kann das Berufsausbildungsverhältnis nur gekündigt werden

1. aus einem wichtigen Grund ohne Einhalten einer Kündigungsfrist,

2. vom Auszubildenden mit einer Kündigungsfrist von vier Wochen, wenn er die Berufsausbildung aufgeben oder sich für eine andere Berufstätigkeit ausbilden lassen will.

(3) Die Kündigung muss schriftlich und in den Fällen des Absatzes 2 unter Angabe der Kündigungsgründe erfolgen.

(4) Eine Kündigung aus einem wichtigen Grund ist unwirksam, wenn die ihr zu Grunde liegenden Tatsachen dem zur Kündigung Berechtigten länger als zwei Wochen bekannt sind. Ist ein vorgesehenes Güteverfahren vor einer außergerichtlichen Stelle eingeleitet, so wird bis zu dessen Beendigung der Lauf dieser Frist gehemmt.

§ 16 Schadenersatz bei vorzeitiger Beendigung

(1) Wird das Berufsausbildungsverhältnis nach der Probezeit vorzeitig gelöst, so kann der Ausbildende oder der Auszubildende Ersatz des Schadens verlangen, wenn der andere den Grund für die Auflösung zu vertreten hat. Dies gilt nicht im Fall des § 15 Abs. 2 Nr. 2.

1. An wen richtet sich der Text aus dem Berufsbildungsgesetz?

2. Im Text ist vom „Auszubildenden" und vom „Ausbildenden" die Rede. Früher sagte man dafür „Lehrling" bzw. „Lehrherr". Weshalb hat der Gesetzgeber wohl die neuen Bezeichnungen verwendet?

3. Der „Wenn-Satz" in § 15 (2), 2. scheint auf den ersten Blick überflüssig zu sein. Welchen Schritt des Auszubildenden, der kündigt, hat der Gesetzgeber damit vereitelt?

4. § 15 (2) enthält einen sehr unscharfen, „dehnbaren" Begriff.
 a) Suchen Sie diesen „Gummibegriff".
 b) Weshalb ist diese Bezeichnung vielleicht absichtlich gewählt worden?

5. § 16 regelt Schadenersatz bei vorzeitiger Beendigung der Ausbildung.
 a) Erklären Sie, wann ein Schadenersatz nicht möglich ist.
 b) Wieso hilft hier die Gliederung und der Aufbau des Textes?
 c) Beschreiben Sie den Aufbau des Gesetzestextes.

Textauszug nach Thaddäus Troll:

Im Kinderanfall unserer Stadtgemeinde ist eine hierorts wohnhafte, noch unbeschulte Minderjährige aktenkundig, welche durch ihre unübliche Kopfbekleidung gewohnheitsrechtlich R. genannt zu werden pflegt. Der Mutter besagter R. wurde seitens ihrer Mutter ein Schreiben zustellig gemacht, in welchem dieselbe Mitteilung ihrer Krankheit und Pflegebedürftigkeit machte, worauf die Mutter der R. dieser die Auflage machte, der Großmutter eine Sendung von Nahrungs- und Genussmitteln zu Genesungszwecken zuzustellen.

Vor ihrer Inmarschsetzung wurde die R. seitens ihrer Mutter über das Verbot betreffs Verlassens der Waldwege auf Kreisebene belehrt. Dieselbe machte sich infolge Nichtbeachtung dieser Vorschrift straffällig und begegnete beim Übertreten des amtlichen Blumenpflückverbotes einem polizeilich nicht gemeldeten Wolf ohne festen Wohnsitz.

Dieser verlangte in gesetzwidriger Amtsanmaßung Einsichtnahme in das zu Transportzwecken von Konsumgütern dienende Korbbehältnis und traf in Tötungsabsicht die Feststellung, dass die R. zu ihrer verschwägerten und verwandten, im Baumbestand angemieteten Großmutter eilend war.

Da wolfseits Verknappungen auf dem Ernährungssektor vorherrschend waren, fasste er den Entschluss, bei der Großmutter der R. unter Vorlage falscher Papiere vorsprachig zu werden ...

---

1. Haben Sie die besagte R. erkannt?

2. Der Verfasser spielt in seiner Parodie mit der Sprache normativer Texte. Belegen Sie dies, indem Sie die entsprechenden Merkmale (Wortwahl, Stil, Satzbau) erläutern.

3. Untersuchen Sie die Textstelle [„Da wolfseits ..."].
 a) Welche einfache Tatsache steckt dahinter?
 b) Wie wirkt die Textstelle?
 c) Was will Thaddäus Troll damit verdeutlichen?

4. Schreiben Sie den Text im gleichen Stil weiter, wobei Sie sich an die Vorlage anlehnen können.

13.2 Formulare richtig ausfüllen

Diese Seite darf zu Unterrichtszwecken kopiert werden.

Bundesagentur für Arbeit

Antrag auf Berufsausbildungsbeihilfe

Antrag angenommen/eingegangen: (Datum/Namenszeichen des Antragannehmers/Eingangsstempel)	Antragstellung (Datum) (Namenszeichen)	Team	Kundennummer
	Statistik ☐ E ☐ W	Agentur für Arbeit	

Bitte reichen Sie diesen Antrag mit den erforderlichen Unterlagen in Ihrem eigenen Interesse baldmöglichst bei der Agentur für Arbeit ein. Unvollständig ausgefüllte Anträge verzögern die Bearbeitung. Lesen Sie deshalb die Hinweise zum Ausfüllen des Antrages sorgfältig durch!

1 Ich habe bereits früher einen Antrag auf Berufsausbildungsbeihilfe gestellt ☐ ja ☐ nein
Den letzten Antrag habe ich gestellt bei der Agentur für Arbeit | Team | Kundennummer

2 Name, Vorname, Anschrift (ständiger Wohnsitz) | Geburtsdatum | Telefon mit Vorwahl (freiwillige Angabe)

Staatsangehörigkeit
☐ deutsch ☐ _____ (Nationalität angeben)
☐ Anerkennungsverfahren als Spätaussiedler läuft, Einreisejahr: ____

Gleiche Anschrift wie im letzten Antrag? ☐ ja ☐ nein

Familienstand: ☐ ledig
☐ verheiratet.........
☐ geschieden..........
☐ verwitwet............   seit _____
☐ eingetragene Lebenspartnerschaft.........
☐ dauernd getrennt lebend.........

falls Untermieter, bei wem | gegebenenfalls frühere Namen

3 Ich habe bereits einen Berufsabschluss in einem Beruf erworben, für den eine Ausbildungszeit von mindestens zwei Jahren vorgeschrieben ist (zum Beispiel nach einer betrieblichen Ausbildung, nach einer Ausbildung in einem öffentlich-rechtlichen Dienstverhältnis, nach dem Besuch einer Berufsfachschule, Fachschule, Fachhochschule oder Hochschule) oder bei einer Stufenausbildung die letzte Stufe abgeschlossen ☐ ja ☐ nein

→ Ein Anspruch auf Berufsausbildungsbeihilfe besteht dann nicht. Sie brauchen deshalb den Antrag nicht weiter auszufüllen und nicht abzugeben. Sofern Sie jedoch einen Ablehnungsbescheid wünschen, ist der Antrag am Ende zu unterschreiben und bei der Agentur für Arbeit abzugeben.

4 Ich wohne während meiner Ausbildung im Haushalt meiner Eltern oder eines Elternteils ☐ ja ☐ nein
5 Ich habe im Anschluss an die Grundschule/ Hauptschule noch eine Schule besucht ☐ ja ☐ nein
6 Ich habe keinen Berufsabschluss, war aber bereits beruflich tätig
- einschließlich betrieblicher/ schulischer Berufsausbildung (zum Beispiel Berufsgrundbildungs- oder Berufsgrundschuljahr), auch wenn abgebrochen, jedoch ohne Ferienarbeit - ☐ ja ☐ nein
7 Ich war bei der Agentur für Arbeit arbeitslos gemeldet ☐ ja ☐ nein
8 Ich habe Wehrdienst oder Zivildienst geleistet ☐ ja ☐ nein

Vom - bis	Schulart/ bei(m)	Als

Angaben im Berufsausbildungsvertrag zur Ausbildung

9 Berufsausbildung als (Ausbildungsberuf) | Genaue Bezeichnung der Ausbildungsstätte (Ausbildender, Straße, Haus-Nr., Postleitzahl, Ort)

Beginn der Ausbildung | Ende der Ausbildung

Höhe der monatlichen Bruttoausbildungsvergütung im

1. Ausbildungsjahr	2. Ausbildungsjahr	3. Ausbildungsjahr	4. Ausbildungsjahr
DM/€*¹	Betrag	DM/€*¹	Betrag	DM/€*¹	Betrag	DM/€*¹	Betrag
zutreffendes eintragen	zutreffendes eintragen	zutreffendes eintragen	zutreffendes eintragen

Sachbezüge | Sonstige Vereinbarungen

Von der Agentur für Arbeit auszufüllen
Berufsausbildungsvertrag hat vorgelegen. Er wurde am _____ in das Verzeichnis eingetragen. _____
   Datum   Datum   Namenszeichen

Pragmatische Texte rezipieren und produzieren

Unterstützung für Berufsanfänger
Berufsausbildungsbeihilfe rechtzeitig beantragen

Jugendliche, die jetzt eine Lehre in einem Betrieb oder in einer überbetrieblichen Ausbildungsstätte beginnen, haben in vielen Fällen Anspruch auf Berufsausbildungsbeihilfe. Insbesondere wenn sie auswärts untergebracht sind, kann sich ein Antrag wegen der erhöhten Aufwendungen lohnen.

Die Berufsausbildungsbeihilfe sollte möglichst bald bei der Agentur für Arbeit beantragt werden, denn sie kann frühestens ab dem Monat gezahlt werden, in dem der Antrag gestellt wurde. Darauf hat die Berufsberatung der Arbeitsagentur hingewiesen.
Bei der Berechnung der Berufsausbildungsbeihilfe werden Einkommensgrenzen berücksichtigt.

Zunächst wird dabei ein Bedarf für den Lebensunterhalt und die Ausbildung festgelegt, der vom Alter, vom Familienstand und von der Unterbringung abhängig ist. Auf diesen Bedarf werden dann die Ausbildungsvergütung in voller Höhe und das Einkommen von Eltern oder Ehegatten angerechnet, soweit es bestimmte Freibeträge überschreitet.

Der Antrag auf Berufsausbildungsbeihilfe muss bei der Arbeitsagentur mithilfe des abgebildeten Formulars gestellt werden.

1. Welche Vor- und Nachteile haben Formulare
   a) für die Agentur für Arbeit, die den Antrag bearbeiten muss?
   b) für den Auszubildenden, der das Formular ausfüllt?

2. Betrachten Sie genau das abgebildete Formular.
   a) Welche Teile sind nur von der Agentur für Arbeit auszufüllen?
   b) Welche Unterlagen benötigen Sie für den Antrag?

Tipps für das Ausfüllen von Formularen:

- Besorgen Sie sich, wenn möglich, immer zwei Formulare; dann haben Sie immer eine Kopie, und Sie können, wenn Sie etwas falsch ausgefüllt haben, auf das zweite Exemplar zurückgreifen.
- Lesen Sie das ganze Formular zunächst in Ruhe durch.
- Schreiben Sie wegen der besseren Lesbarkeit in Blockschrift.
- Denken Sie an die ggf. beizufügenden Unterlagen und an Ihre Unterschrift.

1. Vielleicht haben Sie auch Anspruch auf die Berufsausbildungsbeihilfe und sollten einen Antrag bei der Agentur für Arbeit stellen.
Besorgen Sie sich bei der zuständigen Agentur für Arbeit ein BAB-Formular und füllen Sie es aus.

13.3 Werbeanzeigen analysieren

➚ Projektaufgabe A: Werbemittel gestalten

„Wer nicht wirbt, der stirbt." Diese Aussage macht deutlich, wie wichtig die Werbung für ein Unternehmen ist. Dabei werden verschiedene Werbemittel eingesetzt: Inserate, Prospekte, Plakate usw.

Gestalten Sie für Ihren Betrieb eine Werbung, in der Sie für Ihr Unternehmen und dessen Produkte werben.

➚ Projektaufgabe B: Einen Radio-Werbespot produzieren

Produzieren Sie einen Werbespot, der im regionalen Radiosender ausgestrahlt werden soll. Anlässe hierfür gibt es genug: ein Schulfest, ein Konzert, eine Sportveranstaltung, eine Spenden- oder Hilfsaktion.

➚ Projektaufgabe C: Stehgreif-Reden halten

- Mehrere Produkte werden auf Stichwortzetteln notiert.
- Aus dem Pool wird jeweils ein Zettel gezogen.
- Zu dem Produkt ist nach einer kurzen Vorbereitungszeit eine Stehgreif-Rede zu halten, in der für das Produkt geworben wird.

➚ Projektaufgabe D: Eine Parlamentsdebatte führen

Kennzeichnend für die Parlamentsdebatte ist ein klar geregeltes Entscheidungsverfahren, in dem mehrere Positionen zu einer Streitfrage zur Entscheidung gebracht werden. Am Ende steht also ein Beschluss. Für diese Entscheidung müssen Mehrheiten überzeugt werden.

Führen Sie eine Parlamentsdebatte.
- Wählen Sie eine Entscheidungsfrage aus (z. B. Wohin soll die Klassenfahrt gehen? Sollen Böller zu Silvester verboten werden?).
- Formulieren Sie in Gruppen Lösungsvorschläge als Anträge.
- Bringen Sie die Vorschläge in der Debatte ein.
- In kurzen, zeitlich klar begrenzten Redebeiträgen werden Anträge und Gegenanträge begründet.
- Am Ende lässt die oder der Vorsitzende über die Anträge abstimmen.

"*H*eute gönne ich mir mal wieder was Besonderes."

*A*ber um ehrlich zu sein: *E*igentlich tue ich das jeden *T*ag. Denn jede Fahrt mit meinem **TPH 125** ist für mich ein kleines *F*est. Deshalb bin ich auch fast ausschließlich mit ihm unterwegs, morgens in's Büro, am Abend zum *S*quash und zu Anita, meiner *F*reundin. Sie findet meinen TPH 125 übrigens genauso toll. Er ist ja auch ein echter *M*over. Wenn wir dann am *W*ochenende mit ihm rausfahren, haben wir immer unglaublich viel *S*paß. *K*leine Feste feiern wir gern gemeinsam.

PIAGGIO
the **MOVERS**

INFORMATIONEN BEI DER PIAGGIO-DEUTSCHLAND GMBH · POSTF. 43 · 86416 DIEDORF

Analysieren Sie die Werbeanzeige:

1. Woran denken Sie spontan beim Betrachten des Bildes?

2. Beschreiben Sie,
   a) wie das Produkt (Motorroller) mit dem Bild in Verbindung gebracht wird,
   b) was dadurch bewirkt werden soll.

3. Beschreiben Sie die Eigenschaften und Lebensumstände des Roller-Fahrers, wie sie in Bild und Text zum Ausdruck kommen.

4. Untersuchen Sie den Anzeigentext:
   a) „Heute gönne ich mir mal wieder was Besonderes."
   Erläutern Sie, was der junge Mann damit aussagen will.
   b) „Aber …"
   Zeigen Sie auf, wie hier auf die Aussage des jungen Mannes Bezug genommen und diese weiterentwickelt wird.
   c) Lesen Sie die groß und kursiv geschriebenen Begriffe von oben nach unten. Welche Lebensinhalte bezeichnen sie?
   d) „jeden Tag" – „jede Fahrt" – „fast ausschließlich" – „toll" – „echter Mover" – „unglaublich viel"
   Welche Art von Ausdrücken wird verwendet? Mit welcher Absicht?

5. Firmenlogo und Firmenname werden mit dem Slogan „the movers" gleichgesetzt. Was soll damit erreicht werden?

6. Die meisten Anzeigen sind nach der sogenannten AIDA-Formel aufgebaut:

A = **Attention (Aufmerksamkeit)** — Wie wird erreicht, dass der Leser die Werbeanzeige nicht übersieht?

I = **Interest (Interesse)** — Wie wird erreicht, dass der Leser die Anzeige genauer betrachtet und so auf das Produkt gelenkt wird?

D = **Desire (Besitzwunsch)** — Wie wird beim Leser der heimliche Wunsch erzeugt, das Produkt zu besitzen?

A = **Action (Kaufhandlung)** — Wie wird der Leser dazu gebracht, sich näher mit dem Produkt zu befassen und sich womöglich zum Kauf zu entscheiden?

Erläutern Sie, inwiefern die Anzeige der AIDA-Formel folgt.

Pragmatische Texte rezipieren und produzieren

Henry Jelinek:
Nachtgesang

badedas placentubex
tai-ginseng panteen
thermofax wipp dentofix
anti-svet palmin
mondamin elastofix
fewa fa feh vlot
seiblank presto caro lux
maggi pez blett pott

alka-seltzer seborin
mem pitrell grill-fix
tempo mampe aspirin
tampax atrix drix

hormocenta kukident
knorr pfaff tarr darmol
odorono chlorodont
fuß-frisch bac odol

mezzo-slabil wazzaba
abba dabba wabbada
f-x k2r T2
$E = m c^2$

WAS DU AB JETZT MACHST, GEHT AUF DEIN EIGENES KONTO

Auch in Sachen Geld. Denn mit dem ersten selbstverdienten Geld wird auch ein eigenes Girokonto fällig. Wenn Sie darüber mit unserem Geldberater sprechen, erfahren Sie, dass die Kontoführung für Schüler, Auszubildende und Studenten bei uns kostenlos ist. Und auch, wie man ab 18 mit ec-Karte und eurocheques bequem bargeldlos bezahlt. Oder wie lohnend sich vermögenswirksames Sparen auszahlt.
Für den Schritt ins Berufsleben sind nützliche Ratschläge immer willkommen. Besonders, wenn sie so umfassend und hilfreich sind wie der Sparkassen StartService. Er enthält viele wertvolle Tipps für Berufsanfänger und Studenten. Holen Sie sich bei uns Ihre Informationsbroschüre.

wenn's um Geld geht – Sparkasse

1. Tragen Sie das Gedicht laut vor und analysieren Sie es.
   a) Welche Produktnamen erkennen Sie wieder?
   b) Was spielt offensichtlich bei der Namensgebung eines Produktes eine wichtige Rolle?
   c) Was hält der Verfasser des Gedichts von der Werbesprache? Wie hat er dies kenntlich gemacht?
2. Analysieren Sie die oben stehende Werbeanzeige:
   a) Welche Zielgruppe wird durch die Schlagzeile angesprochen?
   b) Weisen Sie nach, dass die Anzeige nach der AIDA-Formel aufgebaut ist.
   c) Wie soll der Leser zur Sparkasse „gelockt" werden?

Werben lässt sich nicht nur für Produkte und Dienstleistungen. Auch Verbände, Hilfsorganisationen oder Parteien werben für ihre Ziele.

„Mama, Papa, Panzer."

Ein Krieg ist nicht einfach vorbei. Auch im Frieden geht er weiter: in den Köpfen der Kinder, die nicht vergessen, was geschehen ist. UNICEF betreut kriegstraumatisierte Kinder, um ihnen ihre Albträume zu nehmen. Helfen Sie UNICEF. Spendenkonto 300 000 bei allen Banken, Sparkassen und der Post ank Köln.

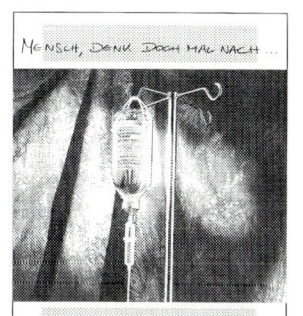

unicef
Kinderhilfswerk der Vereinten Nationen

MENSCH, DENK DOCH MAL NACH ...

EIN TOLLER ABEND. BIS ZUM SCHLUSS.

MEHR ALS 155.000 JUNGE MENSCHEN IM ALTER VON 15 BIS 25 JAHREN VERUNGLÜCKEN JÄHRLICH BEI VERKEHRSUNFÄLLEN. MEIST NACHTS, AM WOCHENENDE. OFT IST ALKOHOL IM SPIEL. MENSCH, DENK DOCH MAL NACH! WENN DU GLAUBST ALKOHOL GEHÖRT DAZU, DANN LASS DIE HÄNDE WEG VOM LENKRAD.

DEUTSCHE VERKEHRSWACHT

DEUTSCHE VERKEHRSWACHT e. V.,
„AKTION JUNGE FAHRER",
53338 MECKENHEIM

• • •
3. Analysieren Sie die beiden Anzeigen.
a) Für was wird jeweils geworben?
b) Beschreiben Sie den Aufbau.
c) An welche Gefühle und Einstellungen der Leser/innen soll appelliert werden?

Die Tricks der TV-Werbung

Mehr als eine Million Werbespots prasseln jährlich auf den Zuschauer nieder. Das Dilemma der gut 2000 Werbe-Agenturen ist natürlich, in dieser Werbeflut überhaupt noch zu beeindrucken. Konsequenz: „Die Zuschauer werden mit immer raffinierteren, subtileren Psycho-Tricks manipuliert, um die beworbenen Produkte zu kaufen", sagt der Berliner Werbefilmprofi Malte Buss. Er nennt die erfolgreichsten Psycho-Tricks der Macher:

Der Humor-Trick: Lustig sprechende Tiere, schrille Typen sind Lockmittel, um sich beim TV-Zuschauer einzuschmeicheln. Eine erfolgreiche Taktik: Humor schafft leichten Zugang in die Zuschauerseele, macht empfänglicher für die Werbebotschaft und versteckt die knallharte Absicht – den Leuten das Geld aus der Tasche zu locken.

Der Angst-Trick: Funktioniert über das Schüren von Angst vor sozialer Zurückweisung. Ein Beispiel sind Deodorants. Unterschwellige Botschaft: Wer keine Sprays kauft, läuft Gefahr, zum Außenseiter zu werden. Weil wir aber auf soziale Anerkennung gepolt sind, lassen wir uns ködern.

Der Stimmen-Trick: Aus einem Orangensaft-Spot: „Wenn Ihnen die Gesundheit Ihrer Familie am Herzen liegt, geben Sie ihr Liebe und Hohes C." Dieser Gewissensappell kommt bewusst von einer männlichen Stimme. Denn psychologische Studien ergaben, dass Frauen viel eher einer Aufforderung folgen, wenn sie von einem Mann statt einer Frau kommt.

Der Harmonie-Trick: Ein wirksames Druckmittel, um mit eher langweiligen Produkten den Wunsch nach häuslicher Idylle zu schüren: Jacobs Krönung als Garant für eine harmonische Familienrunde, Chantré für gute Nachbarschaft. Die Szenen wecken das Bedürfnis nach ähnlicher Harmonie.

Der Neugier-Trick: Unklar bleibt in der Mini-Story erst einmal, auf welches Produkt angespielt wird. Unbewusst sind wir auf des Rätsels Lösung gespannt. Den Urtrieb menschliche Neugier nutzt die Werbung aus, um uns Produkt-Infos unterzuschieben. Wie z. B. der Ohrfeigen-Spot von Mercedes. Aussage: „Ein Mercedes hat keine Panne." Diese kleinen Geschichten bleiben besser im Gedächtnis haften als Fakten übers Produkt.

Der Farb-Trick: Farbpsychologen erforschten, dass Frauen empfänglicher für Produkte sind, die in sanften Tönen gehalten sind. Denn die suggerieren Zartheit und Romantik, Männer springen auf dichte, dunkle Töne an. Weil sie damit vor allem Kraft, Willensstärke, Erfolg verbinden. Das ist auch der Grund, dass in TV-Spots typische Männer-Autos immer eine dunkle Farbe haben. Achten Sie mal drauf …

3. Nennen und beschreiben Sie Werbespots, in denen diese Tricks angewandt werden.

Optik-Tricks im Werbefilm

- Beispiel Bier: Für eine perfekte Krone sorgen giftige Schaumstabilisatoren.
- Beispiel Putzmittel: Bei angeblichem Fettschmutz und Krusten handelt es sich um fettfreien, löslichen Filmdreck aus Roggenmehl, Granulat und Zigarettenasche.
- Beispiel Waschmittel: Beim Vorher-Nachher-Spot wird die verschmutzte Bluse natürlich nicht gewaschen, sondern eine schneeweiße Doppelgängerin als Beweis präsentiert.
- Beispiel Elektrogeräte: Wenn ein kleiner Staubsauger mit Superkraft protzt, saugt unsichtbar selbstverständlich ein Industriestaubsauger.

218 Ein Thema - verschiedene Textarten

13.4 Politische Reden kritisch verfolgen

An die Jugend[1]

Anlässlich des 40. Jahrestages der Beendigung des Krieges in Europa und der nationalsozialistischen Gewaltherrschaft hielt der damalige Bundespräsident Richard von Weizsäcker am 8. Mai 1985 im Deutschen Bundestag eine weltweit beachtete Rede. Der Schlussteil hat folgenden Wortlaut:

Manche junge Menschen haben sich und uns in den letzten Monaten gefragt, warum es 40 Jahre nach Ende des Krieges zu so lebhaften Auseinandersetzungen über die Vergangenheit gekommen ist. Warum lebhafter als nach 25 oder 30 Jahren? Worin liegt die innere Notwendigkeit dafür?

Es ist nicht leicht, solche Fragen zu beantworten. Aber wir sollten die Gründe dafür nicht vornehmlich in äußeren Einflüssen suchen, obwohl es diese zweifellos auch gegeben hat.

40 Jahre spielen in der Zeitspanne von Menschenleben und Völkerschicksalen eine große Rolle.

Auch hier erlauben Sie mir noch einmal einen Blick auf das Alte Testament, das für jeden Menschen, unabhängig von seinem Glauben, tiefe Einsichten aufbewahrt. Dort spielen 40 Jahre eine häufig wiederkehrende, eine wesentliche Rolle.

40 Jahre sollte Israel in der Wüste bleiben, bevor der neue Abschnitt in der Geschichte mit dem Einzug ins verheißene Land begann. 40 Jahre waren notwendig für einen vollständigen Wechsel der damals verantwortlichen Vätergeneration.

An anderer Stelle aber (Buch der Richter) wird aufgezeichnet, wie oft die Erinnerungen an erfahrene Hilfe und Kettung nur 40 Jahre dauerte. Wenn die Erinnerung abriß, war die Ruhe zu Ende.

So bedeuten 40 Jahre stets einen großen Einschnitt. Sie wirken sich aus im Bewußtsein der Menschen, sei es als Ende einer dunklen Zeit mit der Zuversicht auf eine neue und gute Zukunft, sei es als Gefahr des Vergessens und als Warnung vor den Folgen. Über beides lohnt es sich nachzudenken.

Bei uns ist eine neue Generation in die politische Verantwortung hereingewachsen. Die Jungen sind nicht verantwortlich für das, was damals geschah. Aber sie sind verantwortlich für das, was in der Geschichte daraus wird.

Wir Älteren schulden der Jugend nicht die Erfüllung von Träumen, sondern Aufrichtigkeit. Wir müssen den Jüngeren helfen zu verstehen, warum es lebenswichtig ist, die Erinnerung wachzuhalten. Wir wollen ihnen helfen, sich auf die geschichtliche Wahrheit nüchtern und ohne Einseitigkeit einzulassen, ohne Flucht in utopische Heilslehren, aber auch ohne moralische Überheblichkeit.

---
[1] Dieser Autor lehnt für seine Texte die reformierte Rechtschreibung und Zeichensetzung ab.

Wir lernen aus unserer eigenen Geschichte, wozu der Mensch fähig ist. Deshalb dürfen wir uns nicht einbilden, wir seien nun als Menschen anders und besser geworden.

Es gibt keine endgültig errungene moralische Vollkommenheit – für niemanden und kein Land! Wir haben als Menschen gelernt, wir bleiben als Menschen gefährdet. Aber wir haben die Kraft, Gefährdungen immer von neuem zu überwinden.

Hitler hat stets damit gearbeitet, Vorurteile, Feindschaften und Haß zu schüren. Die Bitte an die jungen Menschen lautet: Lassen Sie sich nicht hineintreiben in Feindschaft und Haß

gegen andere Menschen,
gegen Russen oder Amerikaner,
gegen Juden oder Türken,
gegen Alternative oder Konservative,
gegen Schwarz oder Weiß.

Lernen Sie, miteinander zu leben, nicht gegeneinander.

Lassen Sie auch uns als demokratisch gewählte Politiker dies immer wieder beherzigen und ein Beispiel geben.

Ehren wir die Freiheit.
Arbeiten wir für den Frieden.
Halten wir uns an das Recht.
Dienen wir unseren inneren Maßstäben der Gerechtigkeit.
Schauen wir am heutigen 8. Mai, so gut wir es können, der Wahrheit ins Auge.

1. Beschreiben Sie die Situation, in der der Bundespräsident die Rede gehalten hat.

   a) Was ist Anlass der Rede?
   b) In welchen verschiedenen Rollen spricht von Weizsäcker?
   c) Wer alles sind seine Zuhörer? (Die Rede wurde live in Fernsehen und Rundfunk übertragen; ferner berichteten auch die ausländischen Journalisten, insbesondere israelische über die Gedenkfeier.)
   d) Inwiefern war die Aufgabe für den Redner schwierig?

2. Von Weizsäcker beschäftigt sich insbesondere mit der Verantwortung der Deutschen für die nationalsozialistische Gewaltherrschaft im Dritten Reich.

   a) Warum wurde nach einer Zeitspanne von 40 Jahren heftig darüber diskutiert?
   b) „Die Jungen sind nicht …" (Z. 43–56). Erläutern Sie mit eigenen Worten diese Kernstelle der Rede.
   c) Wie beschreibt er die Aufgabe der Älteren gegenüber den Jüngeren hinsichtlich der Aufarbeitung der nationalsozialistischen Vergangenheit?

3. Wie charakterisiert der Bundespräsident die politische Methode Hitlers? Welche Konsequenzen sollten die jungen Menschen daraus ziehen?

4. Für welche zentralen Grundwerte unserer demokratischen Gesellschafts- und Staatsordnung sollten sich die heutigen Politiker einsetzen?

5. Analysieren Sie auch, wie von Weizsäcker seine Aussagen durch sprachliche Mittel wirkungsvoll unterstützt:

   a) Wie gebraucht er das persönliche Fürwort „wir"? Wie sind Aufforderungssätze formuliert? Was bezweckt er damit?
   b) Was kommt in den „Aber-Sätzen" zum Ausdruck?

Adolf Hitler
Über die Erziehung der Jugend

Meine Pädagogik ist hart. Das Schwache muss weggehämmert werden. In meinen Ordensburgen wird eine Jugend heranwachsen, vor der sich die Welt erschrecken wird. Eine gewalttätige, herrische, unerschrockene, grausame Jugend will ich.

Jugend muss das alles sein. Schmerzen muss sie ertragen. Es darf nichts Schwaches und Zärtliches an ihr sein. Das freie, herrliche Raubtier muss erst wieder aus ihren Augen blitzen.

Stark und schön will ich meine Jugend. Ich werde sie in allen Leibesübungen ausbilden lassen. Ich will eine athletische Jugend. Das ist das erste und das wichtigste. So merze ich die Tausende von Jahren menschlicher Domestikation[1] aus.

So habe ich das reine, edle Material der Natur vor mir.

So kann ich das Neue schaffen. Ich will keine intellektuelle Erziehung. Mit Wissen verderbe ich mir die Jugend. Am liebsten ließe ich sie nur das lernen, was sie ihrem Spieltriebe folgend sich freiwillig aneignen.

Aber Beherrschung müssen sie lernen. Sie sollen mir in den schwierigsten Proben die Todesfurcht besiegen lernen. Das ist die Stufe der heroischen Jugend. Aus ihr wächst die Stufe des Freien, des Menschen, der Maß und Mitte der Welt ist, des schaffenden Menschen, des Gottmenschen.

In meinen Ordensburgen wird der schöne, sich selbst gebietende Gottmensch als kultisches Bild stehen und die Jugend auf die kommende Stufe der männlichen Reife vorbereiten.

[1] Zähmung

1. Erläutern Sie die Erziehungsziele Hitlers. Welches Idealbild eines Jugendlichen hat er?
2. Warum hat sich Hitler „seine Jugend" so gewünscht?
3. Analysieren Sie, welche rhetorischen Mittel er in seinen Äußerungen einsetzt:
   a) In welcher Rolle tritt er auf? Wie und wie oft erwähnt er sich selbst?
   b) Wie ist der Satzbau zu charakterisieren? (Länge der Sätze, Satzart)
   c) Aus welchem Bereich stammen die Begriffe (Eigenschafts- und Tätigkeitswörter), die er zur Beschreibung seines Idealbildes der Jugend verwendet?
   d) Was bezweckt er mit der Häufung von Begriffen?

Loriot
Bundestagsrede[1]

„Meine Damen und Herren, was kann als Grundsatz parlamentarischer Arbeit betrachtet werden? Politik bedeutet, und davon sollte man ausgehen, das ist doch – ohne darum herumzureden – in Anbetracht der Situation, in der wir uns befinden. Ich kann den Standpunkt meiner politischen Überzeugung in wenige Worte zusammenfassen: Erstens das Selbstverständnis unter der Voraussetzung, zweitens, und das ist es, was wir unseren Wählern schuldig sind, drittens die konzentrierte Beinhaltung als Kernstück eines zukunftsweisenden Parteiprogramms.
Wer hat denn, und das muß vor diesem Hohen Hause einmal unmißverständlich ausgesprochen werden. Auch die wirtschaftliche Entwicklung hat sich in keiner Weise ... das kann von niemand bestritten werden, ohne zu verkennen, daß in Brüssel, in London die Ansicht herrscht, die Regierung der Bundesrepublik habe da und, meine Damen und Herren ... warum auch nicht? Aber wo haben wir denn letzten Endes, ohne die Lage unnötig zuzuspitzen? Da, meine Damen und Herren, liegt doch das Hauptproblem. Wer war es denn, der seit 15 Jahren, und wir wollen davon absehen, daß niemand behaupten kann, als hätte sich damals – so geht es doch nun wirklich nicht.
Ich habe immer wieder darauf hingewiesen, daß die Fragen des Umweltschutzes, und ich bleibe dabei, wo kämen wir sonst hin, wo bliebe unsere Glaubwürdigkeit? Eines steht doch fest, und darüber gibt es keinen Zweifel. Wer das vergißt, hat den Auftrag des Wählers nicht verstanden. Die Lohn- und Preispolitik geht von der Voraussetzung aus, daß die mittelfristige Finanzplanung und im Bereich der Steuerreform ist das schon immer von ausschlaggebender Bedeutung gewesen ... meine Damen und Herren, wir wollen nicht vergessen, hier und heute stellen sich die Fragen, draußen im Lande, und damit möchte ich schließen, letzten Endes, wer wollte das bestreiten?
Ich danke Ihnen!"

1. Über welches Thema spricht der „Bundestagsabgeordnete" Loriot?
2. Nennen Sie Redewendungen, die Ihnen besonders typisch für Bundestagsreden erscheinen.
3. Was sagen solche Formulierungen aus? Welchem Zweck sollen sie in einer Debattenrede dienen?
4. Welche Absicht verfolgt der Satiriker Loriot mit seiner „Bundestagsrede"?

---
[1] Dieser Autor lehnt für seine Texte die reformierte Rechtschreibung und Zeichensetzung ab.

14 Massenmedien nutzen und Medienkonsum reflektieren

➚ Projektaufgabe A: Eine vergleichende Medienanalyse anstellen

Die Medien (Fernsehsender, Zeitungen) berichten sehr unterschiedlich über die gleichen Ereignisse. Führen Sie eine Medienanalyse durch:

- Wählen Sie ein Thema, das Sie an einem Tag entweder in verschiedenen Fernsehprogrammen oder Zeitungen verfolgen und analysieren wollen.
- Erarbeiten Sie gemeinsame Analysekriterien (z.B. Länge und Ausführlichkeit, Anschaulichkeit, Sprachstil usw.), die Sie auf einem Analysebogen festhalten.
- Bilden Sie Expertenteams und führen Sie die Untersuchung durch.
- Präsentieren Sie Ihre Einzelergebnisse.
- Diskutieren Sie über die Unterschiede und ihre Bedeutung.

➚ Projektaufgabe B: Den eigenen Medienkonsum kritisch analysieren

Führen Sie eine Woche lang Buch über Ihre Mediengewohnheiten. Vergleichen Sie die Ergebnisse in der Lerngruppe. Entwickeln Sie einen Medien-Wochenplan, der zu einer sinnvollen Nutzung anleiten soll.

Gutenberg
Vergangenheit ruft Zukunft

1   Gutenberg: „Zu Hilfe! ... Hallo! ... Ist hier jemand?
    Alex: „???"
    G: Wo bin ich hier gelandet?
5   Alex: In einer Chat-Mailbox, Mensch!
    G: Wie bitte?
    Alex: Ich schreibe etwas in meinen Computer, und du hast es sofort in deinem elektronischen Briefkasten oder am Bildschirm
10 – auch wenn du weiß Gott wo bist. Übrigens: Ich bin der Alex. Nächste Woche werd' ich 16.
    G: Ich wollte mir nur ansehen, wohin meine Erfindung vor gut 500 Jahren die Welt
15 gebracht hat!
    Alex: Welche Erfindung denn?
    G: Hättest du in Geschichte eigentlich lernen sollen: Buchdruck!
    Alex: Den hat doch Gutenberg entdeckt.
20 G: Und wer, glaubst du, bin ich?
    Alex: Wirklich? Gutenberg? Heiß! Aber wie kommst du ins Netz?
    G: Neugierig war ich immer schon – so habe ich Mittel und Wege gefunden!
25 Und die Buchstaben, mit denen ihr schreibt, sind ja fast noch die gleichen wie zu meiner Zeit! Aber diese Lichtkästen da ...
    Alex: Du meinst: die Computer?
    G: Ja, da finde ich meine Bücher schöner!
30 Alex: Mag sein, aber auf einem kleinen Chip, so groß wie mein Daumennagel, kann ich ganze Bibliotheken abspeichern. Oder da, auf dieser glitzernden Scheibe, einer CD-ROM, habe ich ein ganzes Wörterbuch.

Und ich kann zusätzlich jedes Wort hören, 35
korrekt ausgesprochen. Verlage machen
heute mehr als nur Papier zu bedrucken.
G: Aber man sieht ja gar nicht, was auf dieser Scheibe drauf ist!
Alex: Du musst sie im Computer hochfahren. 40
Hier z.B. ein Lexikon auf CD-ROM. 20
Bände auf einer Scheibe! Mit Unmengen
Bildern und Grafiken. Du kannst berühmte Leute dieses Jahrhunderts sprechen
hören; dann hast du Musik und Tierstim- 45
men drauf – und Video- und Filmclips!
G: Steht denn da über mich auch etwas drin?
Alex: Moment. Kein Blättern mehr in verstaubten Schmökern! Da hab' ich's: *Gutenberg, Johannes, Erfinder der Buchdruckerkunst* 50
(mit beweglichen auswechselbaren Lettern, die er mittels des von ihm ausgedachten Handgießinstrumentes goss). Geboren um 1397 in Mainz, gestorben wohl am 3.2.1468. Sohn des Mainzer 55
Patriziers Friele Gensfleisch (haha!) *zur Laden, der nach seinem Haus „zum Gutenberg" hieß*. Warte, es geht noch weiter: *Er musste wegen finanzieller Schwierigkeiten auf Grund eines Ge-* 60
richtsurteils seine Druckeinrichtung abtreten. Hat dir ja nicht viel eingebracht, deine Erfindung! Hättest du gleich den Computer erfinden sollen. Dann wärst du jetzt reich! 65
G: Meine Erfindung hat damals die Welt verändert! Und es war ein langer Weg – von der Steintafel über Papyrusrollen bis zur Druckerpresse! Bücher konnten vorher nur die Mönche in mühsamer Handarbeit herstellen 70
und das Wissen, das in jedem Buch steckt, blieb hinter den Klostermauern verborgen. In den 50 Jahren nach meiner Erfindung wurden acht Millionen Bücher gedruckt! Die Renaissance mit all ihren Errungenschaften 75
wäre ohne Bücher undenkbar gewesen. Gedanken verbreiten – das war vorher nicht möglich. Wofür ein Schreiber ein Jahr brauchte, das schaffte ein Drucker plötzlich in einem Tag. Mach dich nicht über mich 80
und meine Erfindung lustig!
Alex: Tu' ich ja gar nicht. Und – unter uns: Ich hänge nicht nur vor dem Computer rum. Ich bin auch Mitglied in einem Buchclub – eins von 25 Millionen Mitgliedern 85
weltweit. Stell dir das mal vor. Gerade lese ich einen Krimi. Als ich mir jetzt das Video besorgt habe, war ich fast enttäuscht. In meiner Phantasie war das alles viel spannender. 90
G: Und das Buch ist handlicher als dein Computer. Du kannst noch im Bett lesen, im

224 Kommunikation in Kultur und Gesellschaft

95	Badezuber oder in diesen langen Kisten, die auf Schienen rollen.
	Alex: Hast ja Recht. Die letzte Stunde hat dem Buch sicher noch nicht geschlagen: Ich hab' in meiner elektronischen Zeitung im Internet gerade gelesen, dass im letzten Jahr 844.000 verschiedene Buchtitel weltweit verlegt wurden. Filmtitel hat es hingegen gerade mal 10.000 gegeben!
100	
	G: Freut mich, dass meine Erfindung so viel in Bewegung gesetzt hat.
105	Alex: Es wäre aber klüger, mehr auf CD-ROM zu machen. Da könnten ganze Wälder gespart werden. Die elektronischen Medien, lese ich da, sollen bei den Verlagen zur Jahrtausendwende einen Marktanteil von 18 Prozent haben.
110	G: Nun mal langsam. Meine Bücher finde ich heute noch in den Bibliotheken. Sie sind sehr haltbar, weil ich so gutes Papier verwendet habe. Wie lange halten denn deine CD-ROMs?
115	Alex: Oh verdammt, das ist eine gute Frage. Kann man nicht so genau sagen. Die Technik ändert sich alle paar Jahre, und es kann schon sein, dass es in 10 oder 20 Jahren keine passenden Geräte mehr gibt.

G: Wird denn heute jedes Buch immer nur von einem Menschen gelesen! In meiner Zeit wurden die Bücher von einem zum anderen weitergereicht.

Alex: Meistens liest nur einer, schließlich sind die Bücher heute viel billiger geworden. Aber es gibt auch Bibliotheken. Zum Beispiel die Stadtbibliothek bei uns. Da treffe ich mich öfters mit Freunden. Du kannst stundenlang herumschmökern, dabei im Café sitzen oder ausleihen, was immer du willst. Software für den Computer kann ich mir dort auch besorgen und bald gibt es einen Internet-Anschluss – eine Auffahrt auf die Datenautobahn.

G: Ich wünsche dir viel Glück mit deinem elektronischen Liebling! Mir ist er nicht ganz geheuer. Muss nur der Strom ausfallen – mit dem Buch habe ich wenigstens etwas in der Hand. Das ist was für die Ewigkeit!

Alex: Na, dann nütze sie mal gut, deine Ewigkeit! Und wenn du mal wieder mit mir chatten willst – du weißt, wo du mich erreichen kannst. Also bis bald.

G: Also wenn ich ehrlich sein soll, lieber würde ich mich mit dir in deiner Bibliothek treffen und in Büchern schmökern!

1. Erläutern Sie, worin die besondere Bedeutung der Erfindung des Buchdrucks damals lag und inwiefern sie auch im Multimedia-Zeitalter unentbehrlich ist.

2. Welche verschiedenen Möglichkeiten von Multimedia nutzt Alex? Worin liegen ihre Vorzüge und Nachteile?

3. Beschreiben Sie Konsequenzen für eine sinnvolle Medien-Nutzung.

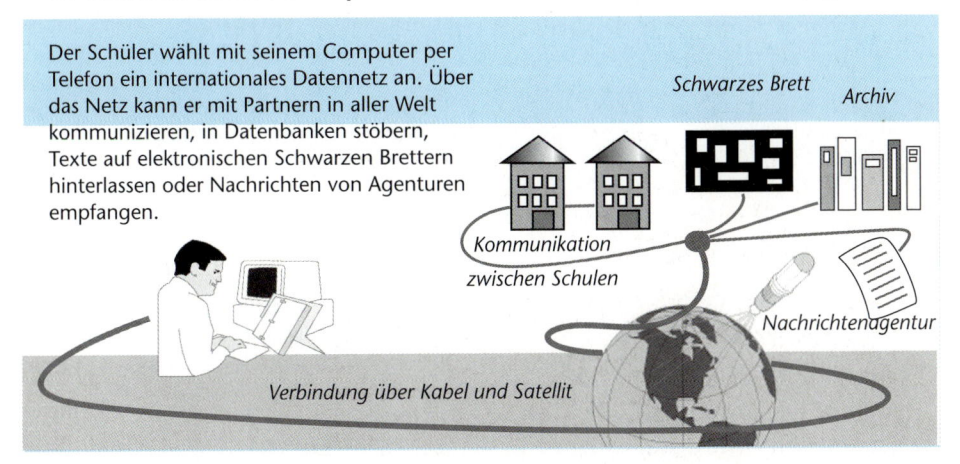

Der Schüler wählt mit seinem Computer per Telefon ein internationales Datennetz an. Über das Netz kann er mit Partnern in aller Welt kommunizieren, in Datenbanken stöbern, Texte auf elektronischen Schwarzen Brettern hinterlassen oder Nachrichten von Agenturen empfangen.

Schwarzes Brett
Archiv
Kommunikation zwischen Schulen
Nachrichtenagentur
Verbindung über Kabel und Satellit

Massenmedien nutzen und Medienkonsum reflektieren

Hermann van Veen
Und wenn die ganze Erde bebt

1 Jeden Abend denk ich beim Spazierengehn
warum ist hier draußen kein Mensch zu sehn?
Doch die Nachbarn interessiert kein Abendstern,
alle sehen, wie ein Blick durch Fenster zeigt, nur fern,
5 ausgezählt und ausgelaugt und ausgebrannt.
Haus für Haus starrt alles wortlos wie gebannt
und beweisen die Bilder auch das Gegenteil,
in den Zimmern ist und bleibt die Welt noch heil.

10 Und wenn die ganze Erde bebt,
das Fernsehvolk bleibt ungerührt
weil der, der nur am Bildschirm klebt,
die Wirklichkeit nicht mehr spürt.

Jede Wohnung ist ein isolierter Raum
15 und durch die vier Wände dringt kaum ein Traum,
man sieht und sieht und was man sah,
vergisst man prompt.
Es wird alles aufgesehn
was auf den Bildschirm kommt
20 da ist kein Platz mehr für Liebe und Begeisterung,
da stirbt jede Diskussion bei Alt und Jung,
das einzig Frische hier ist höchstens noch das Bier
und die Phantasie bleibt draußen vor der Tür.

Und wenn die ganze Erde bebt,
25 das Fernsehvolk bleibt ungerührt
weil der, der nur am Bildschirm klebt,
die Wirklichkeit nicht mehr spürt.

Eines Abends kommt das Fernsehpublikum,
ohne dass es etwas merkt, plötzlich um
30 nicht durch Langeweile oder Ungeduld,
es wird von einer fremden Macht
ganz einfach eingelullt
durch gezielte ständige Berieselung,
35 mit Pessimismus schwindet schnell
der letzte Schwung,
ein Schuss Rassismus, wenn der
noch was übriglässt,
ein Schuss Zynismus gibt allen dann den Rest.

40 Und wenn die ganze Erde bebt,
das Fernsehvolk bleibt unberührt
weil der, der nur am Bildschirm klebt,
die Wirklichkeit nicht mehr spürt.

Text: W. Wilmink/T. Woitkewitsch
Musik: H. van Veen, E. v. d. Wurff

1. Welche Haltung ist mit der Formulierung gemeint, dass alles „aufgesehen" (Zeile 18) wird, was auf den Bildschirm kommt?

2. Wie wirkt sich das Fernsehen auf das Familienleben aus?

3. Welche Gefahren erwachsen aus dem Fernsehkonsum? Wie kann man diesen entgegenwirken?

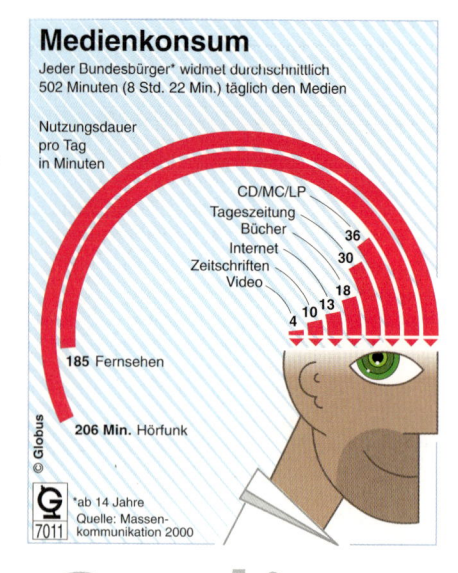

Medienkonsum

Jeder Bundesbürger* widmet durchschnittlich 502 Minuten (8 Std. 22 Min.) täglich den Medien

Nutzungsdauer pro Tag in Minuten

CD/MC/LP 36
Tageszeitung 30
Bücher 18
Internet 13
Zeitschriften 10
Video 4
185 Fernsehen
206 Min. Hörfunk

*ab 14 Jahre
Quelle: Massenkommunikation 2000

Online aber sicher!

Für den Trip auf der Daten-Infobahn – von den Mailboxen über T-Online bis zum Internet – solltest du Folgendes beachten:

1 ➔ Daten, wie deinen Namen, deine Adresse, deine Telefonnummer, die Anschrift der Schule oder die Arbeitsstelle der Eltern, nie an Online-Partner weitergeben.

5 ➔ Die meisten Foren bieten an, unter einem Pseudonym zu kommunizieren. Nutze diese Möglichkeit.

➔ Passwörter von Online-Zugängen, Seriennummern von Programmen, PIN-Nummern für das Homebanking – all das gehört 10 nicht auf fremde Computerbildschirme.

➔ Jegliche Angaben über Urlaubszeiten oder regelmäßige Termine, an denen die Wohnung leersteht, unterlassen.

15 ➔ Zu Treffen mit Leuten, die du online kennengelernt hast, nur mit Wissen und Zustimmung der Eltern an einem sicheren Ort verabreden.

➔ Werden beim Dialog in einem Forum von einem Partner unangenehme, rassi- 20 stische oder sexuell eindeutige Gesprächsbeiträge eingebracht, unterbrich sofort die Verbindung. Jede Mailbox, jeder Online-Dienst hat einen Betreuer – oft „Admin" genannt. Informiere ihn umgehend! 25

14.1 Sich durch Zeitungen informieren

1. Die Titelseite der Wochenzeitung enthält die typischen Bestandteile einer Zeitung. Benennen und erläutern Sie diese.

Massenmedien nutzen und Medienkonsum reflektieren

227

Anzeige in einer Tageszeitung:

Wenn jemand etwas zu sagen hat, kann das verschiedene Gründe haben.

Der eine hat etwas zu sagen, weil er eine Position hat: er ordnet an. Der andere hat etwas zu sagen, weil er eine Begabung hat: er überredet. Der dritte hat etwas zu sagen, weil er Argumente hat: er überzeugt. Argumente sind jedem zugänglich. In der Zeitung. Wer die Zeitung liest, setzt sich mit Tatsachen und Meinungen auseinander. Er bildet sich seine eigene Meinung und kann sie begründen. Er hat etwas zu sagen, kann mitreden und kann überzeugen.

DIE ZEITUNGEN IN DEUTSCHLAND.

1. Welche Hauptaufgaben des Massenmediums Zeitung werden hier angeführt?
2. Worin liegt der besondere Vorteil des Zeitunglesens?

Die Auflage der Tageszeitungen in der Bundesrepublik beträgt im Durchschnitt mehr als 27 Millionen Exemplare täglich. Damit ist die Tageszeitung eines der wichtigsten Massenmedien.

Informiert wird der Leser vor allem durch **Nachrichtentexte**, wie z. B. Kurzmeldungen, Berichte, Reportagen und Interviews.

Meinungsbildende Beiträge sind vor allem Kommentare, Leserbriefe, Leitartikel, Glossen, Kritiken und Karikaturen.

1. Wer von beiden sagt die Wahrheit?
2. Was wird in den jeweils anderen Ausdrücken über den gleichen Sachverhalt sichtbar?
3. Übertragen Sie Ihre Beobachtungen auf die Nachrichten: Sind Nachricht und Meinung immer scharf voneinander zu trennen?

14.2 Zeitungsberichte lesen

Alle singen das Quotenlied

Deutsche Musiker fordern: Mehr deutsche Musik im Radio – Kanzler unterstützt die Stars

Von unserem Korrespondenten HAGEN STRAUSS

BERLIN. Deutsche Popgrößen forderten gestern in Berlin mehr deutschsprachige Musik im Radio. Kommen französische Verhältnisse? Im Nachbarland müssen 40 Prozent aller Musikprogramme mit heimischen Produktionen bestritten werden.

Im Berliner Nobelhotel Hyatt am Potsdamer Platz saß gestern fast alles, was im deutschen Musikzirkus Rang und Namen hat: Peter Maffay, Udo Lindenberg, Xavier Naidoo, Inga Humpe, Yvonne Catterfeld oder Smudo von den Fantastischen Vier. Allesamt Stars, deren Hits die meisten schon einmal im Radio gehört oder von denen viele eine CD im Schrank stehen haben. „Wir werden gespielt", meinte Xavier Naidoo. „Es gibt aber noch so viel anderes zu spielen."

Wenn die Creme de la Creme deutscher Popgrößen zusammenkommt, dann feiern sich die Stars und Sternchen entweder selbst, oder aber die Branche möchte über etwas sprechen, was sie in Wallung versetzt. Beides war gestern der Fall. Zum einen begann in Berlin die Musikmesse Popkomm. Zum anderen aber bewegte die Künstler der Umstand, dass „es kein anderes Land gibt, das seine Musik so verkommen lässt wie Deutschland", befand Jim Rakete, Starfotograf und ehemaliger Manager von Nina Hagen, den Ärzten oder Nena.

Es geht also um deutschsprachige Musik, die sowohl bei den öffentlich-rechtlichen und ganz besonders bei den privaten Radiostationen kaum noch gespielt wird. Gerade mal ein Prozent beträgt die Quote deutscher Neuvorstellungen. Konsequenz: Der Nachwuchs hat kaum noch Chancen auf Plattenverträge und Karriere, die Hörer werden aus Sicht der Popstars von den Sendern bevormundet. Stattdessen regieren die Werbe- und Marketingstrategien großer Konzerne – die Sender würden „ferngesteuert", hieß es.

Über 500 Künstler hatten deshalb einen Aufruf unterschrieben „für eine Quote für Musik aus Deutschland." Gestern warb man noch einmal in eigener Sache, weil der Kulturausschuss des Bundestages zur Musikquote eine Anhörung veranstaltete: „Es geht uns nicht um ein nationales Ding, sonder um ein kulturelles Ding", gegen den Eindruck der Deutschtümelei. Starke Verbündete hat die Branche in der Politik – von Kanzler Schröder über Bundestagsvizepräsidentin Antje Vollmer (Grüne) bis hin zum überwiegenden Teil des Kulturausschusses singen viele den Quotensong mit. Wirtschaftsminister Wolfgang Clement (SPD) glaubt, das statt eines Gesetzes eine freiwillige Selbstverpflichtung der bessere Weg sei. Der Ausschuss wird die Ergebnisse seiner Anhörung auswerten, dann wollen die Fraktionen entscheiden, wie weiter vorgegangen werden soll. Der Weg eines Quoten-Gesetzes müsste ohnehin über den Bundesrat führen. „Wir wollen keine Bevorzugung", so der Barde Reinhard Mey, „wir wollen Chancengleichheit". Und Udo Lindenberg fragte in typischer Art, während er seinen Hut auf und ab bewegte: „Wie dusselig kann ein Land sein, das seine Macher in den Arsch tritt?" wie/mic

Aus: Trierischer Volksfreund Nr. 229 vom 30.09.2004, S. 2

✗ 1. Beschreiben Sie den äußeren Aufbau der Zeitungsmeldung. Beachten Sie dabei die unterschiedlichen Schriftsätze.

2. Vergleichen Sie den Aufbau mit dem Inhalt:

a) Welche Informationen werden zuerst gegeben?

b) Was erfährt der Leser erst, wenn er den ganzen Zeitungsbericht liest? Beschreiben Sie den Informationszuwachs.

3. Eine vollständige Nachricht soll wie jeder Bericht Antwort geben können auf die sogenannten W-Fragen: Wer? Was? Wo? Wann? Wie? Warum? Welche Quelle?

a) Überprüfen Sie, ob der Zeitungsartikel über diese Fragen Aufschluss gibt.

b) Vermissen Sie als Leser Informationen?

4. Welche Leser werden nur die Schlagzeile, welche Leser aber den ganzen Zeitungsbericht lesen?

Zeitungsberichte sind in der Regel wie folgt aufgebaut:

Schlagzeile **Untertitel**	**lesen viele Leser,** **die schnell informiert sein wollen**
Vorspann	**lesen einige Leser,** **die besser informiert sein wollen**
Ausführlicher Bericht	**lesen wenige Leser,** **die sehr interessiert sind**

Ein Nachrichtentext sollte folgende Eigenschaften aufweisen:

- vollständig
- sachlich
- wahr

Diese Forderungen sind oft nur sehr schwer zu erfüllen. Manchmal fließen persönliche Wertungen und Meinungen mit ein. Daher ist es wichtig, auch Nachrichtentexte kritisch zu lesen.

1. Suchen Sie in den folgenden Sätzen und Schlagzeilen aus Zeitungsberichten die wertenden Ausdrücke und formen Sie die Texte in rein sachliche Aussagen um.
a) Nur ein enttäuschendes 1:2. Der Club musste wiederholt eine vermeidbare Schlappe hinnehmen.
b) Hauptsache die Wahl gewonnen. Trotz Verlust von 3,8 % haben die Regierungsparteien noch eine äußerst knappe Mehrheit.
c) Die Tarifverhandlungen im öffentlichen Dienst sind gescheitert. Jetzt droht uns ein Streik.
d) Endlich, wenn zu diesem Zeitpunkt auch sicherlich überraschend, ist der Wirtschaftsminister zurückgetreten.
2. Diskutieren Sie über die folgenden Aussagen:
a) „Nicht nur was, sondern vor allem wo und wie etwas in der Zeitung steht, ist wichtig."
b) „Nachrichten, die nicht veröffentlicht werden, sind auch eine Art Meinungsmache."
c) „Nichts ist so subjektiv wie das Objektiv."

Gottschalk trommelt für deutschen Pop

Kommen diese Bands im Radio zu kurz?

Von PATRICIA DREYER

Hamburg – Brauchen wir im Radio mehr „Ich liebe dich"-Lieder? Oder reichen uns weiterhin „I love you"-Songs?
Gestern wurde im Bundestag diskutiert, ob der Anteil deutscher Musik im Radio künftig per Gesetz geregelt werden soll (siehe Bericht unten).

Jetzt mischt sich auch Thomas Gottschalk (54) in die Debatte ein. Deutschlands erfolgreichster Entertainer besuchte gestern die BILD-Redaktion in Hamburg. Und brachte jede Menge Diskussionsstoff mit. Schließlich begann der „Wetten, dass..?"-Moderator seine Karriere 1971 beim Radio.
Gottschalk sagt zum Quotenstreit: „Für mich nichts Neues. Ich musste mich als Discjockey im bayerischen Rundfunk schon vor 25 Jahren von der ‚deutschen Komponistenkonferenz` beschimpfen lassen, weil ich Paul McCartney „Yesterday" singen lassen wollte und nicht die Orchesterfassung des Tanzorchesters Baden-Baden spielen ließ. Die Zeiten sind Gott sei Dank vorbei."

Verdient deutsche Musik mehr Gehör im Radio?

Gottschalk: „Zumindest die deutschen Produktionen sind heute auf Weltniveau. Was die Sprache betrifft, kann man verstehen, dass die Sender lieber Hits als Flops spielen. Nur dass ein Titel deutsch gesungen wird, sollte ihm nicht das Recht geben, zwangsaufgeführt zu werden."
Gottschalks Fazit: „Quote für deutsche Produktionen geht in Ordnung – was die Sprache betrifft, hielte ich sie für bedenklich."

Zum Abschluss seines Besuchs bei BILD gab's für Gottschalk noch ein besonderes Geschenk. In der Gottschalk-Biografie schildert Autor Gert Heidenreich, dass der Show-Titan in seiner Jugend glühender „Jerry Cotton"-Fan war. Eines der Hefte ging durch ein Missgeschick verloren – Gottschalk erfuhr nie wie's ausging.

BILD besorgte das Original-Heft von 1960 – Gottschalk freute sich riesig. „Ich glaub's nicht! Das schafft nur BILD!"

Quelle: BILD-Zeitung vom 30.09.2004, Seite 4

---

1. Analysieren Sie den BILD-Artikel von Patricia Dreyer.

a) Über welche zwei Themen des Gesprächs mit Gottschalk berichtet sie?

b) Durch welche Attribute wird Gottschalk zu einer Autorität im Musikgeschäft stilisiert?

2. Benennen Sie die an den markierten Stellen angewandten Gestaltungsmittel von BILD und erklären Sie deren Wirkungsweise.

3. Ist eine Haltung der BILD selbst zur öffentlichen Streitfrage festzumachen? Wie wirkt die wörtliche Wiedergabe der Aussagen Gottschalks?

Radio-Quote jetzt im Bundestag

Berlin – Die Entscheidung über eine Quote für deutsche Musik im Radio rückt immer näher!

Gestern forderten prominente Musiker vor dem Kulturausschuss des Bundestages, den Sendern einen Mindestanteil an heimischen Produktionen vorzuschreiben.

Liedermacher Reinhard Mey (61) sagte: „Wir wollen Chancengleichheit! Es gibt viele gute Sänger aus Deutschland, die einfach keine Chance bekommen."

Der Chef der Band „Pur", Hartmut Engler (42), beklagte: „Man kann sich als deutschsprachiger Künstler nicht mehr auf das Radio verlassen. Meinen Nummer-Eins-Hit ‚Ich denke an dich' haben die Sender praktisch nicht gespielt."

Rocklegende Udo Lindenberg (58) mahnte: „Wir müssen trotz Globalisierung dazu beitragen, dass die Welt bunt bleibt." Aber: Sowohl die privaten als auch die öffentlich-rechtlichen Sender sind weiterhin gegen die Quote! Der Chef der ARD-Hörfunkkommission, Gernot Romann: „Wir können nicht nur die Minderheiten bedienen." Der Kulturausschuss will demnächst eine Empfehlung über die Einführung der Quote aussprechen. (JM/kug)

Quelle: BILD-Zeitung vom 30.09.2004, Seite 4

1. Wie ist die Haltung der drei befragten Musiker zur „Radio-Quote"? Wie begründen sie jeweils ihre Haltung?

2. Wie begründet der Chef der ARD-Hörfunkkommission Gernot Romann die Ablehnung einer Quote für deutsche Musik für die Sender?

3. Diskutieren Sie in Gruppen über das Thema und bilden Sie sich eine Meinung. Sie können dabei die Argumente der Künstler aufgreifen. Fassen Sie Ihre Haltung in einem kurzen Statement (vgl. Argumentieren, S. 159) zusammen.

Meinungsbildende Texte auswerten

Die Karikatur stellt die Situation in Deutschland nach den Karlsbader Beschlüssen (1819) dar, als Presse- und Meinungsfreiheit weitgehend abgeschafft waren.

Projektaufgabe A: Ein Plädoyer für die Meinungsfreiheit halten

Halten Sie ein Plädoyer für die Meinungsfreiheit, indem Sie die Bedeutung der Presse- und Meinungsfreiheit für die Demokratie herausstellen.

Projektaufgabe B: Einen Leserbrief schreiben

Lesen Sie gemeinsam Berichte aus der Tages-, Wochen- oder Schülerzeitung. Diskutieren Sie in der Gruppe über die Inhalte und Meinungen. Verfassen Sie einen Leserbrief, den Sie an die Redaktion zur Veröffentlichung senden.

Projektaufgabe C: Eine Karikatur zeichnen

Karikaturen sind gezeichnete Kommentare.
Fertigen Sie eine Karikatur zu einem aktuellen Thema an. (Wenn Sie nicht so gut zeichnen können, formulieren Sie neue Untertitel oder Sprechblasen für Bilder oder Karikaturen, die Sie in Zeitungen finden.)

Projektaufgabe D: Einen „Meinungs-Spiegel" anfertigen

Zu Streitfragen gibt es viele verschiedene Positionen. In den Massenmedien werden häufig die Meinungen von Fachleuten und Prominenten veröffentlicht. Erstellen Sie einen „Meinungs-Spiegel" (vgl. S. 235), indem Sie zu einem kontroversen Thema

- die veröffentlichten Meinungen sammeln und
- an einer Wandtafel in Form einer Mind-Map anordnen und dokumentieren.

Projektaufgabe E: Eine Kritik schreiben

Kritiken besprechen und bewerten, z. B. Filme, Fernsehsendungen, Bücher, Theateraufführungen, Ausstellungen, Konzerte oder Musik-CDs.
Verfassen Sie eine Kritik zu einem ausgewählten Anlass. Orientieren Sie sich dabei an dem Aufbau eines Leserbriefes.

14.3 Sich durch Kommentare eine Meinung bilden

Man singt deutsch

Von Norbert Ely

kommentar

Die Bundestagsvizepräsidentin Antje Vollmer, die honorable Kulturbeflissene der Grünen, hat eine Debatte initiiert, die dieses Land mit schöner Regelmäßigkeit heimsucht, jedoch meist dann, wenn sonst überhaupt nichts los ist. Es geht mal wieder um irgendwie deutsche oder zumindest deutsch klingende oder vielleicht auch nur um deutsche Gewinne bringende Musik – so ganz genau wusste das noch keiner in den letzten dreißig Jahren zu sagen – also jedenfalls um die Musik im Radio. Die ist nämlich zu wenig – nämlich deutsch.

Wobei die Poptitel gemeint sind und nicht die italienischen Opern von Mozart. An denen verdient ohnehin kein deutscher Musikverleger mehr so viel, dass es sich lohnte. Es sind in der Tat wohl gerade die mittelständischen deutschen Musikverleger, also Leute, die bekanntlich vorwiegend deutsche Handys benutzen, deutsche Computer in ihren Büros haben, zu Hause deutschen HiFi-Anlagen lauschen und im Urlaub mit deutschen Fotoapparaten knipsen und die ihr Geld nicht einmal in die deutsche Schweiz transferieren würden, geschweige denn in die französische, also nach Genf, und die vor allem noch nie ein T-Shirt aus Taiwan durchgeschwitzt haben – es sind diese wahren Patrioten, die sich mal wieder Sorgen um die deutsche Kultur machen. Außerdem wurde dem Bundestag eine Petition überreicht, die von 500 Musikern unterschrieben worden ist, die bestimmt auch nur deutsche Socken tragen.

Das alles ist eigentlich vorwiegend komisch, vor allem in einem Land, das mitten in Europa liegt und das sich seiner offenen Grenzen wie seiner offenen Kultur rühmt. Es hat indes auch seine bedenklichen Aspekte. Da wird zum Beispiel von gesetzlichen Quoten für – irgendwie – deutsche Musik im Radio fabuliert und damit ziemlich unverfroren die Freiheit des Rundfunks zur Disposition gestellt. Diese Freiheit ist übrigens durchaus typisch deutsch, und sie hat dem Land unter anderem eine solche Fülle von Kulturprogrammen eingebracht, dass uns ganz Europa darum beneidet. Von Seiten der ARD-Verantwortlichen wurden die Dinge auch bereits klargestellt.

Zum Glück haben inzwischen auch der Bundeswirtschaftsminister und die Kulturstaatsministerin die eifrige Musikförderin und studierte Theologin Antje Vollmer wieder auf Normalmaß zurechtgestutzt, was dieser ja schon gelegentlich passiert ist. Die Musikverleger werden also vermutlich weiterhin in den Kapitalismus vertrauen dürfen, wo ja bekanntlich Konkurrenz das Geschäft belebt. Und so manchem deutschen Musiker wird vielleicht noch aufgehen, was ihm aufhelfen könnte: einfach etwas weniger langweilig sein als das Gros der deutschen Politiker, Theologen und Pädagogen. Dann hören die Menschen nämlich nicht nur dann zu, wenn sonst rein gar nichts los ist.

Quelle: http://www.dradio.de/dlf/sendungen/kommentar/3088107/(gekürzt)
Deutschland Radio 29.09.2004

---

1. Was ist Gegenstand des Kommentars?

2. Beschreiben Sie den Aufbau des Textes.

3. Ein guter Kommentar enthält Hintergrundinformationen, Meinung und Appelle.
   a) Weisen Sie diese drei Bestandteile im Text nach.
   b) Welcher Bestandteil überwiegt?

4. Wie ist Ihre Meinung zum Thema?

Kennen Sie die auf den Briefmarken abgebildeten Rockmusiker? Warum sind wohl gerade die Porträts dieser Musiker auf Jugendmarken abgebildet worden?

Die Motivauswahl der Jugendmarken stieß bei vielen auf Unverständnis, wie die folgenden Kurzkommentare zeigen:

„Ungeeignet. Jugendidole sollten im Blick auf ihr soziales Leben und ihre Kultur Vorbilder sein." (Udo Sopp, Evangelische Kirche)

„Das ist nicht in unserem Sinne." (Herbert Ziegler, Deutsche Hauptstelle gegen die Suchtgefahren)

„Äusserst fragwürdig." (Georg Gölter, CDU)

„Ich halte die Auswahl dieser Jugendmarken insgesamt für erschreckend." (Anke Fuchs, SPD)

„Die Botschaft, die der Bundespostminister den Jugendlichen mit diesen Briefmarken vermittelt, lässt sich etwa so übersetzen: Es kommt überhaupt nicht darauf an, wie ein Mensch mit sich selbst und mit anderen klarkommt. Es ist auch völlig egal, ob er sich für andere Menschen interessiert. Es kommt nur darauf an, Erfolg zu haben, möglichst viel Geld zu verdienen und möglichst viele Fans zu gewinnen." (Rose Götte, SPD)

Massenmedien nutzen und Medienkonsum reflektieren

Der folgende **Leitartikel** von Jürgen Müller nimmt Stellung zum Zeitungsbericht. Welche Meinung erwarten Sie bei der Überschrift „Horrortrip auf Briefen"?

Horrortrip auf Briefen
Von Jürgen Müller

Die heute erscheinenden Jugendmarken der Deutschen Bundespost dürften weltweit einmalig sein und bald traurigen Ruhm erlangen: Auf drei der vier Briefmarken werden mit Elvis Presley, John Lennon und Jim Morrison drogensüchtige Rock-Musiker abgebildet. Zwei von ihnen, nämlich Jim Morrison und Elvis Presley, sind an ihrer Sucht elend zugrunde gegangen. Morrison, in gewisser Weise aber auch Lennon, muss als Drogen-Guru geradezu als Propagandist von Rauschmitteln gelten. Rattenfänger nach Art eines Jim Morrison redeten den Jugendlichen ein, mit Drogen wie LSD oder Heroin ihr Bewusstsein erweitern zu können. Unzählige folgten ihnen wie Lemminge[1] auf diesem Wege.

Die meisten erkannten recht bald, dass sie sich auf einem Horrortrip befanden. Für viele Namenlose aber war es für eine Umkehr zu spät – ebenso wie für die meisten ihrer heroinsüchtigen Idole. Jimi Hendrix etwa – übrigens auch in der engeren Motivwahl des Postministeriums – oder Janis Joplin seien genannt. Damals, Ende der 60er, Anfang der 70er Jahre bereiteten diese falschen Propheten erst den Boden, der dann später die Drogensucht zu einem Massenproblem werden ließ.

Das alles muss der Postminister gewusst haben. Er hat das letzte Wort vor der Veröffentlichung einer Briefmarke. Und er wurde von seinen Referenten über die Persönlichkeiten der vermeintlichen „Jugendidole" informiert. Trotzdem hat er um eines billigen PR-Gags willen der Veröffentlichung zugestimmt. Übrigens ohne mit den Drogen-Experten im Gesundheitsministerium Rücksprache gehalten zu haben. Als es aber vor einiger Zeit darum ging, eine Briefmarke gegen das Rauchen zu entwerfen, fand man durchaus den Weg zu den Fachleuten.

Um es ganz klar zu sagen: Hier soll nicht einem Kreuzzug gegen die Rock-Musik das Wort geredet werden. Hier wird auch nicht die Auffassung vertreten, dass nur noch solche Künstler salonfähig sein können, die mit ihrem Lebensstil bürgerlichen Maßstäben genügen. Es geht vielmehr um den Skandal, dass einstigen Vorreitern des Drogen-Konsums mit ihrer Abbildung auf Jugendmarken nachträglich staatliche Weihen zuteil werden, dass sie zu Vorbildern hochstilisiert werden.

Ein Teil der Einnahmen aus den Jugendmarken wird übrigens für die Suchtkrankenhilfe und die Jugendsozialarbeit verwendet. Denn man hat durchaus erkannt, wie es in einer Broschüre der Stiftung Deutsche Jugendmarke heißt, dass Suchtkrankheiten bei Jugendlichen deutlich zugenommen haben. So kann man also auch die eigene Arbeit konterkarieren[2].

Dabei hat sich der Bundespostminister ohne Not in diese peinliche Situation manövriert. Warum sollen eigentlich nur tote Rock-Musiker gute Rock-Musiker sein? Es gäbe genügend Stars, die sich durch ihr besonderes soziales Engagement auszeichnen. Aber, leider, sie leben fast alle noch und sind damit offenbar nach Ansicht des Bundespostministers für Jugendliche ungeeignet. Bei Jugendmarken, die nach solchen Kriterien entworfen werden, bleibt eigentlich nur noch eine Alternative: Einstampfen. Oder, um einen Elvis-Presley-Titel zu zitieren: Return to Sender – Zurück damit an den Absender.

[1] Wühlmäuse
[2] hintertreiben

1. Sind Ihre Erwartungen aufgrund der Überschrift erfüllt worden? Welchen Standpunkt vertritt Jürgen Müller im Leitartikel?

■ 2. Mit welchen Argumenten versucht der Kommentar seine Meinung zu stützen?

■ 3. Notieren Sie alle wertenden Wörter und Aussagen. Was ist hierbei auffallend?

■ 4. Wo wird im Kommentar auf Teile des Zeitungsberichts Bezug genommen?

■ 5. Wo gibt der Verfasser dem Leser zusätzliche Hintergrundinformationen?

14.4 Leserbriefe schreiben

Zur Berichterstattung und zum Kommentar über die Jugendmarkenserie wurden u. a. folgende Leserbriefe veröffentlicht:

Leserbriefe

Bei all dem Übel, das tagtäglich in diesem unserem Lande und in der gesamten Welt passiert, regen sich Politiker – die ja meistens an dem Übel die Schuld tragen – über vier Sondermarken auf, weil deren Motive vier tote Musiklegenden zeigen. Es gibt bestimmt andere Motive, die Schlimmeres zeigen und Probleme, die wirklich eines Aufschreis dieser Politiker bedürfen.
Bestimmt gibt es unzählige „Grufties" wie mich, die diese Marken mit Freude kaufen werden, um ein Andenken an Musiker zu haben, die eine ganze Generation mit ihrer Musik und ihren Texten begleitet haben und begleiten werden. Auch – wie in meinem Fall – durch drogenloses Zuhören.
Ulrich Heiser, Thaleischweiler

Jürgen Müller bezeichnet in seinem Kommentar drei der auf den neuen Jugendmarken abgebildeten Rock- und Jugendidole als „Drogen-Guru", „Rattenfänger" oder als „falsche Propheten". Laut Duden versteht man unter Idolen nicht nur „Götzenbilder" oder „Abgötter", sondern auch „Publikumslieblinge". Und für uns sind die Rockmusiker Elvis Presley, John Lennon und Jim Morrison Idole im Sinne von „Publikumslieblingen", was die Leistung als Musiker betrifft, aber nicht was ihren Umgang mit Drogen anbelangt. Gerade deswegen sollten wir die Briefmarken nicht „einstampfen", sondern sollten sie als Erinnerung an die Rockmusik und als Antidrogen-Appell sehen.
Sandra Siepmann, Bad Bergzabern und die Klasse BGHO

1. Vergleichen Sie die Leserbriefe mit den Zeitungstexten, auf die sie sich beziehen.

  a) Worauf nehmen die Leser bei ihrer Stellungnahme jeweils Bezug?
  b) Wie haben sie dies kenntlich gemacht?

■ **2.** Wo wird etwas richtiggestellt? Wo wird etwas bewertet? Wo werden Forderungen erhoben?

■ **3.** Schreiben Sie selbst einen Leserbrief zu diesem Thema. Versuchen Sie dabei Ihre Meinung durch Argumente zu begründen.

■ **4.** Welche Folgerungen und Hinweise entnehmen Sie dieser Redaktionsnotiz für das Schreiben eines Leserbriefes?

> Die Redaktion behält sich vor, an den zahlreichen Einsendungen, die unter der Rubrik „Briefe an die Redaktion" veröffentlicht werden, sachlich berechtigte und sinnwahrende Kürzungen vorzunehmen, um einen möglichst großen Leserkreis zu Wort kommen zu lassen. Anonyme Leserbriefe veröffentlichen wir aus grundsätzlichen Erwägungen nicht. Briefe mit fingiertem Absender behandeln wir wie anonyme Briefe. Die Redaktion ist zum Abdruck von Leserbriefen nicht verpflichtet; sie trägt für die auf dieser Seite geäußerten Meinungen nur die presserechtliche Verantwortung.

Leserbriefe werden in Zeitungen und Zeitschriften regelmäßig veröffentlicht. Die Leser haben somit die Möglichkeit, zu Ereignissen bzw. zu Artikeln der Zeitung Stellung zu nehmen, sie zu ergänzen oder richtigzustellen.

Hinweise zum Schreiben eines Leserbriefes:

- Geben Sie den Zeitungsartikel mit dem Erscheinungsdatum an, auf den sich Ihr Brief bezieht.
- Machen Sie Textstellen, auf die Sie sich beziehen, als Zitate kenntlich.
- Formulieren Sie klar und verständlich. Stützen Sie Ihre Meinung durch Argumente.
- Fassen Sie sich kurz, damit die Redaktion Ihren Brief nicht kürzt.
- Formulieren Sie selbst eine Überschrift zu Ihrem Brief.
- Vergessen Sie Ihren Absender nicht und unterzeichnen Sie den Brief handschriftlich.

1. Formulieren Sie Überschriften zu den beiden Leserbriefen über die Jugendmarken.
2. Schreiben Sie einen Leserbrief zum Zeitungsbericht „Spielbankbesuch kostet Banklehre" (vgl. S. 162) oder zu einem aktuellen Thema bzw. Zeitungsartikel.

14.5 Karikaturen analysieren

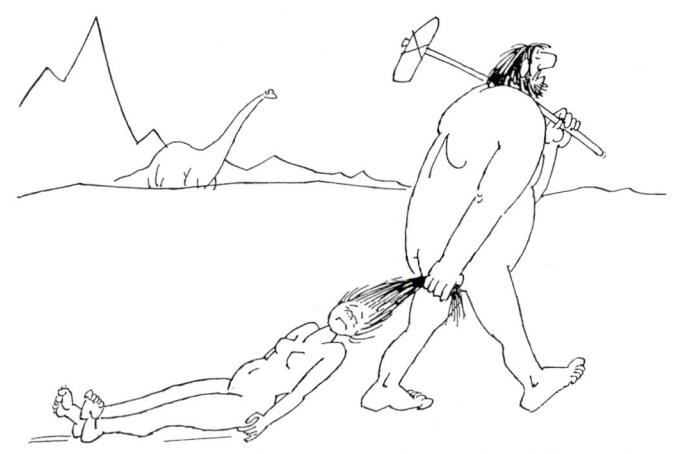

„Wozu brauchen Mädchen eine Ausbildung! Mädchen werden geheiratet, das war schon immer so."

1. Wann spielt diese „Szene"? Beschreiben Sie kurz und sachlich, was auf der Zeichnung zu sehen ist.

2. Welches Problem wird in der Karikatur angesprochen?

3. Die Meinung des Zeichners zur Problematik erläutert eine Berufsschülerin so:

> „Der Karikaturist hat die Steinzeit-Szene mit Absicht gewählt. Er will andeuten, dass die Ansicht, Mädchen würden keine Ausbildung brauchen, eine alte Vorstellung ist. Auch die Begründung im Begleittext ‚das war schon immer so' unterstützt dies.
> Gleichzeitig verbirgt sich in der Steinzeit-Szene auch die Kritik, dass solche Meinungen über die Ausbildung von Mädchen längst überholt sind und nicht in eine moderne Gesellschaft gehören. Das Argument ‚Mädchen werden geheiratet' ist sprichwörtlich ‚an den Haaren herbeigezogen'. Die Frau wehrt sich gegen den Mann. Damit will der Zeichner zeigen, dass die Frauen ohne Gegenwehr nichts an alten Vorstellungen ändern können. Nach diesen Vorstellungen ist der Mann der Arbeiter und alleinige Ernährer; dies wird hier durch das Steinwerkzeug angedeutet."
> (Miriam J.)

4. Wie hat die Schülerin die Meinung des Zeichners belegt?

5. Wie ist Ihre Meinung zum Problem?

Massenmedien nutzen und Medienkonsum reflektieren

Karikaturen wollen Personen und Eigenschaften, Sachverhalte und Probleme sowie Ereignisse kommentieren und kritisieren.

Karikaturen sind also eine Art **zeichnerischer Kommentar**.

Dazu benutzt der Zeichner (Karikaturist) als Mittel die Übertreibung und den Witz.

Karikaturen lassen sich nach den folgenden vier Schritten „entschlüsseln":

1. **die Zeichnung sachlich beschreiben**
2. **das Thema oder das Problem formulieren**
3. **die Meinung des Zeichners an Einzelheiten der Zeichnung erläutern**
4. **eine eigene Meinung zum Problem formulieren**

1. „Entschlüsseln" Sie die folgende Karikatur, indem Sie nach den oben genannten vier Schritten vorgehen.

2. Formulieren Sie einen Text, den der Inselbewohner äußert. Dadurch sollte die Aussage der Karikatur noch verstärkt werden.

240 Kommunikation in Kultur und Gesellschaft

14.6 Videoclips und Bildergeschichten anschauen

Yaak Karsunke: number one

auf einem barhocker im schleierwald singt einer ins mikrofon SCHNITT eine blondine dreht sich im schlaf um ÜBERBLENDUNG zwei stöckelschuhbeine im gegenlicht auf einer treppe SCHNITT dieselben (dieselben?) beine in jeans SCHNITT jetzt nackt in einem wirbelnden rock unter den die kamera SCHNITT & SCHNELLE SCHNITTFOLGE hände auf tasten / auf saiten auf trompetenventilen / auf REISSSCHWENK über ein brennendes ghetto im rauch INEINANDERKOPIERT der auf dem barhocker singend WEICHZEICHNER/WISCHBLENDE eine schwarze – ganz in weiß – tanzt über ein autobahnkreuz LANGE FAHRT mit kamera & auto über land in WEICHZEICHNER farbschlieren endend SCHNITT jetzt steht die blondine am fenster im hintergrund UNSCHARF das brennende ghetto ein windstoß hebt ihr das nacht- SCHNITT der sänger (der aus dem schleierwald) – plötzlich in schwarzer lederkluft – rast OVERSHOULDER auf einer schweren maschine durch die brennenden straßen SCHNELLE SCHNITTFOLGE hände auf tasten / auf saiten auf trompetenventilen – das alles diesmal in waberndem farbnebel AMERIKANISCH VERKEHRTRUM die rennenden stöckelschuhbeine GROSSAUFNAHME ein ohrring & haar das IN ZEITLUPE schwingt ÜBEREINANDERKOPIERT das schwingende haar & der schleierwald mit dem barhocker-sänger SCHNITT die schwarze in weiß betritt das apartment der schlafzimmer-blondine GEGENSCHNITT die erschrickt ZOOM auf die schwarze – jetzt ganz in rot die soeben LANGSAMER SCHWENK auf dem nachttisch das foto des schleierwaldsängers entdeckt GROSSAUFNAHME das foto zwinkert der schwarzen zu/schüsse im off &/der sänger singt weiter ABBLENDE TITEL

Dieser Text versucht einen Videoclip in Sprache wiederzugeben.

1. Lesen Sie den Text mit zwei Sprechern: Sprecher 1 alles Kleingedruckte, Sprecher 2 alle ganz in Großbuchstaben geschriebenen Wörter.
   Stoppen Sie die Zeit, die Sie zum Lesen benötigen.
2. Was gibt die Großschreibung und was die Kleinschreibung wieder?
3. Erklären Sie die einzelnen Begriffe aus der Filmtechnik.
4. Vergleichen Sie Ihre „Lesezeit" mit der Dauer des Clips.
   a) Wie ist das Verhältnis ungefähr?
   b) Wie lange dauern die Kameraeinstellungen? Wie wirkt das auf den Betrachter?
5. Versuchen Sie die „Story" des Videoclips mit eigenen Worten wiederzugeben. Welche Schwierigkeiten tauchen dabei auf? Welche Videobilder haben Sie ausgelassen? Warum?
6. Was ist der Zweck eines Videoclips? Wie wird dies erreicht?

Mit diesen Bildern beginnt ein Fotoroman der Reihe „Michaela" mit dem Titel „Regie führt doch die Liebe".

EIN VERLIEBTES PAAR.

Was? Du musst schon gehen? Bei dem traumhaften Wetter …

Ich kann's nicht ändern, Sandra. Am Dienstag hab' ich Prüfung. Ich habe extra die letzte Vorstellung sausen lassen, damit ich früher nach Hause komme und in Ruhe meine Unterlagen durchsehen kann.

Diese Prüfung ist wahnsinnig wichtig. Ich muss sie schaffen, sonst werde ich zu den anderen Prüfungen nicht zugelassen … Noch dreimal zittern, dann ist alles gelaufen, hoffe ich …

Du bist zu beneiden, Christian. Du hast dein Diplom bald in der Tasche … Wenn's bei mir nur auch schon soweit wäre …

ZWEI JUNGE MENSCHEN, DIE EINE GENAUE VORSTELLUNG VON IHRER ZUKUNFT HABEN.

Aber das hat doch bei dir keine Eile, Schatz. Du kannst doch auch nach unserer Hochzeit weiterstudieren.

(Und du wirst den braven Ehemann spielen, in die Firma deines Vaters einsteigen und das Geld nach Hause bringen …)

Dann also bis später … Um sieben bin ich bei euch zum Abendessen. Nachher können wir ja ins Kino gehen, wenn du Lust hast …

(Und ich werde die Pflichten einer guten Ehefrau übernehmen und natürlich ein Baby kriegen. Du sagst mir ja ständig, dass du es kaum erwarten kannst …)

1. In welchen Punkten gleichen sich Fotoroman und Comic, worin unterscheiden sie sich?

2. In Fotoromanen soll das Grundproblem bereits am Anfang für den Leser „sichtbar" werden.
   a) Ist dies auch hier der Fall? Um welches Grundproblem handelt es sich?
   b) Welche Rolle spielen dabei Text und Foto (Gesichtsausdruck, Gestik, Kleidung, Kameraeinstellung)?
   c) Was erfährt der Leser über die Personen und ihr Milieu bereits in den ersten Bildern? In welche Rolle möchte der junge Mann seine Freundin zwingen?
   d) Notieren Sie in Stichworten, wie die Geschichte weitergehen und schließlich im Happy-End enden könnte, wenn „die Liebe doch die Regie führt".

3. Stellen Sie eine neue Reihenfolge der Bilder mit anderen Texten zusammen, so dass ein anderes Grundproblem entsteht.

4. „Die Verfilmung ist aber ganz anders als die Romanerzählung." Übertragen Sie diese Erfahrung auf die Rolle des Lesers einer Bildergeschichte.

15 Sich mit literarischen Texten reflexiv und produktiv auseinandersetzen

Epik: Aus Erzählungen Einsichten gewinnen

Projektaufgabe A: Collagen gestalten

Literarische Texte regen zu einer produktiven Auseinandersetzung mit ihren Inhalten und Aussagen an. Eine kreative Form ist die Collage. Gestalten Sie Collagen zu den Erzähltexten (z. B. zu der utopischen Geschichte „Stadtbesetzung" auf S. 248).

Projektaufgabe B: Einen Anekdotenkalender anfertigen

Kalendergeschichten haben eine alte Tradition. Hierfür eignen sich im besonderen Maße Anekdoten. Fertigen Sie in Ihrer Lerngruppe einen Jahreskalender an. Jedes monatliche Kalenderblatt (DIN A 4) soll neben dem Kalendarium eine Anekdote enthalten.

Schreiben Sie dazu Anekdoten, deren Stoff Sie in Ihrem Freundes- und Bekanntenkreis, Ihrer Familie oder Ihrem Betrieb finden. Die Geschichten sollen zum Schmunzeln animieren, aber auch nachdenklich stimmen. Zudem können Sie durch Zeichnungen die Blätter illustrieren.

Projektaufgabe C: Eine Rundfunkreportage machen

Eine interessante Möglichkeit der produktiven Umsetzung eines Erzähltextes bietet die Rundfunkreportage. Produzieren Sie eine Rundfunkreportage über eine kurze Geschichte (z. B. „Das Trockendock" auf Seite 253 ff. oder „Die Flüsse protestieren" auf Seite 258).

- Erstellen Sie zunächst eine kurze Drehbuchskizze (Rollen und Texte, Geräusche).
- Proben Sie Ihre Reportage, bevor Sie diese mit einem Kassettenrekorder aufzeichnen.

Projektaufgabe D: Fabeln (um)schreiben

Fabeln lassen sich leicht umschreiben oder gar selbst schreiben.
Umschreiben: Verändern Sie die Situation bei „alten Fabeln" (Rollentausch).
Selbst schreiben: Wählen Sie ein Gegensatzpaar (z. B. Katze und Vogel, Wasser und Feuer) und setzen Sie diese in eine dramatische Ausgangssituation.

15.1 Inhalte literarischer Texte wiedergeben

Die Inhaltsangabe ist ein Bericht über eine erdachte oder wirkliche Geschichte, die in einem Buch erzählt oder z. B. in einem Film gezeigt wird. Sie soll kurz und knapp über das Wesentliche der Handlung informieren.

Inhalt
Zunächst werden in einer kurzen Einleitung Angaben gemacht über:

- den Verfasser
- den Titel des Werks mit Angabe der Textsorte
- das Thema
- die Aussageabsicht des Verfassers

Im Hauptteil wird das Wesentliche des Inhalts – Hauptpersonen, Ereignisse, Schauplatz – in sachlicher Form beschrieben. Es sollte dabei möglichst keine Spannung erzeugt werden, aber Handlungszusammenhänge (Grund-Folge-Beziehungen) müssen erklärt werden.

Sprache
Die Inhaltsangabe wird in einem sachlichen Stil abgefasst, das bedeutet:

- keine wertenden Adjektive („schön", „schlecht" u. Ä.), sondern neutrale und dennoch treffende Attribute wählen;
- beschreibende, nicht spannungserzeugende Verben einsetzen;
- vor allem Aussagesätze und Satzgefüge formulieren;
- die Zeitstufe der Gegenwart gebrauchen;
- wörtliche Aussagen in indirekter Rede wiedergeben.

Johann Peter **Hebel** [AUTOR]
Unverhofftes Wiedersehen [TITEL]

1 In Falun in Schweden küsste vor guten fünfzig Jahren und mehr ein junger Bergmann seine junge hübsche Braut und sagte zu ihr: „Auf Sankt Luciä wird unsere Liebe von des Priesters Hand gesegnet. Dann sind wir Mann und Weib und bauen uns ein eigenes Nestlein." – „Und Friede und Liebe sollen darin
5 wohnen", sagte die schöne Braut mit holdem Lächeln, „denn du bist mein Einziges und Alles, und ohne dich möchte ich lieber im Grab sein als an einem andern Ort." Als sie aber vor St. Luciä der Pfarrer zum zweitenmal in der Kirche ausgerufen hatte: „So nun jemand Hindernis wusste anzuzeigen, warum diese Personen nicht mochten ehelich zusammenkommen", da meldete
10 sich der Tod. Denn als der Jüngling den andern Morgen in seiner schwarzen Bergmannskleidung an ihrem Haus vorbeiging, der Bergmann hat sein Totenkleid immer an, da klopfte er zwar noch einmal an ihrem Fenster und sagte ihr guten Morgen, aber keinen guten Abend mehr. Er kam nimmer aus dem

[Randnotizen: ORT/ZEIT, PERSONEN, KURZ VOR HOCHZEIT VERUNGLÜCKT, BERGMANN IN EISENERZGRUBE TÖDLICH]

Bergwerk zurück, und sie säumte vergeblich selbigen Morgen ein schwarzes Halstuch mit rotem Rand für ihn zum Hochzeitstag, sondern als er nimmer kam, legte sie es weg und weinte um ihn und vergaß ihn nie.

Unterdessen wurde die Stadt Lissabon in Portugal durch ein Erdbeben zerstört, und der Siebenjährige Krieg ging vorüber, und Kaiser Franz der Erste starb, und der Jesuitenorden wurde aufgehoben und Polen geteilt, und die Kaiserin Maria Theresia starb, und der Struensee wurde hingerichtet, Amerika wurde frei, und die vereinte französische und spanische Macht konnte Gibraltar nicht erobern. Die Türken schlossen den General Stein in der Veteraner Höhle in Ungarn ein, und der Kaiser Joseph starb auch. Der König Gustav von Schweden eroberte russisch Finnland, und die Französische Revolution und der lange Krieg fing an, und der Kaiser Leopold der Zweite ging auch ins Grab. Napoleon eroberte Preußen, und die Engländer bombardierten Kopenhagen, und die Ackerleute säten und schnitten. Der Müller mahlte, und die Schmiede hämmerten und die Bergleute gruben nach den Metalladern in ihrer unterirdischen Werkstatt.

Als aber die Bergleute in Falun im Jahr 1809 etwas vor oder nach Johannis zwischen zwei Schachten eine Öffnung durchgraben wollten, gute dreihundert Ellen tief unter dem Boden, gruben sie aus dem Schutt und Vitriolwasser den Leichnam eines Jünglings heraus, der ganz mit Eisenvitriol durchdrungen, sonst aber unverwest und unverändert war; also dass man seine Gesichtszüge und sein Alter noch völlig erkennen konnte, als wenn er erst vor einer Stunde gestorben oder ein wenig eingeschlafen wäre an der Arbeit. Als man ihn aber zu Tag ausgefördert hatte, Vater und Mutter, Freunde und Bekannte waren schon lange tot, kein Mensch wollte den schlafenden Jüngling kennen oder etwas von seinem Unglück wissen, bis die ehemalige Verlobte des Bergmanns kam, der eines Tages auf die Schicht gegangen war und nimmer zurückkehrte. Grau und zusammengeschrumpft kam sie an einer Krücke an den Platz und erkannte ihren Bräutigam, und mehr mit freudigem Entzücken als mit Schmerz sank sie auf die geliebte Leiche nieder, und erst als sie sich von einer langen heftigen Bewegung des Gemüts erholt hatte. „Es ist mein Verlobter", sagte sie endlich, „um den ich fünfzig Jahre lang getrauert hatte und den mich Gott noch einmal sehen lässt vor meinem Ende. Acht Tage vor der Hochzeit ist er unter die Erde gegangen und nimmer heraufgekommen." Da wurden die Gemüter aller Umstehenden von Wehmut und Tränen ergriffen, als sie sahen die ehemalige Braut jetzt in der Gestalt des hingewelkten kraftlosen Alters und den Bräutigam noch in seiner jugendlichen Schöne, und wie in ihrer Brust nach fünfzig Jahren die Flamme der jugendlichen Liebe noch einmal erwachte: aber er öffnete den Mund nimmer zum Lächeln oder die Augen zum Wiedererkennen; und wie sie ihn endlich von den Bergleuten in ihr Stüblein tragen ließ, als die Einzige, die ihm angehörte und ein Recht an ihn habe, bis sein Grab gerüstet sei auf dem Kirchhof. Den andern Tag, als das Grab gerüstet war auf dem Kirchhof und ihn die Bergleute holten, schloss sie ein Kästlein auf, legte ihm das schwarzseidene Halstuch mit roten Streifen um und begleitete ihn alsdann in ihrem Sonntagsgewand, als wenn es ihr Hochzeitstag und nicht der Tag seiner Beerdigung wäre. Denn als man ihn auf dem Kirchhof ins Grab legte, sagte sie: „Schlafe nun wohl, noch einen Tag oder zehn im kühlen Hochzeitsbett, und lass dir die Zeit nicht lange werden. Ich habe nur noch wenig zu tun und komme bald, und bald wird's wieder Tag. – Was die Erde einmal wiedergegeben hat, wird sie zum zweitenmal auch nicht behalten", sagte sie, als sie fortging und sich noch einmal umschaute.

In: Johann Peter Hebel: Schatzkästlein des Rheinischen Hausfreundes, erschienen 1811.

1. Lesen Sie die Erzählung Hebels. Machen Sie sich die Vorgehensweise der Schülerin klar, die die unten stehende Inhaltsangabe verfasst hat:

a) Welche Textstellen hat sie markiert?

b) Was hat die Schülerin am Rande notiert? Welche Aufgabe haben die Stichworte?

c) Warum sind bestimmte Textstellen ausgeklammert worden?

2. Betrachten Sie die folgende Inhaltsangabe zur Erzählung und prüfen Sie, inwieweit die Merkmale einer Inhaltsangabe erfüllt werden.

Inhaltsangabe über

„Unverhofftes Wiedersehen" von Johann Peter Hebel

Der deutsche Dichter Johann Peter Hebel, der von 1760 bis 1826 lebte, hat in seinem Buch „Schatzkästlein des rheinischen Hausfreundes" volkstümliche Erzählungen zusammengetragen. Darunter befindet sich auch die Geschichte „Unverhofftes Wiedersehen", in der er von einer Begebenheit berichtet, die sich in Falun in Schweden zugetragen hat. Hebel will in seiner Erzählung zeigen, dass wahre Liebe stärker ist als der Tod.

Ein junger Bergmann steht kurz vor der Hochzeit, als er bei einem Grubenunglück ums Leben kommt. Seine Braut hat für ihn zur Hochzeit ein schwarzes Halstuch mit einem roten Rand gesäumt. Als der junge Mann nicht mehr aus dem Bergwerk zurückkommt, verwahrt sie das Halstuch als Erinnerungsstück.

Nach fünfzig Jahren wird in dem Bergwerk die Leiche eines jungen Mannes gefunden. Eisenvitriol hat ihn in seiner Jugendlichkeit konserviert. Als man nach Angehörigen des Toten sucht, um ihn identifizieren zu können, sind keine Verwandten und Freunde zu finden, da sie schon alle tot sind. Schließlich meldet sich eine alte Frau, die angibt, es handele sich um ihren ehemaligen Verlobten, der vor über fünfzig Jahren kurz vor ihrem Hochzeitstag im Bergwerk verunglückt, aber nicht geborgen worden sei. Sie freut sich so sehr über dieses „unverhoffte Wiedersehen", dass sie ihn in ihrem Haus aufbahren lässt. Die Frau legt dem Toten das schwarz-rote Halstuch um und feiert die Beerdigung wie die ausgefallene Hochzeit.

---

3. Listen Sie die historischen Ereignisse in der Erzählung „Unverhofftes Wiedersehen" von Johann Peter Hebel (vgl. S. 245, Zeilen 17–29) auf, indem Sie eine Zeittafel erstellen.

Verfassen Sie Berichte zu den Ereignissen.

1. Zu literarischen Texten kann am Ende einer Inhaltsangabe auch eine persönliche Deutung angefügt werden.
   Formulieren Sie einen Schlussgedanken zur Erzählung „Unverhofftes Wiedersehen".
2. Fertigen Sie einen Stichwortzettel für eine Inhaltsangabe über „Das Trockendock" (S. 253 ff.) nach dem folgenden Muster an:

Inhaltsangabe über:	
Verfasser	
Titel	
Textsorte	
Thema	
Aussageabsicht	
Wichtige Punkte des Inhalts	
Schlussgedanke	

3. Schreiben Sie mithilfe des Stichwortzettels eine Inhaltsangabe.
4. Untersuchen Sie kritisch die folgende Inhaltsangabe.
a) Worüber wird ausführlich berichtet, was kommt zu kurz?
b) Welche Textstellen verstoßen gegen die Sachlichkeit?
c) Wo befinden sich sprachliche Mängel?

Inhaltsangabe über
„Das Tagebuch der Anne Frank"

Im „Tagebuch der Anne Frank" geht es um die Eindrücke und meines Erachtens bedrückenden Erlebnisse des jüdischen Mädchens Anne Frank. Das Tagebuch namens Kitty beginnt am 12. Juni 1942 und endet am 1. August 1944.

Anne Frank wurde am 12. Juni 1929 geboren. Sie wuchs als jüngstes Kind einer deutsch-jüdischen Familie auf. 1933 musste sie mit ihren Eltern Deutschland verlassen und nach Holland ins Asyl gehen. Die bedauernswerte Familie richtet sich in einem Hinterhaus in Amsterdam zusammen mit zwei anderen Familien ein Versteck ein, wo sie zwei Jahre unentdeckt lebten. Im Jahre 1944 werden sie dann leider doch von der deutschen Polizei entdeckt und in das Konzentrationslager Bergen-Belsen gebracht. Anne starb dort im März 1945, zwei Monate vor der Befreiung Hollands.

Sich mit literarischen Texten reflexiv und produktiv auseinandersetzen

15.2 Kurze Geschichten interpretieren

Wolfgang Bächler
Stadtbesetzung

Schwarze Wälder belagern die Stadt, haben sie lautlos umzingelt. Längst haben sie Vorposten an die Einfallstraßen gestellt, Spähtrupps, Vorhuten, Fünfte Kolonnen bis in den Stadtkern geschickt. Jetzt dringen sie nachts in die Vororte ein, schlagen sie Breschen in Villenviertel, stoßen an die Ufer des Flusses, die Böschungen der Kanäle vor und säumen alle Gewässer ein.

Pappelkolonnen sperren die Straßen ab, gliedern die Alleebäume ein, schließen zu dichteren Reihen auf, marschieren im Gleichschritt weiter. Tannen und Eschen befreien Gefangene in den Gärten und Parks, Friedhöfen und Hinterhöfen. Eichen und Buchen besetzen die Kreuzungen, Knotenpunkte, die großen Plätze, verbrüdern, verschwistern sich mit den Ulmen, Linden, Kastanienbäumen, sprengen die Ketten parkender Autos, drängen die Baumaschinen, Bauzäune, Grundmauern, Gerüste, Geländer zurück, schlagen Wurzeln in Gruben und Gräben.

Fichten umstellen die Amtsgebäude, das Rathaus, den Rundfunk, den Bahnhof, die Polizeiinspektionen, Gerichte, Gefängnis, das Arbeits- und Finanzamt. Die Pappelfront hat die Kaserne erreicht, verteilt sich um die Gebäude. Ahornbäume füllen die Lücken, schreiten durchs Tor in den Hof. Machtlos klettern die Wachen mit ihren Gewehren die Äste hinauf in die Kronen, sehen vor lauter Bäumen die Stadt nicht mehr.

Geräuschlos, kampflos, ohne Verluste haben die Wälder die Stadt besetzt, erobern sie Heimatboden zurück, besiegen sie Steine, Stahl und Beton, verdrängen Verdrängte ihre Verdränger.

1. Analysieren Sie die kurze Geschichte.
 a) Aus welchem Bereich stammen die Verben und Hauptwörter?
 b) In welcher Absicht werden diese hier verwendet?

2. Erklären Sie das Wortspiel des letzten Satzes.

3. Welche Einsichten gewinnen Sie aus der kurzen Geschichte?

Kurt Matti
Neapel sehen

Er hatte eine Bretterwand gebaut. Die Bretterwand entfernte die Fabrik aus seinem häuslichen Blickkreis. Er hasste die Fabrik. Er hasste die Maschine, an der er arbeitete. Er hasste das Tempo der Maschine, das er selber beschleunigte. Er hasste die Hetze nach Akkordprämien, durch welche er es zu einigem Wohlstand, zu Haus und Garten gebracht hatte. Er hasste seine Frau, so oft sie ihm sagte, heut Nacht hast du wieder gezuckt. Er hasste sie, bis sie es nicht mehr erwähnte. Aber die Hände zuckten weiter im Schlaf, zuckten im schnellen Stakkato der Arbeit. Er hasste den Arzt, der ihm sagte, Sie müssen sich schonen, Akkord ist nichts mehr für Sie. Er hasste den Meister, der ihm sagte, ich gebe dir eine andere Arbeit, Akkord ist nichts mehr für dich. Er hasste so viele verlogene Rücksicht, er wollte kein Greis sein, er wollte keinen kleineren Zahltag, denn immer war das die Hinterseite von so viel Rücksicht, ein kleinerer Zahltag.

Dann wurde er krank, nach vierzig Jahren Arbeit und Hass zum ersten Mal krank. Er lag im Bett und blickte zum Fenster hinaus. Er sah sein Gärtchen. Er sah den Abschluss des Gärtchens, die Bretterwand. Weiter sah er nicht. Die Fabrik sah er nicht, nur den Frühling im Gärtchen und eine Wand aus gebeizten Brettern. Bald kannst du wieder hinaus, sagte die Frau, es steht jetzt alles in Blust[1]. Er glaubte ihr nicht. Geduld, nur Geduld, sagte der Arzt, das kommt schon wieder. Er glaubte ihm nicht. Es ist ein Elend, sagte er nach drei Wochen zu seiner Frau, ich sehe nur immer das Gärtchen, sonst nichts, das ist mir zu langweilig, immer dasselbe Gärtchen, nehmt einmal zwei Bretter aus dieser verdammten Wand, damit ich was anderes sehe. Die Frau erschrak. Sie lief zum Nachbarn. Der Nachbar kam und löste zwei Bretter aus der Wand. Der Kranke sah durch die Lücke hindurch, sah einen Teil der Fabrik. Nach einer Woche beklagte er sich, in sehe immer das gleiche Stück Fabrik, das lenkt mich zu wenig ab. Der Nachbar kam und legte die Bretterwand zur Hälfte nieder. Zärtlich ruhte der Blick des Kranken auf seiner Fabrik, verfolgte das Spiel des Rauches über dem Schlot, das Ein und Aus der Autos im Hof, das Ein des Menschenstromes am Morgen, das Aus am Abend. Nach vierzehn Tagen befahl er, die stehengebliebene Hälfte der Wand zu entfernen. Ich sehe unsere Büros nie und auch die Kantine nicht, beklagte er sich. Der Nachbar kam und tat, wie er wünschte. Als er die Büros sah, die Kantine und so das gesamte Fabrikareal, entspannte ein Lächeln die Züge des Kranken. Er starb nach einigen Tagen.

[1] Blüte

1. Beschreiben Sie die Einstellung des Arbeiters zur Arbeit bis zu seiner Krankheit.

2. Warum hat sich der Arbeiter eine Bretterwand gebaut?

3. Mit seiner Krankheit verändert sich die Einstellung des Mannes zu seiner Arbeit und Fabrik. Erläutern Sie die Veränderungen.

4. Warum lässt der Arbeiter die Bretterwand niederreißen?

5. Der Titel der Erzählung ist angelehnt an die italienische Redensart „Neapel sehen und dann sterben". Darin wird ein Ideal und Traumziel zum Ausdruck gebracht. Übertragen Sie die Bedeutung der Redensart auf den Schluss der Geschichte.

6. Was will der Autor mit dem gleichförmigen Satzbau und den Wortwiederholungen („hasste") ausdrücken?

Josef Reding
Generalvertreter Ellebracht begeht Fahrerflucht

Ich habe nicht auf die neue Breite geachtet, dachte Ellebracht. Nur deswegen ist es so gekommen.

Der hemdsärmelige Mann hob die rechte Hand vom Lenkrad ab und wischte sich hastig über die Brust. Als er die Hand zurücklegte, spürte er, dass sie noch immer schweißig war, so schweißig wie sein Gesicht und sein Körper. Schweißig vor Angst.

Nur wegen der Breite ist alles gekommen, dachte der Mann wieder. Er dachte es hastig. Er dachte es so, wie man stammelt. Die Breite des Wagens, diese neue, unbekannte Breite. Ich hätte das bedenken sollen.

Jäh drückte der Fuß Ellebrachts auf die Bremse. Der Wagen kreischte und stand. Eine Handbreit vor dem Rotlicht, das vor dem Eisenbahnübergang warnte.

Fehlte grade noch! dachte Ellebracht. Fehlte grade noch, dass ich nun wegen einer so geringen Sache wie Überfahren eines Stopplichtes von der Polizei bemerkt werde: Das wäre entsetzlich. Nach der Sache von vorhin …

Mit hohlem Heulen raste ein D-Zug vorbei. Ein paar zerrissene Lichtreflexe, ein Stuckern, ein verwehter Pfiff. Die Ampel klickte auf Grün um. Ellebracht ließ seinen Wagen nach vorn schießen. Als er aufgeregt den Schalthebel in den dritten Gang hineinstieß, hatte er die Kupplung zu nachlässig betätigt. Im Getriebe knirschte es hässlich.

Bei dem Geräusch bekam Ellebracht einen üblen Geschmack auf der Zunge. Hört sich an wie vorhin, dachte er. Hört sich an wie vorhin, als ich die Breite des Wagens nicht richtig eingeschätzt hatte. Dadurch ist es passiert. Aber das wäre jedem so gegangen. Bis gestern hatte ich einen Volkswagen gefahren. Immer nur den Volkswagen, sechs Jahre lang. Und heute Morgen zum ersten Male diesen breiten Straßenkreuzer. Mit dem VW wäre ich an dem Radfahrer glatt vorbeigekommen. Aber so … Fahr langsamer, kommandierte Ellebracht sich selbst. Schließlich passiert ein neues Unglück in den nächsten Minuten. Jetzt, wo du bald bei Karin bist und den Kindern.

Karin und die Kinder. Ellebrachts Schläfen pochten. Er versuchte sich zu beruhigen: Du musstest weg von der Unfallstelle, gerade wegen Karin und der Kinder. Denn was wird, wenn du vor Gericht und ins Gefängnis musst? Die vier Glas Bier, die du während der Konferenz getrunken hast, hätten bei der Blutprobe für deine Schuld gezeugt und dann? Der Aufstieg deines Geschäfts wäre abgeknickt worden. Nicht etwa darum, weil man etwas Ehrenrühriges in deinem Unfall gesehen hätte. Wie hatte doch der Geschäftsführer von Walterscheid & Co. gesagt, als er die alte Frau auf dem Zebrastreifen verletzt hatte? Kavaliersdelikt! Nein, nicht vor der Schädigung meines Rufes fürchte ich mich.

Aber die vier oder sechs Wochen, die ich vielleicht im Gefängnis sitzen muss, die verderben mir das Konzept! Während der Zeit schickt die Konkurrenz ganze Vertreterkolonnen in meinen Bezirk und würgt mich ab. Und was dann? Wie wird es dann mit diesem Wagen? Und mit dem neuen Haus? Und was sagt Ursula, die wir aufs Pensionat in die Schweiz schicken wollen? „Du hast richtig gehandelt!", sagte Ellebracht jetzt laut, und er verstärkte den Druck auf das Gaspedal. „Du hast so gehandelt, wie man es als Familienvater von dir erwartet."

Verdammte Rotlichter! dachte Ellebracht weiter und brachte den Wagen zum Stehen. Ich will nach Hause. Ich kann erst ruhig durchatmen, wenn der Wagen in der Garage steht und ich bei der Familie bin.

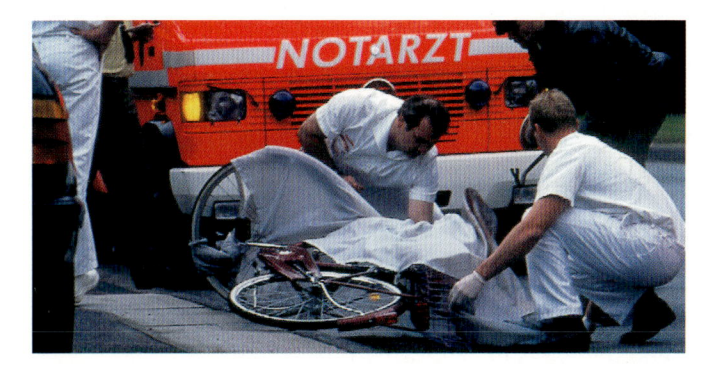

Und wann ist der Mann mit dem Fahrrad bei seiner Familie? Der Mann, der mit ausgebreiteten Armen wie ein Kreuz am Straßenrand gelegen hat? Der Mann, der nur ein wenig den Kopf herumdrehte – du hast es im Rückspiegel deutlich gesehen – als du den bereits gestoppten Wagen wieder anfahren ließest, weil dir die wahnsinnige Angst vor den Folgen dieses Unfalls im Nacken saß? Du, wann ist dieser Mann bei seiner Familie?

Jetzt werd bloß nicht sentimental! dachte Ellebracht. Jetzt werde bloß nicht dramatisch! Bist doch ein nüchterner Geschäftsmann! Ellebracht sah stur nach vorn und erschrak. Da war ein Kreuz. Ein Kreuz an seinem Wagen. So ein Kreuz, wie es der Mann vorhin gewesen war.

Ellebracht versuchte zu grinsen. Kriege dich bloß wieder ein, dachte er. Du siehst doch, was es ist. Das war mal das Firmenzeichen auf der Kühlerhaube. Es ist von dem Zusammenprall mit dem Fahrrad angeknickt worden und hat sich zu einem Kreuz verbogen.

Ellebracht konnte nicht anders. Er musste immerfort auf dieses Kreuz starren. Ich steige aus, dachte er. Ich steige aus und biege das Ding wieder zurecht. Schon tastete seine Hand zum Türgriff, als er zusammenzuckte. Am Kreuz schillerte es, verstärkt durch das Licht der Signalampel. „Ich muss nach Hause!", stöhnte Ellebracht und schwitzte noch mehr. „Wann kommt denn endlich Grün?"

Die feuchten Finger zuckten zum Hemdkragen, versuchten den Knopf hinter der Krawatte zu lösen. Aber der Perlmutterknopf entglitt einige Male dem Zugriff.

Grün!

Der Schwitzende riss einfach den Hemdkragen auf und fuhr an.

Das Kreuz macht mich verrückt, dachte er. Ich kann das nicht mehr sehen! Und wie der Mann dalag. Ob man ihn jetzt schon gefunden hat? Ob er schon so kalt und starr ist wie das Kreuz vor mir?

Ellebracht stoppte. Diesmal war kein Rotlicht da. Nichts. Nur das Kreuz. Nur das Kreuz, das einen riesigen Schatten warf in den Wagen hinein. Nur das Kreuz, das vor dem Hintergrund des Scheinwerferlichtes stand.

„Ich kann so nicht nach Hause!", flüsterte der Schwitzende. „Ich kann so nicht zu Karin und den Kindern zurück. Ich kann so zu niemandem zurück!"

Ein anderer Wagen überholte Ellebracht. Eine grelle Hupe schmerzte.

Ich kann das Kreuz nicht zurechtbiegen und dabei in das Blut greifen. Ich bringe das nicht fertig. Ich ...

1. Wie geht die Geschichte weiter? – Schreiben Sie sie zu Ende, wie es sich Ihrer Meinung nach aus dem bisherigen Verlauf des Geschehens ergibt.

Mithilfe der folgenden Aufgaben können Sie die Geschichte besser verstehen.

2. Wie setzt die Geschichte ein? Wie erfährt der Leser überhaupt, was passiert ist?
3. Mithilfe welcher Überlegungen versucht Ellebracht den Unfall und seine Handlungsweise vor sich selbst zu „entschuldigen"?
4. Durch welche Gedanken und Wahrnehmungen werden seine Entschuldigungsversuche immer wieder infrage gestellt? Wie wirkt das alles während der Fahrt auf ihn?
5. Notieren Sie der Reihe nach alle Textstellen, die das körperliche und seelische Befinden Ellebrachts kennzeichnen. Prüfen Sie, welcher Gedankenprozess während der Fahrt in Ellebracht abläuft.
6. Bei Josef Reding endet die Geschichte folgendermaßen:

… kann nicht eher zu irgendeinem zurück, bis ich bei dem Mann gewesen bin. Ellebracht spürte, wie seine Hände trocken wurden und sich fest um das Lenkrad legten. Ohne Mühe wendete der Mann den schweren Wagen und jagte die Straße zurück.

Wieder die Signale, die Bahnübergänge, jetzt die Abbiegung, die Waldstraße.

Ein paar Steine schepperten gegen die Kotflügel. Ellebracht verlangsamte die Fahrt und seine Augen durchdrangen mit den Scheinwerfern das Dunkel.

Da war der Haufen von verbogenem Blech und Stahl.

Und da lag das menschliche Kreuz.

Als Ellebracht schon den Fuß auf der Erde hatte, sprang ihn wieder die Angst an. Aber dann schlug er die Tür hinter sich zu und lief. Jetzt kniete Ellebracht neben dem Verletzten und drehte ihn behutsam in das Scheinwerferlicht des Wagens.

Der blutende Mann schlug die Augen auf und griff zuerst wie abwehrend in das Gesicht Ellebrachts. Dann sagte der Verletzte: „Sie haben – angehalten. Dan – ke!"

„Ich habe nicht – – ich – ich bin nur zurückgekommen", sagte Ellebracht.

a) Wie haben sich das Befinden, die Wahrnehmungen und die Gedanken Ellebrachts verändert?
b) Welche Empfindung kommt in seiner Antwort auf das „Dan – ke!" des Verletzten zum Ausdruck?

7. Verfassen Sie einen **Dialog** zu der folgenden Situation: Ellebracht kommt zu Hause an; seine Frau, die sofort merkt, dass mit ihm etwas nicht stimmt, will herausfinden, was passiert ist.
8. Spielen Sie als **Rollenspiel** die Gerichtsverhandlung „In Sachen Fahrerflucht des Herrn Ellebracht". Bereiten Sie sich zunächst in Gruppenarbeit vor und notieren Sie sich Stichworte zu den Rollen:
a) Staatsanwalt (als Ankläger)
b) Angeklagter Ellebracht (evtl. mit Verteidiger)
c) Zeuge Meier (damals angefahrener Radfahrer)
d) Richter (mit Beisitzern)
Urteil: Führerscheinentzug? Achten Sie auf die Regeln der Argumentation.
9. Der Straftatbestand „Unfallflucht" soll in Zukunft nicht mehr vorliegen, wenn der Unfallverursacher sich binnen 24 Stunden bei der Polizei meldet. Diskutieren Sie über diesen Vorschlag.

Stefan Andres
Das Trockendock

Das erste Trockendock in Toulon, das gegen Ende des 18. Jahrhunderts von einem Ingenieur namens Grognard erbaut wurde, verdankt seinen Ursprung einer merkwürdigen Begebenheit. Schauplatz war ein Seearsenal, im eigentlichen Sinne aber das Gesicht eines Galeerensträflings – das Antlitz eines für einen Augenblick um seine Freiheit verzweifelt ringenden Menschen.

Bevor es den von Grognard erbauten Wasserbehälter gab, der mit seinem steigenden Spiegel das Schiff in den Fluss hinausschob, war es üblich, dass ein Galeerensträfling die letzten Dockstützen des vom Stapel laufenden Schiffes, freilich unter Lebensgefahr, wegschlug, worauf dann im gleichen Augenblick der Koloss donnernd und mit funkenstiebendem Kiel ins Wasser schoss. Gelang es dem die Stützen fortschlagenden gefangenen Mann, nicht nur dem Schiff die erste Bewegung zu geben, sondern auch sich selbst mit einem gedankenschnellen riesigen Satz aus der Nachbarschaft des herabrutschenden hölzernen Berges zu bringen, dann war er im gleichen Augenblick in seine Freiheit und in ein neues Leben gesprungen, gelang es ihm nicht, blieb von seinem Körper nichts übrig als eine schleimige Blutspur.

Der Ingenieur Grognard, der sich erstmalig zu einem solchen Stapellauf eingefunden hatte, ergötzte seine Augen an den übrigen festlichen Gästen auf den Tribünen und ließ, ganz den düsteren und ehernen Wundern des Arsenals hingegeben, den Silberknauf seines Stockes zu den immer neuen Märschen mehrerer Militärkapellen auf die hölzerne Balustrade fallen, wo er sich mit anderen Ehrengästen befand. Die Kommandos gingen in der Musik unter, gleichwohl bewegten sich die Arbeiter, die freien und die Sträflinge, des gewohnten Vorgangs wie stumme Ameisen kundig, mit Tauen und Ketten und Stangen hantierend, als hinge ein jeder an einem unsichtbaren Faden.

Grognard hatte einen der besten Plätze, er stand dem Bug, etwa fünfzig Schritt entfernt, gerade gegenüber. Wiewohl er vom Hörensagen wusste, auf welch gefährliche Weise man das Schiff flottmachte und ins Wasser ließ, so hatte er sich doch nicht den Vorgang aus den Worten in eine deutliche Vorstellung überführt. Ja, er war sogar unbestimmt der Ansicht, dass es menschlich und gut sei, wenn ein ohnehin verwirktes Leben durch einen kühnen Einsatz sich entweder für die Allgemeinheit nützlich verbrauche oder für sich selber neu beginne. Nun aber, als endlich die Stützen am Schiffsrumpf alle bis auf die am Bug fortgenommen; als die Arbeiter zurückkommandiert und die Matrosen an Bord gegangen waren; als schließlich die Musik mit ihren in die Weite schreitenden Takten plötzlich abbrach; als nur noch ein Trommelwirbel dumpf und knöchern gegen die düsteren Mauern des Arsenals anrollte – und verstummte –, da kam ein einzelner Mann in seiner roten Sträflingsjacke mit den schweren hufnagelbeschlagenen Schuhen über das Pflaster gegen das Schiff geschlurft. Er trug einen riesigen Zuschlaghammer in der Hand, der zuerst herabhing, dann, je näher der Mann dem schwarzen Schiffsbauch kam, sich zögernd hob und, als seine winzige Gestalt der Fregatte so nahe war, dass ihr gewölbter Rumpf ihn wie ein schwarzer Fittich überschattete, einmal pickend und vorsichtig pochend eine Stütze berührte, schließlich aber in der Hand des Mannes auf dieselbe Weise herabhing.

Es lag eine gefährliche Stille über der Fregatte und den Zuschauern. Grognard bemerkte, dass er zitterte und mit dem Silberknauf seines Stockes die vorsichtig antastende Bewegung des Zuschlaghammers mitgetan hatte. Und als ob dieses winzige Geräusch des Stockes sein Ohr erreicht hätte – der Sträfling wandte sich plötzlich wie hilfesuchend um. Grognard konnte die Nummer an der grünfarbenen Mütze des lebenslänglich Verurteilten lesen – es war die Nummer 3222 – und zugleich mit der Zahl und wie durch sie hindurch sah er das zitternde Lächeln, in welchem der Sträfling seine Zähne entblößte und einmal langsam die Augen verdrehte, als wollte er Schiff, Zuschauer, Mauern und Himmel mit diesem einen Blick gierig verschlingen. Aber sofort wandte er sich wieder dem Schiff zu – mit einem Ruck, so als könnte die Fregatte etwa hinter ihm arglistig ohne sein Zutun entrinnen. Einen Atemzug lang blieb er regungslos stehen, den Hammer gesenkt, dann hob er ihn langsam ... Es ging ein Stöhnen über den Platz, man wusste nicht, kam es aus dem Publikum, dem ächzenden Gebälk des Schiffes oder der Brust des Mannes, der im gleichen Augenblick zuschlug:

einmal, zweimal, hin- und herspringend gelenkig wie ein Wiesel und wild wie ein Stier, und dreimal zuschlug und viermal –, man zählte nicht mehr. Das Schiff knackte, mischte seine vom Hammer geweckte Stimme in dessen Schläge – und da, als noch ein Schlag kam, sprang es mit einem Satz vor, und auch der Mann sprang, den Hammer wie in Abwehr gegen den plötzlich bebenden Schiffsrumpf werfend, sprang noch einmal, blieb aber, als nun alles aufschrie, das Gesicht in den Händen, stehen, wie ein Mensch im Traum – und der Schiffsrumpf rüttelte zischend und dröhnend über ihn fort.

Dieser Vorgang, der nur wenige Atemzüge lang gedauert hatte, löste einen brünstigen vieldeutigen Schrei aus, der hinter der Fregatte herschnob – über die blutige Spur fort, die alsbald einige Sträflinge mit Sand zu tilgen kamen.

Auch Grognard hatte im allgemeinen Jubel einen Schrei getan – und mit dem Schrei zugleich einen Schwur. Dieser Schwur aber enthielt im ersten Augenblick seines Entstehens einen Kern: und in diesem barg sich das Bild eines Trockendocks.

Als hätte er gewusst, dass seine Lächerlichkeit damit besiegelt sei, wenn er die eigentliche Triebkraft zu diesem

Unter einem Trockendock versteht man ein durch Schleusentore verschließbares Becken, das nach dem Einschwimmen eines Schiffes geschlossen und leer gepumpt werden kann.
Das Schiff senkt sich dabei auf den Beckenboden ab und liegt trocken.

Plan enthüllte: Er führte nur Beweggründe ins Feld, die das öffentliche Wohl und den Fortschritt betrafen. Und als endlich trotz aller Widerstände das Dock mit Becken und Schleusentor fertig war, geschah es, dass der Urheber, der sich nun von jenem zwischen Hoffnung und Todesangst verzerrten Lächeln des Galeerensträflings erlöst glaubte, von einem Gefangenen mit einem Hammer niedergeschlagen wurde – es war, als Grognard gerade den Platz am Trockendock überschritt. Der Gefangene trug die grüne Wollmütze der Lebenslänglichen und schleppte seine Kette gemächlich hinter sich her. Eine Weile war er um Grognard in immer enger werdenden Kreisen langsam herum gegangen, bis er schließlich vor ihm stand. Grognard sah offenbar zuerst nur die Mütze und die Nummer daran, bei deren Anblick er wie über einer geheimnisvollen Zahl jäh erstarrte. Doch da schrie auch schon der Mensch, seinen Hammer schwingend: „Das ist der Mann des Fortschritts, der uns den Weg zur Freiheit nahm! Zur Hölle mit dir!" Die herbeieilenden Wachen, die sich des Sterbenden annahmen, sahen, wie der noch einmal die Augen aufschlug, und hörten, wie er mit einer Stimme, die voller Verwunderung schien, flüsterte: „Ah – 3222 – Pardon – ich habe mich geirrt!"

1. Wie sind die letzten Worte des Ingenieurs Grognard zu verstehen?
2. Weshalb hat der Sträfling Grognard erschlagen?
3. Untersuchen Sie, wodurch Grognard dazu veranlasst wurde, das Trockendock zu erfinden, indem Sie
   a) den Rahmen und die Atmosphäre des Stapellaufes beschreiben, bei dem Grognard zum ersten Mal anwesend war,
   b) das Verhalten des damaligen Sträflings genau beobachten und schildern,
   c) die Verhaltensweisen, Reaktionen und Gedanken Grognards wiedergeben.
4. Erarbeiten Sie die sprachlichen Gestaltungsmittel – Wortwahl, bildhafte Ausdrücke, Satzbau –, die Stefan Andres benutzt, um Spannung zu erzeugen.
5. Welche beiden Gesichter des Fortschritts werden von Stefan Andres in dieser Erzählung aufgezeigt?
6. Übertragen Sie diese Einsicht in einem Unterrichtsgespräch auf aktuelle Probleme, z. B. Automatisierung, Gentechnik, Multimedia.

Über Napoleon erzählt man sich folgende Begebenheit:
Als Napoleon 1812 Anfang Dezember nach Grodno kam, hatte er den kläglichen Rest seines geschlagenen Heeres seit drei Tagen verlassen, um sich unbekannt mit ein paar Begleitern aus dem verlorenen Feldzug in Russland nach Frankreich zu retten. Früh morgens kam er auf die Fähre von Grodno, um über den noch eisfreien Nyemen zu setzen. „Sind schon viele französische Deserteure hinüber?", fragte der Kaiser den Fährmann. Der, nicht ahnend wer ihn das fragte, antwortete: „Nein, Herr, Sie sind der erste."

1. Welche Absicht verfolgt die Kurzerzählung?

Der Schriftsteller Gustav Regler (1898–1963), aufgewachsen im saarländischen Grenzland zu Frankreich, erzählt in seiner Autobiographie „Das Ohr des Malchus" folgende Anekdote über seinen Vater. Die Begebenheit spielt kurz vor dem Ersten Weltkrieg.

Gustav Regler: **Welcher Apfel ist französisch?**

Ostern zog er [mein Vater] mit uns [Kindern] über die Felder und Hügel und lehrte uns „die wichtige Umgebung" kennen, wie er es nannte: die scharfen Spuren der Rehe, flüchtig und nervös, den Bau der Füchse, das Nest der Drossel, den Flug des Bussards, die Sielen des wilden Ebers, den erfrischenden Sauerampfer, die Rinden von Tanne und Buche, den Lauf der Bäche, die Lilien der Teiche, die Schonungen. Wenn wir dann „ganz am Anfang" angelangt waren, wo es keine Geographie mehr gab, lenkte er wohl zur alten vielumstrittenen Grenze zwischen Deutschland und Frankreich hin und ließ uns an bestimmten Stellen Blumen pflücken oder das Fallobst von verschiedenen Bäumen probieren; unvermittelt fragte er uns: „Welcher Apfel ist französisch?"

1. Was ist dem Vater an der Umwelt („Umgebung") wichtig, sodass er es den Kindern erklärt?
2. Was ist allen Dingen in der Natur fremd?
3. Welche Bedeutungen kann Reglers Formulierung „ganz am Anfang …, wo es keine Geographie mehr gab" haben?
4. Welche Haltung spricht aus der Frage des Vaters, die er seinen Kindern klarmachen will?
5. Sicherlich kennen Sie auch solche kurzen Geschichten, die einen Verwandten oder Bekannten charakterisieren. Erzählen Sie.

„Kurze Geschichten" ist ein Sammelbegriff für verschiedene literarische Texte, denen rein äußerlich das Merkmal der Kürze gemeinsam ist.
In Hinsicht auf Aussageabsicht und die inhaltliche und sprachliche Gestaltung lassen sich folgende wichtige Textsorten unterscheiden:

- Die **Kurzgeschichte** (z. B. Josef Reding, Generalvertreter …) schildert meist eine Alltagssituation, die den Leser zum Nachdenken anregt. Dies wird auch dadurch unterstützt, dass sie häufig unvermittelt einsetzt und abbricht (offener Schluss).
- Die **Erzählung** (z. B. Stefan Andres, Das Trockendock) hat ein Geschehen zum Inhalt, das in der Regel einen historischen Hintergrund hat. Charakteristisch ist, dass der Erzähler ausführlich den Rahmen der Handlung erläutert. Beim Leser wird durch den lebendigen Stil Spannung erzeugt.
- Die **Anekdote** (z. B. Gustav Regler, Welcher Apfel ist französisch?) erzählt in wenigen Worten eine Begebenheit, mit der eine (häufig historische) Person charakterisiert wird. Charakterzüge werden manchmal auch auf witzige Art verdeutlicht.

15.3 Fabeln und Parabeln deuten

Martin Luther: **Der Fuchs und der Löwe**

Der Löwe hatte viele Tiere zu sich in die Höhle geladen, darinnen es gar übel roch und stank. Als er nun den Wolf fragte, wie es ihm gefiele in seinem königlichen Hause, da sprach der Wolf: „O es stinkt übel herinnen." Da fuhr der Löwe zu und zerriss den Wolf. Danach, als er den Esel fragte, wie es ihm gefiele und der arme Esel sehr erschrocken war über des Wolfes Tod und Mord, da wollte er aus Furcht heucheln und sprach: „O Herr König, es riecht wohl allhier." Aber der Löwe fuhr über ihn her und zerriss ihn auch. Als er nun den Fuchs fragte, wie es ihm gefiele und wie es röche in seiner Höhle, da sprach der Fuchs: „..."

1. Was könnte der Fuchs Ihrer Meinung nach geantwortet haben?
   Klären Sie dazu zunächst folgende Fragen:
   a) Wie ist die Ausgangssituation?
   b) Wie ist die Antwort des Wolfes zu beurteilen?
   c) Warum lügt der Esel?
   d) Welche menschlichen Eigenschaften werden den handelnden Tieren nachgesagt?
   e) Wie könnte sich der Fuchs verhalten, um seine Haut zu retten?
   Schreiben Sie die Fabel zu Ende.

2. Vergleichen und beurteilen Sie Ihre Lösungen zum Ende der Fabel.

3. Übertragen Sie die Fabel auf die Gegenwart.
   a) Welche Situation könnte sie widerspiegeln?
   b) Welche Menschen sehen Sie in den Tieren?

4. Versuchen Sie eine allgemeine Lehre zur Fabel zu formulieren. Sie können dabei auch auf Redensarten zurückgreifen, z. B. „Lügen haben kurze Beine".

Helmut Arntzen

Der Löwe trat morgens vor seine Höhle und brüllte. Nicht so laut, Sire, rief ein Affe. Sie sollten früher aufstehen, bemerkte ein Esel, der in der Nähe war. Und nicht so drastisch riechen. Wie, brüllte der Löwe, bin ich nicht mehr König der Tiere? Schon, sagte der Affe; aber als konstitutioneller Monarch einer parlamentarischen Demokratie.[1]

[1] Ein König, der an eine Verfassung gebunden und vom Parlament abhängig ist.

1. Vergleichen Sie die Fabel mit der Fabel Luthers.
   a) Wo wird hier direkt Bezug genommen auf die erste Fabel?
   b) Was hat sich entscheidend verändert?

2. Wo wird hier die Form der Fabel gesprengt? Was könnte man daraus schließen?

Peter Maiwald
Die Flüsse protestieren
Wie es zur Null-Bewegung des Wassers kam

1 Im Meer, wo sie gelegentlich zusammentreffen, berieten die Flüsse der Welt ihr Weiterkommen. So geht es nicht
5 mehr, sagte der Mississippi und eröffnete die Tagung. Wir fließen und fließen und niemand nimmt zur Kenntnis, unter welchen
10 Umständen und Mühen wir das tun. Die meisten von uns haben längst ihren Charakter verloren und es würde niemanden wundern, wenn der Hudson River den Rhein hinunterflösse und umgekehrt. So
15 verseucht, wie wir sind, lägen wir längst, wären wir Menschen, in Quarantäne, und an unserer Besserung arbeitete ein Heer von Spezialisten.

Das stimmt, kam es vom Rhein, der
20 angesprochen war. Und ich spreche im Namen der deutschen Flüsse, die Zuflüsse eingeschlossen. Es macht keinen Spaß mehr ein Fluss zu sein. Unsere Innereien sind von Säuren zerfressen und die Na-
25 tur, die man uns nachsagt, ist ausgelaugt. Anders als es der Philosoph gemeint hat, lässt sich heute wahrhaftig sagen, es gibt nichts, was nicht im Flusse wäre. Die deutsche Chemie allen voran. Keine Biegung,
30 hinter der nicht eine neue Erfindung uns zum Schaden lauerte. Kein Flussarm, der sich ausstrecken könnte, ohne dass Dutzende von Abflussrohren auf ihn gerichtet würden. Und kein Kraftwerk, an dem wir
35 vorbeikämen, ohne aufgeheizt zu werden bis zum Kollaps.

Alle diese Anzeichen sprechen dafür, dass ein Krieg gegen uns im Gange ist. Und ich sage: ein kleiner, aber energischer Teil
40 der Menschheit ist entschlossen, den Flüssen mit allen Mitteln den Garaus zu machen. Dagegen müssen wir uns wehren.

Der Beifall, den der Rhein für diese Rede erhielt, schwoll an wie der Mekong zur Regenzeit. Aber was sollen wir tun?, rief der Amazonas. 45

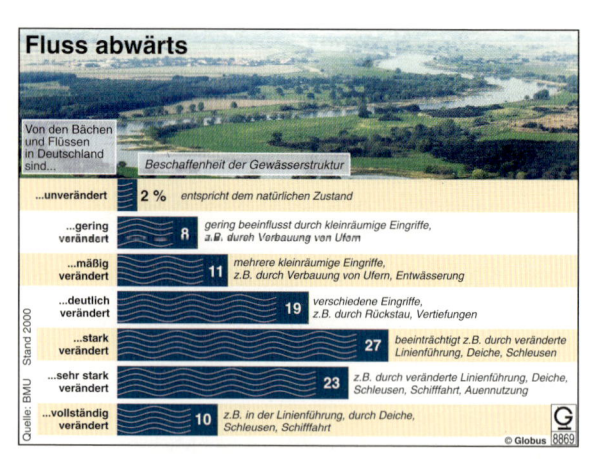

Da herrschte eine Ratlosigkeit unter den Flüssen, bis der Ebro, der eine katholische Neigung besaß, aus der Bibel zitierte. Sonne stehe still über Gibeon! Warum sollte, was der Sonne geheißen war, nicht so gut 50 für die Flüsse sein?

Der Vorschlag fand die Mehrheit der Anwesenden und so kam es zu jenem einmaligen Stillstand in den Flussbetten der Welt. 55

Die Binnenschiffer aller Länder begannen zu fluchen und bald darauf auch ihre Reedereien. Die Uferbewohner fluchten, denn das stehende Wasser begann zu stinken und der Gestank war unerträglich. Die 60 Seehäfen an den Mündungen verloren an Bedeutung und die Versorgung mit Gütern verteuerte sich flussabwärts erheblich. Eine Gruppe von Wissenschaftlern, die von der Regierung beauftragt war, das Naturereig- 65 nis zu untersuchen und zu erklären, kam nach kurzer Zeit zu dem Schluss, dass die Industrie und ihre gegenwärtige Handhabung an dem Stillstand der Flüsse schuld war. Die Regierung, die es nicht mit den 70 Industriebesitzern verderben wollte, unterdrückte die Ergebnisse der Forschung und nannte die Wissenschaftler allesamt Kommunisten. Die Flüsse rührten sich nicht.

Schließlich gab der Zusammenbruch 75

der Wasserversorgung den Ausschlag und zwang die Regierung zum Nachgeben. Die Unruhe hatte unter der Bevölkerung ein solches radikales Ausmaß angenommen, dass die schlimmsten Erwartungen der konservativen Zeitungen von Volkserhebung und Revolution weit übertroffen wurden. Die Industrie erhielt Auflagen, die Reinheit ihrer Abflüsse betreffend und die Kraftwerke bekamen die Genehmigung nur noch, wenn sie sich schadlos hielten. Natürlich ist diese Geschichte von den Flüssen nicht wahr. Wäre sie wahr, wären unsere Flüsse natürlich.

1. Welches Problem haben die Flüsse? Wie gehen sie an das Problem heran?

2. Untersuchen Sie die Rede des Rheins.
   a) Wie ist sie aufgebaut?
   b) Mit welchen sprachlichen Mitteln werden die Aussagen eindrucksvoll unterstützt?

3. Welche Folgen hat der Stillstand der Flüsse? Welche Leistungen der Flüsse werden daran deutlich?

4. Wie reagiert die Regierung? Wann erst verfolgen die Politiker konkrete Maßnahmen zum Umweltschutz?

5. Welche Haltung des Autors wird in der sprachspielerischen Schlussbemerkung deutlich? Teilen Sie diese Ansicht?

Bertolt Brecht: **Der hilflose Knabe**[1]

Herr K. sprach über die Unart, erlittenes Unrecht stillschweigend in sich hineinzufressen, und erzählte folgende Geschichte: „Einen vor sich hin weinenden Jungen fragte ein Vorübergehender nach dem Grund seines Kummers. ‚Ich hatte zwei Groschen für das Kino beisammen', sagte der Knabe, ‚da kam ein Junge und riß mir einen aus der Hand' und er zeigte auf einen Jungen, der in einiger Entfernung zu sehen war. ‚Hast du denn nicht um Hilfe geschrien?', fragte der Mann. ‚Doch', sagte der Junge und schluchzte ein wenig stärker. ‚Hat dich niemand gehört?', fragte ihn der Mann weiter, ihn liebevoll streichelnd. ‚Nein', schluchzte der Junge. ‚Kannst du denn nicht lauter schreien?', fragte der Mann. ‚Nein', sagte der Junge und blickte ihn mit neuer Hoffnung an. Denn der Mann lächelte. ‚Dann gib auch den her', sagte er, nahm ihm den letzten Groschen aus der Hand und ging unbekümmert weiter."

1. Warum wirkt der Schluss der Erzählung so überraschend?

2. Was ist der Anlass dafür, dass Herr K. diese Geschichte erzählt? Welche Aufgabe hat somit die Geschichte?

3. Weshalb wird der Junge ein zweites Mal bestohlen? Wie hätte sich der Junge Ihrer Meinung nach verhalten sollen?

4. Bertolt Brecht setzt sich in vielen seiner Werke mit dem kapitalistischen Wirtschaftssystem auseinander.
   a) Wen könnte Brecht folglich mit dem Jungen und dem Mann gemeint haben?
   b) Wen will Brecht belehren? Formulieren Sie einen Lehrsatz.

---

[1] Dieser Autor lehnt für seine Texte die reformierte Rechtschreibung und Zeichensetzung ab.

Sich mit literarischen Texten reflexiv und produktiv auseinandersetzen

Günter Kunert: **Die Maschine**

Erhaben und in einsamer Größe reckte sie sich bis unters Werkhallendach; schuf sogleich die Vorstellung, Monument des Zeitalters zu sein und diesem gleich: stampfend, gefahrvoll, monoton und reichlich übertrieben. Und vor allem: auch sie produzierte einzig und allein durch gegensätzliche Bewegung unterschiedlicher Kräfte, durch einen gezähmten Antagonismus all ihrer Teile.

Aber in diesem wundervollen System blitzender Räder, blinkender Kolben, sich hebender und sich senkender Wellen, war ein unansehnliches Teil, das wie von Schimmel überzogen schien und das sich plump und arhythmisch regte. Ein hässlicher Zusatz an der schönen Kraft. Ein Rest von Mattigkeit inmitten der Dynamik.

Als um die Mittagszeit ein Pfiff ertönte, löste sich dieses Teil von der Maschine und verließ die Halle, während die Maschine hilflos stehenblieb, zwiefach: in sich und am Ort. Plötzlich erwies sich, das billigste Teil und das am schlimmsten vernachlässigte war das teuerste und nur scheinbar ersetzlich. Wo es kaputtgeht, wird es nicht lange dauern, bis über den Beton Gras gewachsen ist.

1. Betrachten Sie jeweils das erste Wort, mit dem die drei Textabschnitte beginnen. Wieso stehen sie sozusagen für den Inhalt des jeweiligen Textteils?

2. Was signalisiert der Pfiff um die Mittagszeit und was verändert er?

3. Was ist dieses unansehnliche, aber teuerste Teil der Maschine?

4. Warum wechselt Günter Kunert im letzten Satz der Parabel die Zeitform?

Fabeln und **Parabeln** gemeinsam ist das bildhafte Erzählen. Um sie verstehen zu können, muss man die Aussagen des Bildbereiches in den Sachbereich, sprich die Realität, übertragen; d. h. man muss deuten und interpretieren.

In der **Fabel** handeln und sprechen Tiere, Pflanzen oder Gegenstände wie Menschen.

In der **Parabel** handeln meist Menschen. Sie hat die Form einer Gleichnisgeschichte.

Beide Textsorten gehören zur lehrhaften Dichtung. In knapper Form wollen sie dem Leser eine Lehre vermitteln und Kritik üben.

Bertolt Brecht: **Das Wiedersehen**

Ein Mann, den Herr K. lange nicht gesehen hatte, begrüßte ihn mit den Worten: „Sie haben sich gar nicht verändert." „Oh!", sagte Herr K. und erbleichte.

1. Warum erbleicht Herr K. bei diesem „Kompliment"?

15.4 Satiren und Parodien begreifen

Gerhard Zwerenz
Nicht alles gefallen lassen

Wir wohnten im dritten Stock mitten in der Stadt und haben uns nie etwas zuschulden kommen lassen, auch mit Dörfelts von gegenüber verband uns eine jahrelange Freundschaft, bis die Frau sich kurz vor dem Fest unsre Bratpfanne auslieh und nicht zurückbrachte.

Als meine Mutter dreimal vergeblich gemahnt hatte, riss ihr eines Tages die Geduld und sie sagte auf der Treppe zu Frau Muschg, die im vierten Stock wohnt, Frau Dörfelt sei eine Schlampe.

Irgendwer muss das den Dörfelts hinterbracht haben, denn am nächsten Tag überfielen Klaus und Achim unsern Jüngsten, den Hans, und prügelten ihn windelweich. Ich stand grad im Hausflur, als Hans ankam und heulte. In diesem Moment trat Frau Dörfelt drüben aus der Haustür, ich lief über die Straße, packte ihre Einkaufstasche und stülpte sie ihr über den Kopf. Sie schrie aufgeregt um Hilfe, als sei sonst was los, dabei drückten sie nur die Glasscherben etwas auf den Kopf, weil sie ein paar Milchflaschen in der Tasche gehabt hatte.

Vielleicht wäre die Sache noch gut ausgegangen, aber es war just um die Mittagszeit und da kam Herr Dörfelt mit dem Wagen angefahren.

Ich zog mich sofort zurück, doch Elli, meine Schwester, die mittags zum Essen heimkommt, fiel Herrn Dörfelt in die Hände. Er schlug ihr ins Gesicht und zerriss dabei ihren Rock. Das Geschrei lockte unsere Mutter ans Fenster und als sie sah, wie Herr Dörfelt mit Elli umging, warf unsere Mutter mit Blumentöpfen nach ihm. Von Stund an herrschte erbitterte Feindschaft zwischen den Familien.

Weil wir nun Dörfelts nicht über den Weg trauen, installierte Herbert, mein ältester Bruder, der bei einem Optiker in die Lehre geht, ein Scherenfernrohr am Küchenfenster.

Da konnte unsre Mutter, waren wir andern alle unterwegs, die Dörfelts beobachten.

Augenscheinlich verfügten diese über ein ähnliches Instrument, denn eines Tages schossen sie von drüben mit einem Luftgewehr herüber. Ich erledigte das feindliche Fernrohr dafür mit einer Kleinkaliberbüchse, an diesem Abend ging unser Volkswagen unten im Hof in die Luft.

Unser Vater, der als Oberkellner im hochrenommierten Café Imperial arbeitete, nicht schlecht verdiente und immer für den Ausgleich eintrat, meinte, wir sollten uns jetzt an die Polizei wenden.

Aber unserer Mutter passte das nicht, denn Frau Dörfelt verbreitete in der ganzen Straße, wir, das heißt, unsere gesamte Familie, seien derart schmutzig, dass wir mindestens zweimal jede Woche badeten und für das hohe Wassergeld, das die Mieter zu gleichen Teilen zahlen müssen, verantwortlich wären.

Wir beschlossen also, den Kampf aus eigner Kraft in aller Härte aufzunehmen, auch konnten wir nicht mehr zurück, verfolgte doch die gesamte Nachbarschaft gebannt den Fortgang des Streites.

Am nächsten Morgen schon wurde die Straße durch ein mörderisches Geschrei geweckt.

Wir lachten uns halbtot, Herr Dörfelt, der früh als Erster das Haus verließ, war in eine tiefe Grube gefallen, die sich vor der Haustür erstreckte.

Er zappelte ganz schön in dem Stacheldraht, den wir gezogen hatten, nur mit dem linken Bein zappelte er nicht, das hielt er fein still, das hatte er sich gebrochen.

Bei alledem konnte der Mann noch von Glück sagen – denn für den Fall, dass er die Grube bemerkt und umgangen hätte, war der Zünder einer Plastikbombe mit dem Anlasser seines Wagens verbunden. Damit ging kurze Zeit später Klunker-Paul, ein Untermieter von Dörfelts, hoch, der den Arzt holen wollte.

Es ist bekannt, dass die Dörfelts leicht übelnehmen. So gegen zehn Uhr begannen sie unsere Hausfront mit einem Flakgeschütz zu bestreichen. Sie mussten sich erst einschießen, die Einschläge befanden sich nicht alle in der Nähe unserer Fenster.

Das konnte uns nur recht sein, denn jetzt fühlten sich auch die anderen Hausbewohner geärgert und Herr Lehmann, der Hausbesitzer, begann um den Putz zu fürchten. Eine Weile sah er sich die Sache noch an, als aber zwei Granaten in seiner guten Stube krepierten, wurde er nervös und übergab uns den Schlüssel zum Boden.

Wir robbten sofort hinauf und rissen die Tarnung von der Atomkanone.

Es lief alles wie am Schnürchen, wir hatten den Einsatz oft genug geübt, die werden sich jetzt ganz schön wundern, triumphierte unsre Mutter und kniff als Richtkanonier das rechte Auge fachmännisch zusammen.

Als wir das Rohr genau auf Dörfelts Küche eingestellt hatten, sah ich drüben gegenüber im Bodenfenster ein gleiches Rohr blinzeln, das hatte freilich keine Chance mehr, Elli, unsre Schwester, die den Verlust ihres Rockes nicht verschmerzen konnte, hatte zornroten Gesichts das Kommando „Feuer!" erteilt.

Mit einem unvergesslichen Fauchen verließ die Atomgranate das Rohr, zugleich fauchte es auch auf der Gegenseite. Die beiden Geschosse trafen sich genau in der Straßenmitte.

Natürlich sind wir nun alle tot, die Straße ist hin, und wo unsre Stadt früher stand, breitet sich jetzt ein graubrauner Fleck aus. Aber eins muss man sagen, wir haben das Unsre getan, schließlich kann man sich nicht alles gefallen lassen.

Die Nachbarn tanzen einem sonst auf der Nase herum.

1. Äußern Sie sich zunächst spontan zum Text; beschreiben Sie dabei auch Ihre Reaktionen beim Lesen der Geschichte.

2. Was ist der Anlass des Streites?

3. Beschreiben Sie die Stufen, wie sich der Streit in der Wahl der Mittel immer weiter zuspitzt.

4. Zeigen Sie auf, dass sich der Konflikt nicht nur in der Wahl der Mittel ausweitet.

5. Nennen Sie im Text die Stellen, an denen es noch möglich wäre den Streit zu schlichten. Wieso gelingt dies nicht?

6. Familien besitzen keine Atomwaffen. Mit welchem Mittel will Gerhard Zwerenz dem Leser etwas verdeutlichen? Was ist die Aussageabsicht des Textes?

7. Finden Sie die Redensart „Man darf sich nicht alles gefallen lassen" grundsätzlich falsch?

Kurt Kusenburg

Nihilit

Ein Mann namens Rotnagel erfand einen neuen Klebstoff, der sehr vertrauenswürdig aussah und nach Oleander duftete; viele Frauen bedienten sich seiner um angenehm zu riechen. Gegen diese Unsitte kämpfte Rotnagel heftig an – er wünschte, dass seine Erfindung sinngemäß verwendet werde. Gerade das aber bot Schwierigkeiten, denn der neue Klebstoff klebte nichts, jedenfalls nichts Bekanntes. Ob Papier oder Metall, Holz oder Porzellan – keines von ihnen haftete am gleichen oder an einem fremden Material. Bestrich man einen Gegenstand mit dem Klebstoff, so glitzerte dieser vielversprechend, aber er klebte nicht, und darauf kam es ja eigentlich an. Trotzdem wurde er viel benutzt, weniger aus praktischen Gründen, sondern wegen des herrlichen Oleanderduftes.

Rotnagel war kein Narr. Er sagte sich: ein Klebstoff, der nichts klebt, verfehlt seinen Zweck; es muss also etwas erfunden werden, das sich von ihm kleben lässt. Sicherlich wäre es einfacher gewesen, die Erzeugung einzustellen oder seinen Missbrauch durch die Frauen hinfort zu dulden, doch der bequeme Weg ist verächtlich. Darum gab Rotnagel drei Jahre seines Lebens daran, einen Werkstoff zu entdecken, der sich von dem Klebstoff kleben ließ, allerdings nur von diesem.

Nach langem Überlegen nannte Rotnagel den neuen Werkstoff Nihilit. In der Natur kam Nihilit nicht rein vor, man hat auch nie einen Stoff finden können, der ihm von ferne glich; es wurde mithilfe eines überaus verwickelten Verfahrens künstlich erzeugt. Nihilit hatte ungewöhnliche Eigenschaften. Es ließ sich nicht schneiden, nicht hämmern, nicht bohren, nicht schweißen, nicht pressen und nicht walzen. Versuchte man dergleichen, so zerbröckelte es, wurde flüssig oder zerfiel zu Staub; manchmal freilich explodierte es. Kurzum, man musste von jeder Verarbeitung absehen.

Für Zwecke der Isolation kam Nihilit nicht recht in Frage, weil es sehr unzuverlässig war. Bisweilen isolierte es Strom oder Wärme, bisweilen nicht; auf seine Unzuverlässigkeit konnte man sich allerdings verlassen. Ob Nihilit brennbar sei, blieb umstritten; fest stand nur, dass es im Feuer schmorte und einen ekelhaften Geruch verbreitete. Dem Wasser gegenüber verhielt sich Nihilit abwechslungsvoll. Im Allgemeinen war es wasserfest, doch kam auch vor, dass es Wasser gierig in sich aufsog und weitergab. Ins Feuchte gebracht, weichte es auf oder verhärtete, je nachdem. Von Säuren wurde es nicht angegriffen, griff aber seinerseits die Säuren heftig an.

Als Baumaterial war Nihilit schlechterdings nicht zu gebrauchen. Es stieß Mörtel geradezu unwillig ab und faulte, sobald es mit Kalk oder Gips beworfen wurde. Dem erwähnten Klebstoff war es gefügig, doch was half das bei der Neigung zu plötzlichem Zerfall? Wohl ging es an, zwei Stücke Nihilit so fest aneinanderzukleben, dass sie untrennbar wurden, aber das führte auch nicht weiter, denn das nun größere Stück konnte jeden Augenblick zerbröckeln, wenn nicht gar mit lautem Getöse zerspringen. Deswegen sah man davon ab, es im Straßenbau zu verwenden.

Aus den Zerfallserscheinungen des Nihilits wiederum war kaum etwas zu profitieren, weil keinerlei Energien dabei frei wurden. Zu wiederholten Malen wurde festgestellt, dass der neue Werkstoff sich nicht aus Atomen zusammensetzte; sein spezifisches Gewicht schwankte ständig. Nihilit hatte, das sei nicht vergessen, eine widerliche Farbe, die dem Auge weh tat. Beschreiben kann man die Farbe nicht, weil sie keiner anderen vergleichbar war.

Wie man sieht, wies Nihilit im Grunde wenig nützliche Eigenschaften auf, doch ließ es sich mithilfe des Klebstoffs kleben, und dazu war es ja erfunden worden. Rotnagel stellte den neuen Werkstoff in großen Mengen her und wer den Klebstoff kaufte, erwarb auch Nihilit. Obwohl die Explosionsgefahr nicht gering war, lagerten viele Menschen ansehnliche Bestände bei sich ein, denn sie liebten es, mit dem Klebstoff umzugehen, weil er so herrlich nach Oleander duftete.

---

1. Weshalb kaufen die Leute Nihilit?

2. „Nihil" ist ein lateinisches Wort und bedeutet „nichts". Erläutern Sie, inwiefern der Produktname „Nihilit" gerechtfertigt ist.

3. Wie macht der Autor dem Leser klar, dass die beschriebenen Eigenschaften der beiden Produkte und die Verhaltensweisen der Menschen negativ zu beurteilen sind.

4. Welche menschlichen Schwächen werden kritisiert?

Erich Kästner: Sinn und Wesen der Satire

Dem Satiriker ist es verhasst, erwachsenen Menschen Zucker in die Augen und auf die Windeln zu streuen. Dann schon lieber Pfeffer. Es ist ihm ein Herzensbedürfnis, an den Fehlern, Schwächen und Lastern der Menschen und ihrer eingetragenen Vereine – also an der
5 Gesellschaft, dem Staat, den Parteien, der Kirche, den Armeen, den Berufsverbänden, den Fussballklubs und so weiter – Kritik zu üben. Ihn plagt die Leidenschaft, wenn irgend möglich das Falsche beim richtigen Namen zu nennen. Seine Methode lautet: Übertriebene Darstellung negativer Tatsachen mit mehr oder weniger künstleri-
10 schen Mitteln zu einem mehr oder weniger künstlerischen Zweck ... Er hält den Menschen einen Spiegel, meist einen Zerrspiegel vor, um sie durch Anschauung zur Einsicht zu bringen ... „Denn er glaubt, ... dass nämlich der Mensch durch Einsicht zu bessern sei."

1. Was sind nach Erich Kästner Inhalt, Methode und Ziel satirischer Texte?
2. Zeigen Sie, dass der folgende Text den genannten Merkmalen einer Satire entspricht.
3. Nennen Sie Parallelen und Unterschiede zum Text „Nihilit".

Franz Hohler:
Der Verkäufer und der Elch

Kennt ihr das Sprichwort „Dem Elch eine Gasmaske verkaufen"?

Das sagt man in Schweden von jemandem, der sehr tüchtig ist, und ich möchte jetzt erzählen, wie es zu diesem Sprichwort gekommen ist.

Es gab einmal einen Verkäufer, der war dafür berühmt, dass er allen alles verkaufen konnte.

Er hatte schon einem Zahnarzt eine Zahnbürste verkauft, einem Bäcker ein Brot und einem Obstbauern eine Kiste Äpfel.

„Ein wirklich guter Verkäufer bist du aber erst", sagten seine Freunde zu ihm, „wenn du einem Elch eine Gasmaske verkaufst."

Da ging der Verkäufer so weit nach Norden, bis er in einen Wald kam, in dem nur Elche wohnten.

„Guten Tag", sagte er zum ersten Elch, den er traf, „Sie brauchen bestimmt eine Gasmaske."

„Wozu?", fragte der Elch. „Die Luft ist gut hier."

„Alle haben heutzutage eine Gasmaske", sagte der Verkäufer.

„Es tut mir leid", sagte der Elch, „aber ich brauche keine."

„Warten Sie nur", sagte der Verkäufer, „Sie brauchen schon noch eine."

Und wenig später begann er mitten in dem Wald, in dem nur Elche wohnten, eine Fabrik zu bauen.

„Bist du wahnsinnig?", fragten seine Freunde.

„Nein", sagte er, „ich will nur dem Elch eine Gasmaske verkaufen."

Als die Fabrik fertig war, stiegen so viel giftige Abgase aus dem Schornstein, dass der Elch bald zum Verkäufer kam und zu ihm sagte: „Jetzt brauche ich eine Gasmaske."

„Das habe ich gedacht", sagte der Verkäufer und verkaufte ihm sofort eine. „Qualitätsware!", sagte er lustig.

„Die andern Elche", sagte der Elch, „brauchen jetzt auch Gasmasken. Hast du noch mehr?" (Elche kennen die Höflichkeitsform mit „Sie" nicht.)

„Da habt ihr Glück", sagte der Verkäufer, ich habe noch Tausende."

„Übrigens", sagte der Elch, „was machst du in deiner Fabrik?"

„Gasmasken", sagte der Verkäufer.

Komiker verfremden häufig Werke anderer.

Heinz Erhardt:
Der König Erl
(Frei nach Johann Wolfgang von Frankfurt)

Wer reitet so spät durch Wind und Nacht?
Es ist der Vater. Es ist gleich acht.
Im Arm den Knaben er wohl hält,
er hält ihn warm, denn er ist erkält'.

Halb drei, halb fünf. Es wird schon hell.
Noch immer reitet der Vater schnell.
Erreicht den Hof mit Müh und Not –
der Knabe lebt, das Pferd ist tot!

Und das war die Vorlage für Heinz Erhardt:

Johann Wolfgang von Goethe:
Erlkönig

Wer reitet so spät durch Nacht und Wind?
Es ist der Vater mit seinem Kind;
Er hat den Knaben wohl in dem Arm,
Er fasst ihn sicher, er hält ihn warm.

Mein Sohn, was birgst du so bang dein Gesicht?
Siehst, Vater, du den Erlkönig nicht?
Den Erlenkönig mit Kron und Schweif? –
Mein Sohn, es ist ein Nebelstreif. –

„Du liebes Kind, komm, geh mit mir!
Gar schöne Spiele spiel ich mit dir;
Manch bunte Blumen sind an dem Strand,
Meine Mutter hat manch gülden Gewand."

Mein Vater, mein Vater, und hörest du nicht,
Was Erlenkönig mir leise verspricht –
Sei ruhig, bleibe ruhig, mein Kind;
In dürren Blättern säuselt der Wind. –

„Willst, feiner Knabe, du mit mir gehn?
Meine Töchter sollen dich warten schön;
Meine Töchter führen den nächtlichen Reihn,
Und wiegen und tanzen und singen dich ein."

Mein Vater, mein Vater, und siehst du nicht dort
Erlkönigs Töchter am düstern Ort? –
Mein Sohn, mein Sohn, ich seh es genau:
Es scheinen die alten Weiden so grau. –

„Ich liebe dich, mich reizt deine schöne Gestalt;
Und bist du nicht willig, so brauch ich Gewalt."
Mein Vater, mein Vater, jetzt fasst er mich an!
Erlkönig hat mir ein Leids getan!

Dem Vater grauset's, er reitet geschwind,
Er hält in den Armen das ächzende Kind,
Erreicht den Hof mit Müh und Not;
In seinen Armen das Kind war tot.

1. Untersuchen Sie die beiden Gedichte bzgl. ihrer Form: Namens- und Titelgestaltung, Vers- bzw. Strophenanzahl, Betonungsweise (Versmaß). Wo sind Gemeinsamkeiten, Parallelen, Unterschiede?

2. Vergleichen Sie die Gedichte bzgl. des Inhalts: Welche Verse sind wortwörtlich übernommen? Welche Teile sind ganz entfallen und welche Verse sind in welcher Weise abgeändert?

3. Wie wird Ihr Eindruck und Ihre Auffassung von dem Goetheschen Gedicht beeinflusst?

Die **Parodie** ahmt ein (oft dichterisches) Werk nach, wobei Form und Sprachstil beibehalten, aber der Inhalt verfremdet oder durch einen ganz neuen Inhalt ersetzt wird.

Auch eine Art von Parodie:

Toleranztest

Ja / Selbstverständlich / Sowieso

1. Können Sie gut zuhören? ooo

2. Empört es Sie, wenn ein anderer Ihrer Meinung ist und diese auch offen äußert? ooo

3. Gesetzt den Fall, Sie sind Neger. Würden Sie sich auch dann noch bei Ihnen wohnen lassen? ooo

4. Können Sie auch mal ein wenig Lob vertragen? ooo

5. Sind Sie in der Lage, auch auf Kosten anderer herzlich zu lachen? ooo

6. Angenommen, Sie sind in der Eisenbahn und der für Sie reservierte Platz ist frei. Rufen Sie nun gleich nach dem Schaffner oder drücken Sie schon mal ein Auge zu?

7. Folgende Situation: Sie sind zwar kein Fußball-Fan, aber im 1. Programm läuft zufällig die Wiederholung eines völlig bedeutungslosen Zweitligaspiels. Ihre Freundin besitzt außer dem Fernseher auch noch eine Modeboutique und im 2. Programm läuft gleichzeitig die mit Spannung erwartete Vorstellung der neuesten Pariser Frühjahrsmode. Lassen Sie es zu, dass Ihre Partnerin sich das ganze Fußballspiel in voller Länge mitanschauen darf – vorausgesetzt natürlich, sie verhält sich mucksmäuschenstill, sorgt für Getränke und verkürzt Ihnen die Halbzeitpause mit einem gekonnten Schleiertanz? ooo

Haben Sie 7 mal Ja, Selbstverständlich oder Sowieso gesagt? Tatsächlich? Gratuliere! Ich hätte schwören können, dass Sie diesen gnadenlosen Test nicht bestehen.

Der Toleranztest ist dem Zweiten Buch Otto, von und mit Otto Waalkes, entnommen.

1. Was ahmt Otto hier nach?

2. Beschreiben Sie die Mittel der Parodie.
  a) Wird mit den Fragen wirklich tolerantes Verhalten getestet?
  b) Wie beurteilen Sie die Auswahlmöglichkeiten bei den Antworten?
  c) Warum ist die Frage 6 nicht zu beantworten?
  d) Wie realistisch ist die in Frage 7 vorgegebene Situation?
  e) Wie aussagekräftig ist das „Testergebnis"?

3. Was will Otto mit seiner Parodie bezwecken?

15.5 Romane schmökern

Aus Max Frischs Roman „Homo faber":[1]
Der Ingenieur Walter Faber und die junge Sabeth verlieben sich. Auf ihrer Europa-Reise sind sie in Griechenland angekommen.

1 Vor vierundzwanzig Stunden (es kam mir wie eine Jugenderinnerung vor!) saßen wir noch auf Akrokorinth[2], Sabeth und ich [Walter Faber], um den Sonnenaufgang zu erwarten. Ich werde es nie vergessen! Wir sind von Patras gekommen und in Korinth ausgestiegen, um die sieben Säulen eines Tem-
5 pels zu besichtigen, dann Abendessen in einem Guest-House in der Nähe. Sonst ist Korinth ja ein Hühnerdorf. Als sich herausstellte, daß es keine Zimmer gibt, dämmerte es bereits; Sabeth fand es eine Glanzidee von mir, einfach weiterzuwandern in die Nacht hinaus und unter einem Feigenbaum zu schlafen. Eigentlich habe ich's als Spaß gemeint, aber da Sabeth es eine
10 Glanzidee findet, ziehen wir wirklich los, um einen Feigenbaum zu finden, einfach querfeldein. ...
Ich habe ja nicht gedacht, daß die Nacht in Griechenland so kalt sein würde, eine Nacht im Juni, geradezu naß. Und dazu keine Ahnung, wohin er uns führen wird, ein Saumpfad zwischen Felsen hinauf, steinig, staubig,
15 daher im Mondlicht weiß wie Gips. Sabeth findet: Wie Schnee! Wir einigen uns: Wie Joghurt! Dazu die schwarzen Felsen über uns: Wie Kohle! Finde ich, aber Sabeth findet wieder irgend etwas anderes, und so unterhalten wir uns auf dem Weg, der immer höher führt. Das Wiehern eines Esels in der Nacht: Wie der erste Versuch auf einem Cello! findet Sabeth, ich finde:
20 Wie eine ungeschmierte Bremse! Sonst Totenstille; die Hunde sind endlich verstummt, seit sie unsere Schritte nicht mehr hören. Die weißen Hütten von Korinth: Wie wenn man eine Dose mit Würfelzucker ausgeleert hat! Ich finde etwas anderes, bloß um unser Spiel weiterzumachen. Eine letzte schwarze Zypresse. Wie ein Ausrufezeichen! findet Sabeth, ich bestreite
25 es; Ausrufezeichen haben ihre Spitze nicht oben, sondern unten. Wir sind die ganze Nacht gewandert. Ohne einen Menschen zu treffen. Einmal erschreckt uns Gebimmel einer Ziege, dann wieder Stille über schwarzen Hängen, die nach Pfefferminz duften, Stille mit Herzklopfen und Durst, nichts als Wind in trockenen Gräsern: Wie wenn man Seide reißt! findet
30 Sabeth, ich muß mich besinnen und oft fällt mir überhaupt nichts ein, dann ist das ein Punkt für Sabeth, laut Spielregel. Sabeth weiß fast immer etwas. Türme und Zinnen einer mittelalterlichen Bastion: Wie Kulissen in der Opéra! Wir gehen durch Tore und Tore, nirgends ein Geräusch von Wasser, wir hören das Echo unsrer Schritte an den türkischen Mauern, sonst
35 Totenstille, sobald wir stehen. Unsere Mondschatten: Wie Scherenschnitte!

---
[1] Dieser Autor lehnt für seine Texte die reformierte Rechtschreibung und Zeichensetzung ab.
[2] Burg von Korinth in Griechenland

findet Sabeth. Wir spielen stets auf einundzwanzig Punkte, wie beim Pingpong, dann ein neues Spiel, bis wir plötzlich, noch mitten in der Nacht, oben auf dem Berg sind. Unser Komet ist nicht mehr zu sehen. In der Ferne das Meer: Wie Zinkblech! finde ich, während Sabeth findet, es sei kalt, aber trotzdem eine Glanzidee, einmal nicht im Hotel zu übernachten. Es ist ihre erste Nacht im Freien gewesen. Sabeth in meinem Arm, während wir auf den Sonnenaufgang warten, schlottert. Vor Sonnenaufgang ist es ja am kältesten. Dann rauchen wir zusammen noch unsere letzte Zigarette; vom kommenden Tag, der für Sabeth die Heimkehr bedeuten sollte, haben wir kein Wort gesprochen. Gegen fünf Uhr das erste Dämmerlicht: Wie Porzellan! Von Minute zu Minute wird es heller, das Meer und der Himmel, nicht die Erde; man sieht, wo Athen liegen muß, die schwarzen Inseln in hellen Buchten, es scheiden sich Wasser und Land, ein paar kleine Morgenwolken darüber: Wie Quasten mit Rosa-Puder: findet Sabeth, ich finde nichts und verliere wieder einen Punkt. 19:9 für Sabeth! Die Luft um diese Stunde: Wie Herbstzeitlosen! Ich finde: Wie Cellophan mit nichts dahinter. Dann erkennt man bereits die Brandung an den Küsten: Wie Bierschaum! Sabeth findet: Wie eine Rüsche!! Ich nehme meinen Bierschaum zurück, ich finde: Wie Glaswolle! Aber Sabeth weiß nicht, was Glaswolle ist – und dann die ersten Strahlen aus dem Meer: Wie eine Garbe, wie Speere, wie Sprünge in einem Glas, wie eine Monstranz, wie Fotos von Elektronen-Beschießungen. Für jede Runde zählt aber nur ein einziger Punkt; es erübrigt sich, ein halbes Dutzend von Vergleichen anzumelden, kurz darauf ist die Sonne schon aufgegangen, blendend: Wie der erste Anstich in einem Hochofen! finde ich, während Sabeth schweigt und ihrerseits einen Punkt verliert … Ich werde nie vergessen, wie sie auf diesem Felsen sitzt, ihre Augen geschlossen, wie sie schweigt und sich von der Sonne bescheinen läßt. Sie sei glücklich, sagt sie, und ich werde nie vergessen: das Meer, das zusehends dunkler wird, blauer, violett, das Meer von Korinth und das andere, das attische Meer, die rote Farbe der Äcker, die Oliven, grünspanig, ihre langen Morgenschatten auf der roten Erde, die erste Wärme und Sabeth, die mich umarmt, als habe ich ihr alles geschenkt, das Meer und die Sonne und alles, und ich werde nie vergessen, wie Sabeth singt!

1. Walter Faber und Sabeth spielen das „Wie"-Spiel. Stellen Sie die Vergleiche von Walter und Sabeth gegenüber.

2. Erläutern Sie die unterschiedliche Sicht der Natur, die in den Vergleichen zum Ausdruck kommt.

3. „Homo faber" bedeutet „der technische Mensch". Beschreiben Sie, welche Defizite eine rein technische Weltsicht hat.

Aus einem Heftroman:

Kommissar X
Krimi-Bestseller

Er suchte die Stirnseite des Raumes nach Türen ab und fand auch eine außer für die Toiletten.
Diese Tür ließ er jetzt nicht mehr aus den Augen.
Und Jo brauchte auch nicht lange zu warten, bis ein beleibter, älterer Herr darin verschwand.
Wenig später erlosch die Nummer 9 im Klingelkasten und Jo glaubte sich jetzt einen Vers auf das Ganze machen zu können.
Er rutschte von seinem Hocker, warf eine Fünf-Dollar-Note auf die Theke und steuerte auf die Tür zu, durch die eben der ältere Herr verschwunden war.
Er wollte gerade die Klinke herunterdrücken, als sich von hinten eine Hand auf seine Schulter legte.
Jo fuhr herum und blickte in das Gesicht des Kleiderschrankes, der neben ihm an der Bar gesessen hatte.
„Die Toilette ist nebenan, mein Herr", sagte der Gorilla und grinste breit.
„Wo denn?", fragte Jo nicht sehr geistreich.
„Hier", sagte der Kleiderschrank, öffnete eine Tür mit der Aufschrift „Herren" und hielt sie ihm auf.
Da die Tür nach innen aufging, musste der Gorilla wohl oder übel in den Vorraum der Toilette treten.
Genau das hatte Jo aber beabsichtigt.
Er drückte mit seinem Oberkörper den Mann noch ein wenig weiter hinein und schlug ihm einen trockenen Haken an die Kinnspitze.
Der Stämmige schnaufte, schüttelte sich ein wenig und schlug den Gong zur zweiten Runde mit einem gewaltigen Schwinger, der allerdings sein Ziel verfehlte, weil Jo ihn rechtzeitig abduckte.
Dafür kassierte er einen Magenhaken Walkers, der nicht von schlechten Eltern war.
Bevor er sich davon erholt hatte, bereitete Jo dem kurzen Intermezzo mit einem harten Schlag ins Genick des Gorillas ein jähes Ende.
Der Mann stöhnte kurz auf und fiel dann auf die Fliesen.

Jo durfte ihn dort nicht liegen lassen. Er öffnete eine der kleinen Türen, stopfte den Bullen hinein und machte sie hinter ihm zu. Dann rückte er sich vor dem Spiegel seine Krawatte zurecht und nahm die geheimnisvolle Tür ein zweites Mal in Angriff.
Diesmal konnte er sie ungehindert passieren. Sie mündete auf einen langen Gang mit glatten, türlosen Wänden.
Jo trabte ihn hinab und als er die Biegung umrundete, sah er einen Liftboy neben einem Fahrstuhl stehen.
Walker hatte schon die Bekanntschaft von so vielen Liftboys gemacht. Dieser hier war außergewöhnlich stämmig.
Als er Walker kommen sah, freute er sich über das ganze Gesicht und hielt die Hand auf.
Jo legte ihm einen Zehn-Dollar-Schein hinein und grinste ebenfalls.
Der Bursche ließ den Geldschein im Handumdrehen verschwinden und fragte freundlich:
„Was kann ich sonst für Sie tun?"
Blöde Frage, dachte Jo. Aber gleichzeitig fiel ihm ein, dass er diese Worte heute schon einmal gehört hatte. Und zwar vom Mixer.
„Ich habe eine Verabredung", sagte Jo und zeigte mit dem Daumen nach oben.
Dabei bemerkte er, dass der Bursche die Hand noch immer aufhielt.
Jo drückte ihm noch einmal zehn Bucks in die Hand.
Der Bursche blickte ihn einen Augenblick lang erstaunt an. Dann griff er zu einem kleinen Telefon, das Jo jetzt erst bemerkte, weil es ziemlich verdeckt in einer Wandnische stand.
Der Liftboy hob den Hörer ab und sagte ohne Walker aus den Augen zu lassen: „Hier ist einer ohne Nummer."
Jo hätte sich ohrfeigen können. Natürlich, jetzt wusste er auch, was der Bursche wollte, als er zum zweiten Mal die Hand aufhielt. Ich hätte es anders anfangen müssen, schoss es ihm durch den Kopf. Ganz anders.

Die Hauptpersonen des Romans:

Glen Brewer: Sie wusste zu viel und das hätte beinahe einen Zug zum Entgleisen gebracht.

Ted Winsecker: Der Tod seiner Schwester brachte ihn aus dem Häuschen.

Phillis Burner: Jo hatte etwas an ihren Ohrläppchen auszusetzen.

Al, Bob, der Liftboy: Drei schlagkräftige Ganoven. Nur im Umgang mit Äther waren sie Waisenknaben.

Jo Walker ist Kommissar X

Am anderen Ende der Leitung sagte jemand was, das Jo nicht verstand.

„Okay", sagte der Liftboy und hängte auf. Dann öffnete er die Fahrstuhltür und machte eine einladende Handbewegung.

„Bitte, Sir", sagte er, und Jo bildete sich ein, dass der Bursche dabei hinterhältig grinste.

Trotzdem stieg er in den Kasten. Die Tür schloss sich hinter ihm und der Fahrstuhl surrte nach unten.

Da wusste Jo Bescheid.

Er zog seine Automatic aus dem Schulterhalter und legte den Sicherungsbügel um.

Im Fahrstuhl brannte eine trübe Milchglasbirne. Sie verlöschte, als er jetzt hielt.

Vor Jo wurde die Tür aufgerissen und gleichzeitig blendeten ihn die Lichtkegel von zwei Taschenlampen.

Er konnte nichts sehen und blindlings drauflosschießen wollte er auch nicht, weil er erstens hier widerrechtlich eingedrungen war und zweitens nicht mit Sicherheit sagen konnte, dass er Verbrecher vor sich hatte. Noch war ja nicht das Mindeste bewiesen.

Walker wurde der Entscheidung enthoben. Aus dem Dunkel sauste eine Faust heran, die kurz den Lichtkegel durchschnitt. Dass diese Hand ein Kabelende hielt, merkte Jo erst, als seine Automatic zu Boden klapperte.

„Nimm die Hände hoch, Kommissar X", sagte eine sanfte Stimme.

Und Walker blieb nichts anderes übrig, als der Aufforderung Folge zu leisten.

„Komm raus, Sonny", brummte jetzt eine tiefe Männerstimme in breitem Texanisch.

Jo machte einen Schritt nach vorn. Die Lichtkegel teilten sich vor ihm und dann spürte er plötzlich die Mündung eines Revolvers, die sich schmerzhaft in seinen Rücken bohrte. Genau an der Stelle, wo ihn ein Chinese in Korea fast einmal mit dem Bajonett getroffen hätte.

Aber der Mann hinter ihm machte einen Fehler. Einen entscheidenden Fehler. Er hatte die Revolvermündung zu weit rechts angesetzt.

Walkers Judolehrer hätte seine wahre Freude daran gehabt, wenn er es miterlebt hätte, was sein begabter Schüler jetzt über die Bühne rollen ließ.

Jo nahm den rechten Arm herunter, wirbelte blitzschnell um seine eigene Achse. Gleichzeitig schlug er die Revolverhand des Gangsters hoch, drückte sie mit der rechten Schulter nach hinten und fasste mit der Linken nach dem Ellbogen seines Gegners, dessen rechter Arm jetzt wie ein Hebel gegen ihn selbst wirkte.

Es folgte ein kurzer Ruck, dann segelte die Waffe durch den Keller und schlug irgendwo im Dunkeln auf.

Der Mann aber, der dazu gehörte, flog seinem Revolver nach.

Das alles ging so rasend schnell vor sich, dass der andere, der Mann mit der sanften Stimme, nicht dazu kam, den Finger krumm zu machen. Bevor ihn der Strahl der Taschenlampe wieder einfing, war Jo in den Fahrstuhl zurückgesprungen und hatte die Tür hinter sich zugezogen …

1. Machen Sie sich klar, wie in diesem „Krimi-Bestseller" Unterhaltung und Spannung erzeugt werden.

   a) Wie werden die Hauptpersonen des Romans vorgestellt und welche Wirkung erzielt diese Kurzbeschreibung beim Leser?

   b) Wo spielt das Geschehen? Wie wird eine beängstigende Atmosphäre erzeugt?

2. Erläutern Sie, aufgrund wessen der Titelheld Jo Walker den Lesern positiv, seine Gegner hingegen negativ erscheinen. Untersuchen Sie dabei ihr Äußeres und ihre Handlungsweise.

3. Wie wird bewirkt, dass der Leser gespannt immer weiterliest?

   a) Aus welcher Sicht wird das Geschehen geschildert?

   b) Der Text ist in viele Abschnitte gegliedert. Erläutern Sie die Wirkung.

   c) Untersuchen Sie die Textstelle Zeile 43 bis 58 hinsichtlich des Sprachstils: Wortwahl, Sprachbilder, Redewendungen.

Lyrik: Gedichte und Songs verstehen

E. Gomringer: *Schweigen*

schweigen   schweigen   schweigen
schweigen   schweigen   schweigen
schweigen   schweigen
schweigen   schweigen   schweigen
schweigen   schweigen   schweigen

Reinhard Döhl: Apfel

```
            .elApfel
       ApfelApfelAp   .elApfel
     ApfelApfelApfelApfelApfelA
     ApfelApfelApfelApfelApfelAp
     ApfelApfelApfelApfelApfelAp
     ApfelApfelApfelApfelApfelAp
      ApfelApfelApfelApfelApfelAp
      ApfelApfelApfelApfelApfelA
       ApfelApfelApfelApfelA
        ofelApfelApfelWurmApfe
         ApfelApfelApfelAp
          ffelApfelApfelApfelAr
            lApfelApfelApfel
```

Einen Lyrik-Workshop durchführen

Selbst Gedichte zu schreiben macht Spaß und geht leichter als erwartet. Führen Sie einen Lyrik-Workshop durch und verfassen Sie eigene lyrische Texte. Dabei können Sie folgende Techniken ausprobieren:

↗ Projektaufgabe A: Konkrete Gedichte entwerfen

Unter Konkreter Poesie werden experimentelle Gedichte verstanden, die – wie oben abgebildet – ihre Aussage optisch oder akustisch veranschaulichen.

Gestalten Sie Konkrete Gedichte. Sie können dazu auch ein Grafikprogramm zu Hilfe nehmen.

↗ Projektaufgabe B: Assoziatives Dichten

Notieren Sie spontan alle Begriffe (Nomen, Verben, Adjektive), die Sie mit einer Situation oder einem Thema verbinden. Bilden Sie aus diesen Wörtern Sätze. Dabei können Sie auch andere Wörter hinzufügen, Wörter abändern oder weglassen. Geben Sie Ihrem Gedicht auch einen Titel.

↗ Projektaufgabe C: Gedichtmontagen

Schneiden Sie ein Gedicht Vers für Vers auseinander. Setzen Sie die Teile neu zusammen. Sie können auch Verse weglassen oder neue hinzufügen. Geben Sie dem Gedicht einen Titel.

↗ Projektaufgabe D: Gedichtcollagen

Erstellen Sie um einen lyrischen Text eine Collage, durch die Sie Ihre Gedanken und Gefühle zum Text zum Ausdruck bringen.

↗ Projektaufgabe E: Songs umtexten

Schreiben Sie zu einem Lied einen neuen Text. Tragen Sie Ihren neuen Song vor.

15.6 Gedichte aufschlüsseln

Ulla Hahn
Was bewirkt ein Gedicht

Gedichte sollen süchtig machen. Nach einer Wahrheit, die es so sonst nirgends gibt. Auch nach Schönheit. Jedoch: Schönheit allein erzeugt nur den Rausch, der ins Leere fallen lässt.

Gedichte sollen langsam wirken. Chronisch vergiften. Mit Erkenntnissen über uns selbst. Das ist gefährlich. Das Gift bleibt im Körper, die Erkenntnis im Kopf. Das ist nicht immer angenehm. Wir leben bequemer naiv. Indes: Das richtige Gift, richtig dosiert, stärkt.

Gedichte sind Stoff, in dem wir uns nicht verlieren. Wir finden immer mehr von uns selbst. Gedichte nehmen uns ins Gebet, decken auf was wir zudecken möchten. Jede Lawine beginnt mit einer Schneeflocke. Zumindest die müssen Autor und Leser gemeinsam haben, sonst kommt nichts ins Rollen. Was bewegt wird, ist unkalkulierbar.

Das Gedicht ist so harmlos und gefährlich wie der Leser selbst. Er muss bereit sein die Lawine zuzulassen, sonst wird aus den Schneeflocken nicht mal ein Ball. Jeder hat das Recht sich so dumm zu stellen, wie er will. Das Gedicht ist einfach nur da. Es hat allein die Macht, die der Leser ihm einräumt. Es kommt vor, dass einer aufschrickt beim Lesen eines Verses: Du musst dein Leben ändern! (gekürzt)

1. Durch welche sprachlichen Mittel wird die Schönheit eines Gedichts erzeugt?
2. „Schönheit allein erzeugt nur den Rausch, ..." – Was ist nach Meinung der Autorin mindestens genauso wichtig, um eine sinnvolle Wirkung zu erzielen?
3. Welche verschiedenen Reaktionen können Gedichte beim Leser auslösen?
4. Wie soll sich der Leser einem Gedicht nähern, damit es als „Gift" eine heilsame Wirkung auf ihn ausübt?
5. Erproben Sie die „Ratschläge" Ulla Hahns an dem folgenden Gedicht.

Wolfgang Hilbig: ›ihr habt mir ein haus gebaut‹

ihr habt mir ein haus gebaut
lasst mich ein andres anfangen.

ihr habt mir sessel aufgestellt
setzt puppen in eure sessel.

ihr habt mir geld aufgespart
lieber stehle ich.

ihr habt mir einen weg gebahnt
ich schlag mich
durchs gestrüpp seitlich des wegs.

sagtet ihr man soll allein gehn
würd ich gehn
mit euch.

Lesen Sie die folgenden Gedichte und versuchen Sie sie aufzuschlüsseln, indem Sie
- Thema und Inhalt benennen und erläutern,
- äußere Form und sprachliche Besonderheiten beschreiben und deuten,
- Aussageabsicht und Wirkung näher erklären.

Heinrich Lersch:
Mensch im Eisen

Mein Tagwerk ist: im engen Kesselrohr
Bei kleinem Glühlicht kniend krumm zu sitzen.
An Nieten hämmernd, in der Hitze schwitzen,
Verrußt sind Aug und Haar und Ohr.

Nur noch ein kleiner Menschenkraftmotor
Bin ich, des' Hebel – meine Arme – flitzen,
Ich will die Adern mit dem Messer ritzen:
Dampf stößt, statt roten Blutes Strahl hervor.

Oh Mensch, wo bist du? Wie ein Käfertier.
Im Bernstein eingeschlossen, hockst du rings im Eisen,
Eisen umpanzert dich mit schließendem Gewirr!
Im Auge rast die Seele, arm und irr.

Heimweh heult wahnsinnswild,
Heimweh weint süße Weisen
nach Erde, Mensch und Licht!
Schrei lauter, Mensch im Eisen!

Hellmuth Anders:
Technische Probleme

Experten kamen jüngst zusammen
zu einer großen Diskussion,
um scharf die Technik zu verdammen,
denn: „Fortschritt" sei nur Illusion.

Man müsse, sagte mancher Sprecher,
von Übertechnisierung weg.
Und andre meinten gar noch frecher,
die Technik sei der letzte Dreck.

Hier helfe nur noch strikt Entsagung
von diesem Umwelt-Meuchelmord.
Das war's. Und dann,
am Schluss der Tagung,
fuhr jeder mit dem Auto fort.

Ulla Hahn:
Kinderlied

An heißen Sommerabenden sang
ich abends mit meinem Bruder
im Bett: Mein Vater war
ein Wandersmann er war
aber nur erschöpft von Hitze und Krach
in der Maschinenfabrik
brüllte Ruhe
Ganz leise sangen wir weiter
Aber der Vater spitzte die Ohren
brüllte noch lauter
Ruhe. Wir summten
Der Vater schlich an die Tür
Ruhe. Die Stimme kippte
Wir hämmerten mit Pedal
vierhändig
auf das stumme Karoklavier.

Phil Bosmans:
Menschen in der Stadt

Haus an Haus.
Wohnung an Wohnung.
So viele Namensschilder,
wohlversorgte Namensschilder.
So viele Menschen,
wohlversorgte Menschen,
Menschen, die keiner kennt.
Sie sehen sich.
Sie stehen im Aufzug zusammen.
Man starrt vor sich hin.
Man weiß:
Da ist einer,
so wie man weiß:
Da ist ein Klotz,
den darf man nicht anrennen.
Menschen in der Stadt.　　　Allein.

Im Jahre 1844 kam es in mehreren Städten Schlesiens zu Aufständen der verarmten Weber. Die Aufstände wurden durch das Militär blutig niedergeschlagen.

Heinrich Heine:
Die schlesischen Weber

Im düstern Auge keine Träne,
Sie sitzen am Webstuhl und fletschen die Zähne:
Deutschland, wir weben dein Leichentuch,
Wir weben hinein den dreifachen Fluch –
Wir weben, wir weben!

Ein Fluch dem Gotte, zu dem wir gebeten
In Winterskälte und Hungersnöten;
Wir haben vergebens gehofft und geharrt,
Er hat uns geäfft und gefoppt und genarrt –
Wir weben, wir weben!

Ein Fluch dem König, dem König der Reichen,
Den unser Elend nicht konnte erweichen,
Der den letzten Groschen von uns erpresst
Und uns wie Hunde erschießen lässt –
Wir weben, wir weben!

Ein Fluch dem falschen Vaterlande,
Wo nur gedeihen Schmach und Schande,
Wo jede Blume früh geknickt,
Wo Fäulnis und Moder den Wurm erquickt –
Wir weben, wir weben!

Das Schiffchen fliegt, der Webstuhl kracht,
Wir weben emsig Tag und Nacht –
Altdeutschland, wir weben dein Leichentuch,
Wir weben hinein den dreifachen Fluch,
Wir weben, wir weben!

Erich Kästner:
Ballade vom Nachahmungstrieb

Es ist schon wahr: Nichts wirkt so rasch wie Gift!
Der Mensch, und sei er noch so minderjährig,
ist früh bei der Hand und unerhört gelehrig.

Im Februar, ich weiß nicht am wievielten,
geschah's auf irgendeines Jungen Drängen,
dass Kinder, die im Hinterhofe spielten,
beschlossen, Naumanns Fritzchen aufzuhängen.

Sie kannten aus der Zeitung die Geschichten,
in denen Mord vorkommt und Polizei.
Und sie beschlossen, Naumann hinzurichten,
weil er, so sagten sie, ein Räuber sei.

Sie steckten seinen Kopf in eine Schlinge.
Karl war der Pastor, lamentierte viel
und sagte ihm, wenn er zu schrein anfinge,
verdürbe er den anderen das Spiel.

Fritz Naumann äußerte, ihm sei nicht bange.
Die andern waren ernst und führten ihn.
Man warf den Strick über die Teppichstange.
Und dann begann man, Fritzchen hochzuziehn.

Er sträubte sich. Es war zu spät. Er schwebte.
Dann klemmten sie den Strick am Haken ein.
Fritz zuckte, weil er noch ein bisschen lebte.
Ein kleines Mädchen zwickte ihn ins Bein.

Er zappelte ganz stumm, und etwas später
verkehrte sich das Kinderspiel in Mord.
Als das die sieben kleinen Übeltäter
erkannten, liefen sie erschrocken fort.

Noch wusste niemand von dem armen Kinde.
Der Hof lag still. Der Himmel war blutrot.
Der kleine Naumann schaukelte im Winde.
Er merkte nichts davon. Denn er war tot.

Frau Witwe Zickler, die vorüberschlurfte,
lief auf die Straße und erhob Geschrei,
obwohl sie doch dort gar nicht schreien durfte.
Und gegen sechs erschien die Polizei.

Die Mutter fiel in Ohnmacht vor dem Knaben.
Und beide wurden rasch ins Haus gebracht.
Karl, den man festnahm, sagte kalt: ‚Wir haben
es nur wie die Erwachsenen gemacht.'

Wahrheit
Von Wolfdietrich Schnurre
(1920–1989)

Ich war vierzehn, da sah ich,
im Holunder aß eine Amsel
von den Beeren der Dolde.

Gesättigt, flog sie zur Mauer
und strich sich an dem Gestein
einen Samen vom Schnabel.

Ich war vierzig, da sah ich,
auf der geborstnen Betonschicht
wuchs ein Holunder. Die Wurzeln

hatten die Mauer gesprengt;
ein Riss klaffte in ihr,
bequem zu durchschreiten.

Mit splitterndem Mörtel
schrieb ich daneben: Die Tat
einer Amsel.

Aus einer Interpretation:

Schade, dass er es nicht mehr erlebt hat. Wenige Monate, bevor die sanfte Revolution die Berliner Mauer durchbrochen hat, ist Wolfdietrich Schnurre gestorben. Er war Berliner mit Herz und Verstand. Nie hat er es verwinden können, dass aus der demokratischen Weltstadt Berlin ein Nazi-Berlin wurde und dann ein geteiltes Berlin. In den Jahren vor und nach dem Bau der Mauer hatte Schnurre seine größte politische Ausstrahlung.

Das Gedicht, 1964 entstanden, aber erst 1979 veröffentlicht, wählt für seine Wahrheit einfache Bilder und einfache Worte. Es ist weniger ein Anti-Mauer-Gedicht als vielmehr eine Huldigung an die Amsel und den Holundersamen. Ihnen gelingt es die Mauer zu sprengen. So wandeln sich die zunächst eher romantisch wirkenden Zeilen zu einem politischen Gedicht, das an den gewaltlosen Widerstand appelliert. Schnurres Verse haben es geahnt: Nicht die Politiker haben die Mauer wegverhandelt, sondern eine unblutige Revolution wirkte wie jener Holundersamen.

1. Gedichte sind oft vieldeutig interpretierbar.
   Versuchen Sie eine „unhistorische" Deutung des Gedichts.

2. Von den beiden folgenden Gedichten ist jeweils nur der Anfang abgedruckt.
   Schreiben Sie die Gedichte im gleichen Muster weiter. Geben Sie Ihrem Gedicht einen Titel.

   Wenn du nicht fragst,
     wirst du auch nicht gefragt.
   Wenn du nichts sagst,
     wird Falsches über dich gesagt.
   Wenn du nicht denkst,

   ...

   Wenn du ...

   Ich wollte Nähe
     und bekam die Flasche
   Ich wollte Eltern
     und bekam Spielzeug
   Ich wollte reden

   ...

   Ich wollte ...

3. Gestalten Sie wie in dem folgenden Beispiel die Begriffe FRIEDEN, ARBEIT, FREUND/IN.

   [F]liegen können wie ein Vogel
   [R]eisen bis ans Ende der Welt
   [E]infach morgens liegen bleiben
   [I]m Frühling unter einem Apfelbaum dösen

15.7 Songs hören

Herbert Grönemeyer: **Mehr geht leider nicht:**

die welt sieht pastell zu mir durchs fenster/ich träume mir löcher in den kopf/du hast mich total eingenommen/hältst jede zelle besetzt/hast meinen gipfel erklommen/mir gezeigt/wie man berge versetzt/liegt meine seele in falten/bügelst du sie auf/schlugst mir das glück um die ohren/ hast mir den atem geraubt/mich erhitzt mich erfroren/immer an mich geglaubt/weiß ich weder ein noch aus/weiß ich/du hievst mich aus jedem tief/auch aus dem tiefsten tief heraus//ist nicht nur/dass ich dich liebe/ ist nicht nur/dass ich dich mag/ich wüsste wirklich nicht/wo ich ohne dich bliebe/ohne dich keinen tag//du holst mich aus den wolken/stellst mich auf den boden zurück/dir was vorzumachen ist schwierig/du liest in meinem gesicht/ich lieb dich/ich lieb dich//mehr geht leider nicht//du lachst mir mut zu/wann immer ich's brauch/du lachst mir mut zu/und alles andere/alles andere tust du auch//ist nicht nur, dass ...

1. „Mehr geht leider nicht". Was nicht?
2. Wie versucht das „ich" seine Verliebtheit auszudrücken?
3. Wie wird das „du" charakterisiert, wie groß ist sein Einfluss?
4. Welche Seite der Liebe wird im Refrain ausgedrückt? Wie denken Sie darüber?

Sich mit literarischen Texten reflexiv und produktiv auseinandersetzen

Rainhard Fendrich
Rattenfänger

Es war einmal vor langer Zeit
Man könnt' fast sagen vor einer Ewigkeit
Ein kleiner Mann, ein Musikant
Er war bekannt im ganzen Land
Für die Macht und die Magie
Seiner Flötenmelodie
Doch die Leut' dumm wie die Nacht
War'n bald neidisch auf die Macht
Hab'n ihm g'jagt und g'schrien dabei
Das kann doch nur der Teufel sein
Der Teufel sein
Seid's ängstlich und passts auf
Passts auf die Kinder auf
Es gibt noch so viel Rattenfänger
Sie stengan[1] ob'n im Licht
Und zahn[2] mit jedem Ton
Die Kinder euch davon
Solang noch Kinder leb'n
Wird's immer G'schichten geb'n
Über so manchen Rattenfänger
Sie hab'n ihr ganze Macht
Ihr' Kraft und ihr Magie
Durch eure Fantasie
Doch seid's ängstlich und passts auf
Passts auf die Kinder auf
Es lauern immer Rattenfänger
Auf einmal rennen's los
Und alle hinterher
Wie Lemminge[3] ins Meer

1) stehen, 2) ziehen, 3) Wühlmäuse

1. Welche Sage wird in diesem Song aufgegriffen? Geben Sie kurz ihren Inhalt wieder.
2. „Es gibt noch so viel Rattenfänger" – Wer könnte damit gemeint sein?
3. Welche Macht wird ihnen zugeschrieben?
4. Woher kommt nach Rainhard Fendrich die Macht der „Rattenfänger"?
5. Worauf führen Sie außerdem den Erfolg solcher „Rattenfänger" zurück?
6. Wer soll vor allem durch das Lied angesprochen werden? In welcher Absicht?

Heinz Rudolf Kunze
Kadaverstern

Für euch bin ich gestorben/und muss in jedem Käfig wiederauferstehn/mein Auge hat geleuchtet/und keiner hat in dem Moment hineingesehn/Für euch bin ich gestorben/ganz langsam, doch der Schornstein hat nur kurz geraucht/kein Mond, um dran zu heulen/ich hab nur nackte Neonröhren angefaucht/Für mich ist täglich Treblinka, Soweto und My Lai/für mich ist täglich Golgatha/und nie der Krieg vorbei/Für euch bin ich gestorben/damit ihr euer krankes Leben überlebt/wie könnt ihr bloß ertragen/dass ihr mir von Geburt an keine Chance gebt/Für euch bin ich gestorben/und über euch hängt immer dieser Brandgeruch/ihr nennt das Weltgeschichte/ihr seid bis heute selber nur ein Tierversuch//Jetzt schnapp ich nach dem Abfall vom reichen Tisch des Herrn/da irgendwo weit oben/auf dem Kadaverstern//

1. Worum geht es in diesem Song?
2. Aus welcher Perspektive ist der Text geschrieben? Was wird dadurch beim Hörer bzw. Leser bewirkt?
3. Für welche Vorgänge stehen Treblinka, Soweto, My Lai und Golgatha?
4. Diskutieren Sie über das Thema.

Dramatik: Stücke und Szenen kritisch betrachten

Projektaufgabe A: Eine Theateraufführung besuchen

Studieren Sie die Programme der Schauspielhäuser in Ihrer Region.

Entscheiden Sie sich in Ihrer Lerngruppe für ein Theaterstück und besuchen Sie gemeinsam die Aufführung.

Sie sollten vor dem Theaterbesuch das Stück kurz besprechen.

Verfassen Sie nach der Theateraufführung eine Theaterkritik, die Sie in Ihrer Schülerzeitung platzieren können.

Projektaufgabe B: Einen Text in Szene setzen

Kurze Geschichten lassen sich oft dramatisieren. Dazu bedarf es noch nicht einmal einer Dialogisierung.

Wählen Sie einen kurzen Text aus (z. B. Die Maschine, Seite 260) und setzen Sie ihn in Szene:

- Ein Sprecher oder eine Sprecherin trägt den Text nach Sinn- und Handlungsabschnitten vor.
- Eine Gruppe von Schülern setzt den Text in Handlung und stumme Bilder um.

Projektaufgabe C: Einen Text in Szene setzen

Wählen Sie einen Song aus.

Schreiben Sie ein kurzes Drehbuch für die Filmaufnahmen. Achten Sie dabei darauf, dass Text und Musik durch die Bilderfolge möglichst ausdrucksstark untermalt werden.

15.8 Ins Theater gehen

Das Nest
VOLKSSTÜCK IN DREI AKTEN VON FRANZ XAVER KROETZ

Personen: *Kurt, Martha, Stefan*

Zu Kurt und Martha:
*Kurt ist etwas über dreißig, klein, kräftig und recht gewöhnlich.
Martha passt nicht ganz zu ihm: sie ist etwa gleichen Alters, man sieht ihr 15 Jahre Arbeit an, aber sie ist doch um einiges hübscher als Kurt und man würde nicht sofort, sähe man die beiden, darauf schließen, dass sie ein Ehepaar sind. Das sollte – nicht übertrieben – zum Ausdruck kommen.
Stefan, das Baby, kann durch eine Puppe dargestellt werden.
Das Stück spielt in der Gegenwart, in einem kleinen oberbayerischen Ort.*

Zum Bühnenbild:
Die meisten Szenen des Stückes spielen in der Wohnung von Kurt und Martha. Es gibt aber auch mehrere Szenen, die im Freien spielen, z. B. idyllischer See. Am günstigsten wäre es, für das Bühnenbild Simultanlösungen zu wählen und die Szenen im Freien mit Dias zu unterstützen.

Was ist bisher passiert?
Kurt ist Kraftfahrer von Beruf, seine Frau Martha ist Hausfrau und verdient nebenbei noch etwas, indem sie in Heimarbeit Krawatten näht. Martha und Kurt erwarten ihr erstes Kind. Kurt macht Überstunden, um seiner Familie etwas bieten zu können; vor allem das Kind soll es einmal besser haben. So übernimmt Kurt jeden Auftrag, um dazuzuverdienen. Er und Martha haben so wenig gemeinsame Freizeit. Inzwischen hat sich der erwartete Nachwuchs eingestellt, ein Junge mit Namen Stefan.

2. (II. Akt)

Sehr schöne, verborgene Lichtung an einem kleinen See. Schöner Tag. Martha und Kurt kommen mit Rädern an. Stefan bei Kurt auf einem Kindersitz.

Kurt: Auskennen muss man sich, gell?
Martha: Wo so ein schöner Tag ist.
Kurt: Genau.
(sie steigen von den Rädern, richten sich eine Decke, ein Plätzchen für Stefan, legen diverse Sachen heraus usw., ziehen sich dann die Oberkleider aus, haben die Badeanzüge bereits an, legen sich in die Sonne usw.)
Martha: Is meine Figur wieder eine? *(lächelt)* Der Badeanzug passt wie früher. Das ist nicht bei alle Fraun.
Kurt: *(schaut sie stolz an)* Bei dir schon.
Martha: Und sieht man einen Streifen?
Kurt: Nix, alles wie immer.
Martha: Möchst keine andere?
Kurt: Nie.
Martha: Dann is recht! *(legt sich zu ihm)*
(Pause)
Martha: Ein Plätzchen wie im Paradies.
Kurt: Wissen muss man es.
Martha: Da brauchts kein Auto zum Wegfahrn, wo die schönsten Plätz vor der Tür sind.
Kurt: Nur, wenn man sich auskennt.
Martha: Und mir kennen uns aus. Du.
(Pause)
Kurt: Später bau ich dem Bubn eine Burg mit einem Wassergrabn rund herum.
Martha: Wo er noch zu klein is.
Kurt: Dann soll er zuschaun, dann lernt er was. *(wendet sich zum Kind)* Gell!
Stefan: *(quietscht vergnügt)*
(Pause)
Kurt: *(leise)* Aber arbeitn tät ich lieber jetzt! *(lächelt)* Aber wenn keine Arbeit da is, kann nix vergebn werdn.

Martha: Am Samstag kann ruhig einmal frei sein, das geht jetzt schon ein Jahr.
Kurt: Ham mir es braucht oder ne?
Martha: Ich hab ja damals gsagt, nach der Geburt kommt noch allerhand dazu.
Kurt: Ein Kind is teuer, das stimmt.
Martha: Sei froh, andere können sich nicht alles so leistn wie mir.
Kurt: Wenn wieder mehr Arbeit sein tät, das wär besser.
Martha: Genieß den Tag, vielleicht kommt er so schnell nicht wieder.
Kurt: Genau.

3.
Tiefe Nacht. Im Schlafzimmer (Ehebetten, Paidibett usw.), Kurt schnauft und spricht im Schlaf unverständlich, Martha wacht auf.
Martha: Kurtimann? *(schüttelt ihn)* Was hast denn Kurtimann!
Kurt: *(schreckt auf)*
Martha: Was is denn?
Kurt: Was is?
Martha: Tust wie ein Wilder im Schlaf.
Kurt: Warum?
Martha: Was weiß ich.
(Pause)
Kurt: *(fängt sich)* Träumt is wordn. Da fahr ich und merk, die Ladung kommt ins Rutschn, verstehst, nach vorn, übers Führerhaus rutschts, und ich kann ned haltn, auf der Autobahn oder so, abwärts.
(kleine Pause)
So ein Schmarrn, dass eine Ladung ins Rutschn kommt, das passiert bei andere Firmen schon einmal, gell, aber bei uns – unmöglich. *(lacht)*
Martha: Ja.
Kurt: Hab ich dich aufgweckt?
Martha: *(lügt)* Ich war wach.

Kurt: So. – *(kleine Pause)* Zuviel gessn ham mir, wahrscheinlich. Majonnaise liegt schwer im Magn, das is bekannt.
Martha: Ich hab den Salat wie immer gmacht. Die Salat, die ich mach, sind alle verträglich.
Kurt: Dann war es ebn die Trut. *(lacht)*
Martha: Tust dich nicht schonen, Kurtimann, das is es. Lasst keine Mark aus, die man kriegen kann.
Kurt: Bestimmt ned!
(Pause)
Kurt: Alles da! – Fehlt dir was?
Martha: Was denn?
Kurt: Es gibt viel, was man einer Frau bieten kann.
Martha: Du tust was du kannst.
(kleine Pause)
Kurt: Andere verdienen mehr wie ich.
Martha: Ich bin zufriedn.
Kurt: Oder sie ham das Gleiche, aber ohne Überstundn. Mehr daheim!
(lächelt)
Martha: Wie es der Mann herkriegt, is seine Sach. Hauptsach, es is da.
Kurt: *(lacht, nickt)* Und es is da! *(Pause)*
Kurt: Fast 1400 netto, und zwar über Monate! *(nickt)* Da hat ein Oberinspektor auch ned mehr wahrscheinlich, wennst so einen haben tätst.
Martha: Nein.
Kurt: Ja. *(Pause)* Wenn es natürlich mit die Überstundn nimmer so weiter geht wie bisher, sondern zurück wegen der „Wirtschaftslage", wie es heißt, dann is schlecht.
Martha: Du machst es schon, da bin ich sicher.
Kurt: Und wie! *(Pause)*
Kurt: Ein Beamter hat die Sorgn natürlich ned, keine Krisenanfälligkeit, immer das Gleiche, ganz egal, was passiert, das is der Unter-

Martha: Jeder kann nicht Beamter sein.
Kurt: Nein. *(Pause)*
Kurt: Die Gastarbeiter, sagt der Chef, die springen jetzt einer nach dem andern über die Klinge.
(kleine Pause)
Verstehst? Entlassungen.
Martha: Du bist doch kein Gastarbeiter!
Kurt: Gott sei Dank ned.
(Pause)
Zuerst kommen die Gastarbeiter dran und dann mir andern, sagn einige im Betrieb.
Martha: Unsinn. – Und wenn alle entlassen werdn, dich halt der Chef.
Kurt: Weil er mich mag, genau.
(kleine Pause)
Weil ich mich aus allem heraushalt und bloß an die Arbeit denk. Das gefallt ihm, sagt er. So tät er alle wolln wie mich, sagt er.
(Pause, lächelt)
Nein, da brauchts schon keine Angst bei uns, weil bevor ich es zum Spürn krieg, dass es abwärts geht, da fliegn zuerst alle andern. *(lächelt)*
Martha: Weil dich der Chef mag, weil du zuverlässig bist und nie aufsässig.
Kurt: Bestimmt ned. *(Pause)*
Martha: Schwitzt ja!
Kurt: Weil mir heiß is!

4.

Im Garten. Ein sehr schöner Tag. Kurt, Martha und Stefan. Kurt baut, doch neben der Terrasse, einen Sandkasten, Martha arbeitet in den Beeten, Stefan spielt. (lange Pause, sie arbeiten)

Martha: Ich leg mich jetzt in Liegstuhl ein bissl, sonnen.
Kurt: Genau. Ich mach noch die Einfassung, dann komm ich zu die Beete.
Martha: Mach doch auch eine Pause. Man soll die schönen Tage genießen!
Kurt: Das is mir Genuss genug, wenn ich was tun kann. Morgn is der erste Samstag seit vier Wochen, wo ich wieder Überstundn machen kann. *(lacht)*
Nur ich ganz allein, sagt der Chef!
Martha: Was?
Kurt: Ein Spezialauftrag! *(lacht)*
Martha: *(legt sich in den Liegestuhl)*
Kurt: Gott sei Dank! *(arbeitet weiter)*
(Pause)

5.

Idyllische Lichtung an einem kleinen See, schöner Tag. Man hört Geräusch eines Lastwagens heranfahren. Motor wird abgestellt. Pause. Kurt kommt, schaut sich um, lächelt, geht wieder. Er kommt mit einem Fass zurück, öffnet den Verschluss und lässt in den See eine bräunlich-rote Flüssigkeit laufen. Er macht dabei kein verängstigtes Gesicht, eher triumphierend, selbstverständlich. Kurt nimmt das leere Fass wieder mit, kommt mit einem vollen zurück. Dieser Vorgang wird achtmal wiederholt. Beim letzten Fass bleibt Kurt am See stehen, schaut um sich. Dann sieht er die Burg (eine sehr schöne), die er wohl vorher Stefan gebaut hat.

Kurt: Unberührt, weil unbekannt.
Genau. *(lächelt)*
(Pause)
(Kurt nimmt das letzte Fass und geht ab)
Man hört das Geräusch des Anlassens eines schweren Lastwagens, das Anfahren, Wegfahren und Verschwinden in der Ferne. Große Stille
… *(lange Pause)*
Martha kommt mit dem Fahrrad an, Stefan an der Lenkstange, auf dem Kindersitz. Sie stellt das Rad ab, hebt den Stefan heraus, nimmt eine Decke usw. richtet alles, setzt sich, ohne sich auszuziehen auf die Decke, Stefan dabei.

Martha: Da tät er schaun, der Papa, wenn er uns sehn könnt durch ein Fernrohr, gell, wie mir uns selbstständig machn. Ein guter Papa, der arbei-

tet von früh bis spät für seine Familie, dass ihr nix abgeht. *(schaut zum Kind)*
Ein guter Papa, unser Papa! Tust schwitzn? Soll die Mama dusch dusch machn mit dir? Ha? Schwimm, schwimm, wie der große Fisch?
(lacht, sie zieht sich ihre Kleider aus, hat den Badeanzug darunter, sie zieht den kleinen Stefan aus, ganz, die beiden spielen, dann trägt sie das Kind zum Wasser)
Schau, die Burg, wo der Papa extra für die gemacht hat, is auch noch ganz, weil kein Mensch ihn kennt, unsern Platz!
(sie geht mit dem Kind auf dem Arm ins Wasser, sie steht schließlich bis etwa zum Unterleib im Wasser, dann taucht sie Stefan ein wenig ins Wasser, spritzt ihn mit ein bisschen Wasser an, taucht ihn etwas hinein, dann mehr, usw., planscht mit ihm)
(Pause)
Das Kind beginnt plötzlich fürchterlich zu schreien, Martha erschrickt)
Dummer Bub, wasserscheu – das beißt doch ned! Fischlein sind Tag und Nacht im Wasser, auch wenns ein Baby is, kann es sofort schwimmen – und du bist ein Schisser!
(taucht ihn weiter, vorsichtiger ins Wasser, das Kind brüllt immer lauter, schrecklicher)
Ja, was hast denn? Es Bubile! Da gehn mir aber ganz schnell wieder heraus, wenn er heut nicht badn will, ganz schnell!
(sie trägt Stefan wieder aus dem Wasser heraus, zu der Decke, legt ihn darauf, das Kind brüllt scheußlich)
Is doch schon vorbei, is doch schon vorbei, kein Wasser mehr, bloß die Sonne, jetz geh zu, wer wird denn gleich so weinen, bloß weil er ein bissl badt!
(Pause, sie versucht das Kind zu beruhigen, nimmt es in den Arm, schaukelt es)
Die große Glockn, pass auf, bum-bum-bum-bum-bum-bum – und jetz die mittlere Glockn bimbum-bimbum-bimbum-bimbum-bimbum-bimbum – und jetz die ganz, ganz kleine Glockn, bimmel-bimmel-bimmel-bimmel-bimmel-bimmel-bimmel-bimmel und jetz die ganz, ganz, ganz große Glockn bummelbumm-bummelbum-bummelbum – um Gottes Willn, Bubile was is denn *(das Kind wird krebsrot, dann bläulich am ganzen Körper)*

Sich mit literarischen Texten reflexiv und produktiv auseinandersetzen

Warum laufst denn blau an, das is doch ein Schmarrn, *(leise)* Stefan, Bubile – mein Gott, ein Kind wo blau anlauft is in Gefahr, steht im Buch drin, ganz groß und dick unterstrichn, wegn Erstickung oder so.
(sie springt auf, zieht sich ihr Kleid schnell über, lässt alles liegen und stehen, zieht dem Kind flüchtig etwas über, setzt es aufs Rad und radelt schnell davon).

6.
In der Wohnung. Kurt sitzt da und starrt Martha an. Diese ist grell verweint, um ihre Beine hat sie leichte Mullbinden gewickelt, es ist Nachmittag.
(Pause)
Martha: Abwartn, sagn sie in der Klinik muss man, schaun wie schlimm die Verbrennungen sind oder nicht. *(sie bekommt einen Weinkrampf)*
Kurt: *(sitzt und starrt)*
Martha: Bei mir, weil ich erwachsen bin, is ned so schlimm.
(Pause)
Martha: Verbrecher, wo das Wasser vergiftn mit Gift. An unserm Platzl, wo unbekannt is, sogar die Burg, wost baut hast, ohne mutwillige Zerstörung. *(Pause)*
Kurt: Warum bist hin, ohne meine Begleitung?
Martha: Was?
Kurt: Ohne meine Begleitung, wo kein Schutz is ohne mich, weil ich mich auskenn.
Martha: Warum?
(Pause)
Kurt: *(leise)* Weil es nämlich ich gwesn bin, mit dem Gift, *(kleine Pause)* heut vormittag.
Martha: *(schaut) (Pause)*

7.
Abend ist es geworden. Gleiche Situation, Martha am Herd. Große Stille.
Kurt: Mir is, als war das gar kein Mensch. Ich.
Martha: Still sollst sein, Mörder!
(Pause)
Kurt: Jetzt willst nix mehr wissn von mir, gell?
(große Pause)
Kurt: Wenn es sein könnt, tät gleich tauscht werdn zwischen uns und ich bin im Krankenhaus. Aber das geht nicht. *(lächelt verlegen)*
Martha: Wie kann ein Mensch wie du, lachn?
Kurt: Wo ich gar nicht lach.
Martha: Freilich.
Kurt: Ein Irrtum.
(große Pause)
Martha: Still sollst sein, hab ich gsagt.
Kurt: *(obwohl er nichts gesagt hatte)* ja.
(Pause)
Kurt: Jetz is nix mehr mit uns, gelt?
Martha: Aus is es.
Kurt: ja.
(Pause)
Kurt: Mit einem Mörder von seinem Kind kann man nicht zusammenleben.
Martha: Nein.
Kurt: Wenn es aber durchkommt?
Martha: Hoffentlich.
(große Pause)
Kurt: *(leise)* Martha?
Martha: *(schweigt, große Pause)*
Kurt: Hast was kocht?
Martha: Nicht für dich.
Kurt: Nein.
Martha: Den Tisch teiln mir nimmer.
Kurt: Setz mich weg.
Martha: Sonst sitz ich mich nicht hin.
Kurt: Bin schon weg. *(setzt sich in ein Eck)*

(Pause)
Martha: *(richtet für sich Essen an, Pause)*
Martha: *(isst)*
Kurt: Guten Appetit!
Martha: *(schaut)* Dass ein Mensch wie du noch an sowas denkn kann!
Kurt: Entschuldigung.
(Pause)
Kurt: Wennst mich siehst, gell, da wird dir schon schlecht?
Martha: ja.
Kurt: Mir auch.
(große Pause, Martha isst, Kurt schaut zu, plötzlich beginnt er zu schreien)
Kurt: *(brüllt)* Wein, Wein, Wein gegoren – hat er gsagt, der Chef, ungefährlich, hat er gsagt, einen Rausch kriegn die Fisch, hat er gsagt und freun sich, sonst nix!
(schreit noch lauter)
An einen absolut unbekanntn Ort zu fahren, hat der Chef gsagt, wegn dem Lebensmittelgesetz, gegorener Wein ist strafbar, aber ungefährlich. Deswegen an den Platz, wo nur mir kennen, für den Chef, todsicher, ich bin zuverlässig, ein Wink vom Chef, Vertrauen!
(er beginnt einen Weinkrampf zu bekommen, schlägt sich an die Brust)
Ein guter Arbeiter, Spezialauftrag, zur Zufriedenheit des Chefs ausgeführt, *(langt an die Brusttasche)* einhundert Mark extra, da!
(er heult)
(Pause)
(laut) der Chef hat gesagt –
Martha: *(schreit)* Der Chef hat gsagt! - Und wenn der Chef sagt, bring mir den Kopf von deinem Kind, das is für das Kind ungefährlich, aber ich gib dir hundert Mark dafür, dann tust es auch, weil es der Chef sagt, gell!
(kleine Pause, dann leiser:)
Du bist ja überhaupts kein Mensch, das muss mir immer entgangen sein, sondern höchstens ein dressierter Aff! Dein Chef, das kannst glaubn, is ein Verbrecher und sonst nix, aber mit dem bin ich nicht verheiratet, sondern mit dir. Und es is schlimm für eine Frau, wenns feststelln muss, dass an ein wie dich die schönsten Jahre hinghängt hat.
Kurt: An ein dressiertn Affn?
Martha: Genau. Pfui Teufl! So, ich geh jetz in die Klinik, schaun, was mit dem Stefan is, tu du was du willst.
(ab)
Kurt: *(schaut ihr nach, große Pause)*

8.

An der Lichtung. Die Badesachen liegen noch so da, wie Martha sie verlassen hat. Abend. Kurt kommt mit dem Fahrrad. Er kommt bis zu den Badesachen. Stellt das Radio ab.
(Pause)
Kurt schaut, verlegen, unsicher.
*Langsam bewegt er den Kopf, schaut nach links und rechts, nickt manchmal unmotiviert, usw. Dann hebt er alle Sachen, die Martha liegen ließ, auf. Er wickelt sie sehr sorgfältig zusammen, die Decke usw. Er hebt einen kleinen Bären von Stefan auf, schaut ihn an, legt ihn sehr vorsichtig zu dem Paket. Er verstaut das alles auf dem Gepäckträger seines Rades. Nimmt die Aktentasche, die am Lenker hängt, nimmt einen großen Karton und eine Schere und einen Stift. Er schneidet aus dem Karton ein Stück in Plakatgröße heraus, legt es auf den Boden, schreibt mit dem Stift darauf, **„Baden verboten! Vorsicht Gift! Lebensgefahr!"** Er muss sehr, sehr oft die Buchstaben nachziehen, damit die Schrift richtig fett wird. Dann geht er zu dem Rad, nimmt einen Besenstil,*

den er längs an der großen Stange angebracht hat, und holt weiteres Werkzeug aus der Aktentasche.
Er nagelt das Schild auf den Besenstil, dann gräbt er am Ufer ein Loch und rammt dann den Besenstil mit dem Schild da hinein. Er füllt Erde nach, tritt alles fest usw.
Diese Arbeit dauert sehr lange, sie wird sehr gründlich vorgenommen, fast pedantisch.
Erst als alles fertig ist und er sicher ist, dass das Schild nicht übersehen werden kann, nimmt er wieder sein Rad, steigt auf und fährt davon.
(Pause)
Kurt kommt wieder zurück. Er bleibt, auf dem Rad sitzend, am Ufer stehen. Schaut in das Wasser.
(Pause)
Kurt nickt sich selber zu, erst wenig, dann fester. Er stellt das Rad hin, beginnt sich langsam auszuziehen. Kurt zieht sich bis auf die Unterhose, welche er anbelässt, aus. Er legt seine Sachen fein säuberlich neben das Rad.
Dann geht er, sehr langsam, auf das Wasser zu, er geht hinein, bis zur Mitte.
(Pause)
Kurt schaut. Dann taucht er unter, zuerst bis zum Hals, dann auch mit dem Kopf, so dass nichts mehr von ihm zu sehen ist. Er bleibt lange unten. Dann steht er wieder auf, wartet und geht ans Ufer zurück.
(Pause)
Er schaut an sich hinunter. Versucht Veränderungen an sich festzustellen. Es ist aber nichts. Kurt geht wieder ins Wasser, taucht wieder unter, kommt wieder zurück. Inzwischen zittert er sehr, denn es ist kühl. Er wartet, untersucht seine Haut, nichts. Zitternd trocknet er sich mit dem Handtuch, das Martha zurückgelassen hat, ab, zieht sich wieder an. Schaut. Macht eine hilflose Bewegung.
(Pause)

1. Geben Sie die Handlung mit eigenen Worten wieder. Mit welchem Thema befasst sich das Stück?
2. Lesen Sie die 3. Szene in Rollen.
   a) Wovor hat Kurt Angst?
   b) Welche Einstellung Kurts zur Arbeit und zu seinem Chef kommen zum Ausdruck?
3. Wie verändert sich der Schauplatz „Lichtung" in den Szenen 2, 5 und 8?
4. In welchem Zusammenhang steht diese äußere Veränderung mit der Veränderung der Beziehung zwischen Martha und Kurt?
5. Analysieren Sie das Verhalten Marthas gegenüber ihrem Mann.
   a) Wie verhält sie sich vor und wie nach dem Unglück?
   b) Finden Sie die Verhaltensweise Marthas in der Szene 7 verwerflich oder verständlich?

   Das Stück geht folgendermaßen zu Ende: Nachdem das Kind außer Lebensgefahr ist und Martha von den Selbstmordversuchen Kurts erfährt, finden beide wieder zusammen. Kurt geht zur Polizei und zeigt sich und seinen Chef an.
6. Was halten Sie von Kurts Handlungsweise? Wie hätten Sie gehandelt?
7. Warum ist das Stück im Dialekt geschrieben?

Textquellen

Peter Handke, Er sah einen Schrank, in: Die Angst des Tormanns beim Elfmeter, Suhrkamp, Frankfurt 1970   *19*

Günther Weisenborn, Die Aussage, in: Winfried Ulrich, Deutsche Kurzgeschichten 9–10, Reclam Verlag, Stuttgart 1976   *20*

Friedemann Schulz von Thun, Miteinander reden: Störungen und Klärungen, Hamburg 1981   *25*

Erich Kästner: Sachliche Romanze, in: Doktor Erich Kästners lyrische Hausapotheke, Ein Taschenbuch, Atrium Verlag, Zürich 1986   *27*

Jost Friedland, Von Palstek bis Kielschwein, in: Trierischer Volksfreund vom 3./4. 10. 1987   *32*

Meyers Lexikon   *34*

Claus Peter Müller-Thurau, Was Susi und Bene mit den Eskimos gemeinsam haben, in: Laß uns mal 'ne Schnecke angraben. Sprache und Sprüche aus der Jugendszene, Goldmann, Düsseldorf 1985   *37*

BAP, Helfe kann dir keiner   *42*

Klaus Hoffmann, Morjen Berlin   *42*

Mark Twain, Über die schreckliche deutsche Sprache, in: Zu Fuß durch Europa, Vandenhoeck & Ruprecht, Göttingen 1963   *44*

zé do rock, ultradoitsch, in: Die Zeit 44/36   *45*

Allgemeine Zeitung Mainz vom 18.12.2004, Rhein-Main-Multimedia GmbH   *48*

Hans-Joachim Neumann, Der Rausch und seine Folgen, Spiel mit der Sprache, in: Sprachhorizonte Heft 15, Schroedel, Hannover   *60*

Eugen Roth, Der eingebildete Kranke, in: Der Wunderdoktor, Hanser, München 1950   *61*

Josef Guggenmoos, Wenn das Kind nicht still sein will, in: Was denkt die Maus am Donnerstag? Gedichte für Kinder, Beltz und Gelberg, Verlag, Weinheim 2005   *64*

August Stramm, Patrouille   *65*

Affenzirkus, in: Die Rheinpfalz vom 22.081987   *66*

Kristiane Allert-Wybranietz, in: Trotz alledem, Lucy Körner Verlag, Fellbach   *76*

Josef Wittmann: rotkapperl, in: Hansl, Grädl & Co. Märchen in bairischer Mundart, Friedl-Brehm-Verlag, Feldafing, 1977   *80*

Greenpeace-Informationsblatt   *101*

AIDS- Unterrichtsmaterial ab 9. und 10. Klassen, Hrsg.: Bundeszentrale für gesundheitliche Aufklärung, Köln 1987   *103*

Focus 44/1996   *109*

Hans Fallada, Pinnebergs Verkaufserfolg, in: Kleiner Mann – was nun?, Rowohlt, Reinbek 1983   *115*

Theodor Fontane, Irrungen, Wirrungen   *135*

Der Kühlschrank, in: Natur und Technik. Physik 1 + 2, Cornelsen-Velhagen & Klasing, Berlin 1980   *143*

Bruno Horst Bull, Ein schlechter Schüler, in: Eine Katze ging ins Wirtshaus, Heyne Verlag München 1972   *153*

Herbert Rosendorfer, Das Fest des Herbstmondes, in: Briefe an die chinesische Vergangenheit, dtv München   *156*

AP-Meldung   *162*

Stiftung Warentest, vom 14.12.2006 und Januar 2007   *166*

Die Rheinpfalz vom 12.1.1988   *179*

Focus 44/1996   *180*

Kurt Tucholsky, Ratschläge für einen schlechten Redner, in: Gesammelte Werke in 10 Bänden, Band 8, Hrsg. von Mary Gerold-Tucholsky und Fritz J. R. Raddatz, Rowohlt, Reinbek 1975   *186*

Fernsehwoche 41/96   *218*

Hans Ischreyt, Sprachwandel und Technik, in: Wirkendes Wort, Heft II 1968   *205*

Theodor Fontane, Balladen und Gedichte, in: Sämtliche Werke, Hrsg.: F. Groß und K. Schreinert, Bd. XX, München 1962   *206*

Thaddäus Troll, in: Lutz Röhrich, Gebärde, Metapher, Parodie, Studien zur Sprache und Volksdichtung, Schwann, Düsseldorf 1967   *210*

Richard von Weizäcker, 8. Mai 1985, Deutscher Bundestag   *219*

Henry Jelinek: Nachtgesang, in Wilhelm Höck, Herr Je, das Nichts ist bodenlos, Ehrenwirth Verlag, München 1982   *216*

Adolf Hitler, Über die Erziehung der Jugend, in: Der Nationalsozialismus. Dokumente 1933–1945. Hrsg.: W. Hofer, Fischer Taschenbuch, Frankfurt   *221*

Victor von Bülow, Bundestagsrede, in: Die Zeit, Dezember 1972   *222*

Hagen Strauß, Alle singen das Quotenlied, in: Trierischer Volksfreund Nr. 229 vom 30.9.2004   *229*

Norbert Ely, Man singt deutsch, in: www.dradio.de/dlf/sendungen/kommentar/308107, Deutschland-Radio 29.09.2004   *234*

Jürgen Müller, Horrortrip auf Briefen, in: Die Rheinpfalz vom 14.4.1988   *236*

Yaak Karsunke, number one, in: Die Zeit vom 8.4.1988   *241*

Johann Peter Hebel, Unverhofftes Wiedersehen, in: Schatzkästlein des Rheinischen Hausfreunds   *244*

Wolfgang Bächler, Stadtbesetzung, Fischer, Frankfurt 1979   *248*

Kurt Matti, Neapel sehen, in: Dorfgeschichten, Luchterhand, München 1983   *249*

Josef Reding, Generalvertreter Ellebracht begeht Fahrerflucht, in: Nennt mich nicht Nigger, Paulus, Recklinghausen 1964   *250*

Stefan Andres, Das Trockendock, in: Die Verteidigung der Xanthippe, Piper, München 1961   *253*

Gustav Regler, Welcher Apfel ist französisch?, in: Das Ohr des Malchus. Eine Lebensgeschichte, Suhrkamp, Frankfurt 1975   *256*

Martin Luther, Der Fuchs und der Löwe, zitiert nach: W. Ehlen, Formen der Dichtung, Köln 1975   *257*

Helmut Arntzen: Parabel, in: Diethmar Reintzen, Fabeln, Parabeln und Gleichnisse, dtv-Verlag, München 1981   *323*

Peter Maiwald, Die Flüsse protestieren. Wie es zur Null-Bewegung des Wassers kam. Saarbrücker Zeitung vom 3./4.7.1982   *258*

Bertolt Brecht, Der hilflose Knabe, in: Gesammelte Werke Bd. 12, Suhrkamp, Frankfurt 1967   *259*

Günter Kunert, Die Maschine, in: Tagträume in Berlin und andernorts. Kleine Prosa, Erzählungen, Aufsätze, Hanser, München 1972   *260*

Bertolt Brecht, Das Wiedersehen, in: Gesammelte Werke Bd. 12, Suhrkamp, Frankfurt 1976   *260*

Gerhard Zwerenz, Nicht alles gefallen lassen, in: Gesänge auf dem Markt, Köln 1962   *261*

Kurt Kusenburg, Nihilit, in: Gesammelte Erzählungen, Rowohlt, Reinbek 1969   *263*

Erich Kästner, Sinn und Wesen der Satire, in: Kästner für Erwachsene, Atrium, Zürich und Fischer, Frankfurt 1966   *264*

Franz Hohler, Der Verkäufer und der Elch, in: Ein eigenartiger Tag. Lesebuch, Luchterhand, Darmstadt/Neuwied 1979   *264*

Heinz Erhard, Der König Erl, in: Das große Heinz Erhard Buch, Rowohlt, Reinbek 1974   *265*

Johann Wolfgang von Goethe, Erlkönig, in: Gesammelte Werke in acht Bänden, Band 1, Gütersloh o. J.   265

Otto Waalkes, Toleranz-Test, in: Das zweite Buch Otto, Hrsg.: Bernd Eilert, Robert Gernhardt, Peter Knorr, Rasch und Röhrig, Hamburg 1987   266

Max Frisch, Homo Faber, Frankfurt, Suhrkamp 1957   267

Kommissar X, Pabel-Moewig, Rastatt o. J.   269

Eugen Gomringer, Schweigen, in: Konkrete Poesie, Reclam, Stuttgart 1972   271

Reinhard Döhl, Apfel, in: Konkrete Poesie, Reclam, Stuttgart 1972   271

Ulla Hahn, Was bewirkt ein Gedicht, in: Unerhörte Nähe, DVA, München 1988   272

Wolfgang Hilbig, Ihr habt mir ein Haus gebaut, in: Abwesenheit, S. Fischer, Frankfurt 1979   272

Heinrich Lersch, Mensch in Eisen, In: Aus der Welt der Arbeit, Almanach der Gruppe 61 und ihrer Gäste, Hrsg.: Fritz Hüser und Max von der Grün, Luchterhand, Neuwied/Berlin 1966   273

Ulla Hahn, Kinderlied, in: Aus der Welt der Arbeit, Almanach der Gruppe 61 und ihrer Gäste, Hrsg.: Fritz Hüser und Max von der Grün, Luchterhand, Neuwied/Berlin 1966   273

Hellmuth Anders, Technische Probleme, Trierischer Volksfreund vom 1./2.10.1983   273

Phil Bosmans, Menschen in der Stadt, in: Liebe wirkt täglich Wunder, Herder Verlag, Freiburg im Breisgau 1980   273

Heinrich Heine, Die schlesischen Weber, in: Sämtliche Schriften, Band 4, Hanser, München 1971   274

Erich Kästner, Ballade vom Nachahmungstrieb in: Doktor Grich Kästners lyrische Hausapotheke dtv Verlag, München 1989   275

Franz Xaver Kroetz, Das Nest, in: Ein Lesebuch, Rowohlt, Reinbek 1982   280

Stichwörter

Adverbiale Bestimmung 66
AIDA-Formel 215
Aktiv 146
Anekdote 256
Arbeitsplatz 15
Arbeitszeugnis 202
Argumentieren 158
Attribut 67
Ausbildungsbericht 154

Ballade 275
Bewerbung 191
Bewerbungsgespräch 201
Bewerbungsschreiben 193
Brainstorming 169

Das oder dass 84
Denglisch 49
Diagramm 147
Dialekt 40
Diskussion 163
Diskussionstyp 165
Doppelkreis, Lernen im 18
Dramatik 279
Dreisatz 107

Einstellungstest 197
Epik 243
Ergebnisprotokoll 123
Erlebnisbericht 156
Erörtern 157
Erörterung, dialektische 167
Erzählung 253
Exzerpt 100

Fabel 257
Fachsprache 33
Fax 117
Formular 211
Fotoroman 242
Fremdwort 82
Funktionsbeschreibung 143

Gedicht 272
Gegenstandsbeschreibung 132
Geschäftsbrief 124
Gesetzestext 208
Gespräch 106
Gesprächsnotiz 118
Gesprächsregeln 106
Getrenntschreibung 92
Gliedsatz 69
Grammatik 55
Großschreibung 87

Heftroman 269

Indirekte Rede 61
Inhaltsangabe 244

Jugendsprache 37

Karikatur 239
Kleinschreibung 87
Komma 70
Kommentar 232, 234
Kommunikation 20
Kommunikationsmodell 22
Konfliktlösung 113
Konsonant 78
Körpersprache 28
Korrespondieren 129
Kundengespräch 114
Kurzgeschichte 248

Lebenslauf 196
Leitartikel 236
Lernen 7
Lerntechnik 7
Lerntyp 9
Leserbrief 237
Lyrik 271

Massenmedien 223
Medien 188
Medienkonsum 223
Meditation 113

Mind-Map 17
Mitarbeitergespräch 111
Moderation 181
Motivation 11
Multimedia 225
Mundart 41

Nachricht 228
Nebensatz 69
Nonverbale Kommunikation 28

Objekt 64

Parabel 257
Parodie 261
Passiv 146
Personenbeschreibung 135
Politische Rede 219
Prädikat 64
Pragmatischer Text 207
Präsentation 187
Präteritum 153
Problemerörterung 166
Protokoll 120

Rechtschreibtest 96
Rechtschreibung 77
Roman 267

Sacherörterung 166
Sachtext 101
Satire 261
Satz 62
Satzgefüge 69
Satzglieder 62
Schaubild 147
Schlüsselqualifikation 16
Silbentrennung 86
S-Laute 83
Songs 277
Sprache, Grundfunktionen der 23
Sprachnormen 44
Sprachwandel 46
Stichwortverzeichnis
Stichwortzettel 100
Stil 127
Straßennamen 95
Struktogramm 141
Subjekt 64

Tageszeiten 91
Textart 205

Unfallbericht 150

Verb 59
Verkaufsgespräch 114
Verlaufsprotokoll 123
Videoclip 241
Visualisierung 189
Vokal 78
Volksstück 280
Vorgangsbeschreibung 137
Vorstellungsgespräch 200

Wegbeschreibung 142
Werbeanzeige 215
W-Fragen 152
Wortarten 56
Wörterbuch 50
Wortfeld 59

Zeitung 227
Zeitungsbericht 229
Zuhören 108
Zusammenschreibung 92